"十二五"普通高等教育本科国家级规划教材
普通高等教育"十一五"国家级规划教材
普通高等教育国际经济与贸易专业系列教材

中国对外贸易概论

第5版

主　编　曲如晓
副主编　刘　霞　李凯杰　韩丽丽
参　编　曾燕萍　王陆舰　韩卫辉

机械工业出版社

本书分为十二章，全面、系统地介绍了中国对外贸易的概况，主要内容包括中国对外贸易格局、理论依据、发展战略、外贸管制制度、外贸法律制度、关税制度、贸易促进制度、海关管理制度、服务贸易、技术贸易、对外贸易关系以及中国对外贸易的地位与贡献等。

本书具有内容新颖、体系完整等特点，既可供高等院校国际经济与贸易专业本科学生以及其他经济类专业学生使用，也适合作为外经贸干部工作用书和党政干部培训用书。

图书在版编目（CIP）数据

中国对外贸易概论/曲如晓主编. —5 版. —北京：机械工业出版社，2021.10（2025.1 重印）

"十二五"普通高等教育本科国家级规划教材　普通高等教育"十一五"国家级规划教材　普通高等教育国际经济与贸易专业系列教材

ISBN 978-7-111-69337-6

Ⅰ.①中…　Ⅱ.①曲…　Ⅲ.①对外贸易 – 中国 – 高等学校 – 教材　Ⅳ.①F752

中国版本图书馆 CIP 数据核字（2021）第 204114 号

机械工业出版社（北京市百万庄大街22号　邮政编码100037）
策划编辑：常爱艳　　责任编辑：常爱艳
责任校对：梁　倩　　封面设计：鞠　杨
责任印制：单爱军
三河市骏杰印刷有限公司印刷
2025 年 1 月第 5 版第 7 次印刷
184mm×260mm・18.75 印张・468 千字
标准书号：ISBN 978-7-111-69337-6
定价：59.80 元

电话服务　　　　　　　　　网络服务
客服电话：010-88361066　　机 工 官 网：www.cmpbook.com
　　　　　010-88379833　　机 工 官 博：weibo.com/cmp1952
　　　　　010-68326294　　金 书 网：www.golden-book.com
封底无防伪标均为盗版　　　机工教育服务网：www.cmpedu.com

前　言

当今世界面临百年未有之大变局，国际贸易形势复杂严峻，中美贸易摩擦加剧，中国对外贸易面临着前所未有的挑战。在此背景下，为真实反映中国对外贸易的最新进展，编者对本书第4版做了精心修改。具体包括：

（1）调整了部分章节。删除了第九章"中国的加工贸易"，新增了第一章第五节"中国对外贸易主体"、第十二章"中国对外贸易的地位与贡献"。

（2）对部分章节的内容进行了大幅度的更新和调整。如第二章"中国对外贸易理论依据"的"西方传统贸易理论与中国实际"部分、第三章第二节"中国对外贸易战略发展历程"、第十一章"中国对外贸易关系"中的第二节"中国（内地）的双边贸易关系"等内容进行了更新。

（3）更新了书中的相关数据。大部分数据更新到2020年年底。

（4）对中国对外贸易相关政策法规的内容进行了更新。第三章"中国对外贸易战略"、第四章"中国对外贸易管制制度"、第五章"中国对外贸易法律制度"、第六章"中国关税制度"、第七章"中国贸易促进制度"、第八章"中国海关管理制度"都更新了政策规定。

曲如晓担任主编，负责总纂；刘霞、李凯杰和韩丽丽担任副主编。修订工作分工如下：第一章由刘霞修订；第二章由曾燕萍修订；第三章由曲如晓、韩卫辉修订；第四章由刘霞、韩丽丽修订；第五章由曲如晓、刘霞修订；第六章由刘霞修订，第七章由王陆舰修订；第八章由李凯杰、刘霞修订；第九章由韩丽丽修订；第十章由刘霞、李凯杰修订；第十一章由曲如晓、刘霞修订；第十二章由李凯杰编写。

由于编者水平有限，书中难免有疏漏之处，敬请读者批评、指正。

编　者

目录 CONTENTS

前言
第一章　中国对外贸易格局 …………… 1
　第一节　中国对外贸易规模 …………… 1
　　一、改革开放前（1950—1978 年）
　　　　的对外贸易规模 ………………… 1
　　二、改革开放新时期（1979 年至今）
　　　　的对外贸易规模 ………………… 2
　第二节　中国对外贸易商品结构 ……… 7
　　一、中国对外贸易商品结构的发展
　　　　演变 ……………………………… 7
　　二、中国对外贸易商品结构变化的
　　　　特点 …………………………… 11
　　三、中国对外贸易商品结构存在的
　　　　主要问题 ……………………… 17
　第三节　中国对外贸易市场结构 …… 18
　　一、中国对外贸易出口市场结构 … 18
　　二、中国对外贸易进口市场结构 … 22
　　三、中国对外贸易国内市场结构 … 23
　第四节　中国对外贸易方式 ………… 24
　　一、中国对外贸易方式的分类和
　　　　定义 …………………………… 24
　　二、中国对外贸易方式构成 ……… 26
　第五节　中国对外贸易主体 ………… 29
　　一、中国对外贸易主体的分类和
　　　　定义 …………………………… 30
　　二、中国对外贸易经营主体结构 … 30
　　课后习题 …………………………… 33
第二章　中国对外贸易理论依据 …… 34
　第一节　中国传统对外贸易思想 …… 34
　　一、调剂余缺论 …………………… 34
　　二、国际收支调节论 ……………… 35
　　三、国际贸易盈利论 ……………… 35
　第二节　西方传统贸易理论与中国
　　　　　对外贸易 ………………… 36
　　一、西方传统贸易理论简介 ……… 36
　　二、西方传统贸易理论与中国
　　　　实际 …………………………… 40
　第三节　新贸易理论与中国对外
　　　　　贸易 ……………………… 41
　　一、新贸易理论思想简介 ………… 41
　　二、新贸易理论与中国实际 ……… 46
　第四节　新新贸易理论与中国贸易 … 48
　　一、异质企业贸易模型 …………… 48
　　二、新经济地理贸易理论 ………… 50
　　三、新新贸易理论与中国实际 …… 51
　课后习题 ……………………………… 52
第三章　中国对外贸易战略 ………… 53
　第一节　对外贸易战略的内涵 ……… 53
　　一、对外贸易战略的概念与特征 … 53
　　二、对外贸易战略的分类 ………… 54
　　三、对外贸易的战略目标、依据、
　　　　体制和政策 …………………… 58
　　四、战后发展中国家（地区）贸易
　　　　战略 …………………………… 58
　第二节　中国对外贸易战略发展
　　　　　历程 ……………………… 61
　　一、计划经济体制下的对外贸易
　　　　发展阶段 ……………………… 61

二、改革开放让中国对外贸易发展进入新时期 …………… 62
　　三、新时代中国对外贸易发展踏上新征程（2012 年至今）…… 64
第三节　中国自由贸易区战略 ……… 65
　　一、自由贸易区的定义 …………… 65
　　二、中国自由贸易区（FTA）战略 …………………… 66
　　三、中国自由贸易试验区战略 …… 71
　课后习题 ……………………………… 75

第四章　中国对外贸易管制制度 ……… 76
第一节　对外贸易管制概述 ………… 76
　　一、对外贸易管制的目的与分类 … 76
　　二、中国对外贸易管制的基本框架与法律体系 …………… 76
　　三、海关监管与对外贸易管制 …… 77
第二节　对外贸易管制的主要内容 … 78
　　一、对外贸易经营者管理制度 …… 78
　　二、货物进出口许可管理制度 …… 79
　　三、技术进出口许可管理制度 …… 82
　　四、进出境检验检疫制度 ………… 85
　　五、进出口货物收付汇管理制度 … 87
第三节　中国进出口许可管理制度 … 88
　　一、进出口许可证管理 …………… 88
　　二、自动进口许可证管理 ………… 90
　　三、其他进出口许可管理制度 …… 91
　课后习题 ……………………………… 98

第五章　中国对外贸易法律制度 ……… 99
第一节　中国对外贸易的法律体系 … 99
　　一、对外贸易法律制度概述 ……… 99
　　二、中国对外贸易法律的渊源 …… 100
　　三、中国对外贸易法律制度的发展与完善 ………………… 101
　　四、中国对外贸易法律制度框架 …………………………… 102
第二节　中华人民共和国对外贸易法 ………………………… 104
　　一、《对外贸易法》的宗旨与适用范围 …………………… 105

　　二、《对外贸易法》的基本原则 …………………………… 105
　　三、《对外贸易法》的主要内容 …………………………… 109
第三节　中国对外贸易救济措施 …… 110
　　一、反倾销 ………………………… 110
　　二、反补贴 ………………………… 115
　　三、保障措施 ……………………… 118
　　四、国际贸易救济措施的二重性——自由性质和保护性质 ………… 119
　课后习题 ……………………………… 123

第六章　中国关税制度 ………………… 124
第一节　中国关税制度及其演变 …… 124
　　一、中国关税制度的概念 ………… 124
　　二、1949—1978 年的关税制度 … 124
　　三、1978—1992 年的关税制度 … 125
　　四、1992 年至加入 WTO 前的关税改革 ……………………… 127
　　五、加入 WTO 至今的关税调整 ………………………… 128
第二节　中国的海关税则与海关估价 ………………………… 129
　　一、海关税则制度概述 …………… 129
　　二、中国现行的海关税则制度 …… 131
　　三、海关估价 ……………………… 133
第三节　中国进出口税费的征收 …… 135
　　一、关税的征收 …………………… 135
　　二、进口环节税的征收 …………… 138
　　三、其他税费的征收 ……………… 140
　　四、关税的退补与减免 …………… 141
第四节　中国的原产地制度 ………… 142
　　一、原产地规则概述 ……………… 142
　　二、中国非优惠原产地规则 ……… 145
　　三、中国（大陆）优惠原产地规则 …………………………… 147
　课后习题 ……………………………… 149

第七章　中国贸易促进制度 …………… 150
第一节　中国的出口信贷制度 ……… 150
　　一、出口信贷 ……………………… 150

二、福费廷业务……………………… 154
　三、国际保理业务……………………… 157
第二节　中国的出口信用保险
　　　　制度…………………………… 159
　一、出口信用保险的概念……………… 159
　二、出口信用保险的功能和
　　　作用…………………………… 160
　三、出口信用保险的种类……………… 161
　四、出口信用保险的办理程序………… 161
　五、中国出口信用保险的发展
　　　状况…………………………… 163
第三节　中国的出口退税制度………… 164
　一、出口货物退（免）税的概念
　　　与原则………………………… 164
　二、中国出口退税制度及其
　　　变革…………………………… 165
　三、中国出口退税的程序要求………… 167
第四节　中国的出口促进组织………… 169
　一、中国国际贸易促进委员会………… 169
　二、中国进出口商会…………………… 170
　课后习题……………………………… 172

第八章　中国海关管理制度…………… 173
第一节　中国海关概述………………… 173
　一、海关的性质和职责………………… 173
　二、中国海关的权力…………………… 176
　三、中国海关的管理体制与
　　　机构…………………………… 179
第二节　中国海关报关制度…………… 181
　一、中国报关制度的发展历程………… 181
　二、报关与报关对象…………………… 182
　三、报关企业…………………………… 182
　四、报关注册登记……………………… 183
　五、报关员……………………………… 184
第三节　中国海关通关制度…………… 185
　一、进出口货物的通关程序…………… 185
　二、通关的法律责任…………………… 187
　课后习题……………………………… 188

第九章　中国服务贸易………………… 189
第一节　中国服务贸易的发展历程
　　　　和现状………………………… 189
　一、中国服务贸易的规模……………… 189
　二、中国服务贸易的结构……………… 192
　三、中国服务贸易的增长……………… 195
　四、中国服务贸易的逆差……………… 198
第二节　中国服务贸易的国际
　　　　竞争力………………………… 199
　一、中国服务贸易的世界地位………… 199
　二、服务贸易竞争力的评价与
　　　影响因素……………………… 201
　三、中国服务贸易竞争力的国际
　　　比较…………………………… 207
第三节　中国服务贸易的开放进程
　　　　和水平………………………… 209
　一、中国的对外服务贸易壁垒………… 209
　二、中国服务贸易的"入世"
　　　承诺…………………………… 213
　课后习题……………………………… 215

第十章　中国技术贸易………………… 216
第一节　技术贸易概述………………… 216
　一、国际技术贸易的基本概念………… 216
　二、国际技术贸易的主要方式………… 217
　三、国际技术贸易的主要作用………… 218
第二节　中国的技术引进……………… 219
　一、中国技术引进的发展阶段………… 219
　二、中国技术引进的成就……………… 223
　三、中国技术引进中存在的主要
　　　问题…………………………… 224
　四、完善技术引进的战略……………… 226
第三节　中国的技术出口……………… 226
　一、中国技术出口的发展阶段………… 226
　二、中国技术出口存在的主要
　　　问题…………………………… 228
　三、推动中国技术出口的政策
　　　导向…………………………… 229
第四节　中国技术进出口管理………… 230
　一、中国对技术进口的管理…………… 231
　二、中国对技术出口的管理…………… 234
　课后习题……………………………… 237

第十一章　中国对外贸易关系·········· 238
第一节　中国对外贸易关系概述······ 238
一、中国对外贸易关系的发展演变·········· 238
二、中国对外贸易关系的基本政策与主要原则·········· 241
第二节　中国（内地）的双边贸易关系·········· 243
一、中美贸易关系：你中有我，互惠互利·········· 243
二、中欧贸易关系：求同存异，共商发展·········· 246
三、中日贸易关系：不忘初心，方得始终·········· 248
四、中国与东盟贸易关系：自贸升级，跨越发展·········· 250
五、中俄贸易关系：大国典范，合力挖潜·········· 251
六、中国与拉美贸易关系：资源互补，携手共进·········· 253
七、中非贸易关系：真实亲诚，互利双赢·········· 256
八、内地与港澳贸易关系：携手同行，共创未来·········· 257
第三节　中国与世界贸易组织·········· 259
一、世界贸易组织的基本概况······ 260
二、中国加入世界贸易组织的过程·········· 260
三、中国加入世界贸易组织的主要承诺·········· 261
四、中国切实履行加入世界贸易组织承诺·········· 262
五、中国坚定支持多边贸易体制·········· 264
课后习题·········· 266

第十二章　中国对外贸易的地位与贡献·········· 267
第一节　中国对外贸易对全球经济的影响·········· 267
一、为全球贸易注入新活力·········· 267
二、推动世界经济增长·········· 270
三、提升世界消费者福利水平·········· 271
四、为构建全球治理新模式提供中国方案·········· 272
第二节　中国对外贸易对中国经济的影响·········· 273
一、促进国民经济快速增长·········· 273
二、吸纳大量就业·········· 275
三、维持国内物价稳定·········· 275
四、平衡国际收支·········· 276
第三节　中国对外贸易指数与竞争力·········· 277
一、中国对外贸易指数概况·········· 277
二、贸易强国指数的跨国比较······ 283
第四节　中国对外贸易的发展前景·········· 288
一、推动形成全面开放新格局·········· 288
二、培育外贸竞争新优势·········· 288
三、构建对外贸易发展新体制······ 288
四、积极参与全球治理改革·········· 289
课后习题·········· 289

参考文献·········· 290

第一章

中国对外贸易格局

中华人民共和国成立前，中国对外贸易完全依附于帝国主义列强，是半殖民地性质的，完全丧失了独立自主的地位。中华人民共和国成立后，中国对外贸易揭开了崭新的一页。自1949年中华人民共和国成立以来，中国经历了30余年的曲折发展，终于在改革开放之后迎来了对外贸易的腾飞，形成了开放型的对外贸易新格局，基本实现了对外贸易和经济的良性互动增长。目前，中国已经成为世界上名副其实的贸易大国，正在实现由贸易大国向贸易强国的历史性转变。

第一节　中国对外贸易规模

对外贸易规模通常用一定时期一国进出口总额、出口总额和进口总额来表示。中华人民共和国成立后，随着全国统一的社会主义对外贸易体系的建立，对外贸易作为国民经济的组成部分，从总体上看其规模是快速发展的，但是整个过程几经波折。

一、改革开放前（1950—1978年）的对外贸易规模

国民经济恢复时期（1950—1952年），中国进出口总额从1950年的11.35亿美元增长到1952年的19.41亿美元，增长了71%，年平均增长速度达30.8%。其中进口额从5.83亿美元增长到11.18亿美元，增长了91.7%，出口额从5.52亿美元增长到8.23亿美元，增长了49.1%。

第一个五年计划（1953—1957年）结束的1957年，中国进出口总额达31.03亿美元，比1950年增长了1.73倍，"一五"时期的年平均增长率达9.8%。其中进口额为15.06亿美元，增长了1.58倍，出口额15.97亿美元，增长了1.89倍。并从1956年起，扭转了几十年来的贸易逆差局面，实现了贸易顺差。

第二个五年计划时期（1958—1962年），由于受错误指导思想的影响，再加上"三年自然灾害"和国际环境的变化，中国经济遭受了严重挫折，对外贸易出现了大幅下降甚至倒退的局面。1961年党的八届九中全会确定对国民经济实行"调整、巩固、充实、提高"的方针后，中国国民经济进入了调整时期。从1960年起，中国对外贸易被迫大幅度连年下降，至1962年，进出口总额降为26.63亿美元，基本上倒退到1954年的水平，比1957年下降了14.18%，年平均下降3%。经过国民经济的调整恢复，1965年进出口总额恢复到42.45亿美元，比1962年增长了61.84%，年平均增长达16.8%，出口总额为22.28亿美元，进口总额为20.17亿美元。

"十年动乱"（1966—1976年）结束的1976年，进出口总额仅为134.33亿美元，其中进口额为65.78亿美元，出口额为68.55亿美元。

改革开放前,中国的对外贸易起步较晚,基础额小,并长期处于逆差的地位;但是增长速度较快,1952—1978 年中国进出口总额平均增速达到 9.6%,由 1952 年的 19.4 亿美元增加到 1978 年的 206.4 亿美元,增加 10 倍之多(见表 1-1)。

表 1-1　1952—1978 年中国进出口贸易额情况　　　　　　　　(单位:亿美元)

年　份	进出口总额	出口额	进口额	差　额
1952	19.4	8.2	11.2	-3
1957	31	16	15	1
1962	26.6	14.9	11.7	3.2
1965	42.5	22.3	20.2	2.1
1970	45.9	22.6	23.3	-0.7
1975	147.5	72.6	74.9	-2.3
1978	206.4	97.5	108.9	-11.4

(资料来源:1996 年《中国统计年鉴》。)

二、改革开放新时期(1979 年至今)的对外贸易规模

1978 年,中国纠正了错误的指导思想,以实事求是的态度,将工作重心转移到经济建设上来,实行改革开放的政策,确立了新的历史时期对外贸易的重要战略地位。从此,中国对外贸易走上了持续快速的发展轨道,规模得到巨大增长(见图 1-1)。

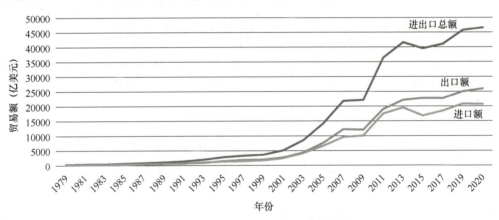

图 1-1　1979—2020 年中国进出口贸易额情况

(资料来源:1979—2019 年数据来自中国历年《对外贸易统计年鉴》。2020 年数据来自中华人民共和国海关总署。)

(一)改革开放后至《中华人民共和国对外贸易法》正式实施前(1979—1993 年)的外贸规模

从贸易进、出口规模的绝对值来看,中国外贸易自改革开放以来逐渐稳定增长。但相对而言,由于当时中国国内经济发展缓慢,参与国际市场的企业经验不足、进行贸易的产品竞争力不足、与国外的贸易伙伴关系建立刚刚起步,因此,改革开放之后的前十年内中国对外贸易一直保持小幅增长的态势,也长期处于贸易逆差的地位。如 1978 年进出口总额为 206.4 亿美元,到 1988 年才首次突破贸易总额 1000 亿美元大关;与此同时,贸易逆差却由

1978 年的 11.4 亿美元增加到 1988 年的 77.5 亿美元。从改革开放后至《中华人民共和国对外贸易法》正式实施前这段时间内，中国进出口总值累计为 13238 亿美元，其中出口 6426.2 亿美元，进口 6811.5 亿美元，累计出现贸易逆差 385.3 亿美元。

（二）《中华人民共和国对外贸易法》正式实施后至加入世界贸易组织（WTO）前（1994—2002 年）的外贸规模

经过对外开放后的十年摸索和发展，中国对外贸易积累了丰富的经验，不仅充分利用中国劳动力丰裕的比较优势提高了中国产品的国际竞争力，同时进一步完善了中国对外贸易的相关法律制度，并积极为加入世界贸易组织进行准备。其中，从 1994 年 7 月 1 日《中华人民共和国对外贸易法》正式实施到 2001 年年末中国加入世界贸易组织，经过长期的不懈努力，中国初步建立了符合社会主义市场经济体制的外贸新体制。在这期间，中国对外贸易规模得到迅速发展，进出口总额由 1994 年的 2366.2 亿美元，其中出口额为 1210.06 亿美元，进口额为 1156.15 亿美元，增长到 2002 年的 6207.9 亿美元，其中出口额为 3255.7 亿美元，进口额为 2952.2 亿美元，实现了 303.5 亿美元的贸易顺差。具体来看，中国对外贸易自 1994 年以来就一直保持贸易顺差的优势。

（三）加入 WTO 后至全球金融危机期间（2003—2008 年）的外贸概况

从图 1-1 可以明显看出，自 2002 年加入 WTO 以来，中国的对外贸易得到空前发展，2003—2008 年期间平均增长率达到 20%，远远高于同期国内生产总值及世界贸易增长率。贸易总额由 2003 年的 8512.1 亿美元增长到 2008 年的 25632.6 亿美元，其中出口额、进口额由 4383.7 亿美元、4128.4 亿美元分别增加到 14306.9 亿美元、11325.7 亿美元，实现的贸易顺差也由 2003 年的 255.3 亿美元增长到 2008 年的 2981.2 亿美元，增加了 10 倍之多。与此同时，中国对外贸易顺差自 2005 年首次突破 1000 亿美元以来，一直保持高额的趋势，为中国的贸易结构升级和产业结构调整奠定了重要基础；同时，中国进出口贸易总额的世界排名不断提升，自 2004 年首次超过法国成为世界第四大贸易国之后，多年稳居第三位（见表 1-2）。

表 1-2　2000—2008 年中国进出口贸易总额的世界排名

年　份	2000	2001	2002	2003	2004	2005	2006	2007	2008
名　次	7	6	5	4	3	3	3	3	3

（资料来源：WTO。）

（四）全球金融危机之后至 2014 年的外贸规模

受全球金融危机的严重影响，世界各国经济在不同程度上出现衰退现象，尤其是欧美、日本等发达国家，而这些国家恰恰又是中国最主要的贸易伙伴国。为此，金融危机之后，世界各国对我国商品消费减少，贸易保护主义也悄然抬头；与此同时，人民币升值压力剧增，国际国内政治、经济形势使得中国对外贸易在 2009 年出现了显著但短暂的下降，由 2008 年的 25632.6 亿美元降为 22075.4 亿美元，同比下降了 13.9%。这也是中国进出口贸易额自改革开放以来第一次出现减少的趋势。但由于世界各国的对外贸易受金融危机影响更严重而出现更大的降幅，因此，2009 年中国进出口贸易总额反而超过日本，成为世界第二大贸易国。

值得庆幸的是，随着各国应对金融危机措施的出台，全球经济很快探底并出现复苏的发展趋势，而中国国内在受经济危机影响相对不大的优势下不仅出台了"扩大内需"等缓解政策，还顺势积极进行产业结构调整和贸易结构升级。从图 1-2 可以看出，2010 年中国进出口贸易逆转下降趋势，出现快速的增长态势，当年进出口贸易总额达到 29740.0 亿美元，与 2009 年相比增长了 34.7%，2011 年继续以 22.5% 的增速增加到 36420.6 亿美元；至 2014 年，中国进出口总额超过 43000 亿美元，成为全球最大货物贸易国。而与此同时，中国对外贸易顺差呈现整体上升的趋势：由 2008 年的 1981.2 亿美元增长到 2014 年的 3824.58 亿美元，贸易顺差额约 3830.58 亿美元。中国这种进出口贸易总额与贸易顺差持续增长的现状将在一定程度上加剧人民币汇率升值、中国遭遇更多贸易摩擦等问题的发生。

（五）2015 年至今的外贸规模

2014 年中国外贸进出口达到 43015 亿美元，创下了中国外贸进出口年度历史最高纪录。2014 年之后，全球贸易增速较低，中国进出口贸易所面临的国际市场竞争程度不断加剧，国际贸易保护主义措施和贸易壁垒日益多样化，中国外贸发展面临日益严峻挑战。而对于中国国内形势而言，改革开放开始进入"深水区"，中国对外贸易总规模开始出现一定幅度的下降。进出口贸易总额从 2014 年的 43015 亿美元下降到 2016 年的 36856 亿美元，较 2015 年下降 6.8%，较 2014 年的历史峰值下降 14.3%。其中，出口贸易额从 2014 年的 23423 亿美元逐步下降到 2016 年的 20976 亿美元。然而，面对严峻复杂的国际形势，在以习近平同志为核心的党中央坚强领导下，中国发出改革开放"再出发"的时代强音，开启全面深化改革、推动形成全面开放新格局的改革开放新征程。2017 年中国经济运行稳中向好，对外进出口贸易总额突破 4 万亿美元，达到 41045 亿美元，同比增长 11.4%。2018—2019 年间中国对外贸易总额持续增加到 45761 亿美元，其中出口贸易额增加到 24990 亿美元。

总体而言，纵观改革开放以来，中国的对外贸易规模具有两个明显特征：

1. 对外贸易规模增长迅速，增长率高于国内生产总值和世界贸易增长率

从增长倍数看，在加入 WTO 之前，进出口总额大约每五年翻一番；2001 年加入 WTO 后，三年左右就能翻一番。受全球性金融危机的影响，2009 年进出口总额有所下降，但在迅速调整后，2010 年、2011 年进出口总额大幅上升。1978 年进出口总额为 206.4 亿美元，2011 年达到 36420.6 亿美元，增长 176.5 倍。其中，出口额从 1978 年的 97.5 亿美元增至 2011 年的 18986.0 亿美元，增长 194.7 倍；进口额从 1978 年的 108.9 亿美元增至 2011 年的 17434.6 亿美元，增长 160.1 倍。2013 年进出口总额首次突破 4 万亿美元，成为全球第一大货物贸易国；2014 年继续以 3.4% 的增速增加到 43030.4 亿美元。2014 年之后对外贸易总额呈现出现波动式增长的变化趋势，2016 年以 -6.8% 的增长率下降到 36855.6 亿美元，之后开始逐年增加，2020 年对外贸易总额增加到 46559.1 亿美元，其中进出口额分别增加到了 20659.6 亿美元和 25899.5 亿美元。相关情况见表 1-3。

表 1-3 1978—2020 年中国进出口贸易额及比上年增长率

年 份	进出口		出 口		进 口		贸易差额 (+，-)
	进出口总额（亿美元）	增长率	出口额（亿美元）	增长率	进口额（亿美元）	增长率	
1978	206.4	39.4%	97.5	28.4%	108.9	51.0%	-11.4
1979	293.3	42.0%	136.6	40.2%	156.8	43.9%	-20.2
1980	378.2	28.9%	182.7	33.8%	195.5	24.7%	-12.8

(续)

年 份	进出口		出 口		进 口		贸易差额 (+, -)
	进出口总额 (亿美元)	增长率	出口额 (亿美元)	增长率	进口额 (亿美元)	增长率	
1981	440.2	16.4%	220.1	20.4%	220.2	12.6%	-0.1
1982	416.1	-5.5%	223.2	1.4%	192.9	-12.4%	30.3
1983	436.2	4.8%	222.3	-0.4%	213.9	10.9%	8.4
1984	535.5	22.8%	261.4	17.6%	274.1	28.1%	-12.7
1985	696.0	30.0%	273.5	4.6%	422.5	54.1%	-149.0
1986	738.5	6.1%	309.4	13.1%	429.0	1.5%	-119.6
1987	826.5	11.9%	394.4	27.5%	432.1	0.7%	-37.8
1988	1027.8	24.4%	475.2	20.5%	552.7	27.9%	-77.5
1989	1116.8	8.7%	525.4	10.6%	591.4	7.0%	-66.0
1990	1154.4	3.4%	620.9	18.2%	533.5	-9.8%	87.4
1991	1357.0	17.6%	719.1	15.8%	637.9	19.6%	81.2
1992	1655.3	22.0%	849.4	18.1%	805.9	26.3%	43.5
1993	1957.0	18.2%	917.4	8.0%	1039.6	29.0%	-122.2
1994	2366.2	20.9%	1210.1	31.9%	1156.2	11.2%	53.9
1995	2808.6	18.7%	1487.8	23.0%	1320.8	14.2%	167.0
1996	2898.8	3.2%	1510.5	1.5%	1388.3	5.1%	122.2
1997	3251.6	12.2%	1827.9	21.0%	1423.7	2.5%	404.2
1998	3239.5	-0.4%	1837.1	0.5%	1402.4	-1.5%	434.7
1999	3606.3	11.3%	1949.3	6.1%	1657.0	18.2%	292.3
2000	4743.0	31.5%	2492.0	27.8%	2250.9	35.8%	241.1
2001	5097.7	7.5%	2661.5	6.8%	2436.1	8.2%	225.4
2002	6207.9	21.8%	3255.7	22.3%	2952.2	21.2%	303.5
2003	8512.1	37.1%	4383.7	34.6%	4128.4	39.9%	255.3
2004	11547.4	35.7%	5933.6	35.4%	5613.8	36.0%	319.8
2005	14221.2	23.2%	7620.0	28.4%	6601.2	17.6%	1018.8
2006	17606.9	23.8%	9690.7	27.2%	7916.1	20.0%	1774.6
2007	21738.3	23.5%	12180.1	25.7%	9558.2	20.7%	2622.0
2008	25632.6	17.9%	14306.9	17.5%	11325.7	18.5%	2981.2
2009	22075.4	-13.9%	12016.1	-16.0%	10059.2	-11.2%	1956.9
2010	29740.0	34.7%	15777.5	31.3%	13962.4	38.8%	1815.1
2011	36420.6	22.5%	18986.0	20.3%	17434.6	24.9%	1551.4
2012	38671.2	6.2%	20487.1	7.9%	18184.1	4.3%	2311
2013	41603.1	7.6%	22100.2	7.9%	19502.9	7.3%	2597.3
2014	43030.4	3.4%	23427.5	6.1%	19602.9	0.4%	3824.6

(续)

年　份	进出口		出　口		进　口		贸易差额 (+, -)
	进出口总额（亿美元）	增长率	出口额（亿美元）	增长率	进口额（亿美元）	增长率	
2015	39530.3	-8.1%	22734.7	-2.9%	16795.6	-14.3%	5939.0
2016	36855.6	-6.8%	20976.3	-7.7%	15879.3	-5.5%	5097.1
2017	41045.0	11.4%	22635.2	7.9%	18409.8	15.9%	4225.4
2018	46224.4	12.6%	24867.0	9.9%	21357.5	16.0%	3509.5
2019	45761.3	-1.0%	24990.3	0.5%	20771.0	-2.7%	4219.3
2020	46559.1	1.7%	25899.5	3.6%	20659.6	-0.6%	5239.9

（资料来源：1978—2018 年数据来自中国历年《对外贸易统计年鉴》；2019 年、2020 年数据来自中国海关统计。）

从增长率看，1978 年以来，中国进出口总额的年平均增长速度达到 18.2%，不仅高于同期国民经济的年平均增长速度 16%，而且大大高于世界贸易的年平均增长速度。据统计，在 1990—2000 年间，世界贸易的平均增长速度约为 8%，其中发展中国家贸易增长率高于转型国家贸易增长率，而发达国家的贸易增长率最低，约为 5.9%。进入 21 世纪以来，世界各类型国家的贸易增长速度都明显加快，其中发展中国家贸易增长率达到 14% 左右，但是中国的对外贸易增长速度仍然略胜一筹。

2. 中国对外贸易由逆差变为顺差，尤其近几年顺差增势迅猛

在 1978—1989 年间，中国对外贸易以逆差为主，累计逆差达 468.4 亿美元。从 1990 年开始，中国对外贸易扭转了长期逆差的不利局面，除 1993 年以外，每年都出现顺差，1990—2010 年累计顺差 15077.9 亿美元。特别是自 2004 以来中国对外贸易顺差出现超常增长，由 2004 年 319.8 亿美元剧增到 2008 年的 2981.2 亿美元，五年内增加了 10 倍左右，平均增长率达到 8.3%。虽然 2009 年之后中国对外贸易顺差开始出现减少趋势，但仍在 1500 亿美元以上，具体来看，2009 年、2010 年、2011 年的顺差额分别为 1956.9 亿美元、1815.1 亿美元和 1551.4 亿美元。因此，由统计可知，1978—2011 年间中国累计顺差已达到 16160.9 亿美元；2012 年贸易顺差额首次超过 2000 亿美元，并于 2020 年达到 5239.9 亿美元（见图 1-2）。

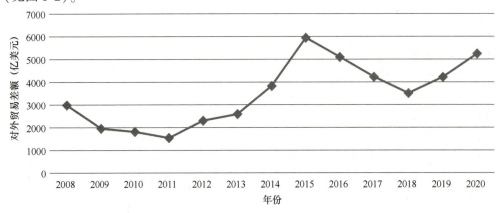

图 1-2　2008—2020 年中国对外贸易差额情况

（数据来源：中华人民共和国海关总署。）

第二节 中国对外贸易商品结构

对外贸易商品结构即进出口商品结构,是指一定时期内一国对外贸易中各类商品的组成,即某类商品进出口额与整个进出口总额之比。它可以反映一国的经济发展水平、产业结构状况和第三产业发展水平。

目前,国际通行的对进出口商品的分类是按照《国际贸易标准分类》进行的,将进出口商品分为初级产品和工业制成品两大类。初级产品是指没有经过加工或只经过初步加工的产品,主要是农产品原料和采掘工业品;工业制成品是指由工业部门对初级产品进行加工或再加工所得的产品,包括中间产品和最终产品。

一、中国对外贸易商品结构的发展演变

总体而言,中国对外贸易的结构随着不同时期的经济发展状况逐渐变化和调整,先后经历了改革开放前以初级产品为主到工业制成品占主导地位以及目前高新技术产品份额快速增长的阶段。从统计数据可以看出,中国对外贸易商品结构在改革开放前后发生了显著改变。

(一)改革开放前的对外贸易商品结构

就出口商品而言,1953年初级产品占总出口额的比重为79.4%,而工业制成品的比重仅为20.6%。其中,食品占30.9%,饮料及烟草占7.9%,非食品原料占33.3%,工业制成品中重化工业产品占8.3%,轻纺工业产品占12.3%。经过多年的工业化发展,到1977年,初级产品占总出口额的比重下降为53.6%,而工业制成品的比重上升为46.4%,出口商品结构明显优化(见表1-4)。就进口商品结构而言,中国的进口商品结构受到国内产业部门发展的影响,主要以工业制成品为主,其中主要集中在进口技术含量高的机械及运输设备上。具体分阶段来看,中国进出口商品结构情况如下:

表1-4 1953—1977年中国出口商品结构

年 份	出口总额(亿美元)	初级产品		工业制成品	
		金额(亿美元)	比重	金额(亿美元)	比重
1953	10.22	8.11	79.4%	2.11	20.6%
1957	15.97	10.15	63.6%	5.82	36.4%
1965	22.28	11.41	51.2%	10.87	48.8%
1970	22.60	12.10	53.5%	10.50	46.5%
1975	72.60	40.98	56.4%	31.66	43.6%
1977	75.90	40.65	53.6%	35.25	46.4%

(资料来源:《中国对外经济贸易年鉴》。)

1. 国民经济恢复时期(1950—1952年)

这一时期中国出口主要集中于农副产品和一些原料产品的出口,如大豆、桐油、茶叶、猪鬃、肠衣、蛋品、蚕丝、钨砂、水银和绸缎等;进口了大量恢复和发展工农业生产以及交通运输所必需的重要物资和原材料,如钢材、有色金属、化工原料、橡胶、机床、拖拉机、化肥、农药、车辆、船舶、飞机、石油,以及调剂供求、稳定市场所需的棉花、化纤、砂

糖、动植物油、纸张、手表等物资。

2. 第一个五年计划时期（1953—1957年）

中国的出口贸易在工农业得到恢复和发展的基础上，有了很大增长，出口商品结构也有了很大变化。到1957年，中国出口商品中重工业产品占24.3%，轻工业产品占22.7%，农副产品占53%。除了出口传统的农副土特产品外，还增加了许多新商品，特别是发展了工业品出口，如棉纱、棉布、钢材、五金、玻璃、金笔、缝纫机，以及纺织、水泥、造纸、碾米等成套设备，其中有许多过去是要进口的；其间，中国积极组织进口了大量中国生产、建设所需的机器、工业器材、原料及其他重要物资。到1957年，中国生产资料进口的比重已高达92%，其中机械设备的比重就高达52.5%。

3. 第二个五年计划和国民经济调整时期（1958—1965年）

由于前一时期中国重点抓轻工业产品的生产和出口，因此，中国除出口搪瓷制品、球鞋、皮件、闹钟、洗衣粉、棉纱布、涤纶布、珠宝首饰等新增出口品外，原已出口的棉纱、棉布、针棉织品、罐头、缝纫机、自行车等的出口数量也大幅度增长，有的甚至成倍增长。重工业产品出口也有所发展，增加了部分化工产品和拖拉机、工具、小五金、煤炭等的出口；进口了大量的粮食、糖、动植物油、棉花、化纤、化肥等支援国内市场和农业生产的重要物资。1959年、1962年、1963年、1964年和1965年，中国的消费资料进口比重分别为4.3%、44.8%、44%、44.5%和33.5%。

4. "文革"与拨乱反正时期（1966—1978年）

"文革"时期，中国的对外贸易基本处于停滞状态。20世纪70年代，出口中工矿产品比重增加，1973年开始出口石油，从1975年起，石油成为出口收汇最多的商品。中国的进口商品结构一直没有太大变化，1975年后，中国为协调生产发展进口了工业生产用的原材料。

（二）改革开放新时期的对外贸易商品结构

1. 出口商品结构

改革开放以来，中国进出口商品结构不断优化。1980年，出口产品仍以初级产品为主，占50.3%，工业制成品只占49.7%。此后，中国工业制成品出口比重呈现波动上升的态势，1990年超过70%，1993年超过80%，2001年增至90.1%，随后几年仍然继续上升，2010年高达94.8%。与此相对应，中国初级产品出口比重1990年降到30%以下，为25.6%；1993年降到20%以下，为18.2%；2001年降至9.9%，不足10%；到2013年仅为4.8%。可见，在我国出口商品中，工业制成品出口已牢牢占据绝对主导地位。2008—2020年间工业制成品出口额的年均增长约为5.3%，出口比重一直维持在94%以上，2020年中国工业制成品出口规模已达到2.5万亿美元。与此同时，2008—2020年间初级产品出口贸易规模的变化趋势与工业制成品相似，出口额从2008年的779.57亿美元逐步增加到2020年的1154.71亿美元，出口占比维持在5%左右（见表1-5）。

表1-5 中国1980—2020年出口商品结构

年份	出口总额（亿美元）	初级产品		工业制成品	
		金额（亿美元）	比重	金额（亿美元）	比重
1980	181.19	91.14	50.3%	90.05	49.7%
1985	273.50	138.28	50.6%	135.22	49.4%

(续)

年 份	出口总额（亿美元）	初级产品		工业制成品	
		金额（亿美元）	比重	金额（亿美元）	比重
1990	620.91	158.86	25.6%	462.05	74.4%
1991	719.10	161.45	22.5%	556.98	77.5%
1992	849.40	170.04	20.0%	679.36	80.0%
1993	917.44	166.66	18.2%	750.78	81.8%
1994	1210.06	197.08	16.3%	1012.98	83.7%
1995	1487.80	214.85	14.4%	1272.95	85.6%
1996	1510.48	219.25	14.5%	1291.23	85.5%
1997	1827.92	239.53	13.1%	1588.39	86.9%
1998	1837.09	204.89	11.1%	1632.20	88.9%
1999	1949.31	199.41	10.2%	1749.90	89.8%
2000	2492.03	254.60	10.2%	2237.43	89.8%
2001	2660.98	263.38	9.9%	2397.60	90.1%
2002	3255.96	285.40	8.8%	2970.56	91.2%
2003	4382.28	348.12	7.9%	4034.16	92.1%
2004	5933.26	405.49	6.8%	5527.77	93.2%
2005	7619.53	490.37	6.4%	7129.16	93.4%
2006	9689.78	529.19	5.5%	9160.17	94.5%
2007	12204.56	615.09	5.0%	11562.67	94.7%
2008	14306.93	779.57	5.5%	13527.36	94.6%
2009	12016.12	631.12	5.2%	11384.83	94.8%
2010	15777.54	816.86	5.1%	14960.69	94.8%
2011	18986.00	1005.45	5.3%	17978.36	94.7%
2012	20487.10	1005.58	4.9%	19481.56	95.1%
2013	22100.20	1072.68	4.8%	21017.32	95.2%
2014	23422.93	1126.83	4.8%	22296.09	95.2%
2015	22734.68	1038.86	4.6%	21695.93	95.4%
2016	20976.31	1051.87	5.0%	19924.45	95.0%
2017	22635.22	1177.09	5.2%	21458.13	94.8%
2018	24866.96	1350.28	5.4%	23516.68	94.6%
2019	24994.82	1339.70	5.4%	23655.13	94.6%
2020	25906.46	1154.71	4.5%	24751.75	95.5%

（资料来源：根据2020年《中国统计年鉴》计算得到，2020年数据根据中国海关统计计算。）

2. 进口商品结构

20世纪80年代以来，中国进口商品结构的变动幅度相对较小，其中，初级产品进口所占比重先降后升，从1980年的34.8%降到1993年的13.7%，而后又渐渐回升，到2011年时达到34.7%，与1980年水平相近。与此相对应，工业制成品进口所占比重先升后降，从

1980年的65.2%增加到1993年的86.3%，此后又缓慢下调，到2013年时降至66.3%。尽管两类产品所占比重各有升降，但是进口绝对量都呈上升趋势，两类产品2013年的进口额分别是1980年进口额的90余倍。2014—2020年期间，工业制成品和初级产品进口规模总体上均呈现出波动式增加的变化趋势，在2014—2016年均出现了小幅下降，之后逐年增加。2019年后，两类产品进口额均出现小幅下降。2020年工业制成品和初级产品进口规模分别为13785.38亿美元和6770.74亿美元（见表1-6）。

表1-6　中国1980—2020年进口商品结构

年　份	进口总额（亿美元）	初级产品 金额（亿美元）	比重	工业制成品 金额（亿美元）	比重
1980	200.17	69.59	34.8%	130.58	65.2%
1985	422.52	52.89	12.5%	369.63	87.5%
1990	533.45	98.53	18.5%	434.92	81.5%
1991	637.91	108.34	17.0%	529.57	83.0%
1992	805.85	132.55	16.4%	673.30	83.6%
1993	1039.59	142.10	13.7%	897.49	86.3%
1994	1156.14	164.86	14.3%	991.28	85.7%
1995	1320.84	244.17	18.5%	1076.67	81.5%
1996	1388.33	254.41	18.3%	1133.92	81.7%
1997	1423.70	286.20	20.1%	1137.50	79.9%
1998	1402.37	229.49	16.4%	1172.88	83.6%
1999	1656.99	268.46	16.2%	1388.53	83.8%
2000	2250.94	467.39	20.8%	1783.55	79.2%
2001	2435.53	457.43	18.8%	1978.10	81.2%
2002	2951.70	492.71	16.7%	2458.99	83.3%
2003	4127.60	727.63	17.6%	3399.96	82.4%
2004	5612.29	1172.67	20.9%	4439.62	79.1%
2005	6599.53	1477.14	22.4%	5122.39	77.6%
2006	7914.61	1871.29	23.6%	6043.32	76.4%
2007	9561.16	2430.85	25.4%	7128.65	74.6%
2008	11325.67	3623.95	32.0%	7701.67	68.0%
2009	10059.23	2898.04	28.8%	7161.19	71.2%
2010	13962.44	4338.50	31.1%	9623.94	68.9%
2011	17434.84	6042.69	34.7%	11392.15	65.3%
2012	18184.05	6349.34	34.9%	11834.71	65.1%
2013	19502.90	6580.81	33.7%	12922.09	66.3%
2014	19592.35	6470.92	33.0%	13121.43	67.0%
2015	16795.64	4718.53	28.1%	12078.71	71.9%
2016	15879.26	4409.04	27.8%	11468.71	72.2%

(续)

年 份	进口总额（亿美元）	初级产品		工业制成品	
		金额（亿美元）	比重	金额（亿美元）	比重
2017	18409.82	5770.64	31.3%	12639.18	68.7%
2018	21357.48	7017.44	32.9%	14339.90	67.1%
2019	20784.09	7299.52	35.1%	13484.57	67.1%
2020	20556.12	6770.74	32.9%	13785.38	67.1%

（资料来源：根据2020年《中国统计年鉴》计算得到，2020年数据根据中国海关统计计算。）

二、中国对外贸易商品结构变化的特点

（一）工业制成品的出口比重进一步提高，而进口比重下降，结构不断优化

从出口商品结构变化来看，40多年中国对外出口贸易中工业制成品出口额大幅增长，其所占出口总额的比重也逐渐提高（见图1-3）。中国对外贸易出口总额由1992年的719.10亿美元增长至2020年的25906.46亿美元，其中工业制成品出口额由1992年的849.40亿美元增加到24751.75亿美元，占出口总额的比重由1992年的80.0%提高到2020年的95.5%。这同时说明了中国工业制成品出口主导地位在持续增强。

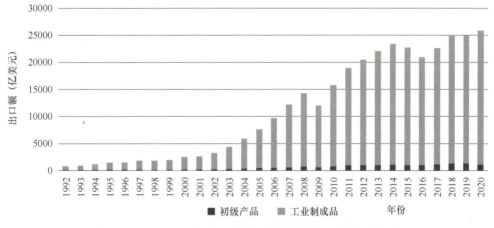

图1-3 1992—2020年出口贸易中初级产品与工业制成品金额

相比而言，中国进口商品结构的变化比出口商品结构的变化要小很多，工业制成品的进口比重也低于出口的比重，且开始出现降低的趋势（见图1-4）。总体而言，1992—2019年初级产品的进口比重呈现先降后升的趋势，工业制成品的进口则呈现先升后降的总体趋势。具体来看，1992年初级产品的进口比重为34.8%，1997年下降为20.1%，并于2002年下降到最低比重16.69%；随后，初级产品稳定增长，2007年上升到25.4%，增至2019年已上升为35.1%。而工业制成品的比重由1992年的65.2%上升至2002年的83.31%，随后缓慢下降，2019年工业制成品的比重下降为64.9%。而2020年初级产品进口额出现下降趋势，工业产品则呈现出增长趋势。

（二）初级产品出、进口额稳定增长，且各类产品所占比重变化不大

从出口商品结构来看，初级产品的出口主要包括食品及主要供食用的活动物，矿物燃

料、润滑油及有关原料；其次是非食用原料（燃料除外）；然后是饮料及烟类、动、植物油脂及蜡。自 1992 年以来，虽然初级产品出口总额所占比重连年下降，但各类初级产品出口额的绝对值均有所增长，且各自占比基本保持不变。

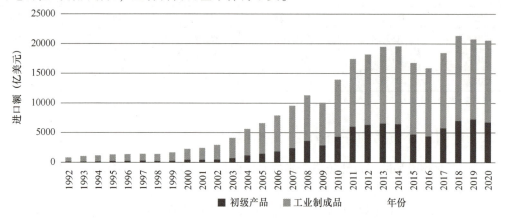

图 1-4 1992—2020 年进口贸易中初级产品与工业制成品金额

具体来看，初级产品出口额由 1992 年的 170.04 亿美元增长至 2020 年的 1154.71 亿美元，占中国对外贸易出口总额的比重则由 1992 年的 20.0% 下降到 2020 年的 4.5%。相比而言，在初级产品出口结构中，各类商品所占比重自 1992 年以来基本没有出现大的变化。其中，矿物燃料、润滑油及有关原料所占比重从 1992 年的 27.6% 升至 2008 年的最高值 40.8%，随后有所下降，2020 年为 27.8%；食品及主要供食用的活动物所占比重变动幅度较小，1992 年为 48.9%，2020 年为 55.0%，大约占一半份额；饮料及烟类所占比重从 1992 年的 4.2% 降至 2020 年的 2.1%；非食用原料所占比重从 1992 年的 18.5% 降至 2020 年的 13.8%；动、植物油脂及蜡所占比重在 1992—2020 年期间出现了先降后升的变化趋势，从 1992 年的 0.8% 下降到 2013 年的 0.5%，之后几年又呈现出小幅增加的趋势，2020 年动、植物油脂及蜡这类初级产品出口占比增加到约 1.2%（见表 1-7）。

表 1-7 1992—2020 年中国初级产品出口商品构成表（按《国际贸易标准分类》分类）

年 份	总值（亿美元）	商品 1 金额（亿美元）	商品 1 比重	商品 2 金额（亿美元）	商品 2 比重	商品 3 金额（亿美元）	商品 3 比重	商品 4 金额（亿美元）	商品 4 比重	商品 5 金额（亿美元）	商品 5 比重
1992	170.04	83.09	48.9%	7.20	4.2%	31.43	18.5%	46.93	27.6%	1.39	0.8%
1993	166.66	83.99	50.4%	9.01	5.4%	30.52	18.3%	41.09	24.7%	2.05	1.2%
1994	197.08	100.15	50.8%	10.02	5.1%	41.27	20.9%	40.69	20.6%	4.95	2.5%
1995	214.85	99.54	46.3%	13.70	6.4%	43.75	20.4%	53.32	24.8%	4.54	2.1%
1996	219.25	102.31	46.7%	13.42	6.1%	40.45	18.4%	59.31	27.1%	3.76	1.7%
1997	239.53	110.75	46.2%	10.49	4.4%	41.95	17.5%	69.87	29.2%	6.47	2.7%
1998	204.89	105.13	51.3%	9.75	4.8%	35.19	17.2%	51.75	25.3%	3.07	1.5%
1999	199.41	104.58	52.4%	7.71	3.9%	39.21	19.7%	46.59	23.4%	1.32	0.7%
2000	254.60	122.82	48.2%	7.45	2.9%	44.62	17.5%	78.55	30.9%	1.16	0.5%
2001	263.38	127.77	48.5%	8.73	3.3%	41.72	15.8%	84.05	31.9%	1.11	0.4%

(续)

年 份	总值 (亿美元)	商品1		商品2		商品3		商品4		商品5	
		金额 (亿美元)	比重	金额 (亿美元)	比重	金额 (亿美元)	比重	金额 (亿美元)	比重	金额 (亿美元)	比重
2002	285.40	146.21	51.2%	9.84	3.4%	44.02	15.4%	84.35	29.6%	0.98	0.3%
2003	348.12	175.31	50.4%	10.19	2.9%	50.32	14.5%	111.14	31.9%	1.15	0.3%
2004	405.49	188.64	46.5%	12.14	3.0%	58.43	14.4%	144.80	35.7%	1.48	0.4%
2005	490.37	224.80	45.8%	11.83	2.4%	74.84	15.3%	176.22	35.9%	2.68	0.5%
2006	529.19	257.23	48.6%	11.93	2.3%	78.60	14.9%	177.70	33.6%	3.73	0.7%
2007	615.09	307.43	50.0%	13.97	2.3%	91.16	14.8%	199.51	32.4%	3.03	0.5%
2008	779.57	327.62	42.0%	15.29	2.0%	113.19	14.5%	317.73	40.8%	5.74	0.7%
2009	631.12	326.28	51.7%	16.41	2.6%	81.53	12.9%	203.74	32.3%	3.16	0.5%
2010	816.86	411.48	50.4%	19.06	2.3%	116.03	14.2%	266.73	32.7%	3.55	0.4%
2011	1005.40	504.93	50.2%	25.90	2.6%	143.41	14.3%	310.69	30.9%	5.44	0.5%
2012	1005.60	520.75	51.8%	22.76	2.3%	149.77	14.9%	327.74	32.6%	5.26	0.5%
2013	1072.70	557.26	51.9%	26.08	2.4%	145.63	13.6%	337.86	34.5%	5.84	0.5%
2014	1126.83	589.07	52.3%	28.83	2.6%	158.25	14.0%	344.46	30.6%	6.23	0.6%
2015	1038.86	781.58	56.0%	33.09	3.2%	138.69	13.4%	279.10	26.9%	6.45	0.6%
2016	1051.87	610.98	58.1%	35.39	3.4%	131.02	12.5%	268.73	25.6%	5.75	0.6%
2017	1177.09	626.45	53.2%	34.68	3.0%	154.36	13.1%	353.47	30.0%	8.14	0.7%
2018	1350.28	654.71	48.5%	37.13	2.7%	180.21	13.3%	467.22	34.6%	10.65	0.8%
2019	1339.70	650.00	48.5%	34.68	2.6%	172.24	12.9%	471.23	35.2%	11.54	0.9%
2020	1154.71	635.53	55.0%	24.78	2.1%	159.21	13.8%	321.15	27.8%	14.05	1.2%

注：总值是指初级产品出口绝对额；商品1：食品及主要供食用的活动物；商品2：饮料及烟类；商品3：非食用原料（燃料除外）；商品4：矿物燃料、润滑油及有关原料；商品5：动、植物油脂及蜡。
（资料来源：根据2020年《中国统计年鉴》计算得到。2020年数据来自中华人民共和国海关总署。）

进口商品中，初级产品主要是非食用原料和矿物燃料、润滑油及有关原料，2020年这两类商品进口占初级产品进口总额的比重高达83.0%；其次是食品及主要供食用的活动物；然后是动、植物油脂及蜡和饮料及烟类。从各类初级产品进口份额变化来看，1992年以来所占比重提高幅度最大的是矿物燃料、润滑油及有关原料，从1992年的26.9%上升至2020年的39.5%；下降幅度最大的是食品及主要供食用的活动物，从1992年的23.7%跌至2020年的14.5%；其他商品所占比重变化不大（见表1-8）。

表1-8　1992—2020年中国初级产品进口商品构成表（按国际贸易标准分类）

年 份	总值 (亿美元)	商品1		商品2		商品3		商品4		商品5	
		金额 (亿美元)	比重	金额 (亿美元)	比重	金额 (亿美元)	比重	金额 (亿美元)	比重	金额 (亿美元)	比重
1992	132.55	31.46	23.7%	2.39	1.8%	57.75	43.6%	35.70	26.9%	5.25	4.0%
1993	142.10	22.06	15.5%	2.45	1.7%	54.38	38.3%	58.19	41.0%	5.02	3.5%
1994	164.86	31.37	19.0%	0.68	0.4%	74.37	45.1%	40.35	24.5%	18.09	11.0%
1995	244.17	61.32	25.1%	3.94	1.6%	101.59	41.6%	51.27	21.0%	26.05	10.7%

(续)

年 份	总值 (亿美元)	商品1		商品2		商品3		商品4		商品5	
		金额 (亿美元)	比重	金额 (亿美元)	比重	金额 (亿美元)	比重	金额 (亿美元)	比重	金额 (亿美元)	比重
1996	254.41	56.72	22.3%	4.97	2.0%	106.98	42.1%	68.77	27.0%	16.97	6.7%
1997	286.20	43.04	15.0%	3.20	1.1%	120.06	41.9%	103.06	36.0%	16.84	5.9%
1998	229.49	37.88	16.5%	1.79	0.8%	107.15	46.7%	67.76	29.5%	14.91	6.5%
1999	268.46	36.19	13.5%	2.08	0.8%	127.40	47.5%	89.12	33.2%	13.67	5.1%
2000	467.39	47.58	10.2%	3.64	0.8%	200.03	42.8%	206.37	44.2%	9.77	2.1%
2001	457.43	49.76	10.9%	4.12	0.9%	221.27	48.4%	174.66	38.2%	7.63	1.7%
2002	492.71	52.38	10.6%	3.87	0.8%	227.36	46.1%	192.85	39.1%	16.25	3.3%
2003	727.63	59.60	8.2%	4.90	0.7%	341.24	46.9%	291.89	40.1%	30.00	4.1%
2004	1172.67	91.54	7.8%	5.48	0.5%	553.58	47.2%	479.93	40.9%	42.14	3.6%
2005	1477.14	93.88	6.4%	7.83	0.5%	702.26	47.5%	639.47	43.3%	33.70	2.3%
2006	1871.29	99.94	5.3%	10.41	0.6%	831.57	44.4%	890.01	47.6%	39.36	2.1%
2007	2430.85	115.00	4.7%	14.01	0.6%	1179.10	48.5%	1049.30	43.2%	73.44	3.0%
2008	3623.95	140.51	3.9%	19.20	0.5%	1666.95	46.0%	1692.42	46.7%	104.86	2.9%
2009	2898.04	148.27	5.1%	19.54	0.7%	1413.47	48.8%	1240.38	42.8%	76.39	2.6%
2010	4338.50	215.70	5.0%	24.28	0.6%	2121.11	48.9%	1890.00	43.6%	87.40	2.0%
2011	6042.69	287.74	4.8%	36.85	0.6%	2849.23	47.2%	2757.76	45.6%	111.12	1.8%
2012	6349.34	352.60	5.6%	44.03	0.7%	2696.60	42.5%	3130.85	49.3%	125.27	2.0%
2013	6580.81	417.01	6.3%	45.09	0.7%	2863.70	43.5%	3151.60	47.9%	103.39	1.6%
2014	6470.92	467.98	7.2%	52.15	0.8%	2699.66	41.7%	3166.24	48.9%	84.89	1.3%
2015	4718.53	505.00	10.7%	57.74	1.2%	2095.38	44.4%	1985.95	42.1%	74.51	1.6%
2016	4409.04	491.56	11.2%	60.96	1.4%	2025.43	45.9%	1765.22	40.0%	65.89	1.5%
2017	5770.64	542.88	9.4%	70.28	1.2%	2602.26	45.1%	2478.43	43.0%	76.33	1.3%
2018	7017.44	648.01	9.2%	76.65	1.1%	2721.44	38.8%	3493.56	49.8%	77.78	1.1%
2019	7299.52	807.35	11.1%	76.61	1.0%	2849.41	39.0%	3472.33	47.6%	93.83	1.3%
2020	6770.74	981.94	14.5%	62.14	0.9%	2944.83	43.5%	2675.35	39.5%	106.47	1.6%

注：总值是指初级产品进口金额；商品1：食品及主要供食用的活动物；商品2：饮料及烟类；商品3：非食用原料（燃料除外）；商品4：矿物燃料、润滑油及有关原料；商品5：动、植物油脂及蜡。
(资料来源：根据2020年《中国统计年鉴》计算得到。2020年数据来自中华人民共和国海关总署。)

(三) 资本技术密集型产品的出、进口比重增加

按照1974年《联合国国际贸易标准分类》的划分，5类（化学品及有关产品）、6类（按原料分类的制成品）、7类（机械及运输设备）、8类（杂项制品）属于工业制成品，其中5类和7类商品属于资本技术密集型，6类和8类商品属于劳动密集型。在工业制成品结构中，不管是出口还是进口，各类商品所占比重自1992年以来都发生了不同程度的变化，且变化最显著的均是7类（机械及运输设备）。

从工业制成品的出口来看，属于资本技术密集型商品的机械及运输设备所占比重提高幅度最大，由1992年的19.5%增加到2020年的50.8%，所占份额已超过工业制成品的一半

左右；杂项制品所占比重出现大幅下降，从 1992 年的 50.4% 逐年降至 2020 年的 23.6%，减少了一半左右；轻纺产品、橡胶制品、矿冶产品及其制品所占比重小幅下降，从 1992 年的 23.8% 降至 2020 年的 17.5%；化学品及有关产品所占比重基本保持不变，从 1992 年的 6.4% 降至 2013 年的 5.7%，之后又逐渐上升至 2020 年的 6.8%；至于未分类的其他制品则从无到有，2020 年占 1.2% 的比重（见表 1-9）。

表 1-9 1992—2020 年中国工业制成品出口商品构成（按国际贸易标准分类）

年份	总值（亿美元）	商品1 金额（亿美元）	商品1 比重	商品2 金额（亿美元）	商品2 比重	商品3 金额（亿美元）	商品3 比重	商品4 金额（亿美元）	商品4 比重	商品5 金额（亿美元）	商品5 比重
1992	679.36	43.48	6.4%	161.35	23.8%	132.19	19.5%	342.34	50.4%	—	—
1993	750.78	46.23	6.2%	163.92	21.8%	152.82	20.4%	387.81	51.7%	—	—
1994	1012.98	62.36	6.2%	232.18	22.9%	218.95	21.6%	499.37	49.3%	0.12	0
1195	1272.95	90.94	7.1%	322.40	25.3%	314.07	24.7%	545.48	42.9%	0.06	0
1996	1291.23	88.77	6.9%	284.98	22.1%	353.12	27.3%	564.24	43.7%	0.12	0
1997	1588.39	102.27	6.4%	344.32	21.7%	437.09	27.5%	704.67	44.4%	0.04	0
1998	1632.20	103.21	6.3%	324.77	19.9%	502.17	30.8%	702.00	43.0%	0.05	0
1999	1749.90	103.73	5.9%	332.62	19.0%	588.36	33.6%	725.10	41.4%	0.09	0
2000	2237.43	120.98	5.4%	425.46	19.0%	826.00	36.9%	862.78	38.6%	2.21	0.1%
2001	2397.60	133.52	5.6%	438.13	18.3%	949.01	39.6%	871.10	36.3%	5.84	0.2%
2002	2970.56	153.25	5.2%	529.55	17.8%	1269.76	42.7%	1011.53	34.1%	6.48	0.2%
2003	4034.16	195.81	4.9%	690.18	17.1%	1877.73	46.5%	1260.88	31.3%	9.56	0.2%
2004	5527.77	263.60	4.8%	1006.46	18.2%	2682.60	48.5%	1563.98	28.3%	11.12	0.2%
2005	7129.16	357.72	5.0%	1291.21	18.1%	3522.34	49.4%	1941.83	27.2%	16.06	0.2%
2006	9160.17	445.30	4.9%	1748.16	19.1%	4563.43	49.8%	2380.14	26.0%	23.15	0.3%
2007	11562.67	603.24	5.2%	2198.77	19.0%	5770.45	49.9%	2968.44	25.7%	21.76	0.2%
2008	13527.36	793.46	5.9%	2623.91	19.4%	6733.29	49.8%	3359.59	24.8%	17.10	0.1%
2009	11384.83	620.17	5.4%	1848.16	16.2%	5902.74	51.8%	2997.47	26.3%	16.30	0.1%
2010	14960.69	875.72	5.9%	2491.08	16.7%	7802.69	52.2%	3776.52	25.2%	14.68	0.1%
2011	17978.36	1147.88	6.4%	3195.60	17.8%	9017.74	50.2%	4593.70	25.6%	23.43	0.1%
2012	19481.56	1135.65	5.8%	3331.40	17.1%	9643.61	49.5%	5356.71	27.5%	14.17	0.07%
2013	21017.36	1196.17	5.7%	3606.06	17.2%	10385.34	49.4%	5812.49	27.7%	17.29	0.1%
2014	22296.09	1345.67	6.0%	4002.97	18.0%	10704.25	48.0%	6220.54	28.0%	22.67	0.1%
2015	21695.93	1295.80	6.0%	3910.21	18.0%	10591.19	48.8%	5874.44	27.1%	24.29	0.1%
2016	19924.45	1219.27	6.1%	3512.45	17.6%	9842.09	49.4%	5294.94	26.6%	55.70	0.3%
2017	21458.13	1413.29	6.6%	3680.54	17.1%	10829.05	50.5%	5477.67	25.5%	57.58	0.3%
2018	23516.68	1674.66	7.1%	4046.59	17.2%	12077.88	51.4%	5656.06	24.1%	61.71	0.3%
2019	23655.13	1617.65	6.8%	4067.33	17.2%	11954.44	50.5%	5835.02	24.7%	180.69	0.8%
2020	24751.75	1691.93	6.8%	4342.33	17.5%	12583.10	50.8%	5848.90	23.6%	285.48	1.2%

注：总值是指工业制成品出口金额；商品1：化学品及有关产品；商品2：按原料分类的制成品；商品3：机械及运输设备；商品4：杂项制品；商品5：未分类的其他商品。
（资料来源：根据 2020 年《中国统计年鉴》计算得到。2020 年数据来自中华人民共和国海关总署。）

工业制成品进口主要是机械及运输设备，化学品及有关产品，轻纺产品、橡胶制品、矿冶产品及其制品，2019年这三类产品进口所占比重高达87.8%；其次是杂项制品和未分类的其他商品。在工业制成品进口结构中，1992年以来所占比重提高幅度最大的是机械及运输设备，从1992年的46.5%上升至2020年的60.1%；下降幅度最大的是轻纺产品、橡胶制品、矿冶产品及其制品，从1992年的28.6%跌至2020年的12.12%；其他类商品没有明显变动，但是化学品及有关产品、未分类的其他商品进口份额总体呈下降趋势，而杂项制品进口份额总体呈先升后降的趋势（见表1-10）。

表1-10　1992—2020年中国工业制成品进口商品构成（按国际贸易标准分类）

年份	总值（亿美元）	商品1 金额（亿美元）	商品1 比重	商品2 金额（亿美元）	商品2 比重	商品3 金额（亿美元）	商品3 比重	商品4 金额（亿美元）	商品4 比重	商品5 金额（亿美元）	商品5 比重
1992	673.30	111.57	16.6%	192.73	28.6%	313.12	46.5%	55.88	8.3%	—	—
1993	897.49	97.04	10.8%	285.27	31.8%	450.23	50.2%	64.95	7.2%	—	—
1994	991.28	121.30	12.2%	280.84	28.3%	514.67	51.9%	67.68	6.8%	6.79	0.7%
1995	1076.67	172.99	16.1%	287.72	26.7%	526.42	48.9%	82.61	7.7%	6.93	0.6%
1996	1133.92	181.06	16.0%	313.91	27.7%	547.63	48.3%	84.86	7.5%	6.46	0.6%
1997	1137.50	192.97	17.0%	322.20	28.3%	527.74	46.4%	85.50	7.5%	9.09	0.8%
1998	1172.88	201.58	17.2%	310.75	26.5%	568.45	48.5%	84.56	7.2%	7.54	0.6%
1999	1388.53	240.30	17.3%	343.17	24.7%	694.53	50.0%	97.01	7.0%	13.52	1.0%
2000	1783.55	302.13	16.9%	418.07	23.4%	919.31	51.5%	127.51	7.1%	16.53	0.9%
2001	1978.10	321.04	16.2%	419.38	21.2%	1070.15	54.1%	150.76	7.6%	16.76	0.8%
2002	2458.99	390.36	15.9%	484.89	19.7%	1370.10	55.7%	198.01	8.1%	15.64	0.6%
2003	3399.96	489.75	14.4%	639.02	18.8%	1928.26	56.7%	330.11	9.7%	12.82	0.4%
2004	4439.62	654.73	14.7%	739.86	16.7%	2528.30	56.9%	501.43	11.3%	15.29	0.3%
2005	5122.39	777.34	15.2%	811.57	15.8%	2904.78	56.7%	608.62	11.9%	20.08	0.4%
2006	6043.32	870.47	14.4%	869.24	14.4%	3570.21	59.1%	713.11	11.8%	20.30	0.3%
2007	7128.65	1075.54	15.1%	1028.77	14.4%	4124.59	57.9%	875.10	12.3%	24.65	0.3%
2008	7701.67	1191.88	15.5%	1071.65	13.9%	4417.65	57.4%	976.41	12.7%	44.09	0.6%
2009	7161.19	1120.90	15.7%	1077.39	15.0%	4077.97	56.9%	851.86	11.9%	33.07	0.5%
2010	9623.94	1497.00	15.6%	1312.78	13.6%	5494.21	57.1%	1135.60	11.8%	184.35	1.9%
2011	11392.15	1811.06	15.9%	1503.04	13.2%	6305.70	55.4%	1277.22	11.2%	495.13	4.3%
2012	11834.71	1792.87	15.1%	1459.53	12.3%	6529.41	55.2%	1365.19	11.5%	687.72	5.8%
2013	12919.08	1903.04	14.7%	1478.51	11.4%	7101.12	55.0%	1388.54	10.7%	1047.36	8.1%
2014	13121.43	1932.70	14.7%	1723.25	13.1%	7240.61	55.2%	1397.68	10.7%	827.20	6.3%
2015	12078.71	1712.65	14.2%	1330.34	11.0%	6824.56	56.5%	1346.90	11.2%	864.25	7.2%
2016	11468.71	1641.17	14.3%	1219.20	10.6%	6578.24	57.4%	1261.43	11.0%	768.68	6.7%
2017	12639.18	1937.44	15.3%	1350.75	10.7%	7348.46	58.1%	1341.75	10.6%	660.79	5.2%
2018	14339.90	2236.36	15.6%	1513.51	10.7%	8396.66	58.6%	1437.80	10.7%	756.07	5.3%
2019	13484.57	2187.33	16.2%	1400.42	10.4%	7866.38	58.3%	1442.12	10.7%	588.31	4.4%
2020	13785.38	2133.32	15.5%	1682.78	12.2%	8285.88	60.1%	1460.15	10.6%	223.25	1.6%

注：总值是指工业制成品进口金额；商品1：化学品及有关产品；商品2：按原料分类的制成品；商品3：机械及运输设备；商品4：杂项制品；商品5：未分类的其他商品。

（资料来源：根据2020年《中国统计年鉴》计算得到。2020年数据来自中华人民共和国海关总署。）

三、中国对外贸易商品结构存在的主要问题

21 世纪以来，中国的对外贸易，尤其是货物贸易快速发展，取得了令人瞩目的成就，其中对外货物贸易出口的发展更为迅猛。出口商品结构中，在初级产品出口值稳步增长的同时，以资本和技术密集型产品为代表的工业制成品的出口已经成为中国出口货物的主要来源。但也应看到，中国的货物贸易出口商品结构中仍存在层次低、高能耗、高排放等诸多问题；此外，中国关键技术设备等技术密集型产品仍以进口为主，外贸依存度较高。

（一）出口商品结构低端化格局尚未根本改善，国际分工中地位亟待提升

到目前为止，加工贸易仍然是中国商品出口的主要贸易方式，占据进出口贸易总额的主导地位。截至 2020 年，加工贸易额占中国进出口总额比重的 27.1%。而加工贸易的突出特征是原料和市场"两头在外"，相应的企业缺乏自主知识产权与品牌优势，可以说加工贸易的迅猛发展在很大程度上导致了中国高新技术产品出口占总出口的比重仍然偏低，且出口种类单一、出口范围狭窄，主要集中在机电、通信设备等。与发达国家相比，制成品出口仍以低附加值的劳动密集型产品为主，总体出口商品在国际分工中的地位较低，处于产业链的低端，急需提升中国在国际分工中的地位与竞争优势。

（二）劳动密集型产品的出口占比仍然较大，易引起贸易条件恶化和贸易摩擦

中国出口竞争力指数较高的产品依然集中在劳动密集型制成品上，以研究、开发和生产为特征的产业格局尚未形成，竞争力较弱。劳动密集型商品的大量出口有利于提升中国贸易的发展与出口的增长，但是，全球金融危机之后世界经济格局发生巨变，如果中国外贸商品结构的这种特征在长期发展中得不到改善，将进一步恶化。中国外贸面临三大挑战：一是中国总体贸易条件持续恶化。金融危机之后，廉价的劳动密集商品大量进入发达国家和发展中国家市场，导致中国与欧美等发达国家之间的贸易摩擦增加，甚至与发展中家之间的贸易摩擦也愈演愈烈。二是人民币升值压力。自 2008 年以来，欧美、日本等发达国家不断向中国施压，要求提高人民币汇率，这将削弱中国出口商品在世界市场上的国际竞争力。三是中国丰裕而廉价的劳动力优势在逐渐消失。随着中国人口增长率的下降和周边发展中国家的兴起，中国的劳动力成本越来越高，劳动力比较优势越来越不明显，可能很快被其他国家取代。

（三）关键技术设备、高端产品、战略资源严重依赖进口，外贸依存度较高

在中国第一大类出口商品机电产品中，仍然以劳动密集型的外商委托加工组装产品为主。国内企业不仅在计算机、通信设备乃至彩电、空调、微波炉等部分产品生产领域等都尚未掌握核心技术，更严重的是从软件、材料、元器件、集成电路、专用设备到最终产品等关键部分大多数依赖进口。中国出口商品中稳占世界第一位的是纺织服装，但也是以中低档产品为主，缺少世界名牌，高档面料、世界名牌服装和高科技纺织机械等都依赖于从发达国家进口。这对中国高科技产业发展及其产品的出口造成了严重障碍。

因此，积极推动产业结构调整，优化和调整中国外贸商品结构，引导企业提高自主创新能力，促进中国对外贸易的健康发展，已是中国外贸发展急需解决的问题。

第三节　中国对外贸易市场结构

对外贸易市场结构（Direction of Foreign Trade）也称对外贸易地区分布或国别构成，是指一定时期内各个国家或国家集团在一国对外贸易中所占的地位，通常以它们在该国进、出口总额或进出口总额中的比重来表示。对外贸易市场结构表明一国出口货物的去向和进口货物的来源，从而反映一国与其他国家或国家集团之间经济贸易的联系程度。

一、中国对外贸易出口市场结构

中华人民共和国成立初期，帝国主义对中国采取敌视、孤立和封锁禁运的政策，在这种历史条件下，中国迅速同苏联、东欧等社会主义国家建立和发展经济贸易关系。1953年，国家制订了第一个五年计划。为了促进第一个五年计划的全面实现，中国加强同社会主义国家的经济合作，大力发展同苏联、东欧等国家的经济贸易关系。同时，在有利于中国社会主义建设的条件下，发展了同东南亚各国以及其他资本主义国家的贸易。1960年中苏关系恶化，为了适应国际形势的变化，克服国内经济困难，中国从对苏联的贸易开始转向对西方资本主义国家的贸易上来，大力发展同日本、西欧等国家的贸易。

1950年中国出口贸易国家和地区近40个，到1988年已增加到180多个。在此期间，中国不仅与广大发展中国家和地区开展了贸易，而且还积极发展与日本、美国、欧洲等发达国家之间的贸易关系。经过自改革开放以来40余年的发展，不仅美国、欧洲、日本、东盟以及中国香港、澳门地区等已成为中国内地的主要出口对象，周边发展中国家、新兴市场等也逐渐成为中国内地重要的贸易伙伴，推动了中国内地对外贸易出口市场结构的多元化发展。

从整体来看，中国出口商品主要分布在亚洲、欧洲和北美洲市场。历年来，中国最大的出口地区是亚洲，所占份额一般都在50%左右；其次是北美洲和欧洲，所占份额一般在20%左右；其他洲所占份额都比较小，一般在5%左右。而从变化趋势来看，在1986—2019年期间，从整体上看亚洲地区所占份额逐渐下降，欧洲地区所占份额呈现先降后升的趋势，而在非洲、拉丁美洲和大洋洲，中国加强与该地区的贸易往来，与这些地区之间的进出口贸易额占中国进出口贸易总额的比重均缓步上升（见表1-11）。

表1-11　1986—2019年中国出口商品在各洲的份额情况

年份 洲	1986	1993	1998	2000	2002	2007	2010	2012	2013	2017	2018	2019
亚洲	60.9%	57.3%	53.4%	53.1%	52.3%	46.7%	46.4%	49.1%	51.3%	48.4%	47.8%	48.8%
欧洲	21.1%	17.9%	18.2%	18.2%	18.2%	23.6%	22.5%	19.3%	18.4%	19.0%	19.1%	20.0%
北美	10.1%	19.8%	21.8%	22.2%	22.8%	20.7%	19.4%	18.6%	18.0%	20.4%	20.7%	18.2%
非洲	2.4%	1.7%	2.2%	2%	2.1%	3.1%	3.8%	4.2%	4.2%	4.2%	4.2%	4.5%
拉丁美洲	1.5%	1.9%	2.9%	2.9%	2.9%	4.2%	5.8%	6.6%	6.1%	5.8%	6.0%	6.1%
大洋洲	0.9%	1.3%	1.5%	1.6%	1.6%	1.7%	2.1%	2.2%	2.0%	2.3%	2.3%	2.3%

（资料来源：根据各年《中国统计年鉴》计算得到。）

（一）亚洲地区结构

在亚洲，中国大陆出口的商品主要集中在五个国家或地区：日本、中国香港、东盟、韩国、中国台湾。总体而言，中国大陆对这五个国家或地区的出口额占中国大陆对亚洲地区出口总额的比例历年都在 70% 以上，2000 年高达 90.58%，随着中国大陆市场多元化政策的出台，此份额才逐渐减少，到 2013 年仍为 41.22%，之后又逐年增加，2019 年这五个国家或地区出口额占中国大陆对亚洲地区出口总额的比例约为 72.81%（见表 1-12）。

表 1-12　1986—2019 年亚洲地区中国大陆出口商品的地区结构

年份 国家或地区	1986	1993	1998	2000	2002	2007	2010	2012	2013	2017	2018	2019
日本	26.44%	30.02%	30.34%	31.45%	28.49%	17.99%	16.59%	15.06%	6.80%	12.52%	12.38%	11.73%
中国香港	45.98%	41.88%	39.51%	33.71%	34.42%	32.33%	29.74%	32.12%	17.41%	25.47%	25.43%	22.87%
东盟	—	8.90%	11.24%	13.18%	13.77%	16.49%	18.97%	20.29%	11.05%	25.49%	26.86%	24.61%
韩国	—	9.08%	6.37%	8.47%	9.18%	9.85%	9.48%	8.71%	4.13%	9.37%	9.16%	9.09%
中国台湾	—	2.79%	3.93%	3.77%	3.82%	4.07%	4.09%	3.65%	1.84%	4.01%	4.10%	4.51%
合计	72.41%	92.67%	91.39%	90.58%	89.67%	80.73%	78.88%	79.83%	41.22%	76.86%	77.93%	72.81%

注：东盟包括文莱、印度尼西亚、马来西亚、菲律宾、新加坡、泰国，1996 年后增加越南，1998 年后增加老挝和缅甸，2000 年增加柬埔寨。

（资料来源：根据各年《中国统计年鉴》计算得到。）

1. 中国香港

在中国内地对亚洲地区的出口中，中国香港 1986 年所占份额为 45.98%，1998 年所占份额为 39.51%，2019 年已降为 22.87%。虽然中国香港所占份额总体上呈下降趋势，但仍然稳居主导地位。其原因，一方面是由于历史原因形成的内地与香港的特殊经济关系，即所谓的"前店后厂"⊖关系依然存在，再加上《内地与香港关于建立更紧密经贸关系的安排》的实施，进一步提高了两地经贸合作交流水平；另一方面，随着内资企业对外经营能力的提升，大量外资的直接进入等原因，又导致中国香港所占份额呈下降趋势。

2. 日本

在中国对亚洲地区的出口中，日本所占份额一直居于第二位，且在 1986—2018 年期间呈现先升后降的变化趋势。具体来看，1986—2000 年阶段，中国商品出口到日本的份额由 26.44% 上升到 2000 年的 31.45%；但自 2001 年之后，日本所占份额迅速下降，到 2019 年所占份额仅为 11.73%，并被东盟超越成为中国在亚洲地区的第三大出口对象。除了日本国内经济持续不景气及中国出口市场多元化政策等因素之外，日本所占份额的变化主要是由于日本在中国投资战略的改变。在中国加入 WTO 之前，日本在中国的投资比较少，一般都是利用中国廉价劳动力的优势生产零部件，然后再出口到日本，继而在日本进行组装之后再出口。而在中国加入 WTO 之后，日本调整了在中国的投资战略：一方面，加强在中国的直接投资；另一方面，日本企业也开始高度重视中国的国内市场，加大了市场开发的力度，从而

⊖ "前店后厂"是珠江三角洲地区与港澳地区经济合作中地域分工与合作的独特模式。其中，"前店"是指港澳地区，"后厂"是指珠江三角洲地区。

导致出口比例逐渐下降。

3. 中国台湾地区和韩国

这两个出口地具有共同的特点：一是所占份额都呈现缓慢增长的态势；二是所占份额都比较小，台湾地区所占份额一般在4%左右，韩国所占份额在9%左右。具体来看，1986年之前中国大陆与台湾地区、韩国之间基本没有经贸往来；此后，随着台湾地区对中国大陆商品限制的放宽以及韩国对外开放政策的实施，中国大陆与台湾地区、韩国的经贸往来日益增长。到2019年，台湾地区所占份额已为4.51%，韩国所占份额已为9.09%，成为中国大陆在亚洲地区的第四大出口地。

4. 东盟

在中国对亚洲地区的出口中，东盟所占份额不断提高，到2010年已经超过日本，位居第二。具体来看，1993年东盟所占比重仅为8.90%，而到2019年增加到24.61%。东盟所占份额的不断上升，主要是由于中国以"周边国家为基础"的对外发展政策，与东盟之间的经济相互依赖程度不断加深。此外，随着东盟内部贸易自由化进程的深化和地区经济发展水平的提高，中国与东盟的贸易机会将不断增加。东盟是中国出口地区结构多元化的重要出口对象。

（二）欧洲地区结构

在欧洲市场，中国对欧洲出口所占份额呈现先降后升的趋势，但总体变化幅度不大，基本在20%上下浮动。具体来看，1986年中国商品在欧洲地区的出口份额为21.1%，此后所占比重呈现下降趋势，到2002年已降为18.2%。自加入WTO之后，中国与欧洲各国的经贸往来逐渐深化，出口到欧洲的商品份额也稳定上升，到2019年已增加至20.0%。欧洲成为中国出口的第三大贸易地区（见表1-13）。

表1-13　1986—2019年欧洲地区中国出口商品的地区结构

年份 国家或地区	1986	1993	1998	2000	2002	2007	2010	2013	2017	2018	2019
欧洲	21.1%	17.9%	18.2%	18.2%	18.2%	23.6%	22.5%	18.4%	19.0%	19.1%	20.0%
欧盟	—	12.7%	15.3%	15.3%	14.8%	20.1%	19.7%	15.4%	13.9%	14.2%	17.1%
德国	4.0%	4.3%	4.0%	3.7%	3.5%	4.0%	4.3%	3.1%	3.1%	3.1%	3.2%
英国	1.9%	2.1%	2.5%	2.5%	2.5%	2.6%	2.5%	2.3%	2.5%	2.3%	2.5%
法国	1.2%	1.4%	1.5%	1.5%	1.3%	1.7%	1.8%	1.2%	1.2%	1.2%	1.3%
意大利	1.2%	1.4%	1.4%	1.5%	1.5%	1.7%	2%	1.2%	1.3%	1.3%	1.3%
荷兰	0.9%	1.8%	2.8%	2.7%	2.6%	3.4%	3.2%	2.7%	3.0%	3.0%	3.0%
俄罗斯	—	2.9%	1.0%	0.9%	1.1%	2.3%	1.9%	2.2%	1.9%	1.9%	2.0%

注：欧盟包括比利时、丹麦、英国、德国、法国、爱尔兰、意大利、卢森堡、荷兰、希腊、葡萄牙、西班牙，1995年后增加奥地利、芬兰和瑞典，2004年后增加10个中东欧国家，2007年后增加罗马尼亚和保加利亚；1986年的德国数据为德意志民主共和国与德意志联邦共和国之和。

（资料来源：根据各年《中国统计年鉴》计算得到。）

从欧洲地区的内部来看，中国出口到欧洲地区的商品主要集中在欧盟各国，尤其是德国、英国、法国、意大利等国家，其次是俄罗斯。总体而言，欧盟所占份额的变化可以分为两个阶段：①1993—2000年呈现逐渐上升的趋势，欧盟所占份额由1993年的12.7%增加到

2000年的15.3%。其中，1993年德国占比最大，为4.3%，其次是英国和法国，分别为2.1%和1.4%，2013年德国出现小幅下降，为3.1%，而英国和法国分别上升至2.3%和1.2%。②2001—2018年出现短暂下降，由2001年的15.3%减少到2018年的14.2%。后又增加到2019年的17.1%。同时期德国、英国、法国等欧洲主要国家的比重也相应下降。

相比而言，俄罗斯所占份额一直较小，基本保持在3%以下。1993—2019年期间呈现波动变化的趋势。由1993年的2.9%下降到2000年的0.9%，此后虽然出现增长趋势，但占比仍然很小，2019年仅为2.0%。主要原因在于：一方面，中国出口商品的原有市场份额被其他国家，如韩国、日本等国家取代；另一方面，俄罗斯经营投资环境较差、配套服务欠缺、法律法规不健全、政策多变、社会治安差等。2003—2018年期间，中国对欧盟整体的出口占比呈现出先升后降的变化趋势，从2002年的14.8%持续增加到2007年的20.1%，之后缓慢下降到2018年的14.2%。在2019年又增加到17.1%。

（三）北美地区结构

在中国对北美洲地区的出口中，美国一直占据主导地位，所占份额基本保持在90%以上，中国对北美洲的出口在一定程度上就是对美国的出口。这主要与美国的经济状况、跨国公司的全球生产方式、中美两国的要素禀赋互补有很大关系。

从整体来看，中国对北美的出口在20世纪90年代增长较快，在出口总额中所占比重不断上升，从1986年的10.1%上升到2000年的22.2%，随后几年基本保持在20%以上，2002已上升到22.8%。受全球金融危机影响，2013年中国商品出口到北美洲的份额有所下降，为18.0%，之后几年对美国的出口贸易额又呈现出小幅增加的趋势，2018年中国对美国出口贸易占比增加到20.7%，2019年对美国出口贸易额又出现小幅下降，约为16.8%。（见表1-14）。

表1-14　1986—2019年北美洲地区中国出口商品的地区结构

年份 国家或地区	1986	1993	1998	2000	2002	2007	2010	2013	2017	2018	2019
北美	10.1%	19.8%	21.8%	22.2%	22.8%	20.7%	19.4%	18.0%	20.4%	20.7%	18.2%
美国	9.1%	18.5%	20.7%	20.9%	21.5%	19.1%	18.0%	16.7%	19.0%	19.2%	16.8%
加拿大	1%	1.3%	1.2%	1.3%	1.3%	1.6%	1.4%	1.3%	1.4%	1.4%	1.5%

（资料来源：根据各年《中国统计年鉴》计算得到。）

相对而言，中国出口到加拿大的商品份额却很小，变化也不大，基本保持在1%左右，这与中国、加拿大均为世界贸易大国的地位很不相称。主要原因在于：加拿大对美国经济过于依赖，市场缺乏多元化；双方的相互投资处于较低水平，技术交流与合作力度不大；中国出口商品质量档次不高，缺乏名牌产品，在与其他国家同类商品竞争时缺乏竞争力；加拿大对中国的反倾销调查在一定程度上影响和制约了双边的贸易关系。

多年来，中国的主要贸易伙伴变化不大。1986年，中国内地出口前五大市场分别是欧盟、美国、中国香港地区、东盟和日本，到2019年，这些国家或地区仍然是中国内地的主要出口地区。可见，中国内地出口贸易的地区结构过于集中，存在很大程度的不平均性。从世界范围来看，中国的商品出口严重依赖亚洲、欧洲及北美洲；从经济集团来看，主要集中于北美自由贸易区和欧盟各国，从国家或地区来看，严重依赖于美国、欧盟、中国香港和日本。但是同时可以发现，中国内地出口市场多元化战略已取得一定成就，出口商品结构在部分地区呈现不断优化的趋势。一方面，亚洲、东盟、北美洲地区占中国出口份额出现小幅下降趋势，而非洲、拉丁美洲及大洋洲的占比稳步增加；另一方面，各洲地区内部各国所占份额之间的差距不断缩小，不再过于集中于某几个国家，而是与更多国家之间开展经贸往来。特别是2013年中国提出"一带一路"倡议之后，中国对欧、美、日等传统贸易伙伴进出口贸易平稳发展的同时，对东盟、非洲、拉美等新兴市场的开拓进程也日益加快，对"一带一路"沿线国家和地区的进出口贸易规模逐年增加。

二、中国对外贸易进口市场结构

从世界范围来看，中国进口贸易的来源地主要集中在亚洲、欧洲及北美洲，所占总份额基本保持在80%以上，而来自非洲、大洋洲和拉丁美洲等地区的进口商品所占比重长期处于20%以下的水平。具体来看，中国进口商品中来自亚洲的份额自1986年以来呈现出稳步上升的趋势，近几年才出现小幅下降的态势：1986—2007年期间，来自亚洲的进口商品所占比重由1986年的46.4%迅速增加到2007年的64.9%；虽然之后出现减少的趋势，截至2019年为55.2%，但仍然稳居中国第一大贸易进口地区。与此同时，来自北美洲、欧洲地区的进口商品所占份额却连年下降，北美地区由1986年的12.9%下降到2002年的10.5%，到2019年已降为7.3%；来自欧洲地区的进口商品份额由1986年的31.9%下降到2007年的14.6%，之后又逐渐显现出不断上升的趋势，截至2019年占比均为18.1%。相比而言，来自非洲、大洋洲和拉丁美洲的进口商品所占比重小幅稳定提高，尤其是非洲地区，它们由1986年的0.7%、4.2%和3.7%分别增加至2019年的4.6%、6.7%和8.0%。这充分说明了中国进口贸易伙伴国数量显著增加，不再集中于北美、欧洲及亚洲等传统的贸易往来地区和国家，与非洲、拉丁美洲等地区的发达国家及新兴市场之间的经贸往来逐渐深化，逐渐向进口贸易地区结构多元化发展（见表1-15）。

表1-15　1986—2019年中国进口贸易主要地区分布

年份 国家或地区	1986	1993	1998	2000	2002	2007	2010	2013	2017	2018	2019
亚洲	46.4%	60.2%	62.1%	62.8%	64.5%	64.9%	59.8%	55.9%	55.9%	55.9%	55.2%
北美	12.9%	11.6%	13.7%	11.6%	10.5%	8.4%	8.4%	9.1%	9.5%	8.6%	7.3%
欧洲	31.9%	23.1%	18.8%	18.1%	18.1%	14.6%	15.6%	16.6%	17.8%	17.8%	18.1%
非洲	0.7%	1%	1.1%	2.5%	1.8%	3.8%	4.8%	6.0%	7.3%	8.3%	4.6%
大洋洲	4.2%	2.3%	2.2%	2.6%	2.3%	3%	4.7%	5.6%	5.8%	5.7%	6.7%
拉丁美洲	3.7%	1.9%	2.1%	2.4%	2.8%	5.3%	6.6%	6.5%	6.9%	7.4%	8.0%

（资料来源：根据各年《中国统计年鉴》计算得到。）

从国家或地区来看，历年来中国大陆进口贸易地区主要集中于日本、欧盟、东盟、中国台湾、美国和韩国。这六个国家或地区一直是进口最多的贸易伙伴，但是各自地位有所改变，所占份额呈现出的变化也各不相同。最明显的是：①来自日本的进口商品比重逐年下降，由1986年的28.7%减少到2002年的18.1%，到2019年仅为8.3%。②中国从东盟地区进口的商品比重稳步提高，由1993年的5.8%增加到2007年的11.3%，虽然受金融危机影响，2013年的比重出现小幅下降，但仍然为10.2%，超过日本成为中国第二大进口贸易地区。在2013年之后，中国对东盟进口占比逐年增加，2019年占比约为13.2%。③来自韩国地区的进口商品所占份额变化不大，自1998年增加到10.7%以来，基本在10%上下浮动，2002年小幅下降到9.7%，2007年反弹增长到10.9%，2019年继而又减少到8.4%，目前已成为中国第三大进口贸易伙伴。而来自欧盟、中国台湾与美国这中国三大传统进口贸易伙伴的商品份额却连年减少，由1993年的13.9%、12.4%和10.3%逐渐下降到2019年的13.3%、8.3%和5.9%（见表1-16）。

表1-16　1986—2019年中国大陆进口商品主要贸易伙伴

年份 国家或地区	1986	1993	1998	2000	2002	2007	2010	2013	2017	2018	2019
日本	28.7%	22.4%	20.1%	18.4%	18.1%	14%	12.7%	8.3%	9.0%	8.5%	8.3%
欧盟	—	13.9%	14.8%	13.7%	13.1%	11.6%	12.1%	11.3%	12.1%	11.7%	13.3%
东盟	—	5.8%	9.0%	10.0%	10.6%	11.3%	11.1%	10.2%	12.8%	12.6%	13.2%
韩国	—	5.1%	10.7%	10.3%	9.7%	10.9%	9.9%	9.4%	9.6%	9.6%	8.4%
中国台湾	—	12.4%	11.9%	11.3%	12.9%	10.6%	8.3%	8.0%	8.5%	8.3%	8.3%
美国	10.7%	10.3%	12.1%	9.9%	9.2%	7.3%	7.3%	7.8%	8.4%	7.3%	5.9%
加拿大	2.3%	1.3%	1.6%	1.7%	1.2%	1.1%	1.1%	1.3%	1.1%	1.3%	1.3%
中国香港	12%	10.1%	4.8%	4.2%	3.6%	1.3%	0.9%	0.8%	0.4%	0.2%	0.4%

（资料来源：根据各年《中国统计年鉴》计算得到。）

很明显，中国大陆进出口贸易的地区结构存在一定的不对称性，中国进口贸易的前五大市场分别为东盟、欧盟、韩国、日本和中国台湾，而出口贸易的前五大市场分别是东盟、中国香港、美国、欧盟、日本。虽然美国与欧盟都是中国大陆重要的进出口地区，但由于中国与美国、欧盟的进出口对称性问题严重，在很大程度上导致中国与这两大贸易伙伴之间日益增多的贸易摩擦问题。同时值得注意的是，来自中国进口贸易传统主要伙伴的商品份额呈现出下降的趋势，而来自东盟等周边发展中国家、拉丁美洲及非洲等新兴市场的进口商品所占比重越来越大。这表明中国实施进口市场多元化战略已取得一定成效，进口地区结构在不断优化。

三、中国对外贸易国内市场结构

从中国对外贸易的国内市场来看，经过对外开放的多年努力，在不断总结经验的基础上，已由点到面、由浅入深、从南到北、从东到西，形成了以经济特区和沿海开放城市为重点的多渠道、多层次、全方位的对外开放格局。这个格局大体上可以1992年为分界：1978—1992年为重点开放沿海地区、逐步向内地开放的格局；1992年以后逐步形成全方位的对外开放格局。

根据中国经济发展战略的实施步骤，并结合各地区的经济技术水平和地理位置，可将中国划分为四大经济带：东部经济带、东北经济带、中部经济带和西部经济带。东部地区受政策倾斜、经济技术水平和地理位置等多种有利因素影响，在中国对外贸易中占有绝对多数的比重。表1-17是中国加入WTO以来各区域对外贸易规模所占比重的列表（港澳台地区数据单独统计）。总体格局非常明显：东部10个省市的进出口额占全国进出口总额的比重超过

80%，其余 21 个省市的进出口额占全国进出口总额的比重仅 20% 左右，反映出我国对外贸易发展地区结构存在较大程度的不均衡，东部地区发达，而东北、中部、西部地区相对滞后。2001—2006 年，东部地区对外贸易所占份额缓慢上升，从 2001 年的 88.3% 增至 2006 年的 89.7%，增加了 1.4 个百分点，自 2007 年起呈现下降趋势，从 2006 年的 89.7% 降至 2020 年的 78.5%，降低了约 11 个百分点；东北地区对外贸易所占份额出现下降，从 2001 年的 5.2% 降至 2020 年的 2.5%，萎缩了 2.7 个百分点；中部地区所占份额逐渐上升，2019 年达到 9.5%；西部地区对外贸易所占份额也呈现出逐步增加的趋势，2020 年达到 9.5%。这种对外贸易的不平衡地区结构应当引起高度重视。

表 1-17　2001—2020 年中国对外贸易国内市场结构

年份 地区	2001	2002	2003	2004	2005	2006	2007	2008	2009	2010	2011	2013	2014	2015	2016	2017	2018	2019	2020
东部	88.3%	88.9%	89.3%	89.6%	89.6%	89.7%	89%	86.9%	88.3%	87.4%	86.2%	83.7%	82.3%	82.8%	83.3%	82.4%	81.7%	80.6%	78.5%
东北	5.2%	4.8%	4.5%	4.2%	4.1%	3.9%	4.0%	4.4%	3.9%	4.0%	4.3%	4.3%	4.2%	3.4%	3.3%	3.3%	3.5%	3.3%	2.5%
中部	3.2%	2.9%	2.9%	3.0%	3.0%	3.1%	3.4%	4.1%	3.5%	4.0%	4.5%	5.3%	5.7%	6.4%	6.5%	6.7%	6.8%	7.5%	9.5%
西部	3.3%	3.3%	3.3%	3.2%	3.3%	3.3%	3.6%	4.6%	4.3%	4.6%	5.0%	6.7%	7.8%	7.4%	7.0%	7.5%	8.0%	8.6%	9.5%

注：东部地区 10 个省市：北京、天津、河北、上海、江苏、浙江、福建、山东、广东、海南；东北地区 3 个省：辽宁、吉林、黑龙江；中部地区 6 个省：山西、河南、湖北、湖南、江西、安徽；西部地区 12 个省区：广西、云南、贵州、四川、重庆、陕西、甘肃、青海、宁夏、内蒙古、西藏、新疆。港澳台数据单独统计。

（资料来源：根据中国商务部统计数据（2001—2020 年）计算得到，2020 年数据根据海关统计数据计算得到。）

第四节　中国对外贸易方式

贸易方式是指国际贸易中买卖双方采取的具体做法。在对外贸易活动中，每一笔交易都是买卖双方在交易过程中，根据商品的特点和各自贸易的习惯，通过一定的贸易方式来进行的。当前国际贸易中存在着各种各样的贸易方式，各种贸易方式可以单一采用，也可结合进行。中国对外贸易方式主要分为一般贸易、加工贸易和其他贸易。随着国际贸易的发展，中国贸易方式日趋多样化，交易类型也复杂化，除采用逐笔售定的方式外，还有包销、代理、寄售、拍卖、招标与投标、期货交易、对销贸易等。

一、中国对外贸易方式的分类和定义

改革开放以来，针对不同的交易对象、不同的商品，中国灵活地采用了国际上各种通行的贸易方式。根据贸易方式的不同特征，可把中国的贸易方式分为加工贸易、一般贸易和其他贸易方式。

（一）加工贸易方式

根据《中华人民共和国海关对加工贸易货物监管办法》（海关总署令第 219 号）规定，加工贸易是指经营企业进口全部或者部分原辅材料、零部件、元器件、包装物料，经加工或者装配后，将制成品复出口的经营活动，包括来料加工和进料加工。加工贸易是目前中国最主要的贸易方式。

按照所承接的业务特点不同，加工贸易主要分为进料加工、来料加工、装配业务和协作

生产四大类：

（1）进料加工。进料加工又称"以进养出"，是指用外汇购入国外的原材料、辅料，利用本国的技术、设备和劳动力加工成成品后，销往国外市场。这类业务中，经营的企业以买主的身份与国外签订购买原材料的合同，又以卖主的身份签订成品的出口合同。两个合同体现为两笔交易，它们都是以所有权转移为特征的货物买卖。进料加工贸易需要确保所加工的成品在国际市场上有销路，否则，进口原料外汇很难平衡。可见，进料加工要承担价格风险和成品的销售风险。

（2）来料加工。来料加工是指加工一方由国外另一方提供原料、辅料和包装材料，并按照双方商定的质量、规格、款式等加工为成品，交给对方，而自己只收取加工费。其中，有的是全部由对方来料；有的是一部分由对方来料，其他部分由加工方采用本国原料的辅料。此外，有时对方只提出式样、规格等要求，而由加工方使用当地的原、辅料进行加工生产。这种做法常被称为"来样加工"。

（3）装配业务。装配业务是指由一方提供装配所需设备、技术和有关元件、零件，由另一方装配为成品后交货。装配业务包括两个贸易进程：一是进口原料；二是产品出口。但这两个过程是同一笔贸易的两个方面，而不是两笔交易。原材料的提供者和产品的接受者是同一家企业，交易双方不存在买卖关系，而是委托加工关系，加工一方赚取的只是劳务费，因而这类贸易属于劳务贸易范畴。装配业务的好处是：加工一方可以充分发挥本国劳动力资源丰裕的优势，为本国提供更多的就业机会；可以补充国内原料不足，充分发挥本国的生产潜力；可以通过引进国外的先进生产工艺，借鉴国外的先进管理经验，来提高本国的技术水平和产品质量，以及本国产品在国际市场上的适销能力和竞争能力。由于这种贸易方式比进料加工风险小，因而在中国开展得比较广泛，且获得了较好的经济效益。

（4）协作生产。协作生产是指一方提供部分配件或主要部件，而由另一方利用本国生产的其他配件组装成一件产品出口。商标可由双方协商确定，既可用加工方的，也可用对方的，且所供配件的价款可在货款中扣除。此外，一般规定协作生产的产品由对方全部或部分销售，也可规定由第三方销售。

（二）一般贸易方式

一般贸易即进出口贸易中，进口一国利用其本国原材料和生产力生产的商品，或者一国出口利用本国原材料和生产力生产的商品。一般贸易是与加工贸易相对应的贸易形式。长期以来，在加工贸易方式下，中国从外国的进口不是为了满足本国的消费或者生产，其最终目的是出口；而在一般贸易方式下，一个国家从外国进口商品的目的是最终消费或者作为生产的投入资本。一般贸易主要包括代理、包销、寄售、招标与投标、拍卖。

（1）代理。代理是指代理人按照委托人的授权代替委托人同第三方订立合同或进行其他法律行为，由此而产生的权利与义务对委托人产生直接法律效力。

（2）包销。包销是指出口人（委托人）通过协议把某一种商品或某一类商品在某一个地区和期限内的经营权给予国外特定客户或公司的贸易做法。尽管包销也是售定⊖，但包销

⊖ 售定，是指按照交易双方签订的合同，出口企业先发货，国外进口商收到货物后再将贷款通过银行汇交出口企业。对于出口企业来说，售定的风险很大，除非是对对方信用状况十分了解，或者是销售鲜活商品，一般不宜采用售定方式。

与一般的单边逐笔出口不同，它除了当事人双方签有买卖合同外，还须事先签订包销协议。因此，一旦采用包销的贸易方式，买卖双方的权利与义务则由包销协议所确定，双方签订的买卖合同也必须符合包销协议的规定。

（3）寄售。寄售是指国际贸易参与双方之间产生一种委托代售关系的贸易方式，也是国际贸易中习惯采用的做法之一。在中国进出口业务中，寄售方式运用得并不普遍，但在某些商品的交易中，为促进成交、扩大出口的需要，通常也得适当利用寄售方式。寄售是一种有别于代理销售的贸易方式。在寄售的方式下，货主先将货物运往寄售地，委托国外一个代销人（受委托人），按照寄售协议规定的条件，由代销人代替货主进行交易，货物售出后，再由代销人向货主结算货款。

（4）招标与投标。招标是指招标人在特点的时间、地点，发出招标公告或招标单，提出准备买进商品的品种、数量等有关买卖条件，以邀请卖方投标的一种贸易行为；而投标是指投标人应招标人的邀请，根据招标公告或招标单的相关条件，在规定的时间内向招标人递盘的行为。招标与投标构成了一类常见的贸易方式。

（5）拍卖。拍卖是指由专营拍卖行接受货主的委托，在一定的地点和时间内，按照相关的章程和规则，公开叫价竞购，由拍卖人把货物出售给出价最高的买主的一种现货交易方式。通过拍卖进行交易的大都是品质易标准化或难以久存的商品，如茶叶、烟叶、皮毛、木材等。也有些商品，如水貂皮、澳大利亚羊毛等，大部分交易习惯上也采用拍卖的方式进行。

（三）其他贸易方式

除了加工贸易和一般贸易方式以外，还存在大量的其他贸易方式，如对销贸易、期货交易、外商投资企业投资设备、租赁贸易和保税仓库进出境货物等方式，这里简要介绍前两种贸易方式。

（1）对销贸易。对销贸易在中国又称为"反向贸易""互抵贸易""对等贸易"，也有人把它笼统地称为"易货"或"大易货"。它包括易货贸易、记账贸易、互购、产品回购、转手贸易等，是以进出口结合、出口抵补进口为特征的各种其他贸易方式总称。其中，易货贸易是指支付结算采用以货换货的方式，即商品经过计价后进行交换，以补充现汇不足的贸易。政府间的易货贸易也称协议贸易，需要签订贸易协定与支付协定。民间的易货贸易包括补偿贸易，也可以部分现汇与部分易货相结合。为适应"易货贸易"发展的需要，1993年起"易货贸易"从"一般贸易"中分出，进行单列统计；而2018年再次纳入"其他"公布。

（2）期货交易。期货贸易是指众多的买主和卖主在固定的商品交易所内，按照一定的规则，用喊叫并借助手势进行讨价还价，通过激烈竞争达成交易的一种贸易方式。期货交易不同于商品中的现货交易，一般而言，在现货交易的情况下，买卖双方可以任何方式，在任何地点和时间达成实物交易，卖方必须交付实际货物，买方必须支付货款；而期货交易则是在一定时间内和特定期货市场上，即在商品交易所内，按照交易预先制定的"标准期货合同"进行期货买卖，且成交后买卖双方之间并不移交商品的所有权。

二、中国对外贸易方式构成

贸易方式构成是指各种贸易方式的进口、出口或进出口额占总进口、总出口或总进出口额的比重，反映了一国对外贸易的主要做法。改革开放以来，中国加工贸易迅猛发展，并已成为中国对外贸易的重要方式；此外，一般贸易也是中国对外贸易的重要方式。

（一）中国出口贸易方式

在出口贸易构成中，中国对外贸易方式主要经历了两个阶段：

（1）1986—1999 年期间，加工贸易方式所占比重呈现逐年上升的趋势，同期的一般贸易方式所占比重减少，其他贸易方式占比稳定提高。具体来看，1986 年加工贸易方式所占份额为 18.6%，一般贸易方式占比 81.1%，是中国主要的对外贸易方式；到 1995 年，加工贸易首次超过一般贸易成为中国出口贸易的第一大贸易方式，比重达到 49.5%，一般贸易所占份额为 48.1%，1999 年，加工贸易方式占比达到最高值 56.9%，一般贸易方式仅为 40.6%，与 1986 年的占比相比减少将近一半。其他贸易方式由 1986 年的 0.3% 增加到 1999 年的 2.5%。

（2）2000—2011 年期间，随着中国加入 WTO，中国对外贸易方式再次调整，加工贸易方式占比出现下降趋势，同期一般贸易所占份额先降后升，而其他贸易方式占比逐年稳定提高。具体来看，加工贸易方式占比由 2000 年的 55.2% 逐渐下降到 2011 年的 44.0%；一般贸易方式所占比重先是降幅下降而后逐年上升直至趋于稳定，2000 年一般贸易方式所占份额为 42.2%，并在 2000 年首次突破 2000 亿美元，到 2004 年出现最低值 41.1%，此后持续上升，2011 年已经提高至 48.3%，超过加工贸易方式，再次成为中国出口的第一大贸易方式；与此同时，易货贸易等其他贸易方式所占比重近几年略有上升，由 2000 年的 2.6% 增加到 2011 年的 7.7%。

（3）2012 年以来，由于中国供给侧结构性改革的不断推进和经济结构优化升级进程的不断加快，中国各种方式的对外贸易增加速度逐渐趋于平缓，特别是 2014 年之后，各贸易方式占比变化幅度较小。但是加工贸易方式占比总体上仍呈现出小幅下降趋势，从 2012 年的 42.1% 逐步下降到 2020 年的 27.1%。而一般贸易方式占比则从 2012 年的 48.2% 逐步增加到 2020 年的 59.4%。其他方式的贸易占比一直维持着小幅的增长趋势，2020 年占比约为 13.5%（见表 1-18）。

表 1-18　1986—2020 年中国出口的贸易方式构成

贸易方式 年份	加工贸易	一般贸易	其 他
1986	18.6%	81.1%	0.3%
1990	41.0%	57.1%	1.9%
1992	46.6%	51.4%	2.0%
1994	47.1%	50.9%	2.0%
1995	49.5%	48.1%	1.4%
1996	55.8%	41.6%	1.9%
1997	54.5%	42.7%	2.8%
1998	46.8%	40.4%	2.8%
1999	56.9%	40.6%	2.5%
2000	55.2%	42.2%	2.6%

(续)

年份 \ 贸易方式	加工贸易	一般贸易	其他
2001	55.4%	42.1%	2.5%
2002	55.3%	41.8%	2.9%
2003	55.2%	41.5%	3.3%
2004	55.3%	41.1%	3.7%
2005	54.7%	41.3%	4.0%
2006	52.7%	43.0%	4.4%
2007	50.7%	44.2%	5.1%
2008	47.2%	46.3%	6.5%
2009	48.8%	44.1%	7.1%
2010	46.9%	45.7%	7.4%
2011	44.0%	48.3%	7.7%
2012	42.1%	48.2%	9.7%
2013	39.0%	49.2%	11.8%
2014	37.7%	51.4%	10.9%
2015	35.1%	53.4%	11.5%
2016	34.1%	53.9%	12.0%
2017	33.5%	54.3%	12.1%
2018	32.0%	56.3%	11.6%
2019	29.4%	57.8%	12.8%
2020	27.1%	59.4%	13.5%

(资料来源:《中国对外经济贸易统计年鉴》(2004年);2003—2018年数据根据《中国贸易外经统计年鉴2019》计算得到;2019年、2020年数据根据海关统计数据计算得到。)

(二) 中国进口贸易方式

从整体趋势来看,中国进口的贸易方式同样发生了显著的改变,加工贸易及其他贸易方式呈现先升后降的趋势,而一般贸易方式则先降后升,中国进口的主导贸易方式也经历了由一般贸易方式到加工贸易方式再到一般贸易的调整。

具体来看,加工贸易方式所占比重在1986—1997年逐年上升,由1986年的15.6%增加到1997年的49.3%,成为中国进口的主要贸易方式;1997年之后又有所回落,2020年已降至19.6%。相应的,1986—1997年间一般贸易方式所占份额大幅下降,由1986年的82.1%跌至1997年27.4%,减少为将近1/3;随后逐渐回升,在2000年占比超过了加工贸易,再次成为中国进口的第一大贸易方式。截至2020年一般贸易方式进口占比约为60.5%。其他贸易方式所占比重在1986—1996年期间基本上逐年提高,从1986年的2.3%增至1996年的最高值26.8%;但随后又逐渐下降,2020年仅为19.9%(见表1-19)。

表 1-19　1986—2020 年中国进口的贸易方式构成

贸易方式 年份	加工贸易	一般贸易	其他
1986	15.6%	82.1%	2.3%
1990	35.2%	49.1%	15.7%
1992	39.1%	41.7%	19.2%
1994	41.4%	33.2%	25.4%
1995	44.2%	32.8%	23.0%
1996	44.9%	28.3%	26.8%
1997	49.3%	27.4%	23.3%
1998	48.9%	31.2%	19.9%
1999	44.4%	40.5%	15.1%
2000	41.1%	44.5%	14.4%
2001	38.6%	46.6%	14.8%
2002	41.4%	43.7%	14.9%
2003	39.5%	45.5%	15.1%
2004	39.5%	44.2%	16.3%
2005	41.5%	42.4%	16.1%
2006	40.6%	42.1%	17.3%
2007	38.5%	44.8%	16.6%
2008	33.4%	50.5%	16.1%
2009	32.0%	53.1%	14.8%
2010	29.9%	55.1%	15.0%
2011	26.9%	57.8%	15.3%
2012	26.5%	56.2%	17.3%
2013	25.5%	56.9%	17.6%
2014	26.8%	56.6%	16.6%
2015	26.6%	54.9%	18.5%
2016	25.0%	56.7%	18.3%
2017	23.4%	58.8%	17.8%
2018	22.0%	59.7%	18.3%
2019	20.1%	60.5%	19.4%
2020	19.6%	60.5%	19.9%

（资料来源：《中国对外经济贸易统计年鉴》（2004 年）；2003—2018 年数据根据《中国贸易外经统计年鉴 2019》计算得到；2019 年、2020 年数据根据海关统计数据计算得到。）

总之，改革开放以来，中国的对外贸易方式主要以加工贸易和一般贸易为主，而其他贸易方式在整体上处于从属地位。

第五节　中国对外贸易主体

贸易主体是指从事商品贸易活动的组织和个人。在对外贸易活动中，正是由于贸易主体的经营活动，才使得商品能够顺利地由生产领域向消费领域有效转移，实现商品的使用价值和价值的统一。随着改革开放进程的不断深入，中国对外贸易体制也逐步发生了较大改变，外贸经营权的下放和自负盈亏的市场化经营机制的逐步建立，让拥有进出口权的各类企业均可依法自主地从事进出口业务，极大地丰富了中国对外贸易主体结构。

一、中国对外贸易主体的分类和定义

中国对外贸易主体可以根据其在进出口贸易活动中所起作用或所处地位的不同而分为不同类别。

（一）按照贸易主体在贸易活动中的作用分类

贸易主体根据其在贸易活动中的作用可分为生产者、消费者和经营者。经营者为贸易活动的基本主体，其在贸易活动中起主导作用。生产者是商品的供给者，能够为贸易关系的建立和贸易活动的开展提供物质基础。贸易活动中的消费者主要包括生产消费者和生活消费者。生产消费者为从事再生产活动而购买产品，其购买行为受市场经济规律支配，最终还是为实现产品价值增值服务。生活消费者则通过购买产品或劳务满足自己的生活需要，其购买行为不仅受市场经济规律支配，而且会受到收入水平和购买意愿等因素的影响。其中，经营者是专门从事贸易活动的组织与个人，是连接生产者和消费者的桥梁和纽带，在对外贸易活动中扮演非常重要的角色。

（二）按照贸易主体的法律地位分类

贸易主体按照其法律地位可分为自然人和企业法人，其中企业法人是贸易活动中的基本主体。

二、中国对外贸易经营主体结构

伴随着中国外贸体制的改革和政策环境的变化，中国各类对外贸易经营主体之间的竞争此消彼长，大致经历了以下各阶段的发展过程。

（一）中国出口贸易经营主体结构

中国出口贸易经营主体主要经历了以下三个阶段：

（1）1986—2000年期间，在改革开放政策和路线的指引下，为了进一步改革和完善对外贸易体制，中国将进出口商品经营权、外汇使用审批权、进出口机构设置审批权等外贸经营管理权逐步下放，不断推动扩大外贸经营管理渠道，外贸经营主体也逐步向多元化的趋势发展。这一阶段，国有企业为中国出口贸易的主要经营主体，从事的出口规模占比一直在50%以上。但与此同时，中国营商环境不断优化，政府为实现外贸经营主体多元化而出台和实施了各项政策，不仅使得越来越多外商投资企业获得了进出口经营权，进出口贸易规模逐渐增加，也大大鼓励了私营企业参与对外贸易的积极性，激发了外商投资企业和私营企业的市场活力。因此，外商投资企业的出口占比逐年增加，从1986年的1.9%逐步增加到2000年的47.8%，首次超过了国有企业出口占比，成为中国重要的出口经营主体。而私营等其他企业的出口占比在2000年也增加到了5.5%。

（2）2001—2011年期间，随着中国正式加入WTO，国内营商环境进一步优化，国家对外贸易体制改革进入了一个全新的阶段。在各项法律政策的鼓励之下，私营企业的贸易主体地位得到了进一步发展，出口占比从2001年的7.4%快速增加到2011年的33.5%。同时，在外商资本大量进入的背景下，外商投资企业数量不断增加，其在出口贸易中的占比持续增

加，从2001年的50.1%逐步增加到最大值2005年的58.3%，之后几年基本维持较稳定的发展趋势。但是随着全球金融危机的爆发以及中国私营企业市场活力的不断增强，2008年开始外商投资类企业的出口占比出现了小幅下降，在2011占比约为52.4%。这一阶段，国有企业出口贸易占比也出现了大幅下降，从2001年的42.6%下降到2011年的14.1%。

（3）2012—2020年期间，中国经济发展整体放缓，对外贸易发展也进入到了"新常态"阶段。为了推动形成全面开放的新发展格局，大力发展更高层次开放型经济，中国对外贸易经营三大主体积极参与市场竞争，均继续保持着稳定的发展态势。国有企业出口占比保持在10%左右，而外商投资企业和私营等其他企业出口占比均保持在45%左右。中国私营企业的国际竞争力日益增强，2015年，私营企业等其他企业出口占比首次超过了外商投资类企业，且后面几年也一直呈现出持续增加的变化趋势。2020年，三类企业在出口贸易中的占比分别为8.0%、36.0%和56.0%（见表1-20）。

表1-20　1986—2020年中国出口企业类型占比

年　份	国有企业	外商投资企业	其他企业
1986	94.6%	1.9%	3.5%
1987	96.4%	3.1%	0.5%
1988	94.5%	5.2%	0.3%
1989	90.4%	9.4%	0.2%
1990	87.2%	12.6%	0.2%
1991	83.1%	16.8%	0.1%
1992	79.4%	20.4%	0.2%
1993	71.1%	27.5%	1.4%
1994	70.0%	28.7%	1.3%
1995	66.7%	31.5%	1.8%
1996	57.0%	40.7%	2.3%
1997	56.2%	41.0%	2.8%
1998	52.7%	44.1%	3.3%
1999	50.5%	45.5%	4.0%
2000	46.7%	47.8%	5.5%
2001	42.6%	50.1%	7.4%
2002	37.7%	52.2%	10.1%
2003	31.5%	54.8%	13.7%
2004	25.9%	57.1%	17.0%
2005	22.2%	58.3%	19.5%
2006	19.7%	58.2%	22.1%
2007	18.5%	57.0%	24.5%
2008	18.0%	55.3%	26.8%
2009	15.9%	55.9%	28.2%
2010	14.9%	54.7%	30.5%
2011	14.1%	52.4%	33.5%

(续)

年 份	国有企业	外商投资企业	其他企业
2012	12.5%	49.9%	37.6%
2013	11.3%	47.3%	41.5%
2014	11.0%	45.9%	43.2%
2015	10.7%	44.2%	45.2%
2016	10.3%	43.7%	46.0%
2017	10.2%	43.2%	46.6%
2018	10.3%	41.6%	48.0%
2019	9.4%	38.7%	51.9%
2020	8.0%	36.0%	56.0%

（资料来源：根据各年《中国对外贸易统计年鉴》计算得到；其中2018年、2019年、2020年数据根据商务部统计数据整理和计算得到。）

（二）中国进口贸易经营主体结构

从整体发展趋势上看，1986—2019年间中国进口贸易的经营主体占比同样也发生了显著变化。国有企业进口占比呈现出持续下降的趋势，外商投资企业进口占比表现为先升后降的趋势，而其他企业进口占比表现出稳定持续的上升趋势。

具体来看，国有企业进口贸易占比在1986—2000年快速下降，由1986年的93.8%下降到2000年的43.9%，下降幅度超过了1/2。而随着中国外贸结构体系的改革和优化，外贸动力体系的不断转化，外商投资企业在这一阶段体现出快速增加的趋势，由1986年的5.7%快速增加到2000年的52.0%，其他企业也由1986年的0.5%逐步增加到2000年的4.0%。在2001—2011年期间，受到中国加入WTO的影响，外商投资企业和私营企业的市场活力持续增强，进口占比份额也继续呈现出不断增加的发展趋势。外商投资企业进口占比从2001年的51.7%逐步增加到2006年的59.7%的最大值，之后呈现出小幅下降的趋势。而此期间国有企业的进出口增速仍然有所放缓，在国家进出口总值中所占比重继续降低。2011—2020年期间，各类外贸主体的进口占比变化幅度均较小，整体上维持稳定的发展趋势。国有企业、外商投资企业和其他企业在这期间的进口占比基本分别维持在25%、45%和30%左右（见表1-21）。

表1-21 1986—2020年中国进口企业类型占比

年 份	国有企业	外商投资企业	其他企业
1986	93.8%	5.7%	0.5%
1987	90.5%	7.9%	1.6%
1988	87.8%	10.6%	1.5%
1989	83.8%	15.2%	1.0%
1990	75.9%	23.1%	1.1%
1991	72.4%	26.5%	1.1%
1992	65.3%	29.9%	4.8%
1993	57.4%	37.2%	5.4%
1994	52.1%	43.3%	4.5%

(续)

年　份	国有企业	外商投资企业	其他企业
1995	49.5%	47.7%	2.8%
1996	42.6%	54.5%	2.9%
1997	42.8%	54.6%	2.6%
1998	42.7%	54.7%	2.5%
1999	44.8%	51.8%	3.4%
2000	43.9%	52.0%	4.0%
2001	42.5%	51.7%	5.8%
2002	38.8%	54.3%	6.9%
2003	34.5%	56.2%	9.3%
2004	31.4%	57.8%	10.8%
2005	29.9%	58.7%	11.4%
2006	28.5%	59.7%	11.8%
2007	28.3%	58.6%	13.2%
2008	31.2%	54.7%	14.1%
2009	28.7%	54.2%	17.1%
2010	27.8%	52.9%	19.4%
2011	28.3%	49.6%	22.1%
2012	27.2%	47.9%	24.8%
2013	25.6%	44.9%	29.5%
2014	25.1%	46.4%	28.5%
2015	24.2%	49.4%	26.4%
2016	22.7%	48.5%	28.7%
2017	23.8%	46.8%	29.4%
2018	25.6%	43.6%	30.7%
2019	25.8%	41.3%	32.8%
2020	22.3%	42.1%	35.6%

（资料来源：根据各年《中国对外贸易统计年鉴》计算得到；其中2018年、2019年、2020年数据根据商务部统计数据整理和计算得到。）

总之，随着中国外贸体制的深化改革，各类外贸经营权的不断下放，国内营商环境不断优化，中国市场各类贸易主体活力持续增强，各类企业积极参与外贸活动，共同推动中国对外开放的新格局。

课后习题

1. 简述改革开放以来中国对外贸易规模发展演变趋势及其特点。
2. 中国对外贸易商品结构及市场结构有何特点？
3. 贸易方式主要有哪些分类？中国对外贸易方式构成如何？
4. 中国对外贸易经营主体结构的主要特征是什么？

第二章
中国对外贸易理论依据

中国对外贸易的快速发展始于改革开放，历经40余年已经取得了举世瞩目的成绩，然而对中国对外贸易的发展应该以哪种理论作为指导的争论一直没有停止，中国对外贸易的理论依据也随着国内经济体制的改革和国际贸易理论的发展不断调整。从坚持马克思主义政治经济学否定西方国际贸易理论，到普遍接受西方传统贸易理论合理内核，再到新贸易理论适用性的讨论，就是中国对外贸易理论依据发展的一个缩影。特别是对比较优势和竞争优势的争论，更是成为对中国对外贸易理论依据的一次最深刻的思考。可以预见，随着中国对外贸易的发展和国际贸易理论的不断创新，中国对外贸易理论依据也必将不断发展。

第一节 中国传统对外贸易思想

中国传统对外贸易思想的形成始于计划经济时期对马克思主义国际贸易理论的研究和认识。马克思主义的国际分工理论和国际价值理论是中国解释国际贸易成因、国际价格形成、贸易方式和利益分配的主要理论依据。以马克思主义经济学为基础，中国形成了具有明显实用主义的对外贸易思想，但是，随着对国际贸易理论认识的加深和改革开放的深入，中国对外贸易思想逐渐向更为合理化的方向发展。

一、调剂余缺论

在计划经济时期和改革开放之初，由于在理论上怀疑以商品生产和交换为基础的市场经济，所以对国际贸易的价值增值作用和对经济增长的促进作用没有清醒的认识，国际贸易只被当作一种调剂余缺的辅助手段。"调剂余缺"是20世纪80年代以前中国理论界一种具有代表性的观点。这种观点认为社会主义对外贸易仅仅是为了改进国民经济实物的构成，弥补某些物资的不足，调节经济的比例关系。显然，这种理论观点是服务于计划经济的需要，其理论特征是自给自足的自然经济思想，而不是建立在社会化大生产基础上的马克思主义国际分工理论。

从实物形态考察，对外贸易确实可以起到"调剂余缺"的作用。第一，因为一个国家不可能生产自己需要的所有产品。特别是对发展中国家来说，经济建设中所需要的某些重要物资以及机械、设备等资本品往往超出了自己的供给能力，需要从国外进口，以弥补国内的供给不足。第二，在传统的计划经济体制下，由于经济发展不平衡，计划失误，考虑不周，或者天灾人祸，会使供求总量出现缺口，发生结构失衡，也需要通过对外贸易来解决。调剂余缺在贸易实践中的基本做法就是出口长线产品，进口短线产品。这种以获取实物资源为目的的国际交换对中国整个国民经济的发展曾起到很大的促进作用。这主要表现在：通过对外贸易从国外引进了许多先进技术，进口了大批设备和机械，从而加速了中国工业化基础的建立；通过对外贸易进口了中国工业所缺少的各种物质和原材料，从而对中国社会主义扩大再生产的比例起到优化和补充作用；通过进口农业机械和化肥、农药等农用物资，促进了中国农业生产发展；在经济困难时期，又通过对外贸易进口了中国急需的粮食、油和食品等物资，缓和了国内市场供应紧张的局面。

然而，"调剂余缺"的观点在理论上的缺陷是明显的。第一，它仅强调了国际贸易的实物交换功能，而忽视了商品国际交换在价值增值中的作用。这种片面的看法在很大程度上源于对国际价值规律的错误认识，即认为在国际价值形成和按国际价值进行交换的过程中，商品的价值只会发生转移而不会增值，因此交换的结果只是商品实物形态的转换。第二，从政治经济学角度分析，"调剂余缺"人为地割裂了国际贸易中使用价值和价值的统一性，将计划经济体制下实物运动与价值运动的不对称性机械地照搬到国际商品交换领域，忽视了国内经济与国际市场之间的差异。这种狭隘的贸易观点在实践中的危害就是在中国对外贸易中不计成本，不注重经济效益和贸易利益。

二、国际收支调节论

自20世纪80年代初期以来，随着中国改革开放的深入发展，对外经济交往不断扩大。为了满足国内经济发展的需要，国家进行了大规模的投资建设，并从国外进口了大量的成套设备，从而造成了国内的"资金短缺"和"外汇短缺"两缺口，特别是外汇缺口现象，是当时中国所实行的"进口替代"发展战略的一个必然结果。为了弥补外汇缺口，国家不得不采取各种措施鼓励出口以换取外汇。与此相适应，在国际贸易理论中就出现了"国际收支调节论"的观点。

国际收支调节论认为，国际贸易的主要功能是出口创汇，满足国内进口对外汇的需求，同时也是弥补国际收支逆差的重要手段。在出口创汇思想的指导下，中国政府采取了外汇留成、减免国内税和出口退税等鼓励出口措施，极大地促进了外贸出口，为国家增加了外汇收入。据有关统计，中国改革开放头10年的出口累计额达到2929.74亿美元，为改革开放前29年累计额的3.44倍，年均递增12.3%。强调国际贸易的创汇功能或国际收支平衡功能是国际收支调节论的基本思想。虽然它与把对外贸易仅仅看成调剂余缺的一种辅助手段相比，是认识上的一种进步，但仍然没有跳出计划经济和自给自足自然经济的思想框架，在外贸实践中也没有改变不计换汇成本、单纯追求创汇指标的不符合国际贸易利益原则的做法。

三、国际贸易盈利论

国际贸易盈利论是在对上述两种观点，特别是调剂余缺论进行批判的基础上提出的。这种观点认为，对外贸易的功能不仅仅是调剂物资的余缺或单纯的创汇，更重要的是增加一国的收入。对外贸易的盈利来自几个方面：一是政府征收的关税和其他税收收入；二是通过进口廉价的原材料和机械设备而节约的社会劳动的价值；三是通过商品的出口而实现商品价值的增值。强调国际贸易的价值增值功能是国际贸易盈利论在理论上的主要贡献。

国际贸易盈利论在阐述自己的观点时，主要依据的是马克思主义政治经济学观点，但同时对李嘉图的国际劳动分工理论或比较利益原则也给予了充分肯定，认为李嘉图的比较成本学说与马克思主义政治经济学分析一样，是建立在劳动价值论基础之上的，而且其所主张的劳动生产率不同的国家通过对外贸易可以实现社会劳动节约的论断在一定条件下是可以实现的。因此，国际贸易盈利论主张以发展的观点，利用比较利益原则，在贸易实践中应根据中国的具体情况扬长避短，进口中国不占优势的产品，用较少的劳动消耗取得较大的经济成果，以达到社会劳动节约、提高劳动生产率的目的。国际贸易盈利论是在马克思主义的理论框架内对西方古典国际贸易理论进行阐述的最初尝试，虽然这种阐释是不完全的，但却有深远的理论影响，即它正确揭示了西方古典贸易理论的"合理内核"并使其成为东西方学者都普遍接受的经济理论之一。对西方古典贸易理论合理性的认可，也是西方贸易理论正式成为中国对外贸易理论依据的开端。

第二节 西方传统贸易理论与中国对外贸易

西方传统贸易理论包括古典贸易理论和新古典贸易理论。其中，古典贸易理论主要有绝对优势理论、比较优势理论，新古典贸易理论主要有要素禀赋理论。随着改革开放的不断深入，比较优势理论逐步成为中国对外贸易理论依据的主要思想来源。比较优势理论是古典及新古典贸易理论的核心，它认为产生国际贸易的原因是各国在产品生产上存在比较优势，这种比较优势主要用相对劳动生产率、相对劳动成本或者机会成本进行衡量。中国作为发展中大国，在对外贸易中主要采取比较优势的贸易发展战略，一方面有利于消除城乡差别，另一方面也有利于缓解就业压力。在这一战略的指导下，中国对外贸易曾取得巨大成就，外贸出口规模迅速发展，在不到15年的时间里，外贸出口总额从世界第十一位直奔第一位，对经济的快速增长起到了重要作用。

一、西方传统贸易理论简介

西方传统贸易理论包括绝对优势理论、比较优势理论和要素禀赋理论。比较成本差异是基石，其逻辑分析是比较优势理论的核心所在。要素禀赋理论是在比较优势理论基础上的新发展，讨论了形成比较成本差异的源泉所在，即分析了比较优势的来源。这些理论体现了人们对国际贸易认识的不断深入，它们具有相似的理论思想基础，又从不同的角度对国际贸易发展中的新现象做出了解释。

（一）绝对优势理论

重商主义是比较优势理论产生之前的主导贸易理论。该理论认为，一国财富的唯一形式是以贵金属形态存在的货币，一国增加财富的途径只有两个：一是在国内直接扩大贵金属的生产和供给；二是通过出口获取其他国家的贵金属，增加本国的财富，因而在政策上实行奖出限入的贸易保护政策。该理论认为，一国在国际贸易中的收益就是另外一国的损失，对外贸易须遵守多卖少买、多收少支的原则，保证贸易中的顺差，保证尽可能多的货币流入，从而增加财富。

亚当·斯密（Adam Smith）的《国民财富的性质和原因的研究》（简称《国富论》）（1776）一书对重商主义观点进行了全面的批判。亚当·斯密以家庭的例子推及国家，指出一件商品如果在本国制造比在他国制造所花费的成本高，就应放弃在本国制造，选择从他国进口。这种以绝对优势为基础的国际分工和自由贸易会同时提高两国的财富。他否定重商主义所认为的国际贸易是零和博弈，认为国际贸易是正的非零和博弈。亚当·斯密不仅回答了国家之间为什么会发生贸易，而且回答了如何进行贸易。他指出，在市场经济中，微观经济主体可以通过分工和交易而实现自利与互利，个体利益与社会利益是互相联系的，故经济主体之间的利益关系并非像重商主义声称的那样一定是非赢即输的结果，而是可以实现"双赢"的局面。只要两个国家各自出口生产成本绝对低的产品，进口生产成本绝对高的产品，贸易就可以使两个国家都受益。所以，各国应该鼓励自由贸易，充分发展国际分工。亚当·斯密的绝对优势理论很好地解释了国际贸易产生的重要原因，为国际贸易的发生提供了重要的理论依据。

亚当·斯密的理论被称为绝对优势理论，可以看成是解释国际贸易产生原因的最早理论。但该理论的局限在于他所指的正的非零和博弈仅存在于两个技术发展水平相同或相近的国家，而对于两个技术发展水平悬殊的国家是否要进行贸易则缺乏解释力。大卫·李嘉图（David Ricardo）在其《政治经济学及其税赋原理》（1816）一书中对亚当·斯密的理论进行了完善。大卫·李嘉图认为，国家之间不论经济发展水平强弱，只要按照其相对的比较优势生产并交换产品，同样能实现正的非零和博弈。可以说，亚当·斯密的绝对优势理论属于大卫·李嘉图的比较优势理论的一种特殊情况。

（二）比较优势理论

大卫·李嘉图认为，国际贸易产生的基础并非各国之间生产成本的绝对差异，而是生产成本的相对差异，其对国际贸易模式的研究一般被认为是比较优势理论的起点。大卫·李嘉图认为，所谓比较优势，就是不同国家生产同一种产品的机会成本差异，该差异的来源是各国在生产该产品上的劳动生产率差异。该理论假定世界上只有两个国家，产品的要素投入只有劳动，生产同一种产品。由于每个国家在劳动生产率上有所差异，因此在工资率给定的情况下，两个国家生产的产品在相对成本进而相对价格上必然存在差异。无论这种差异是绝对成本差异还是相对成本差异，只要这种相对差异存在，就可以按照一定的国际价格进行交换。每个国家只要出口自己相对成本较低或者说具有比较优势的产品，而进口相对成本较高或者说具有比较劣势的产品，就可以使贸易双方都获利。按照该理论，为了寻求利益的最大化，每个国家将只生产具有比较优势的产品而放弃具有比较劣势的产品，进而实现完全的专业化分工。

亚当·斯密和大卫·李嘉图的理论在经济学界被称为古典贸易理论，是建立在单一生产要素——劳动的假定之上的，其基础是劳动价值论，其核心是"比较的比较"，其比较的是劳动成本或者说劳动生产率的差异，由于价格比率和劳动生产率相同，商品的价格可以根据劳动价值论确定。考虑到该理论的相对比较方法只是在两种商品之间进行的，而现实世界中的商品是多种多样的，因此，一些追随者把该模型扩展到两国多种产品的分析，最具有代表性的是 D-F-S 模型（Dornbusch, Fisher and Samuelson）：与外国相比，如果本国一系列产品的相对劳动生产率高于相对工资，则本国具有生产这些产品的比较优势，应该生产并出口这些产品；否则，应当进口这些产品。

比较优势理论成功地解释了完全处于绝对劣势的国家也能进行国际贸易并受益的现象。该理论的提出标志着国际贸易理论体系的建立，美国著名经济学家萨缪尔森（Samuelson）称其为"国际贸易不可动摇的基础"。比较优势理论成为后来国际贸易发展的思想基础。

尽管比较优势理论具有一定的解释力，但是仍然存在局限性。首先，现实世界中各国普遍实现的是相对的专业化分工，而非比较优势理论所预见的完全的专业化分工；其次，比较优势理论以技术的非对称性或劳动生产率差异为基础，只是从供给的角度解释了国际贸易的形成，而忽略了需求方面的因素；最后，该理论认为技术差异是产生比较优势的唯一原因，其分析仅仅局限于技术不变条件下的劳动——一种生产要素，而随着资本主义的发展，资本在生产中的作用日益突出，单一生产要素的分析显示出很大的局限性。

（三）要素禀赋理论

为了解决古典贸易理论存在的缺陷，随后的一些学者通过吸收古典贸易理论的比较成本思想，并放弃了古典贸易理论中一些严格的、不切实际的假设，对国际贸易提出了新的解释，形成了新古典贸易理论。在大卫·李嘉图模型的基础上，瑞典经济学家伊莱·赫克歇尔（Eli Heckscher）和伯尔蒂尔·俄林（Bertil Ohlin）的要素禀赋理论把国际贸易理论推进到一个新的发展阶段，从新的角度说明了比较优势产生的原因，在国际贸易领域取代了大卫·李嘉图模型，占据了主流地位。完整的要素禀赋理论，包括赫克歇尔—俄林理论、要素价格均等化理论、斯托尔帕—萨缪尔森定理和罗布津斯基定理这四个有机的部分，它们一起被归纳为新古典国际贸易纯理论的四个基本命题。

1. 赫克歇尔—俄林理论

1919年，赫克歇尔在《对外贸易对收入分配的影响》一文中讨论了要素禀赋差异在确定比较优势和国际贸易中的重要作用。他的学生俄林在1933年出版的《区域贸易和国际贸易》一书中继承和发展了他的要素禀赋思想，提出了赫克歇尔—俄林理论（H-O理论）。该理论将大卫·李嘉图的比较优势理论进行扩展并纳入一般均衡的分析框架中来，重新表述了比较优势原理，认为决定比较优势的因素中，最重要的是要素禀赋。要素是对生产过程发生作用的各种有形、无形的因素，如自然资源、知识资本、物质资本、土地、熟练与非熟练劳动力等。要素禀赋则是指一国（或地区）实际拥有的要素总量和结构。某种产品或行业的生产活动是否具有比较优势，取决于它们能否比较密集地利用该国相对丰裕的要素，取决于它们生产的成本比例能否与该国结构相一致。越是能密集利用一国相对丰裕要素的生产项目，越具有比较优势；反之，越是需要密集投入一国相对稀缺要素的生产项目，则越缺乏比较优势。

该理论模型指出，在不同国家生产函数相同的情况下，产品投入要素成为比较成本差异的主要来源，一国在生产密集使用本国比较丰裕的生产要素的产品时，成本比较低；而生产密集使用别国比较丰裕的生产要素的产品时，成本就比较高。因此，一国应该出口密集使用本国相对丰裕要素的产品，进口密集使用本国相对稀缺要素的产品。需要指出的是，他们采取了一般均衡的分析方法，并没有把要素禀赋的差异当成比较优势的唯一原因。

2. 要素价格均等化理论和斯托尔帕—萨缪尔森定理

在要素禀赋理论提出后，要素价格成为国际贸易中人们关注的焦点。国际贸易因相对价格差异而产生，反过来，国际贸易又促使各贸易国的商品价格趋于相等。实际上，这种商品的流动弥补了生产要素在国与国之间不能流动的缺陷：资本相对短缺的国家可以通过进口资本密集型产品来弥补国内资本的不足，而劳动相对短缺的国家可以通过进口劳动密集型产品来弥补国内劳动的不足。因此，各国资源禀赋的差异最终会通过不同的进口贸易而消除，两个国家的产品的相对价格和绝对价格都会趋于相等，进而两个国家要素的相对价格和绝对价格也会趋于相等。

萨缪尔森在之后的几篇论文中，用数学推导的方法证明了生产要素价格均等化的必然趋势，提出要素价格均等化定理，即赫克歇尔—俄林—萨缪尔森定理（H-O-S定理）。

1941年，斯托尔帕和萨缪尔森发表了《实际工资和保护主义》一文，分析了商品价格的变化对生产要素价格的影响，发现商品价格的变化会影响生产中密集使用的生产要素价格的变化，进而影响收入的分配，即斯托尔帕—萨缪尔森定理（S-S定理）。该定理指出，某一商品相对价格的上升，将导致该商品密集使用的生产要素的实际价格或报酬提高，而另一种生产要素的实际价格或报酬则下降。该定理引申出的一个重要结果是：国际贸易会提高该国丰裕要素所有者的实际收入，降低稀缺要素所有者的实际收入。理由是产生贸易后，一国出口商品的相对价格上升，根据赫克歇尔—俄林理论，一国出口商品所密集使用的生产要素是其丰裕要素，故出口商品价格上升，将导致该国丰裕要素的实际报酬上升，另一种生产要素，即稀缺要素的实际报酬下降。这一结果的重要含义是，国际贸易虽改善了一国整体的福利水平，但并不是对每一个人都是有利的，因为国际贸易会对一国要素收入分配格局产生实质性影响。

3. 罗布津斯基定理

在前面的要素禀赋理论模型中，一直假定一国的要素总量是固定不变的，然而在放松这条假定后会发现，要素禀赋的变化会导致一国生产可能性边界的移动，从而可能影响其贸易条件，甚至改变比较优势的形态。为了描述在商品相对价格不变的前提下，生产对要素禀赋变化的反应，罗布津斯基（Rybczynski）在1955年提出了罗布津斯基定理：在商品价格给定的条件下，某生产要素量的增加将使密集使用该要素的部门生产增加，产业得到扩展；与此相对应，另一部门生产下降，产业将萎缩。

罗布津斯基定理告诉人们，如果时间足够长，要素积累或经济增长可能会改变一国比较优势形态，即以前具有比较优势的产品，现在由于经济增长可能变得处于比较劣势；反之，以前处于比较劣势的产品，现在也可能变得具有比较优势。历史上，美国经济的增长过程就是这方面的典型案例。

4. 小结

以要素禀赋理论为基础的新古典贸易理论是对古典贸易理论的发展，在供给方面的分析放弃了生产要素边际收益不变的古典假定，使得生产函数具有良好的特征，为均衡分析奠定了基础。新古典贸易理论的另一突破就是对国际贸易进行了需求分析，弥补了古典贸易理论在这方面的缺陷，使得在该理论框架内能够明确分析国家相对价格的决定。此外，由于该理论从需求和供给两个方面对国际贸易进行了分析，使得一般均衡理论能够正式成为国际贸易理论的分析手段；同时，也使得对封闭和开放状态下均衡差异和福利变化的分析成为可能。基于要素禀赋理论的标准贸易模型成为国际贸易价格、福利等分析的重要工具。

在理论发展方面，沿着赫克歇尔—俄林理论的要素禀赋差异产生比较优势的思路，瓦内克（Vanek）提出了"要素含量"版本的赫克歇尔—俄林—瓦内克模型（1968）。他以"贸易中的商品所包含的要素服务"代替了"贸易中的商品"，认为"某一要素禀赋的相对丰裕的国家会成为该要素服务的净出口和另一种要素服务的净进口国"。这样人们不需要界定国家的相对要素丰裕度和产品的相对要素密集度，就可以直接把赫克歇尔—俄林—瓦内克模型推广到 M（商品品种数）$\times N$（要素品种数）的情形。美国经济学家琼斯（Jones）将农业部门报酬递减的假定扩展到了所有部门，提出了特定要素模型（1971）：在两部门经济中，劳动作为流动要素可以自由流动，资本作为特定要素则不能自由转移，其他假定不变的情况下，国际贸易会提高一国出口产品的相对价格，使得出口行业的特定要素所有者的实际收入上升，而进口行业特定要素所有者的实际收入则下降；与此相对的流动要素的名义收入上升，而实际收入则不确定。

但自 20 世纪 50 年代初起，随着经济学家对这一理论所做的实证检验工作的不断出现，要素禀赋理论的一些不足也开始暴露出来。要素禀赋理论的假设偏于静态化和 $2\times2\times2$ 模型，在按照静态比较优势进行国际分工的情况下，发展中国家由于经济基础薄弱、生产技术水平低，其比较优势产品一般是资源或劳动密集型产品，如果选择这样的产业作为国民经济主导产业，则很容易落入"比较优势陷阱"，即将本国经济锁定在低技术的专业化生产模式中，结果只能生产和出口技术含量低的产品。同时，在对要素禀赋理论的实证检验工作中，强调的重点也一直是检验贸易的要素比例，其中，美国经济学家里昂惕夫（Leontief）对要素禀赋理论适用性进行的检验，既是第一次，也最具代表性。"里昂惕夫之谜"对后续贸易理论的发展产生了重大影响，很多经济学家对要素禀赋理论进行了方方面面的修正。

二、西方传统贸易理论与中国实际

西方传统贸易理论历经发展不断完善，但是，无论是古典贸易理论还是新古典贸易理论，都是以比较优势思想为基础，只不过是从不同角度探寻了比较优势的来源。对于中国来说，比较优势思想在中国的应用是从改革开放之后开始的。改革开放之后，中国积极参与国际分工，发展对外贸易，并开始正视比较优势这个实际。

依照比较优势思想，中国应根据国内要素禀赋等实际情况，按照比较优势的原则参与国际分工，从而形成以比较优势为基础的国际贸易格局。一般认为，中国作为发展中国家，在改革开放初期严重缺乏资金和先进技术，而劳动力相对丰裕，应该发展劳动密集型产业。实际上，劳动力成本低廉在当时成为中国对外贸易的比较优势，中国的国际贸易格局也基本遵循了比较优势原理。具体表现为 1986 年纺织品和服装取代石油成为中国主要出口商品，中国出口商品结构也由以资源密集型产品为主过渡到以劳动密集型产品为主。

传统的比较优势理论和要素禀赋理论是在静态的基础上，分析每个国家在国际分工中所处的地位；而现实中一国的要素禀赋状况和比较优势一直处于动态发展过程中。对于中国而言，对外开放深化为中国带来显著的资本积累和生产技术的提升，加之随着中国经济发展和人民收入水平的提高，劳动力成本呈上升趋势，中国在资本和技术密集型产品上的比较优势日益凸显。具体表现为中国在机电产品等高技术产业中的作用不断加强，1995 年机电产品首次取代纺织品和服装成为中国第一大类出口产品，中国出口商品结构由以劳动密集型产品为主过渡到以资本密集型产品为主。此外，基于全球"互联网+"的大背景，中国很多行业朝着电子化和网络化的方向发展，电子计算机工业正在稳步前进，飞机制造和宇宙航天工业、原子能工业等技术密集型行业也开始进步，中国在技术密集型产业上的比较优势与发达国家的差距正在逐渐缩小。

与此同时，随着国际分工由"产业间分工""产业内分工"深化到"产品内分工"，以发达国家为龙头、跨国公司为载体的价值链在全球范围内不断拓展，全球价值链分工日益成为区域产业分工的发展。在现代全球价值链分工体系下，一国的竞争优势不再体现在最终产品和某个特定产业上，而是体现在该国在全球化产业价值链中占据的环节上。在此背景下，中国对外贸易的发展已经不能单纯依靠比较优势理论和要素禀赋理论的指导。

第三节　新贸易理论与中国对外贸易

一、新贸易理论思想简介

产业内贸易理论的产生是对传统贸易理论只能解释产业间贸易而不能解释产业内贸易问题的重大突破。以克鲁格曼（Krugman）为代表的经济学家所建立的新贸易理论抛弃了传统贸易理论关于完全竞争和规模报酬不变的假定，从不完全竞争和规模经济的角度出发寻找产业内贸易的动因和福利影响，形成了完全不同于传统贸易理论的新贸易理论。

（一）产业内贸易理论

产业内贸易理论是指一个国家在一定时期内（一般为1年）既出口又进口同一种产品，同时同一种产品的中间产品（如零部件和元件）大量参加贸易的现象。相应理论的假设前提包括：①从静态出发的理论分析；②市场的不完全竞争，即垄断竞争；③经济中具有规模收益；④考虑相同需求和不同需求两种情况。产生产业内贸易的企业必须具备两个基本条件：一是生产投入要素相近；二是产品在用途上可以相互替代。

（二）规模经济贸易理论

规模经济贸易理论是由著名经济学家保罗·克鲁格曼在与埃尔赫南·赫尔普曼（Elhanan Helpman）合著的《市场结构与对外贸易》（1985）一书中提出的理论。其主要观点为：规模收益递增为国际贸易直接提供了基础，当某一产品的生产发生规模收益递增时，随着生产规模的扩大，单位产品成本递减而取得成本优势，由此导致专业化生产并出口这一产品。

规模经济（Economies of Scale）是指在企业生产扩张的开始阶段，企业由于扩大生产规模而使经济效益得到提高。规模收益不变是传统国际贸易理论的重要假设，即假定厂商无论生产多少数量的产品，每多生产一件产品，增加的成本总是不变的，即边际成本不变。而事实上，现代许多工业部门都具有规模经济的特点，即收益递增，成本递减。规模经济越大，生产效率越高，投入增加1倍，产出可以增加1倍以上。多数资本、技术密集型的大型垄断企业经营的工业产品生产都具有规模经济的特点，因此，规模经济贸易理论较好地解释了20世纪60年代以后大量出现的产业内贸易现象。

规模经济贸易理论需要满足两个基本假设条件：一是企业生产具有规模经济。企业参与国际贸易，为获得更为广阔的市场空间，可以扩大生产规模，随着生产规模的扩大，单位产品的成本呈下降趋势。这种规模经济的取得，使企业增强了竞争力，提高了盈利水平。国内外市场环境的变化对各国企业的市场观念和经营方法提出了更高的要求，规模经济产生规模经济效应，企业便可以扩大生产规模，更加专业化地进行产品的大规模生产。二是国际市场的竞争是不完全的。在实际国际贸易中，应该存在大量垄断和竞争混合并存的市场结构。因此，在"规模经济"和"垄断竞争"的条件下，任何一国都不可能囊括某个行业的全部产品，从而使国际分工和贸易成为必然。某国集中生产什么样的产品，没有固定的模式，既可以自由发展，也可以协议分工。但发达国家之间工业产品"双向贸易"的基础是规模经济，而不是技术不同或资源配置不同所产生的比较优势。

规模经济因素导入国际贸易，标志着传统国际贸易理论向新贸易理论的转变。传统贸易理论认为,国际贸易格局的形成取决于各国的资源禀赋、技术水平甚至需求偏好这类基本的经济特征,各国为了充分发挥以这些基本特征的国际差异为基础所形成的比较利益而进行贸易。但实践表明,发达工业化国家之间的贸易,特别是资本、技术密集型产品贸易,并不是以这些基本经济特征的差异为基础。从当代国际贸易的发展看,规模经济、不完全竞争、产品差异已成为当代国际贸易发展的主导因素。特别是在区域内、产业内贸易中,规模经济的作用甚至超过了常规的比较利益,这已是不争的事实。因而,规模经济因素被抽象出来作为国际贸易的决定因素,在理论上具有极高的价值。

同时,规模经济贸易理论揭示了当代贸易利益的又一重要来源。传统国际贸易理论认为,国家的贸易利益主要是由生产要素禀赋的国际差异孕育而成的。规模经济贸易理论则提示了规模收益递增是贸易利益的又一重要来源。规模收益递增的存在意味着,即使是两个经济情形相似的国家,彼此之间也可以从贸易中获利。这种新型贸易利益可以区别于任何利益而独立存在。国际经验也表明,一国缺乏规模经济或只在国内具有规模收益递增的产业,在开展贸易后都能获得国际规模的递增收益,本国制造业和某些服务业会得到更快、更好的发展,消费者也能获得更多的福利。

(三)需求偏好相似理论

需求偏好相似理论又称偏好相似理论或重叠需求理论,是由瑞典经济学家林德尔(Linder)在其1961年出版的一部著作《论贸易与转型》中提出的。林德尔认为,赫克歇尔—俄林要素禀赋理论能够较好地解释初级产品的贸易模式,即能较好地解释自然资源密集型产品的贸易模式,但是这一理论不足以解释制成品的贸易模式。

林德尔认为,国际贸易是国内贸易的延伸,产品的出口结构、流向及贸易量的大小取决于本国的需求偏好,而一国的需求偏好又取决于该国的平均收入水平。原因在于:①产品的国内需求是其能够出口的前提条件。换句话说,出口只是国内生产和销售的延伸,企业不可能去生产一种国内不存在扩大需求的产品。②影响一国消费结构的最主要的因素是平均收入水平。高收入国家对技术水平高、加工程度深、附加值较大的高档商品具有较大的需求;而低收入国家则以低档商品消费为主,以满足基本生活需求。所以,收入水平可以作为衡量两国需求结构或偏好相似程度的指标。例如,打高尔夫球在欧美发达国家可以说是一项普及运动,但在发展中国家却不是代表性需求。③两国对消费的偏好越相似,则其需求结构越接近,即需求重叠的部分越大。重叠需求(Overlapping Demand)是两国开展国际贸易的基础,品质处于这一范围内的商品,两国均可进口和出口。

根据需求偏好相似理论,一国的平均收入或人均收入将决定一种特定的偏好方式。人均收入高的国家会需要高质量的制成品(奢侈品),而人均收入低的国家则会对低质量的产品(必需品)存在需求。那么,一个国家最可能与哪种类型的国家进行交易呢?林德尔假说给出的解释是,人均收入水平接近的国家需求结构存在重叠之处,可能消费相同类型的制成品。由于林德尔从重叠需求的角度解释国际贸易模式,因此其假说也被称为重叠需求理论。

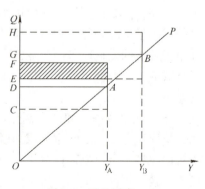

图 2-1 重叠需求

在图 2-1 中,横轴表示一国的人均收入水平(Y),

纵轴表示消费者所需各种商品的品质等级（Q）。所需的商品越高档，则其品质等级就越高；人均收入水平越高，则消费者所需商品的品质等级也就越高。二者的关系由图中的 OP 线表示。设 A 国的人均收入水平为 Y_A，则 A 国所需商品的品质等级处于以 D 为基点，上限点为 F、下限点为 C 的范围内。假设 B 国的人均收入水平为 Y_B，则其所需商品的品质等级处在以 G 为基点，上、下限点分别为 H 和 E 的范围内。对于两国来说，落在各自范围之外的物品不是太高档就是太低劣，都是不能或不愿购买的。图中阴影部分为 A、B 两国的重叠需求部分。

需求偏好相似理论与代表性的要素禀赋理论具有不同的适用性。要素禀赋理论主要解释发生在发达国家与发展中国家之间的产业间贸易（Inter-industry Trade），即工业品与初级产品或资本密集型产品与劳动密集型产品之间的贸易；而需求偏好相似理论则从需求角度出发解释了发生在发达国家之间的产业内贸易（Intra-industry Trade），即制造业内部的一种水平式贸易。因此，需求相似理论是对要素禀赋理论的发展和完善。

（四）国家竞争优势理论

国家竞争优势理论是由美国哈佛大学商学院教授迈克尔·波特（Michael E. Poter）提出的。20 世纪八九十年代，迈克尔·波特经过一系列研究，相继出版了《竞争战略》（1980）、《竞争优势》（1985）和《国家竞争优势》（1990）三本书，分别从微观、中观和宏观三个层面较为系统地论述了企业竞争、产业竞争和国家竞争问题，从而系统地提出了竞争优势理论，使得对国际贸易的解释更具有统一性和说服力，形成了一个新的理论框架雏形。

根据国家竞争优势理论，一个国家的竞争优势，就是企业、行业的竞争优势，也就是生产力发展水平的优势。波特认为，一国能否在国际市场中取得竞争优势，取决于其产业发展和创新能力的高低，而竞争优势形成的关键在于能否使主导产业具有优势；优势产业的建立有赖于提高生产效率，而产业的竞争优势又源于企业是否具有创新机制。然而，各国的竞争格局存在明显的区别，没有任何一个国家能够或将能够在所有产业或绝大多数产业上具有竞争优势，各国至多能够在一些特定的产业竞争中获胜，这些产业的国内环境往往最有动力和最富挑战性。具体来说，迈克尔·波特的竞争优势理论是从微观企业竞争优势、中观产业竞争优势和宏观国家竞争优势三个层面上进行讨论的。它既探讨了要素、技术及其他因素对国际贸易的影响，又反映了竞争优势与国际贸易的动态变化。

1. 微观竞争机制

国家竞争优势的基础在于其企业内部的活力。企业缺乏活力、不思创新，国家整体竞争优势就如无本之木。企业经济活动的根本目的在于使其最终产品增值，而增值要通过研究、开发、生产、销售、服务等环节才能逐步实现。这就要求企业重视各个环节的改进和协调，在强化管理、加强研究开发、提高质量、降低成本等方面实行全面改革。

2. 中观竞争机制

中观层次的分析由企业转向产业、区域等范围。从产业看，个别企业最终产品的增值不仅取决于企业内部要素，而且有赖于企业的前向、后向和旁侧关联产业的辅助与支持；从空间看，各企业为获得理想的利润和长期发展，需要有一个产业空间，利用产业链构建一个最优的区域组合，以达到降低成本、提高快速反应能力等目的。

3. 宏观竞争机制

国家竞争优势并非个别企业、产业竞争优势的简单加总。因此，一国的宏观竞争机制对其能否取得国家竞争优势具有重要的决定性作用。而这取决于四组基本因素：生产要素；需求状况；相关产业和支持性产业；企业战略、结构和竞争对手。这四者组成一个系统，共同决定着国家竞争优势。另外，国家竞争优势还受到机遇和政府的影响，但它们都要通过四组基本因素才能影响国家竞争优势，所以属于辅助因素。为此，迈克尔·波特提出了一个"国家竞争优势四基本因素、两辅助因素模型"，国家竞争优势的获得取决于四个基本因素和两个辅助因素的整合作用，如图2-2所示。

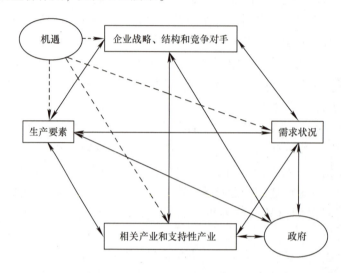

图2-2　"完整"的钻石体系

该模型又可称为"波特机制"或"钻石体系"（Diamonds Framework）或"钻石模型"。这些因素中的每一个都可单独发生作用，但又同时对其他因素产生影响。各个因素结合成一个有机体系，其共同作用决定着国家的竞争优势。

（1）生产要素（Factor Conditions）。波特把生产要素分为基本要素（Basic Factors）和高级要素（Advanced Factors）。前者主要是指一国先天拥有或较易得到的要素（如自然资源、气候、地理位置、非熟练劳动力和债务资本等）；后者是指必须经过长期投资和培育才能创造出的要素（如现代化电信网络、高质量的人力资本、高精尖技术等）。在许多行业中，基本要素对企业竞争力有很大的影响，但是在第二次世界大战后，基本要素的重要性正在下降，高级要素的重要性则日趋重要。高级要素是开发新产品、设计新工艺的必要条件，而且其供给相对稀缺。因为高级要素的创造不仅需要长期大量的人力资本投入，而且还要有适宜其发展的社会、经济、文化环境，这就使得其供给更有限，公开市场交易更困难。因此，对于国家竞争优势的形成，高级要素尤为重要。

（2）需求状况（Demand Conditions）。一般来说，企业的投资、生产和市场销售首先是从本国的需求来考虑的。从本国需求出发建立起来的生产方式、组织结构和营销策略是否有利于企业进行国际竞争，是企业是否具有国际竞争力的重要影响因素。国内需求是提高竞争优势的原动力，有利于企业迅速达到规模经济。更重要的是，如果本国消费者需求标准高且很"挑剔"，则会促使企业努力改进产品质量和服务，从而有利于提高企业的竞争能力。

（3）相关产业和支持性产业（Related and Supporting Industries）。波特认为，优势工业的发展或竞争力的增强需要相关产业的支持，如果一国对其高级要素的供应产业加以投资的话，所取得的利益往往会扩展到优势工业本身，促进其国际竞争力的发展，即比较优势工业的发展和培育不应是独立的，需要有相关联产业的支持。其主要原因是：①有可能发挥群体优势；②可能产生对互补产品的需求拉动；③可能构成有利的外在经济和信息环境。可见，是否具有发达而完善的相关产业，不仅关系到主导产业能否降低产品成本、提高产品质量，从而建立起自己的优势，更为重要的是，它们与主导产业在地域范围上的临近，将使得企业相互之间频繁而迅速地传递产品信息、交流创新思路成为可能，从而极大地促进企业的技术升级，形成良性互动的既竞争又合作的环境。

（4）企业战略、结构和竞争对手（Firm Strategy, Structure and Rival）。波特认为，良好的企业管理体制的选择，不仅与企业的内部条件和所处产业的性质有关，而且取决于企业所面临的外部环境。可见，各种竞争优势能否被恰当地匹配在企业中，很大程度上取决于国内环境的影响。一个国家的国内竞争环境对该国企业的国际竞争力影响很大，强大的本地本国竞争对手是企业竞争机制产生并得以长期保持的最强有力的刺激，凡经历过国内激烈竞争洗礼的企业也同样能获得国际生存能力。正是因为国内竞争对手的存在，会直接削弱企业相对于国外竞争对手所可能享有的一些优势，从而促使企业努力"苦练内功"，争取更为持久、更为独特的优势地位；同时，也正因为国内激烈的竞争，迫使企业向外扩张，力求更多地占领国际市场。

（5）机遇（Opportunity）。机遇包括重要的新发明、重大的技术变化、外汇汇率的重要变化、突然出现的世界或地区需求、外国政府的政治决定和战争等。机遇对于竞争优势的重要性在于它可能打断事物的发展进程，改变一个国家在一个产业中的国际竞争地位，使原来处于领先地位的企业的竞争优势失效，使落后国家的企业能顺应局势的变化，抓住新机会，获得竞争优势。

（6）政府（Government）。政府对国家竞争优势的作用主要在于对四种基本因素的影响。政府可以通过补贴、对资本市场加以干预或制定教育政策等影响要素条件；通过确定地方产品标准、制定规则等影响买方需求；也能以各种方式决定相关产业和支持性产业的环境，影响企业的竞争战略、结构和竞争状况等。因此，政府的作用十分重要。

上述所有这些因素组合成一个类似"钻石圈"的系统，以整合的方式对国家竞争优势的形成发挥影响。国家竞争优势本身也具有系统性，不同产业可依靠产业之间的联系和空间上的集聚以形成特定的优势。

国家竞争优势理论是当代国际经济学理论的重大发展，不仅弥补了其他国际贸易理论的不足，更提出了国家竞争优势应该是国际贸易理论的核心。一国只有建立了国家竞争优势，才能获得持久的比较利益。伴随着当今经济从一体化到全球化，国际分工日益深入，国际竞争日益激烈，在这种竞争中，任何一个国家都不再可能依靠基于要素禀赋条件的比较优势赢得有利的国际分工地位，而只有通过竞争优势的创造，才能提高自己的竞争力，增进本国人民的福利。迈克尔·波特强调加强对国家竞争优势的扶持和培育，这对于发展中国家竞争优势的发展无疑具有积极的指导意义。然而，在产业的选择上，竞争优势中的产业选择是基于已经存在的产业而言的，是对已结构化或未完全结构化的产业进行的选择，这样使企业在所选择的产业中取得领先地位是相当困难的。在一个已结构化的产业中，企业生存发展的空间十分有限。因为产业结构化程度越高,产业内的竞争强度就越大,企业选择的余地(即竞争空间)就越小,且边际产出递减。此外,波特的竞争优势理论过多地强调了企业和市场的作用,而对政府在当代国际贸易中所扮演角色的重要性认识不足,仅把政府作为一个辅助因素。

二、新贸易理论与中国实际

以产业内贸易理论为基础的新贸易理论成功地解释了产业内贸易产生的原因并进行了福利分析,但在如何确定不同国家产业内分工上没有形成清晰的结论。新贸易理论对发展对外贸易的指导作用则更多地体现在其对各国贸易政策制定的指导意义上。由于新贸易理论以不完全竞争为基础,国内的贸易政策可以有力地影响到进出口厂商的利益。伴随着新贸易理论出现了新贸易政策——战略性贸易政策,它体现了新贸易理论作为发展对外贸易理论依据的核心价值。

战略性贸易政策最早由克鲁格曼在《战略性贸易政策与新国际经济学中》一书中提出。它是指在规模经济和不完全竞争条件下,一国政府可以借助研发补贴、生产补贴、出口补贴、进口征税、保护国内市场等政策手段,扶植本国战略性产业的成长,增强其国际竞争能力,带动相关产业发展,从而谋取规模经济之类的额外收益,并可抢占国际竞争对手的市场份额,转移其垄断利润。也就是说,在规模经济和不完全竞争条件下,实施战略性贸易政策的国家不但无损于其经济福利,反而有可能提高自身的福利水平。

战略性贸易政策提出后备受争议,争论的焦点集中在战略性贸易政策的实施条件是否得到满足。一般认为,战略性贸易政策的成功实施必须满足以下一些基本条件:

(1)对战略性行业的确定条件。一个行业被确定为战略性行业必须满足以下条件:①必须正面临着巨大的或潜在的国外竞争;②必须有着与国外竞争行业同样高的集中度;③应该有限地使用被认为是经济"瓶颈"的要素;④生产过程必须有着巨大的规模经济或学习效应特征;⑤还应该具有巨大的固定资本要求和长期高筑的进入壁垒。总之,被确定的战略性行业必须能够生产出超过总补贴的额外收益。

(2)国内成熟的市场经济体制条件。具体包括:①与市场经济相适应的理性的市场微观主体(企业)与宏观主体(政府);②国内完善、统一、有序的大市场及市场体系;③健全有效的市场运行传导机制和宏观调控机制等。否则,推行战略性贸易政策理论的绩效会大打折扣。

(3)需求旺盛、容量较大的国内产品市场。只有国内市场需求旺盛、市场容量较大,才能保证企业规模扩大过程中实现报酬递增。否则,企业大规模生产出来的产品很容易过剩,造成价格下跌,而无法实现规模经济,不能培育出国际竞争力,战略性贸易政策难以发挥效用。

(4)信息完备、决策独立、干预有效的政府。实施战略性贸易政策,政府起着关键性的作用。政府必须能够正确选择战略性产业,正确制定战略性政策,正确估计实行干预后国内外厂商的反应。所有这些,首先都有赖于政府对有关信息的及时、完备、可靠的把握;其次,政府的决策必须具有独立性,不受各种特殊利益集团的影响,以便正确选定战略性产业和正确制定战略性政策政府;最后,政府的干预必须有效,否则战略性贸易政策的实施就没有保障。

（5）不存在国际产业分工冲突和外国政府的报复行为。如果国外政府也对相同的产业实施了类似的补贴政策，必然会导致该行业过度竞争，最后出现"囚徒困境"的局面，战略性贸易政策将难以推行。如果强制推行甚至会造成贸易关系恶化等不利后果，既实现不了战略性贸易政策所期望的额外利益，还有可能对全面贸易造成影响，增加了社会经济成本，也降低了国民的福利水平。

随着经济全球化的发展与深化，垄断竞争或寡头竞争已成为世界上许多跨国公司的竞争形势。在此背景下，战略性贸易政策在实践中促进了美国、日本等发达国家的经济增长，并成为当代国际贸易理论的重要组成部分。对于中国而言，在改革开放初期，中国经济长期处于转轨之中，很多方面都限制了中国利用战略性贸易政策的有效实施：①规模经济企业垄断利润的主要来源还不是企业创新，一些垄断性企业不满足战略性行业的要求。②政府在信息获取等方面还存在缺陷，没有形成对国外市场、行业等方面信息收集的完善机制；政府在做决策中，有时会受到国有企业的影响，导致政府可能不能正确选择战略性行业。③行业市场结构存在不利于实行战略性贸易政策的缺陷。一是具有战略性的企业集中度普遍较低，规模小而且分散；二是产品的差异化不够，很多新产品都处于模仿的阶段；三是由于市场机制不健全、沉没成本较大和地方保护主义等的存在，大量低效率、无效率的企业无法退出且产权重组困难，导致行业内过度竞争。

加入WTO后，中国已经逐渐融入世界经济体系之中，这一变化要求中国在参与国际贸易的过程中充分发挥主观能动性，在国际市场上取得应有的利益。与此同时，经过40多年的改革发展，中国不仅在经济增长和对外贸易发展方面取得明显成效，国内企业退出机制、营商环境、政府职能等也日益优化。因此，无论是从国际经验及当前国际市场情况看，还是从国内宏观、微观层面上来讲，中国都有实施战略性贸易政策的需要，并已经基本具备了实施战略性贸易政策的必要条件：①作为经济体量和人口规模最大的发展中国家，中国国内市场容量巨大，这保证了企业生产更容易获取规模效应。此外，改革开放以来，技术外溢、后发优势等因素使国内企业间产生显著的学习效应，中国工业化已进入成熟发展阶段，企业规模和创新意识明显提升。根据国际经验判断，现阶段中国经济发展已满足战略性贸易政策的基本条件。②国内部分产业已经具备一定的市场集中度。不少企业通过自身发展、利用优惠政策和有利的外部条件，行业已经进入了不完全竞争市场阶段。此外，越来越多的外国垄断厂商进入中国市场。因此，要求我们实施战略性贸易政策来扶持这些行业内的中国企业，以提高它们的竞争优势。③市场经济机制建立、政府职能转变和国有企业改革基本完成。随着改革开放的不断深入，中国社会主义市场经济体制基本确立并在不断地完善，中国的市场化程度已经达到较为理想的水平。与此同时，服务型政府以及政府治理体系和治理能力现代化建设正大力推进，在宏观层面上的经济调控能力和效率得到极大提高，能够保障战略性贸易政策的有效实施。

需要注意的是，中国国内经济和对外贸易的快速增长已经引起诸多国际经济摩擦，加之一些国家对中国抱有敌视态度，在实行战略性贸易政策的时候，很容易遭到外国的指责甚至报复。此外，经济全球化时代的竞争在很大程度上已不是单纯的企业与企业之间的竞争，而是国家与国家间的竞争，迈克尔·波特的国家竞争优势理论则为中国培育高级生产要素、重视开发国内需求、建立强大的产业族群、完善企业创新机制以提高产业和国家整体竞争力提供了重要的现实指导。

第四节　新新贸易理论与中国贸易

20世纪80年代，克鲁格曼、赫尔普曼和兰切斯特（Lanchester）提出新贸易理论的静态模型。90年代，格罗斯曼（Grossman）和赫尔普曼提出的与"内生增长理论"密切联系的动态贸易模型得到进一步发展，在方法和理论假定上实现新的突破，不仅放弃了完全竞争市场结构和报酬递减的假设，更引入了报酬递增和垄断竞争的条件，解释了新新贸易理论①，并将企业异质性成功地引入到国际贸易模型中，从微观层面解释了贸易的发生及影响，从而开拓了国际贸易研究的新领域。目前，国际贸易理论的最新进展主要体现为异质企业贸易模型（Trade Models of Heterogeneous Firms）和考虑国际贸易运输成本的新经济地理贸易理论在国际贸易中的广泛使用。

一、异质企业贸易模型

异质企业贸易模型是由梅里兹（Melitz）于2003年提出的。他以赫尔普曼（1992）一般均衡框架下的垄断竞争动态产业模型为基础，并扩展了克鲁格曼（1980）的贸易模型，引入了不同企业的生产率差异，从而建立起异质企业动态产业模型。异质企业贸易理论的核心思想表现在：企业在了解生产率状况之后才会做出是否出口的决定；贸易能够引发生产率较高的企业进入出口市场，而生产率较低的企业只能继续为本土市场生产甚至退出市场；同时，贸易的存在进一步使得资源重新配置，流向生产率较高的企业。

异质企业贸易模型沿用了新贸易理论中垄断竞争市场结构和规模报酬递增的假定，但放松了同质企业的假定，从而将贸易理论的研究对象扩展到企业层面。企业生产率差异是企业异质性的主要表现，并与其他异质性来源紧密联系，从而可以用生产率差异来反映企业异质性对贸易的影响。异质企业贸易模型正是通过内生企业生产率来解释为什么参与贸易的企业具有更高的生产率。

与垄断竞争模型相比，异质企业贸易模型采用的需求函数与垄断竞争模型相同，供给函数也基本一致。异质企业贸易模型的不同之处也是模型的关键之处在于，提出了一个考虑企业生产率（U）的总成本函数 TC。企业的生产率不同，且面临着不同的边际成本 $1/U$，则企业的总成本为

$$TC(U) = f + q(U)/U$$

式中，f 是固定成本；q 是产出。

异质企业理论认为，行业中的企业和新进入企业面临着不同但相互联系的约束。对于原有企业来说，它们有一个企业关门生产率，或称零利润生产率（Zero Cutoff Profit Productivity, ZCP），此约束也被称为关门条件或零利润条件，使得企业的利润刚好为零。如果生产率高于关门生产率，企业就可以获得利润；如果低于这个水平，企业就会退出市场。而对于新进入企业来说，成功进入的企业面临着同样的关门条件，所不同的是新进入企业需要承担

---

① 新新贸易理论是指关于异质企业贸易模型（Trade Models of Heterogeneous Firms）理论。新新贸易理论将国际贸易的研究范畴从传统贸易的理论研究的产业间贸易转变为研究同一产业内部有差异的企业在国际贸易中所做的选择，更多的是从企业的层面来解释国际贸易和国际投资现象。

一个沉没成本。因此，在做出是否进入的决策时，它们需要用未来利润流来决定是否值得进入。新进入企业的企业价值（Value of Entry）必须至少等于零，这也是新进入企业的约束条件（Free Entry，FE）。

通过计算可以发现，关门条件（ZCP）中平均利润是关门生产率的减函数，而新进入企业的约束条件（FE）中，平均利润是关门生产率的增函数。因而，两条曲线的交点就确定了行业平均利润水平和行业关门生产率。这就是封闭经济条件下的均衡点，也是行业中两类企业对关门生产率不同反应的共同作用的结果。所以，在封闭经济中，行业的平均生产率由关门生产率决定，而在一定市场规模下，行业生产率不会提高。也就是说，行业生产率只能通过单个企业生产率的提高来实现，而不能通过市场份额在产业内企业间的重新分配来改变。

在开放经济中，行业生产率的变化有了另一个途径，即贸易可以通过市场份额的重新配置来提高行业的生产率。对于一个行业来说，一部分企业能够进入国际市场，而另一部分企业只能从事国内业务，这是因为进入国际市场面临着与国内不一样的进入成本。异质企业贸易模型用贸易成本为零来概括从事出口面临的额外边际成本，同时参与贸易的企业也面临一个固定进入成本。对于一个行业，开放经济下企业面临的市场分为国内市场和国际市场两部分，由于贸易成本和进入国际市场沉没成本的影响，关门生产率体现为三部分：封闭经济关门生产率、开放经济关门生产率和国际市场关门生产率。理论模型和现实状况都可以表明，封闭经济关门生产率最低，而国际市场关门生产率最高，开放经济关门生产率介于两者之间。那些生产率低于封闭经济关门生产率的企业会退出所在行业；而对于那些生产率高于国际市场关门生产率的企业将获得国际市场份额，从而大大提高利润水平。这就可以解释为什么一部分企业只能从事国内业务，而另一部分企业可以从事出口业务，从而产生了市场份额在产业内的重新配置效应。

所以，贸易提高行业生产率的逻辑可表述为：贸易提高了行业关门生产率，使得那些在封闭经济中本可以继续生产的企业被迫退出市场，市场份额向生产率更高的企业转移。关门生产率的提高和低生产率企业的退出，使行业总体生产率水平提高，这也是异质企业贸易模型的核心观点。自由贸易拓宽了提高行业生产率的途径，即使企业技术水平等其他因素不变，自由贸易也可以提高产业生产率水平。自由贸易通过市场份额重新配置资源，行业生产率提高，从而提高社会福利。但是，自由贸易同样会引起国内企业数量的减少，但这并不会降低国内消费者福利，因为国外企业可以提供价格更低且种类更丰富的产品。异质企业贸易模型为落后的国家和地区提供了一个提高生产率的新途径，在不提高单个企业生产率水平的情况下，一国仍然可以通过贸易和开放来提高一个产业甚至全国的生产率水平。因而，积极参与国际分工，提高对外开放水平，都将有利于提高行业生产率水平，充分发挥优胜劣汰效应。无论是中央政府还是地方政府，推动出口导向和对外开放政策都非常重要，将有利于本地的经济发展。

作为新新国际贸易理论的核心，异质企业贸易模型开启了国际贸易的新领域，不仅从微观的异质企业角度提出了贸易的新观点，更在研究方法上取得了重大突破，是传统贸易理论、新贸易理论的重要补充。同时，异质企业贸易模型为其他经济学学科，尤其是最新的空间经济学带来了深刻影响，特别是对在克鲁格曼和赫尔普曼的新贸易理论基础上引入区位因素从而产生的新经济地理贸易理论产生深远影响。

二、新经济地理贸易理论

新经济地理贸易理论（简称 NEG 理论）是 20 世纪 90 年代由克鲁格曼等人提出的。新经济地理理论将运输成本纳入到国际贸易理论的分析框架之中，因为运输成本的减少会引发聚集经济、外部性、规模经济等问题，把这些要素融入企业区位选择、区域经济增长及其收敛与发散性问题中，就会得出不同于传统区域经济理论的观点。

新经济地理贸易理论主要研究了报酬递增规律如何影响产业的空间集聚，即市场和地理之间的相互联系。其基本观点是，产业在空间上的分布不均匀性是报酬递增规律的结果。现实经济生活中"报酬递增"现象广泛存在，而且可以应用到多个领域。举例来说，如果把一家工厂孤立地建在荒原上，无论工厂如何做大做强，最终也逃脱不了报酬递减的命运。但是，如果把工厂设立在大城市里，情况就大不相同，因为城市的规模越大，一般来说工业基础就越健全。这样，无论所建工厂在原料供给上有什么新要求，在生产工艺上有什么新标准，都可以在城市这个空间范围内得到满足。伴随着工厂的扩张和城市的发展，劳动生产率会越来越高，收益也随之提高，这样就实现了报酬递增。克鲁格曼认为这才是把握住了现代国际贸易的核心。

新经济地理贸易理论沿袭了传统经济学的一般均衡分析方法，在垄断竞争、替代弹性效用函数和冰山运输成本基础上将现实世界数学化、抽象化和模型化。克鲁格曼运用了一个简单的中心—外围模型，分析一个国家内部产业集聚的形成原因。在这个模型中，处于中心或核心的是制造业地区，外围是农业地区，区位因素取决于规模经济和交通成本的相互影响。假设工业生产具有报酬递增的特点，而农业生产的规模报酬不变，那么随着时间的推移，工业生产活动将趋向于空间集聚。在资源不可流动的假设下，生产总是聚集在最大的市场，从而使运输成本最小并取得递增报酬。中心—外围理论的意义在于，它可以预测一个经济体中经济地理模式的渐进化过程：初始状态时，一个国家的地理区位可能有某种优势，它对另一地区的特定厂商具有一定的吸引力，并导致这些厂商生产区位发生改变。一旦某个区位形成行业的地理集中，则该地区的聚集经济就会迅速发展，并获得地区垄断竞争优势。

新经济地理贸易理论的核心是中心—外围模型。在中心—外围模型中，三种基本效应组成了该模型的基本机制：①本地市场效应（Home Market Effect）。其含义是指垄断竞争厂商倾向于选择市场规模较大的地区进行生产并向市场规模较小的地区出售其产品。②价格指数效应。其含义是指厂商的区位选择对当地居民的生活成本有所影响。在产业集聚的地区，商品（这里指制造品）一般来说要比其他地区便宜一些。这是因为本地生产的产品种类和数量较多，从外地输入的产品种类和数量较少，因而本地居民支付较少的运输成本。③市场拥挤效应。其含义是指不完全竞争厂商喜欢在竞争者较少的区位进行生产。前两种效应形成了集聚力，促使厂商的空间集聚；而后一种效应形成了分散力，促使厂商的空间扩散。

新经济地理贸易理论对我国制定区域经济发展政策具有重要的指导意义，尤其是指出了贸易自由化程度与区域经济差距之间的关系不是单调的，同样的政策在不同的贸易自由化条件下效果是不同的。随着我国区域间交通基础设施的改进、贸易壁垒的减少，区域间贸易自由化程度不断提高。但是，在多数产业集中于东南沿海的情况下，由于集聚租金的作用，随着贸易自由度的提高，东南沿海地区会进一步吸引其他地区厂商向这一地区流动，加剧两极分化的格局。而在贸易自由化程度较低时，反而有助于缓和区域经济差距。

三、新新贸易理论与中国实际

新新贸易理论是国际贸易的理论前沿，其最重要的创新是将企业异质性引入原有模型框架，从微观企业行为视角重新分析和解释国际贸易与投资以及跨国企业全球组织生产的抉择。这一理论对发达国家的最新贸易和投资现象显示了较强的解释能力。对于中国而言，改革开放尤其是加入WTO以后，中国的对外贸易才取得飞速发展，因此，异质性贸易理论能否解释中国企业的出口行为，以及能否在实际中指导中国企业对外贸易转型升级，国内学者利用中国制造业企业的微观数据进行了大量的实证检验。

针对中国企业的生产率异质性是否会显著影响企业国际贸易这一问题，李春顶（2009、2010）利用1998—2007年中国制造业30个细分行业约33万家企业数据检验发现，中国分行业面板数据的实证检验结果支持了异质性企业贸易理论模型的结论，即出口企业的生产率高于只供应国内市场的企业，但是，生产率是企业出口的原因，而出口贸易不一定能够提高生产率；此外，中国制造业企业数据的实证检验发现中国出口企业存在与理论结论正好相反的"生产率悖论"，即中国出口企业的生产率低于未出口企业。进一步研究发现，其背后的主要原因是中国大量存在加工贸易企业，去除这些企业后的实证结果同样与理论相符。汤二子和刘海洋（2011）基于2008年中国制造业企业数据，对出口企业和国内企业进行全国、分行业、分省份的实证检验，验证了"生产率悖论"的存在，并发现中国企业存在"生产率陷阱"，即出口贸易对中国企业生产率具有阻碍作用。他们认为，出口企业的资本—劳动比率低于国内企业是其"生产率悖论"存在的一个重要原因。戴觅等人（2014、2016）对2000—2006年企业—海关数据的分析表明，"生产率悖论"的存在是由中国大量的加工贸易企业导致的。在样本期间，中国有近20%的出口企业完全从事加工贸易，这些企业的生产率比非出口企业低10%~22%。剔除加工贸易企业的影响就能使中国回到出口企业生产率更高的传统结论中。总体而言，尽管不同学者利用不同时间段的企业数据对异质性贸易理论在中国的适用性进行了探讨，但得出的基本结论已得到广泛认可，即由于加工贸易企业的存在，中国出口企业的生产率整体低于国内企业。

随着中国国内产业结构和对外贸易结构的优化，中国加工贸易进出口额占贸易总额的比重逐年降低，2018年加工贸易进出口为8.10万亿元，占比仅为27.49%，2019年占比进一步减小到25.20%，且进出口绝对值下降至7.95万亿元。在此过程中，加工贸易企业的发展势必受到制约。因此，针对现阶段中国出口企业生产率是否符合异质性贸易理论的基本结论，需要基于最新的微观企业数据进行再论证。

尽管新新贸易理论的结论无法解释中国企业贸易行为的全部，但对中国对外贸易的转型和升级仍有重要的启示和指导意义。①出口贸易能够提高一国企业的平均生产率，因此中国应持续深化对外开放，不断开拓国际市场，深化内外资企业合作，进一步激发市场活力。②虽然加工贸易在创造就业、发挥中国劳动力比较优势方面发挥了不可替代的作用，但是长期的经济增长在很大程度上取决于生产率的进步，实现由单纯加工向高附加值生产活动以及自主品牌的转型对于促进中国出口企业生产率的增长很有必要。③生产率越高的企业，越有可能进行对外投资，也越能够从对外直接投资中获得更多的好处。因此，在提升对外贸易的同时，应帮助和引导生产率高的企业积极开展对外直接投资活动。

课后习题

1. 中国传统外贸理论有哪些？有何不足之处？
2. 西方国际贸易理论主要有哪些？分别有何特点及不足？
3. 比较优势理论对中国对外贸易发展有哪些借鉴意义？
4. 如何利用新贸易理论指导中国对外贸易的未来发展？

第三章

中国对外贸易战略

第一节 对外贸易战略的内涵

一、对外贸易战略的概念与特征

"战略"一词来源于军事，是指对战争全局的筹划和指导，后指具有全局意义的重大安排或计划。"战略"用于经济方面，是指国家在一定的历史时期内，根据一国的国情制定的一系列关于未来经济发展方向、目标等制度和政策的集合。它反映了国家的经济利益和政治利益。对外贸易战略是一国经济发展战略的一部分，它是根据一国（地区）总的经济发展战略的要求，结合国内外的实际环境，对通过参与国际分工与合作实现国内资源的有效配置的方式、对外贸易的发展目标和实现手段等所做的全局性战略规划，是一个国家或地区进行对外贸易的指导思想。

对外贸易战略作为一国经济发展战略的有机组成部分，从本质上应该服从、服务于一国的经济发展战略。但是，对外贸易战略和经济发展战略不是一般的整体和部分的关系，由于对外贸易战略是在世界经济的大环境下制订的如何参与国际分工、实现资源优化配置、促进经济发展的战略规划，可以决定一国经济战略的多方面内容，因此处于一国经济发展战略的核心地位。选择哪种对外贸易战略对一国的经济发展非常重要，如以国际比较优势理论为原则的对外贸易战略，在很大程度上决定了这个国家将把比较优势产业的发展战略作为该国整体经济发展战略的重要内容。因此，在有些经济学家看来，对外贸易发展战略在一定程度上可以看成是一国的经济发展战略，它反映了该国经济发展的目标和方向。

处于一国经济发展战略核心地位的对外贸易发展战略具有全局性、整体性和稳定性的特征。对外贸易战略的全局性是指一国对外贸易战略的制定要着眼于世界经济的分工体系，充分考虑到国内的资源条件和经济发展目标，所制定的各种制度和政策对一国的贸易和经济的发展应发挥指导思想的作用。整体性特征来源于一国对外贸易战略组成部分之间的相互关系。对外贸易战略的制定原则、指导思想、进出口战略、贸易体制和贸易政策等各部分之间不是简单的串行或并行关系，而是相互联系、相互协调、相互促进、相辅相成的关系，其对促进贸易和经济发展从整体上发挥作用。稳定性特征是贸易战略的内在要求。对外贸易战略的制定是对未来贸易的发展方向、发展方式、发展目标等方面的确定，要发挥指导思想的作用，因而从根本上要求贸易战略在一定时期内保持稳定，不可朝令夕改。一国可以根据国际环境和国内环境的变化调整对外贸易发展战略，但是对外贸易战略的基础不可以随意变动。这样不仅有利于国内贸易有序发展和确保国家经济安全，也增强了贸易伙伴与本国合作的可预见性。

二、对外贸易战略的分类

20世纪70年代以来,"亚洲四小龙"等新兴工业国家和地区的迅速崛起引起了西方学者对经济发展问题的广泛关注。经过调查研究,西方经济学家和国际组织发现,与南亚和拉美国家相比,东亚国家和地区的工业化最突出的特点就是贸易政策及时由歧视进口向鼓励出口转变,经济的外向度比较高,并且贸易战略的选择是决定经济发展的主要因素之一。

在调查研究中,如何将发展中国家所采用的各种对外贸易发展战略从新古典经济学的角度进行分类,是西方经济学家遇到的非常棘手的问题。在经济学家提出的不同方案中,以"贸易奖励制度是否为中性"作为考查标准的方案得到了比较广泛的共识。这种划分的目的就是要把不同的贸易战略和自由贸易理论或保护贸易理论联系在一起,进而以新古典经济学为框架对不同的贸易战略做出理论解释。依据各自不同的研究目的和研究方法,西方经济学家和国际组织对发展中国家实行的贸易战略进行了不同的分类:

钱纳里(Chenery)等人应用多国计量模型进行分析和比较,把这些发展中国家的对外贸易战略划分为出口促进战略、进口替代战略和平衡战略三种。克鲁格(Krueger)利用统计数据对战后10个发展中国家制造业的有效保护率进行了测算,把发展中国家实际执行的贸易战略也分为三种类型,即出口促进战略、进口替代战略和温和的进口替代战略。比较普遍的分类方法是世界银行在1987年根据1963—1985年41个国家和地区的资料,把发展中国家的贸易战略分为坚定外向型、一般外向型、一般内向型和坚定内向型。由于这几种分类方法的基础相同,因而在各种分类中不存在明显的界限,只是各自的侧重点不同。因此,综合考虑了各种分类方法之后,本书将发展中国家实施的贸易战略简单地分为三种,即进口替代战略、出口导向战略和混合发展战略。其他各种贸易战略的划分都依此为基础,因此这种分类方式更具有普遍性。

(一) 进口替代战略

进口替代战略又称内向型的发展战略,主要是通过建立和发展本国的工业,实现对进口工业制成品的替代,以达到削减进口、节约外汇、发展本国工业和减少对国外经济依附等目的。因此,实现发展中国家的民族工业化和消除不利贸易因素对国家经济的影响是进口替代战略的主要目的。第二次世界大战后初期,许多发展中国家都走向了政治独立,摆在它们面前的是如何在经济上寻求独立、和平发展的紧迫任务。为了摆脱对发达国家的依赖,迅速找到摆脱贫困状态的捷径,发展中国家不约而同地把实现工业化和经济多元化作为经济的发展目标。为了实现这些目标,大多数发展中国家(最早是一些拉丁美洲国家)都采取了限制进口、保护民族工业的进口替代战略,这一战略在一些拉丁美洲国家持续到20世纪80年代。亚洲地区的国家实行进口替代战略的时间较晚,东亚和东南亚的一些国家先后在20世纪50—70年代实行过进口替代战略。非洲国家在取得独立后,对以本国原料为主的加工工业也实行过进口替代战略。

进口替代战略一般分为两个阶段:第一阶段主要是建立和发展一般的最终消费品工业,着重发展收音机、自行车、纺织品和食品等行业,实现对这些产品的进口替代。这些行业对专门人才和资金、技术的要求不是很高,而且其初级消费品在国内已经形成有效需求,因而这一阶段的进口替代战略比较容易实现。第二阶段是在对消费品的进口替代发展到一定程度以后,集中力量建立和发展生产资本品、中间产品的工业,如机械设备制造、石油提炼、炼钢轧钢、冶金、化工等需要大量资本和专门技术的工业，实现替代工业的升级。这一阶段进口替代战略的实施比较困难，由于发展中国家资金、技术、人才和市场等方面的限制，并不是任何国家都能成功实施该阶段的进口替代战略。

尽管实施进口替代战略并没有固定的模式和要求，但是从各国的实践来看，在实施进口替代战略的同时，各国在对外贸易政策方面都采取了一些比较相似的做法：

首先，高筑壁垒限制进口。各国的普遍做法是对国内重点扶持的幼稚产业和民族工业的产品，利用提高关税、颁发进口许可证、实行配额和押金制度等手段进行严格限制。即使允许进口类似产品，各国或地区也有权指定外汇来源、采购地区、货物等级和价格以及进口事项。但是，对于本国发展工业急需的原料和机械设备的进口，则实行免税进口或只征收很低的关税，而且几乎没有数量限制。这种政策带有明显的歧视进口、拒绝参与国际分工的特点。

其次，实行优惠的国内政策。实施进口替代战略的国家通常对其重点扶持的国内工业部门实行税收减免政策，通过减免这些企业的税收负担和利用加速资本折旧等手段加速国内重点发展工业的资本积累。有些国家还将国内有限的资源优先分配给重点扶植的产业，以加速国内工业化的进程。

最后，采取进口替代战略的国家一般都存在对本国货币汇率高估的现象，并以此来节约进口资本物品所需的外汇，并把有限的外汇分配给国内最急需的产业部门。

进口替代战略的主要优点是，对于所生产的工业品，国内的有效市场需求基本上已经存在，建立新工业的风险已大幅降低。同时，通过对本国幼稚工业和民族工业的保护，各国可以建立自己的工业体系，促进本国经济多元化健康发展。另外，进口替代战略在一定程度上解决了发展中国家的就业问题。但是，进口替代战略作用的发挥受到经济发展水平的约束，这在拉丁美洲国家的实践中得到了很好的证明。在20世纪80年代以前，拉丁美洲国家的经济一直保持持续、快速的增长，每年的国内生产总值增速几乎一直维持在5.6%左右，超过了发展中国家和发达国家当时的平均经济增长水平。但是80年代以后，拉丁美洲国家的经济发展速度明显放缓。这主要是由于经过一定时期的进口替代战略的保护，这些国家的国内工业得到了很大程度的发展，进口替代战略已经表现出与经济发展的不适应性，该战略自身的局限性随着经济的发展也表现得越来越明显。产生这种局限性的原因主要包括：

（1）进口替代战略是立足于国内市场的内向型发展战略。国内的市场容量和市场结构决定了进口替代战略的发展潜力。市场容量较小是发展中国家的普遍特征，这也决定了这些国家在国内经济得到一定的发展之后，有限的市场需求将成为制约经济发展的主要因素。一旦国内的市场达到饱和，经济的增长速度就会受到抑制，甚至倒退。恩格尔定律表明，随着经济的发展，生活必需品的支出占收入的比重将不断缩小。因此，实施进口替代战略国家的产品市场需求经过一段时间后一定会饱和。

（2）实施进口替代战略容易造成国际收支失衡。发展中国家主要依靠农产品等初级产品的出口换取外汇，用于进口国内经济发展所需的机器设备。由于初级产品换汇能力低，而进口产品所需外汇量较大，长期下去，极易导致一国国际收支失衡。

（3）实施进口替代战略要求国家对进口进行高度限制，受保护的行业在初期阶段会避免来自国外的冲击而得到发展，但是，长期的保护会造成这些行业失去竞争意识，养成不求进取的惰性，对一国经济的发展产生不良影响。

从以上的分析可以看出，进口替代战略的实施应与相应的经济发展阶段相联系，在经过一定时期的发展后，进口替代战略就走到了尽头。在这一阶段的发展中国家要想促进经济的进一步发展，就需要转变战略，寻找新的经济发展道路。拉丁美洲国家的经济发展过程向人们展示了进口替代战略从适应到不适应的过程，亚洲新兴工业国家和地区则展示了转变进口替代战略的另一种方式，即及时地转变为出口导向战略。

（二）出口导向发展战略

出口导向发展战略又称外向型的发展战略，主要是通过扩大制成品的出口，加强工业基础，促进整个经济的工业化。实施该战略的国家和地区都把国际市场作为一国经济活动的中心，把促进工业制成品的出口作为一国经济发展的核心。20世纪50年代，日本为了恢复第二次世界大战后的国内经济，采取了出口导向型的对外贸易发展战略，实现了国内的工业化。20世纪70年代起，一些拉丁美洲国家和地区也从进口替代战略转向了出口导向战略。之后也有亚洲和非洲的一些国家和地区在实施进口替代战略受阻后，转向了出口导向型的贸易发展战略。在亚洲地区，中国香港地区、中国台湾地区、韩国和新加坡是实施出口导向战略最成功的经济体，被称为新兴经济体，更获得了"亚洲四小龙"的称号。

出口导向战略一般分为两种：一种是依靠初级产品来推动经济增长的"初级产品"出口导向战略；另一种是依靠制成品出口来带动经济增长的"次级产品"出口导向战略。实施出口导向战略的发展中国家大多遵循国际分工的比较优势原则，利用国内丰富的资源或廉价的劳动力等优势发展资源密集型和劳动密集型产品，通过参与国际分工和合作获取国际贸易的静态利益和动态利益，促进国内产业结构的升级，改善出口产品结构，实现国际收支平衡等国内经济发展目标。

从成功实施出口导向战略国家和地区的实践来看，该战略的实施一般都有比较类似的鼓励出口的政策措施配合。

首先，出口导向战略要求一国（地区）减少贸易壁垒，实施自由贸易。实施该战略的国家和地区普遍降低了关税水平，并减少了配额、许可证等数量限制措施。在20世纪80年代中期实施出口导向战略的亚洲新型经济国家和地区的平均保护水平只有24%，而同期在其他亚洲国家的平均保护水平为42%，实施进口替代战略的南美各国的平均保护水平则高达46%。

其次，各国和地区对出口部门采取了特殊优惠政策。这些国家和地区普遍实施对出口企业税收优惠政策，有的国家和地区还对出口的产品实施退税政策。出口企业在资金融通方面也享有特殊待遇，一些国家和地区对出口企业提供出口信贷、外汇担保等措施鼓励企业发展出口贸易。例如，我国台湾地区的出口贷款利率在1962年只有7.5%，大大低于当时普通贷款利率12%～19%的水平。

最后，采取出口导向战略的国家和地区还采用了货币对外贬值的策略，促进出口贸易发展。在货币对外贬值的条件下，国内出口产品的竞争力明显增强。1960—1975年韩国的出口实际汇率始终大于进口的实际汇率：1960年出口实际汇率为1美元=295韩元，进口的实际汇率为1美元=200韩元；到1965年出口实际汇率为1美元=281韩元，进口实际汇率为1美元=270韩元；1975年出口实际汇率为1美元=267韩元，进口的实际汇率为1美元=241韩元。此外，一些国家和地区还专门设置了促进出口贸易的专门管理机构。

出口导向战略克服了发展中国家国内市场狭小的限制，把国内市场和国际市场融合在一起，在一定程度上形成了无限的市场容量，这有利于这些国家和地区引进先进技术，改善产业结构，利用规模经济促进国内经济全面发展。亚洲各国和地区通过创造条件，在20世纪60—70年代利用出口导向战略实现了经济腾飞。但应该看到，出口导向战略并非完美无缺，随着经济的发展和内外部环境的变化，出口导向战略也表现出种种不足：

（1）实施出口导向战略容易导致国家和地区对国际市场过度依赖。采取出口导向战略的国家和地区的经济运行对世界经济，尤其对美国、日本等少数发达国家经济形成严重依赖。由于亚洲各国和地区主要发展加工工业，它们所需的生产要素主要依赖发达国家及其跨国公司，而它们生产的产品主要销往发达国家。第二次世界大战后，美国成为吸收亚洲国家和地区出口产品的主要市场，而日本则成为这些国家和地区进口机械设备的主要对象。经济发展造成各国和地区对美国保持巨额的贸易顺差，对日本则是巨额的贸易逆差，对两国经济依赖严重。1998年亚洲金融危机爆发的一部分原因也正是这些国家和地区对发达国家资本的过度依赖性造成的。

（2）发达国家已经建立起极具效率的工业，发展中国家建立自己的工业与其竞争比较困难。发展中国家主要通过分享国际贸易利益来实现本国的产业结构升级，但是实施出口导向战略的国家在要求别国开放市场的同时，也必然要开放自己的市场。在发达国家实力雄厚的大企业的竞争压力下，如何建立本国的工业基础、实现产业结构的升级，是发展中国家面临的一大难题。

此外，20世纪70年代以后发达国家经济进入了衰退期，新贸易保护主义抬头，发达国家常常对发展中国家的劳动密集型的出口产品实施各种贸易限制。与此同时，发达国家极力开拓发展中国家的市场，利用各种机会占领发展中国家市场。在这种条件下，采取出口导向型的发展战略能否获得成功值得考虑。

进口替代战略和出口导向战略从本身来讲，不存在孰优孰劣的问题。各国对战略的选择总是受到国内和国外条件的限制，在特定的经济环境下，两种战略都能促进经济的发展。由于这两种战略各有其自身的优点和发展局限性，因此，任何一种战略都不能带来经济的持续增长。在对这两种战略的优点和缺点进行研究的基础上，人们又提出了第三种对外贸易发展战略，即混合发展战略。

（三）混合发展战略

混合发展战略是在20世纪80年代由中国学者提出的。该战略主要是对进口替代战略和出口导向战略的结合。该战略强调既不过分保护进口，也不过度鼓励出口，对进出口采取一种中性的政策。对于如何实现进口替代战略和出口导向战略，主要有三种观点：许新礼（1987）认为应该综合运用两种战略的优势，实施双层次的、重点有序的综合发展战略；任纪军（1991）认为应该平衡交叉运用进口替代战略和出口导向战略；而薛家骥（1992）则认为进口替代战略以国内市场为主要目标，出口导向战略以国际市场为主要目标，应交替使用两种战略。但是，也有学者认为出口导向战略要求比较自由的贸易政策，而进口替代战略则要求高度保护的贸易政策，因而这种相互冲突的政策要求会使得这两种贸易发展战略的结合在实际应用中产生混乱，不能达到预期的战略目标。

在实践中，印度和中国曾经对这两种战略的结合进行了尝试，但是两国的战略结合并不完全符合混合发展战略的内涵。印度在20世纪50年代和60年代实施进口替代战略受阻后，从70年代初开始尝试进口替代和出口导向发展战略结合的新战略，但是由于开放的程度不足以及对国内的工业保护过度,它实际采取的战略只是对进口替代战略做了少量的修正,本质上并没有改变,因而实施效果不佳。从20世纪60年代中期开始,巴西也采取了混合发展战略,却创造了经济快速发展的奇迹。因此,对于进口替代战略和出口导向战略能否实现结合,发挥出两个战略各自的优点,实现优势互补这个问题的回答,还有待于进一步研究。

三、对外贸易的战略目标、依据、体制和政策

对外贸易的战略目标是为了实现特定的对外贸易目标而制定的,是对外贸易战略的灵魂,是战略实施步骤和策略措施的最终导向。对外贸易战略目标可以分为总体目标和具体目标;也可以分为长期目标、中期目标和短期目标。中国在每个五年计划中都对对外贸易应实现的目标做了规定,如在《"中华人民共和国国民经济和社会发展第十个五年"计划纲要》中规定货物进出口的总额、对外贸易商品的结构和服务贸易等应实现的目标。

由于对外贸易的战略目标是一国经济发展目标的有机组成部分,因此,对外贸易战略目标具有服从和服务于国内经济发展目标的特点。但是,当今世界经济全球化的趋势迫使各国融入世界经济体系之中。因此,对外贸易战略的制定既要立足于国内的资源、要素禀赋和经济发展水平,充分发挥比较优势,又要注意到世界经济的发展正在走向综合化,要求贸易战略体现商品和服务、利用外资和对外投资、知识产权的保护和开发、双边合作和多边合作的趋势。所制定的对外贸易战略既要有利于国内产业结构的升级,有利于比较优势的动态转化,又要有利于促进世界经济双边和多边合作。综合性和开放性是对现代对外贸易战略的要求。

任何对外贸易战略制定后都需要相应的对外贸易体制的配合才能付诸实践。对外贸易体制的决策结构和形式、决策的执行过程和效果,对对外贸易战略的最终成败及其实施效率具有直接的影响。从制度经济学的角度考虑,对外贸易体制主要通过决策机制、信息机制和动力机制逐步实现对外贸易战略的目标意图。对外贸易体制通过收集、处理信息推进对外贸易战略的实施,并且根据实际条件的变化及时纠正贸易战略实施过程中出现的偏差,调节对外贸易中的利益分配关系。因此,对外贸易战略要达到预期的目标效果,有赖于适合该战略的科学的对外贸易体制。一国对外贸易体制的改革对该国对外贸易战略的实现具有重大意义。

对外贸易政策是对外贸易战略和对外贸易体制实现结合的保证,是对外贸易战略的实现策略或手段。对外贸易战略的综合性特征要求其配套的外贸政策也应该是科学的、综合的。对外贸易政策应该包括总体政策、具体政策和国别政策。总体政策规定一国对外贸易的总的方针和方向,具体政策包含产业政策、结构政策、商品政策等相关的配套政策。国别政策主要是根据国家之间的关系决定的,体现的是一国的政治利益。此外,对外贸易政策还包括针对具体对外贸易目标相关配套政策。不仅如此,要实现对外贸易战略和对外贸易体制的结合,对外贸易政策就要兼顾对外贸易战略和对外贸易体制的特殊性。对外贸易政策应该能够较好地实现对外贸易战略的前瞻性和自身滞后性之间的平衡,保证对外贸易战略目标实现的连续性。

四、战后发展中国家(地区)贸易战略

(一)战后拉美国家贸易战略:进口替代战略

拉美国家地大物博、资源丰富,因此,拉美国家在19世纪初取得独立后施行的是初级

产品出口型发展模式。在此期间，拉美国家所需的工业制成品几乎全部依赖于进口。第二次世界大战爆发后，大西洋的航行路线几乎中断，拉美国家与欧洲的贸易关系受到极大的影响。拉美国家既不能向欧洲出口大量初级产品，也无法从欧洲进口必要的工业制成品。这一不利的外部因素使拉美国家认识到，必须加大本国制造业的发展力度。受普雷维什的中心—外围理论的影响，拉美国家选择了进口替代战略，开始尝试发展本国的工业。在进口替代战略下，拉美国家的一些重工业，如钢铁、有色金属、机械、汽车、石化等资本密集型产业得到了拉美各国政府的普遍关注。拉美国家在实施进口替代战略时主要采取了如下措施：

1. 加强对本国幼稚工业的保护

在进口替代的初级阶段，本国制造业企业生产的产品常常是质次价高，无法与外国产品竞争。因此，对本国市场和本国企业加以保护是必不可少的。保护幼稚工业的最佳手段无疑是高筑贸易壁垒。联合国拉美经济委员会（以下简称"拉美经委会"）在1966年发表的一份研究报告指出，阿根廷的关税水平高达90%，厄瓜多尔、巴拉圭和委内瑞拉为50%，巴西、哥伦比亚和智利为40%，远远高于联邦德国、加拿大、美国、法国、挪威和英国的10%～20%，以及丹麦和瑞典不足10%的水平。除关税壁垒以外，拉美国家还使用多种形式的非关税壁垒，其中最常见的就是进口配额制，即通过发放进口许可证等手段限制进口商品进入本国市场的数额。由于进口商品在数量上受到限制，它们在进口国国内市场上的价格就会被提高。即使其价格未被提高，进口配额也能使本国制造商利用进口商品减少后出现的"空缺"扩大生产，并以较高的价格出售。此外，进口配额还具有涉及范围广和主观随意性强的特点，并且能发挥关税难以发挥的作用。

2. 为本国幼稚工业的发展提供各种优惠政策

（1）高估本国币值。货币贬值使出口贸易受益，进口贸易受损；反之，货币升值虽然不利于出口，但有利于进口。由于拉美国家在实施进口替代战略的过程中必须进口大量机械设备、中间产品和工业原料，因此，高估本国币值必然有利于制造业企业。在一定意义上，本币升值实际上是对进口替代所需进口投入的一种补贴。

（2）采用双重汇率制或多重汇率制。汇率与进出口贸易息息相关。因此，制造业企业在进口机械设备、中间产品和工业原料时能享受政府提供的优惠汇率，而消费品的进口则必须使用毫无优惠可言的普通汇率。

（3）提供多种多样的税收优惠。税率的高低对制造业企业的利润有着很大的影响。在实施进口替代战略的过程中，制造业企业常能获得各种税收优惠，其中最常见的就是免除或少缴纳所得税以及在进口工业投入时享受免税的优惠。

（4）为制造业企业提供大量信贷。在推动进口替代战略的过程中，许多拉美国家成立了不同规模的开发银行和国有银行，为制造业企业提供低息贷款。此外，政府还通过多种方法要求私人银行扶持制造业的发展。

（5）动用国家资本的力量。为扶持制造业，拉美国家的政府还依靠国家政权的力量，利用国家资本，在一些战略性领域和私人投资者无力进入的资本密集型或技术密集型领域中直接兴建国有企业。

（6）大力引进外资。拉美国家的储蓄率低，资本积累能力弱，本国私人资本和国家资本无法满足进口替代的需求。因此，拉美国家在推动进口替代战略时极为重视外资的作用，并为吸引外资制定了较为宽松的外资法规。

3. 推动区域经济一体化

一些拉美国家的市场规模小，难以发挥规模经济的效应。因此，在实施进口替代战略的过程中，拉美国家组建了多个次区域经济一体化组织。如果说欧洲是发达国家推动一体化的"排头兵"，拉美国家则是发展中国家实施一体化的"先驱"。1960年生效的拉美自由贸易协会、1962年成立的中美洲共同市场以及1969年启动的安第斯条约组织，为扩大工业制成品市场做出了贡献。

值得注意的是，拉美国家所选择的进口替代型贸易战略更关注本国市场的占有，强调通过国内生产和严密的贸易保护来减少外国商品的进口，以此实现对进口商品的替代。对于拉美国内企业而言，他们更关注国内市场的开拓，忽视了通过积极参与国际竞争扩大商品的出口。在这一战略指导下，政府往往会选择非常严密的保护措施，通过更为严格的数量限制和严格的政府管制来限制来自国外企业的竞争，保护本国市场，削弱外国商品对本国市场的冲击，为本国企业创造出一个更为温和的发展空间。

正是由于拉美模式强调对本国市场的保护，采取限制进口贸易的进口替代战略，阻碍了这些国家制造企业国际竞争力的提升。到了20世纪80年代初，拉美模式中的问题逐渐暴露出来。20世纪80年代以来，拉美国家相继陷入了严重的经济危机和债务危机，国内经济形势日益恶化，整个80年代成为拉美经济"失去的十年"。通货膨胀是拉美经济恶化的最早表现。在传统的拉美模式下，各国政府广泛运用各种宏观管理政策对本国经济实施强有力的管制，利用扩张性财政政策刺激经济的同时，给各国带来了巨大的、难以弥补的财政赤字。为了解决本国积累不足对于经济增长的制约，拉美国家大力吸引外国资本的进入，其中绝大多数都是以外债的方式引入。从20世纪70年代中期开始，短短5年的时间，拉美国家外债总额就从762亿美元飙升至3083亿美元，相当于拉美国家出口总额的326%，到期应偿付的债息额占当年出口额的41.1%，超过了拉美各国经济的实际承受能力。

随着拉美国家通货膨胀率的迅速上升，国内经济形势进一步恶化，这也造成了大量资本的外流，极大地影响了拉美各国的经济增长水平，拉美各国经济相继出现大幅度下滑，甚至出现严重的负增长。由于外债负担过高，经济迅速衰退，拉美国家偿还外债的能力急剧下降，各国政府面临无力还债的尴尬局面，甚至面临破产的危险。墨西哥、巴西、阿根廷等拉美传统经济强国先后陷入经济危机和债务危机，这也标志着传统的拉美模式的彻底失败。

（二）东亚模式：外向型贸易战略

1993年9月，世界银行发布了题为《东亚的奇迹：经济增长和政府政策》的研究报告，第一次提出了"东亚模式"的概念。这份重要的报告中指出采取出口导向型的经济发展战略，发展外向型经济是东亚经济体创造经济增长奇迹的重要原因。在东亚地区，尽管很多国家和地区也在第二次世界大战后初期选择了更为关注贸易保护的进口替代型发展战略，然而到了20世纪七八十年代，当它们的国（地区）内工业基础得以建立后，它们大多选择了从进口替代转向出口导向，积极扩大出口与引进外资，并以其作为本国（地区）经济发展的重要驱动力。一方面通过积极改善本国或本地区的投资环境，吸引外商直接投资的进入，加强对于外国先进知识、技术设备、管理经验的学习与模仿；另一方面，通过政府的优惠贷款、出口补贴等政策积极鼓励本国（地区）企业发展对外出口，积极利用外国资源与外国市场来带动本国（地区）的经济发展。

20世纪60年代开始，东亚国家和地区开始把引进外资作为解决本国经济发展资金不足的主要办法。六七十年代，东亚国家和地区引进外资更多地依靠向外国政府或金融机构进行直接借债，并由政府将这些借入的外债资本引入重点发展的重化工业、基础工业等相关产业。到了20世纪70年代以后，随着众多东南亚国家（地区）先后完成工业化建设，各国（地区）的投资环境不断优化，东南亚国家（地区）通过建立自由贸易区、出口加工区，向前来投资的跨国企业提供税收优惠等方式，外国直接投资逐渐取代了银行信贷，成为这些国家（地区）引入外资的主要方式。更为重要的是，东亚国家（地区）之间也形成了一种产业转移带来的直接投资风潮。20世纪七八十年代，日本的对外直接投资有相当一部分是流向了亚洲"四小龙"。随着亚洲"四小龙"工业化的完成，它们开始将本地的一些边际产业转向中国大陆与东盟国家，使大量的资本在东亚国家和地区之间流转。

东亚的外向型贸易战略不仅表现在吸引大量外国资本，也直接表现在它们对于世界市场的关注，以及对于扩大出口的政策支持。除了吸引外商直接投资进入本地，加强对外国先进知识、技术设备、管理经验的学习和模仿外，它们通过政府的优惠贷款、出口补贴等政策积极鼓励本国（地区）企业发展对外出口，积极利用外国资源与外国市场，带动本地的经济发展。通过对出口企业提供金融支持、税收支持、经济补贴等方式，鼓励企业发展出口，部分国家（地区）破解了本地市场不足对经济发展的制约。

第二节　中国对外贸易战略发展历程

中华人民共和国成立70多年来，中国对外贸易发展取得了辉煌成绩，特别是改革开放40多年以来，中国对外贸易的发展更是令全球瞩目。中华人民共和国成立以来，中国对外贸易战略可以分为如下几个阶段。

一、计划经济体制下的对外贸易发展阶段

中华人民共和国成立以后很长一段时间，是依照传统计划经济理论的思想处理对外贸易问题。传统的计划经济体制思想要求通过国家实施统一的宏观调控，由政府计划来代替市场机制实现资源配置。因此，计划经济特有的政府管制是这一时期对外贸易的重要标志。

中华人民共和国成立以后，确立了平等互利、独立自主的对外贸易原则，制定并颁布了独立自主的关税政策和税则税率、管制贸易外汇、实行进出口商品许可证制度和商品分类等一系列管理全国对外贸易的法令法规。在此基础上积极与世界各国恢复并发展贸易关系。由于西方国家对中国采取敌视、封锁政策，中国对外经贸实行"一边倒"政策，并以进出口贸易和国际援助为主。

1949年10月，贸易部成立，下设国外贸易司，统一管理全国的对外贸易工作。在没收官僚资本进出口企业以及对私营进出口企业实行利用、限制和改造政策的同时，设立国营对外贸易企业作为新中国对外贸易的经营主体。20世纪50年代，作为开拓国际市场的突破口，中国与苏联和东欧社会主义国家开展进出口贸易和国际援助合作，为满足国内生产和消费需求做出了巨大贡献。1952年8月，成立对外贸易部。全国对外贸易的管理监督工作在领导上、组织上更加统一和集中。对外贸易部成立后，按照各大类商品分工经营原则，对原专业进出口公司进行调整，国营对外贸易专业公司根据国家进出口计划经营进出口业务。这

一时期，使用贷款从苏联和东欧社会主义国家引进了156项重点建设项目所需的成套设备和技术，建设了一批钢铁、电力、煤炭、石油、机械、化工、建材等骨干企业，为中国的工业化打下了初步基础。1951年，与苏联和东欧社会主义国家的贸易额占全国对外贸易总额的比重达52.9%，1952年至20世纪50年代末，与苏联和东欧社会主义国家的贸易额占比超过70%，其中对苏联的贸易额约占全国对外贸易总额的50%。

受"冷战"制约，大多数西方国家追随美国对中国实行"禁运"政策，中国不得不选择了"一边倒"政策，中苏战略同盟关系成为中国国内建设及对外关系的主要基石。与此同时，中国也开始兼顾了同西方国家的贸易。对此，中国一方面适时改变贸易方式，通过与西欧各国互派贸易代表团进行访问、参观和举办展览会等往来和接触，加强了与欧洲工商界的联系，同一些西欧国家的工商企业或团体签订了民间贸易协议和合同，从西欧国家进口了许多经济建设所需的物资。另一方面积极创造条件开拓日本及东南亚等国的市场。在拓展外贸空间方面，为了冲破西方国家的经济封锁，我国从1957年开始举办中国出口商品交易会（又称广交会）并持续至今，成效显著。

20世纪60年代，中苏关系恶化倒逼中国进一步打开与西方国家的贸易渠道。1960年，随着中苏关系的变化，中国对苏联和东欧社会主义国家的贸易量急剧下降。中国对外贸易的主要对象开始转向西方国家。1960年8月，周恩来总理在接见日本客人时提出了著名的中日"政治三原则"和"贸易三原则"，同时还针对日本部分人士的"政经分离"的主张，提出了政治和经济不可分的原则，由此诞生了中华人民共和国对外贸易史上一种特殊的贸易方式——"友好贸易"。"友好贸易""备忘录贸易"成为20世纪60年代中国对日贸易的两种主要方式。到1965年，中国对西方国家贸易额占全国对外贸易总额的比重由1957年的17.9%上升到52.8%。中国在接受援助的同时，也积极开展对外援助工作。1964年年初，周恩来总理在访问亚非14国时，亲自主持制定了中国对外援助的指导原则，被称为国际经济合作领域独树一帜的中国援外八项原则。

20世纪70年代，国际环境的改善和中国政策的调整促进了中国对外贸易的恢复发展。1971年中国有计划地开展"以进养出"业务。当年，中国恢复了在联合国的合法席位。1972年美国总统尼克松访华，并在正式建交前先恢复了贸易关系。这一时期，中日邦交实现了正常化，中国与欧共体建立正式关系，中国对外贸易的国际环境明显改善。在对外援助方面，从中华人民共和国成立到改革开放前，中国共向66个国家提供了援助，帮助其中38个国家建成880个成套项目。

二、改革开放让中国对外贸易发展进入新时期

1. 十一届三中全会拉开改革开放的历史转折大幕（1978—1991年）

1978年12月，中共十一届三中全会做出了改革开放的重大决策，揭开了中国对外贸易发展新的序幕。中国一方面通过设立经济特区、沿海经济开放区等不断扩大沿海地区的对外开放，另一方面对传统的对外贸易体制进行了逐步深化的改革。

以兴建经济特区为突破口，吸引外资，扩大出口创汇。1979年4月中央工作会议期间，广东提出在广东沿海地区设立出口加工基地。1980年8月26日，全国人大常委会审议批准建立深圳、珠海、汕头、厦门四个经济特区，并批准公布《广东省经济特区条例》。兴办经济特区的目的，是为了吸收外资，引进先进技术，扩大出口创汇，进行经济体制改革试验。

1984年4月,中央决定开放14个港口城市,在这些城市设立经济技术开发区,实行经济特区部分政策。1988年4月,中央决定建立海南经济特区。1990年中央决定开发开放上海浦东地区。

发挥后发优势,引进国外资金、技术和设备,改革外贸管理体制和经营机制,把中国劳动力优势转化成为加工贸易发展优势。"三来一补"是早期中国实现劳动密集型产品出口的重要方式。中国还创造性地在非海关特殊监管区域实行开展来料加工和进料加工贸易。同时,中国开展推进外贸与外汇管理体制改革,增强本土企业出口创汇能力。第一,放松外贸经营权管制。1978年10月,第一机械工业部成立中国机械设备出口公司(后改为进出口公司),成为第一个工贸结合的试点。第二,推行外贸承包责任制。1988年国务院决定在全国全面推行对外贸易承包经营责任制。第三,实行汇率双轨制。国家设立外汇调剂市场,其汇率由市场供需决定。

2. 以邓小平"南方谈话"为标志,中国对外贸易进入快速发展阶段

首先,这一时期,对外开放的地域从沿海扩大到沿江、沿边及内陆,领域上从制造业扩大到服务业,着力打造由开发区、保税区、边境合作区、出口加工区等在内的特殊开放平台体系,形成全方位、多层次、有重点的对外开放格局。1984年以来,中国陆续在沿海12个开放城市及其他城市建立了国家级经济技术开发区。1990年6月,经中央批准,在上海创办了中国第一个保税区——上海外高桥保税区。1992年后,国务院又陆续批准设立了14个保税区。自1992年以来,经国务院批准的边境经济合作区有17个。1994年2月,国务院批准设立中国和新加坡两国政府的重要合作项目——苏州工业园。2000年,国务院决定设立出口加工区,首批设立的15个试点出口加工区设在经济技术开发区内。这些平台的设立,是新时期中国改革开放的前沿和开展贸易投资合作的最新载体。

其次,进一步扩大市场准入,加快构建以产业导向为特点的外商投资政策体系。1987年,中国首次颁布《指导吸收外商投资方向暂行规定》及其《指导吸收外商投资方向目录》。1995年6月颁布《指导外商投资方向暂行规定》和《外商投资产业指导目录》。自此,《外商投资产业指导目录》成为中国利用外资产业导向的重要政策工具。《外商投资产业指导目录》多次修订。这一时期欧洲、美国和日本等西方发达经济体的大型跨国公司(如宝洁、摩托罗拉、爱立信、大众汽车、飞利浦、家乐福、德勤、毕马威等)开始大举进军中国市场。1993年,中国利用外资规模达到275亿美元。之后,中国一直成为世界上吸收外商直接投资最多的发展中国家之一。

最后,持续深化推进外贸管理体制和经营机制改革,实施对外贸易战略与政策,基本建立起了有法可依的对外贸易管理与促进体系。第一,按照现代企业制度改组国有对外经贸企业,发展一批国际化、实业化、集团化的综合贸易公司。同时,1991—1993年,实行自负盈亏的外贸承包制,改革进口体制,取消指令性计划,减少行政干预,降低关税水平,缩减计划管理范围。1994年沿着统一政策、放开经营、自负盈亏、工贸结合、推行代理制的方向继续深化外贸体制改革。第二,取消汇率双轨制,实现汇率并轨,实行以市场为基础的单一的、有管理的浮动汇率制度。第三,加强对外贸易法制化建设。1994年7月1日开始实施《中华人民共和国对外贸易法》。这一时期,中国对外贸易快速增长,并且抵挡住了1997年亚洲金融风暴的冲击,到2001年中国货物贸易总额达到5097亿美元。1992年加工贸易份额超过一般贸易份额,到20世纪90年代后期,加工贸易占比一度达到55%。此外,中国连续对关税及非关税壁垒措施进行大幅度削减,使价格机制的作用逐步取代数量限制手段。

3. 加入世界贸易组织(WTO)后(2002—2007年)

中国加入WTO并严格履行"入世"承诺,为社会主义市场经济体制初步建立做出了贡献。加入WTO后,中国较大幅度降低了关税、削减非关税壁垒、扩大服务业市场准入,有力提升了对外开放水平,大大提升了国民的开放意识和规则意识。外资市场准入进一步扩大,取消对外资的超国民待遇和歧视性待遇,中国利用外资政策进入国民待遇阶段。2007年3月,第十届全国人民代表大会第五次会议审议通过《中华人民共和国企业所得税法》,实现了内外资企业所得税的统一。这一时期,中国对外资准入大幅度放开,营商环境的市场化、国际化、法治化水平不断提升,中国经济进入高速增长阶段,跨国公司掀起了对华投资的热潮。2002年来华外资突破500亿美元,2011年突破1200亿美元。

对外贸易体制改革取得重大进展,积极推动货物贸易转变外贸发展方式的同时,以服务外包为先导,加快发展服务贸易。按照"入世"承诺,中国取消外贸经营权审批制,改为备案制;积极推动加工贸易向价值链两端跃升,促进转型升级。2004年,国务院政府工作报告中首次提出了"加工贸易转型升级"。2005年以后,以转变外贸增长方式为目标,支持自主品牌和高附加值产品出口、控制"两高一资"产品出口、促进加工贸易转型升级。这一时期,受中国"入世"红利推动,中国货物贸易高速增长,同时贸易发展战略在内涵和特征上出现了新的调整,全面贯彻实施"科技兴贸"和"以质取胜"战略,加强对出口商品价格、质量和数量的动态监测,构建质量效益导向的外贸促进和调控体系。2006年商务部成立服务贸易司,负责全国服务贸易促进与协调工作。2009年中国货物出口首次超过德国成为世界第一。2013年中国货物贸易总额超过美国成为世界第一。加入WTO后,服务贸易成为对外开放和对外贸易发展的重点。

在继续重视"引进来"的同时,"走出去"的战略地位明显上升。2000年年初,江泽民同志在中央政治局讲话中,首次把"走出去"战略上升到"关系中国发展全局和前途的重大战略之举"的高度。2000年3月,"走出去"战略被提到国家战略层面。2001年,对外投资等"走出去"战略内容写入《中华人民共和国国民经济和社会发展第十个五年计划纲要》。2012年,党的十八大提出,加快"走出去"步伐,增强企业国际化经营能力,培育一批世界水平的跨国公司。2003—2012年中国对外投资规模从28.5亿美元增长到878亿美元,成为仅次于美国、日本的对外投资第三大来源地。

三、新时代中国对外贸易发展踏上新征程(2012年至今)

1. 通过设立自由贸易试验区来推动外贸高质量发展

以建立自由贸易试验区为突破口,加快构建开放型经济新体制。2013年9月27日,国务院批准成立中国(上海)自由贸易试验区。2018年10月16日,国务院发布《国务院关于同意设立中国(海南)自由贸易试验区的批复》,实施范围为海南岛全岛。按照习近平总书记关于支持海南逐步探索、稳步推进中国特色自由贸易港建设的要求,深入研究海南自由贸易港政策和制度体系。2013年以来,我国陆续设立18个自贸试验区,增设上海自贸试验区临港新片区,不断总结提炼改革创新成果,先后将外商投资负面清单管理模式、国际贸易"单一窗口"、投资项目管理"四个一"等202项改革试点经验向全国复制推广,充分彰显了全面深化改革和扩大开放的试验田作用。全国各自贸试验区形成的制度创新成果推广至全国，发挥了全面深化改革试验田的作用。2018 年，全国 11 个自贸试验区实际利用外资 1073.14 亿元，占全国 12.12%，实现进出口额 3.74 万亿元，占全国 12.25%，成为外贸和引资新高地。

2. 通过培育外贸竞争新优势推动外贸高质量发展

新时代下的对外贸易发展，必须改变过去大而不强的面貌，走优进优出、高质量发展道路，努力推动外贸大国向外贸强国转变。2015 年国务院印发《关于加快培育外贸竞争新优势的若干意见》，提出要巩固外贸传统优势，加快培育竞争新优势，推动由贸易大国向贸易强国转变。党的十八届五中全会制订的"十三五"规划提出了从外贸大国迈向贸易强国的战略任务。习近平总书记在党的十九大报告中指出："拓展对外贸易，培育贸易新业态新模式，推进贸易强国建设"。这一时期，跨境电子商务、外贸综合服务和市场采购贸易快速发展。

2019 年，《中共中央国务院关于推进贸易高质量发展的指导意见》发布，就加快培育贸易竞争新优势，推进贸易高质量发展提出如下几方面意见：加快创新驱动，培育贸易竞争新优势；优化贸易结构，提高贸易发展质量和效益；促进均衡协调，推动贸易可持续发展；培育新业态，增添贸易发展新动能；建设平台体系，发挥对贸易的支撑作用；深化改革开放，营造法治化国际化便利化贸易环境；坚持共商共建共享，深化"一带一路"经贸合作；坚持互利共赢，拓展贸易发展新空间；加强组织实施，健全保障体系。

3. 推动服务贸易创新发展试点和服务外包示范城市建设

党的十八大以来，中国通过北京服务业开放试点、上海等自贸试验区、商签 CEPA 协议等途径加大了服务业开放力度。2016 年 2 月，国务院印发《关于同意开展服务贸易创新发展试点的批复》，同意在天津、上海等 15 个地区开展服务贸易创新发展试点。2018 年公布了《深化服务贸易创新发展试点总体方案》，并新增北京和雄安新区两个试点地区。2016 年 5 月，经国务院批准，新增青岛等 10 个城市为服务外包示范城市，进一步发挥示范城市在产业集聚和创新引领中的带动作用。

4. 提出"一带一路"倡议

以"一带一路"倡议的提出为标志，中国参与双边、区域合作和全球经济治理的方式从以往的被动参与向主动构建转变。2013 年，习近平总书记提出"一带一路"倡议。2013 年以来，中国与"一带一路"沿线国家货物贸易额累计超过 5 万亿美元，对外直接投资超过 800 亿美元，中欧班列累计开行数量达到万列，亚洲基础设施投资银行成员达到 87 个。中国倡议并推动成立亚洲基础设施投资银行、金砖国家开发银行。

第三节　中国自由贸易区战略

一、自由贸易区的定义

自由贸易区包括两种：一种是指两个或两个以上的国家或者地区通过签订自由贸易协定，相互取消绝大部分货物的关税和非关税壁垒，取消绝大多数服务部门的市场准入限制，开放投资，从而促进商品、服务和资本、技术、人员等生产要素的自由流动，实现优势互补，促进共同发展。另一种是自由贸易试验区（Free Trade Zone，简称 FTZ），是指在主权国家或地区的关境以内，划出特定的区域，准许外国商品豁免关税自由进出。实质上是采取自由港政策的关税隔离区。

改革开放 40 多年来，为破解经济发展过程中的内外双重压力，适应经济新常态的内在要求，大力发展融入全球化的新经济，国家一方面积极参与到全球自贸区谈判中来，并推动中国全方位的自贸区战略，以保障中国全球化利益；另一方面，加速推进全国自由贸易园区建设布局，通过在贸易、投资、金融、航运、关税、"负面清单"、离岸市场等领域的改革，以及加快政府职能的转变，建立与自贸试验区相适应的制度环境与创新。建设自由贸易试验区是党中央、国务院在新形势下全面深化改革和扩大开放的一项战略举措，是我们党在新的历史起点上，提出新发展理念的重要体现之一，向世界展示了中国加快形成高水平对外开放新局面、努力实现经济高质量发展的决心。

下面分别介绍中国两种自由贸易区的发展战略。

二、中国自由贸易区（FTA）战略

（一）中国自由贸易区建设现状

2002 年中国开启了自由贸易区建设进程，特别是 2008 年全球金融危机爆发以后，中国加快了自贸区建设步伐，取得了一系列进展。经过十几年的发展，已初步形成以周边为基础、面向全球的自贸区网络框架，截至 2021 年 4 月底，中国大陆已签署 19 个自贸协定，涉及东盟、韩国、巴基斯坦、新西兰、智利、瑞士、毛里求斯，以及中国香港、中国澳门和中国台湾等 26 个国家和地区，正在同挪威、以色列等国进行 11 个自贸协定谈判或升级谈判，与尼泊尔、加拿大等国开展 8 个自贸协定的联合可行性研究或升级联合可行性研究，为拓展对外经济政治关系发挥了重要作用（见表3-1）。

表 3-1 中国大陆自由贸易区建设情况（截至 2021 年 5 月）

地 区	签 署	谈 判 中	研 究 中
亚洲	●中国—东盟及升级 ●内地与香港关于建立更紧密经贸关系的安排 ●内地与澳门关于建立更紧密经贸关系的安排 ●中国—巴基斯坦（及第二阶段） ●中国—新加坡（及升级） ●海峡两岸经济合作框架协议 ●中国—韩国 ●中国—格鲁吉亚 ●中国—马尔代夫（待生效） ●中国—柬埔寨（待生效） ●RCEP（待生效）	●中国—海合会 ●中日韩 ●中国—斯里兰卡 ●中国—以色列 ●中国—韩国（第二阶段） ●中国—巴勒斯坦	●中国—尼泊尔 ●中国—孟加拉国 ●中国—蒙古国
大洋洲	●中国—新西兰（及升级） ●中国—澳大利亚	中国—新西兰（升级）（结束谈判）	●中国—巴布亚新几内亚 ●中国—斐济

(续)

地区	签署	谈判中	研究中
欧洲	• 中国—冰岛 • 中国—瑞士	• 中国—挪威 • 中国—摩尔多瓦	中国—瑞士（升级）
美洲	• 中国—智利（及升级） • 中国—秘鲁 • 中国—哥斯达黎加	• 中国—秘鲁（升级） • 中国—巴拿马	• 中国—哥伦比亚 • 中国—加拿大
非洲	• 中国—毛里求斯		

2020 年 10 月，中国与柬埔寨签署自贸协定，是中国与最不发达国家商签的首个自贸协定，也是首个将"一带一路"倡议合作独立设章的自贸协定。2020 年 11 月，RCEP 15 个成员国签署协定，标志着当前世界上人口最多、经贸规模最大、最具发展潜力的自由贸易区正式启航，将为区域和全球经济增长注入强劲动力（见表 3-2）。

表 3-2 中国大陆自由贸易区协定签署情况

名称	签订及生效时间	主要内容
《内地与香港关于建立更紧密经贸关系的安排》《内地与澳门关于建立更紧密经贸关系的安排》（CEPA）	• 2003 年 • 2004—2013 年签署 10 个补充协议 • 2015 年开始启动 CEPA 升级，实施服务贸易、投资和经济技术合作 3 个协议 • 2018 年签署货物贸易协议，次年生效 • 2019 年签署修订服务贸易协议，次年生效	涵盖了货物贸易、服务贸易、投资和经济技术合作等四大方面
中国—东盟（10+1）	• 2010 年签订 • 2015 年签订升级版 • 2019 年升级议定书对所有成员全面生效	最新版本的《议定书》是中国在现有自贸区基础上完成的第一个升级协议，涵盖货物贸易、服务贸易、投资、经济技术合作等领域，是对原有协定的丰富、完善、补充和提升
中国—巴基斯坦	• 2005 年签署早期收获计划 • 2008 年签订 • 2019 年签订第二阶段议定书	第二阶段《议定书》对原自贸协定中的货物贸易市场准入及关税减让表、原产地规则、贸易救济、投资等内容进行了升级和修订，并新增了"海关合作"章节。其中，核心内容是在原自贸协定基础上，进一步大幅提高两国间货物贸易自由化水平
中国—新西兰	• 2008 年 • 2021 年 1 月签署升级版	是中国与发达国家达成的首个自贸协定。升级议定书对 2008 年协定进行修订和完善，涉及货物贸易、服务贸易、投资领域、规则领域等多个方面，内容十分丰富，为中新两国互利合作创造了新机遇，开辟了新前景
中国—智利	• 2006 年签订 • 2017 年签订升级版	最新版本的《议定书》涵盖货物贸易、服务贸易、经济技术合作以及电子商务、环境、竞争、政府采购等规则领域，是对原有协定的丰富、完善、补充和提升
中国—新加坡	• 2008 年签订 • 2018 年签订升级版 • 2019 年升级议定书生效	最新版本的《议定书》对原协定的原产地规则、海关程序与贸易便利化、贸易救济、服务贸易、投资、经济合作等 6 个领域进行升级，还新增电子商务、竞争政策和环境等 3 个领域

(续)

名　　称	签订及生效时间	主 要 内 容
中国—秘鲁	• 2010 年 • 2010 年生效 • 2016 年启动自贸区升级研究	货物贸易、服务贸易、原产地规则、商务人员临时入境、投资、知识产权、透明度、技术性贸易壁垒等
海峡两岸经济合作框架协议	• 2010 年 • 2010 年生效	框架协议的内容涵盖了两岸间的主要经济活动，确定了未来两岸经济合作的基本结构和发展规划
中国—哥斯达黎加	• 2010 年 • 2011 年生效	货物贸易的国民待遇和市场准入、技术性贸易壁垒、投资、服务贸易和商务人员临时入境、知识产权等
中国—冰岛	• 2013 年 • 2014 年生效	中国与欧洲国家签署的首个自贸协定。涵盖货物贸易、服务贸易、投资等诸多领域，从中国进口的所有工业品和水产品实施零关税，对从冰岛进口的 7830 个税号产品实施零关税等
中国—瑞士	• 2014 年 • 2014 年生效 • 2017 年启动自贸区升级联合研究	中国与欧洲大陆国家签署的首个自贸协定，货物贸易零关税比例高，在钟表等领域为双方合作建立了良好的机制，并涉及环境、知识产权等许多新规则
中国—毛里求斯	• 2019 年	货物贸易、服务贸易、投资
中国—格鲁吉亚	• 2017 年 • 2018 年生效	中国与欧亚地区国家签署的首个自贸协定。货物贸易、服务贸易、原产地规则、海关程序和贸易便利化、卫生与植物卫生措施、技术性贸易壁垒等
中国—韩国	• 2015 年 • 2015 年生效 • 2017 年第二阶段谈判启动	货物贸易、服务贸易、投资和规则
中国—马尔代夫	• 2017 年（待生效）	货物贸易、服务贸易、投资、经济技术合作
中国—澳大利亚	• 2015 年 • 2015 年生效	货物贸易、服务贸易、原产地规则、海关程序和贸易便利化、卫生与植物卫生措施、技术性贸易壁垒、电子商务等
中国—柬埔寨	• 2020 年（待生效）	中国与最不发达国家商签的首个自贸协定
RCEP	• 2020 年（待生效）	目前全球最大的自贸协定

（二）中国自贸协定的主要特点

当前，中国对外签署的自贸协定呈现出以下特点：

1. 货物贸易自由化水平较高

无论是从零关税产品税目占税目总额的比重，还是零关税产品进口额占比来看，基本都在 90% 甚至 95% 以上。2020 年 11 月签署的 RCEP 协定规定，区域内 90% 以上的货物贸易将最终实现零关税，且主要是立刻降税到零和 10 年内降税到零，使 RCEP 自贸区有望在较短时间兑现所有货物贸易自由化承诺。比较而言，国际高标准自贸协定基本能达到 99% 以上的零关税产品占比，中国自贸协定的贸易自由化程度仍有提升空间。

2. 服务贸易和投资领域开放方式向"负面清单"转变

中国对外签署自贸协定主要采取"准入后国民待遇+正面清单"模式。2017 年签署的《中国—澳大利亚自贸协定》中，澳方以"负面清单"对我服务贸易做出开放承诺，成为世界上首个对我国以"负面清单"方式做出服务贸易承诺的国家，而中国仍以"正面清单"方式向澳方承诺开放部分服务部门。2019 年，中国首次采取"负面清单"方式开展中韩自贸区服务投资二阶段谈判和中日韩自贸区谈判，自贸区建设迈入高标准的"负面清单"时代。2020 年 RCEP 的签署在服务贸易和投资自由化方面实现了进一步的突破。在该协定中，15 方均采用"负面清单"方式，对制造业、农业、林业、渔业、采矿业 5 个非服务业领域的投资做出开放承诺。在服务贸易领域，7 个成员采用"负面清单"方式承诺，中国等其余 8 个成员采用"正面清单"承诺，并将于协定生效后 6 年内转化为"负面清单"，这显著扩大了各方的投资市场准入，也为我国未来以"准入前国民待遇+负面清单"方式予以承诺提供了经验和范本。

3. 自贸协定内容不断融入新议题

从内容来看，中国的 FTA 谈判采取的是从易到难、稳步发展的路径。早期的 FTA 内容往往只涉及货物贸易、非关税壁垒等边境议题，主要包含了"第一代"贸易政策即"WTO +"政策（包括海关程序、出口税、技术性贸易壁垒、反倾销、反补贴等 14 项议题）。近几年签署的新协议以及升级版协议中，覆盖领域逐渐开始向"第二代"贸易政策，即"WTO – X"政策（包括反腐败、竞争政策、知识产权、环境保护、资本流动、劳动市场管制等 37 项议题）扩展。这表明中国与 FTA 伙伴均谋求进一步深化合作，并希望通过更加开放和更高水平的双边制度安排来促进合作的深化。

在早期与发展中国家及亚洲国家的 FTA 谈判中，中国更多的是采用分步推进的模式，即先达成并实施货物贸易协议，然后逐步达成服务贸易协议、投资协议等后续升级协议，与一些国家（地区）还先于货物贸易协议达成之前实施了降税计划。例如，中国与东盟在 2004 年 1 月开始实施早期收获计划，对部分产品进行先期降税，当年 11 月达成《货物贸易协议》和《争端解决机制协议》，2007 年 1 月达成《服务贸易协议》，2009 年 8 月签署《投资协议》，并于 2010 年 1 月正式建成自贸区。在自贸区取得巨大成功的基础上，双方又于 2015 年 11 月达成了升级协议。值得注意的是，在最近几年特别是与发达经济体的自贸区方面，中国更多地采用综合性谈判方式，即货物贸易、服务贸易、投资促进、知识产权等谈判同步开展，当然也体现出一定的灵活性。中国—新加坡、中国—新西兰、中国—冰岛、中国—瑞士、中国—澳大利亚、中国—韩国等 FTA 文本中均包含货物贸易、服务贸易、投资促进等内容。

另外，近年来，中国在对外签署自贸协定过程中，不断与时俱进加强与国际高水平规则接轨，在电子商务、竞争政策、知识产权、环境、经济合作等领域做出相应安排。

2016 年《中国—瑞士自贸协定》第一次以独立章节对"环境问题"做出规定，并首次明确规定知识产权保护的具体权利和义务，突破了之前中国签署自贸协定"知识产权"章节只包含原则性条款和合作等宣示性条款的做法。中国与冰岛、瑞士、韩国的协定单独设立了"竞争"章节，与新西兰、智利、秘鲁的协定将《劳动合作谅解备忘录》纳入"合作"章节，与新西兰、新加坡、智利等国的协定设立了"电子商务"章节。特别是 2020 年签署的 RCEP 涵盖了丰富的促进电子商务使用和合作等相关内容，包括促进无纸化贸易、推广电子认证和电子签名、保护个人信息、保护在线消费者权益、加强监管合作等规则，各方还在协定中就跨境信息传输、信息存储等问题达成重要共识。这些内容将为各成员加强电子商务领域合作提供制度保障，增强各成员电子商务领域的政策互信、规制互认和企业互通。

（三）新时代建设高标准自由贸易区的思考

虽然中国自贸区建设成效显著，但整体来看，目前中国的自由贸易区建设仍有很大的发展空间。

从自贸区数量来看，截至2021年1月28日，全球共有337个仍在生效的区域贸易协定，中国大陆商签数量仅为16个（不含3个未生效的自贸协定），远低于欧盟（44），也低于新加坡（26）、墨西哥（22）、土耳其（23）、韩国（19）、日本（18）等国家和地区，中国FTA伙伴的覆盖范围仍相对有限。2019年中国与自贸伙伴（不含港澳台）间贸易占我国外贸总额的27%，同期美国与自贸伙伴间贸易占其外贸总额约40%、日本与自贸伙伴间贸易占其外贸总额约52%。即使是在RCEP协定生效后，中国与自贸伙伴贸易覆盖率也仅增至35%左右。而且中国的自贸区主要以与发展中国家及亚太国家（地区）签署协议为主，对主要贸易伙伴和经济大国的覆盖面仍待扩大。从自贸伙伴的经济体量来看，韩国已同欧盟以及美国、中国、英国、加拿大等全球前十大经济体签署自贸协定；日本也达成跨太平洋伙伴关系协定CPTPP，与欧盟签署经济伙伴协定（EPA），并与美国签署了贸易协定；而中国已生效协定中的自贸伙伴则无一列居全球前十大经济体。

从总体上看，自贸协定规则的标准还比较低。目前全球标准最高的两个自贸协定，美墨加协议（USMCA）和跨太平洋伙伴关系协定（CPTPP），其规则涉及非传统领域议题达到了12项，几乎涵盖了当前国际货物贸易和服务贸易的方方面面。相对而言，中国签订的自贸协定，在传统规则之外往往也只是涉及透明度和跨境电商等少数几个领域，与之有着较大的差距。

中国在当前自贸协定中涉及的知识产权、数字贸易、环境、劳工等非传统议题上，还缺乏成熟的规则设计理念和能力，没有形成真正意义上的中国自贸规则。以数字贸易规则为例，中国政府在多个场合表达了将致力于完善跨境电商务便利化、跨境货物贸易及物流等规则，但其规则条款还不完善。相反，CPTPP和USMCA都有着很强的数字贸易规则设计能力，提出了完善的数字贸易规则。类似的情况还存在于其他多个领域议题中，使得中国在自贸协定谈判中很难获得主动权，只能将主要精力放在经济发展水平略低于我国的发展中国家中，这显然不利于中国建设高标准自由贸易区网络。

当今世界，贸易保护主义抬头，逆全球化趋势加剧，全球产业链面临重塑，并向区域化、本土化、短链化转变。通过加快构建区域贸易协定来促进区内贸易投资的进一步自由化、便利化，以实现经济重振、产业链调整，并抢抓时机形成新一代国际经贸规则体系，争取全球经济治理制度性权力，无疑成为各方的最佳选择。在此背景下，党的十九届五中全会提出"实施自由贸易区提升战略，构建面向全球的高标准自由贸易区网络"，这为我国自贸区网络的发展指明了方向。一方面，要加快自贸区建设，以"一带一路"相关国家为重点，以推动形成亚太大市场和亚欧大市场为关键目标，构建东西互济、海陆统筹、覆盖周边、辐射全球的高标准自贸区网络。同时也要适应全球自贸协定发展趋势，适时同美欧等发达经济体开展谈判，深度参与新议题讨论。另一方面，要提升自贸区建设质量，充分借鉴国际高标准自贸区中相关议题和标准，在知识产权、环境保护和透明度等规则上主动与国际接轨，在竞争政策、金融、劳工等问题上加强沟通与合作，并将发展援助合作、基础设施建设、电子商务、境外经贸合作区等中国具有比较优势的内容纳入谈判中，打造发展中国家自贸区建设范本，在国际规则中注入更多中国元素。

三、中国自由贸易试验区战略

自由贸易试验区是中国进一步扩大开放和深化改革的重大举措，是推进改革和提高开放型经济水平的"试验田"，对中国主动顺应全球化经济治理新格局、加快转变政府职能、深入推动行政体制改革、切实完善对外开放格局、有效促进经济转型升级具有重要意义。设立自由贸易试验区（以下简称自贸试验区）是党中央、国务院在新形势下做出的重大决策。2013年7月3日，国务院常务会议原则通过《中国（上海）自由贸易试验区总体方案》，决定在上海设立中华人民共和国第一个自由贸易试验区。2013年9月29日，中国（上海）自由贸易试验区正式挂牌成立，标志着上海自由贸易试验区启动运作。2013年9月上海自由贸易试验区的设立，尤其是"十三五"期间，中国自由贸易试验区战略持续深入推进，既为我国经济发展模式转换、实现高质量发展提供了试点经验，也为"十四五"高水平开放、实现双循环相互促进提供了战略支点。

（一）自由贸易试验区的发展历程

中国自由贸易试验区空间布局经历了从点到线，再从线到面的演进过程。自由贸易试验区有序分布在华东、华南、华北、华中、东北、西南地区，基本实现了沿海省份自由贸易试验区的全覆盖，形成了由点到线再到面的对外开放新矩阵，有效地发挥了沿海和沿边地区对腹地的辐射带动作用，更好地服务陆海内外联动、东西双向互济的对外开放总体布局。伴随着对经济功能区从保税区到自由贸易试验区再到自由贸易港的探索轨迹，对外开放一步步升级，为中国经济开辟发展新局面。

根据地理位置及社会经济条件等诸多方面的差异，中国自由贸易试验区形成三类各有侧重的发展方向。沿海自由贸易试验区以港口片区为主要特征，担负着大力推动沿海地区高端产业和现代服务业的发展、承接对外开放与"一带一路"合作发展的"排头兵"任务；内陆自由贸易试验区着力打造新兴产业和高端制造业、承担中国经济内循环的重要节点功能，带动中西部连片区域的发展；沿边自由贸易试验区重在产业结构的升级换代、将经济的发展重心与周边国家合作相协调。各自由贸易试验区发展重点不同，却共同发挥着带动作用，引领着所属区域的高质量发展。

2013年9月，上海自由贸易试验区挂牌成立，这是中国顺应全球经贸发展新趋势、实行更加积极主动开放战略的重大举措，更是在深圳经济特区建立以来中国再次开启"以开放倒逼改革试验场"的重要标志。作为中国自由贸易试验区的"排头兵"，上海自由贸易试验区发挥着引领示范作用。上海模式证明，在当今的经济和国际环境下，加大对外开放是可行的。如果更多的自贸区可以建立，将在一定区域内形成"局部带动整体"的改革态势和经济发展动力。

接下来的七年间，历经五次扩容，中国自由贸易试验区在全国的数量快速增加。2015年，广东、天津、福建三省市获批成立自贸区；2017年，辽宁、浙江、河南、湖北、重庆、四川、陕西等地的7个自贸区相继建立；2018年，海南自贸区建立；2019年，山东、江苏、广西、河北、云南、黑龙江6省份建立自贸区；2020年9月，北京、安徽、湖南等地的3

个自贸区几乎同时获批。具体见表3-3。如今，在辽阔的中国大地上，几十个自贸试验片区，已经形成东西南北中、沿海成片、内陆连线的自贸区新格局。同时，依托各省份产业特色、区位优势的具体规划，各省份自贸区的定位和目标也更加明确和具体。

表3-3 2013—2020年已获批的中国自由贸易试验区

批次	时间	已获批的自由贸易试验区名称
第一批	2013年	中国（上海）自由贸易试验区
第二批	2015年	中国（广东）自由贸易试验区、中国（天津）自由贸易试验区、中国（福建）自由贸易试验区
第三批	2017年	中国（辽宁）自由贸易试验区、中国（浙江）自由贸易试验区、中国（河南）自由贸易试验区、中国（湖北）自由贸易试验区、中国（重庆）自由贸易试验区、中国（四川）自由贸易试验区、中国（陕西）自由贸易试验区
第四批	2018年	中国（海南）自由贸易试验区
第五批	2019年	中国（山东）自由贸易试验区、中国（江苏）自由贸易试验区、中国（广西）自由贸易试验区、中国（河北）自由贸易试验区、中国（云南）自由贸易试验区、中国（黑龙江）自由贸易试验区
第六批	2020年	中国（北京）自由贸易试验区、中国（安徽）自由贸易试验区、中国（湖南）自由贸易试验区

（二）"十三五"时期中国自由贸易试验区的发展概述与成效

建设自贸试验区是以习近平同志为核心的党中央在新时代推进改革开放的重要战略举措。"十三五"时期，在党中央、国务院决策部署指导下，中国商务部会同有关地方和部门积极推进自由贸易试验区建设，取得了显著的成效。

1. "十三五"时期中国自由贸易试验区发展概述

一是进一步优化自贸试验区的布局，新设17个自贸试验区，总数达到21个，还增设了上海临港新片区，扩展了浙江自贸试验区的区域范围。二是赋予了更大的改革自主权，先后报请党中央、国务院批准印发了23个总体方案，支持自贸试验区深化改革创新的"国发38号文件"、支持浙江自贸试验区油气全产业链开放发展政策措施等，总计赋予2800多项改革试点任务。三是推动高水平对外开放，自贸试验区外商投资准入负面清单特别管理措施由最初的190项到"十三五"初期的122项，到2020年压减至30项，首张海南自由贸易港外商投资准入负面清单仅27项。四是持续释放制度创新红利，"十三五"时期自贸试验区探索形成173项制度创新成果向全国复制推广，累计达到了260项。另外，"十三五"期间，中国积极推进海南全岛自贸试验区建设，改善了海南的营商环境，提升了海南的国际化水平，集聚了更多的市场主体，为自由贸易港建设打下了坚实的基础。2019年6月，《海南自由贸易港建设总体方案》正式发布，海南自由贸易港建设蓬勃展开。

2020年，新冠肺炎疫情严重影响了世界各国经济的平稳运行。为统筹做好疫情防控与自贸试验区高质量发展工作，充分发挥自贸试验区制度创新优势，解决企业用工难、融资难、履约难，推动复工复产，商务部专门出台支持湖北自贸试验区的24项措施，支持疫后重振。

2. "十三五"时期中国自由贸易试验区的发展成效

"十三五"时期，各自贸试验区勇于探索、敢于创新，充分发挥改革开放"试验田"作用，为我国构建更高水平开放型经济新体制和实现高质量发展奠定了良好基础。中国自由贸易试验区建设取得了显著的成效。

（1）推动外商投资管理实现历史性变革。自贸试验区外商投资管理制度不断完善，最终推动《中华人民共和国外商投资法》出台，实现外商投资管理方式由"逐案审批"转为信息报告制的重大变革。由上海自贸试验区开始试行的负面清单管理模式，经过几轮试验更新，形成自贸试验区版及全国版的"负面清单"，推动全国在外商投资管理领域深化改革和扩大开放，为建立高标准投资管理体制提供了可复制推广的经验。此外，还率先在全国实施境外投资备案制、注册资本认缴制、"三证合一、一照一码"等改革，有效改善投资环境，激发了市场主体活力。

（2）贸易便利化水平持续全国领先。自贸试验区国际贸易单一窗口逐步覆盖海关、税务等20多个部门和货物申报、跨境电商等多个领域，建设水平远超世界贸易组织的《贸易便利化协定》要求，而且已经推广到全国。货物状态分类监管、原产地自主声明等一系列便利化举措大幅提高了通关效率，降低了成本。借鉴国际先进经验，通过"先进区后报关""分送集报、自行运输"的监管制度，将互联网相关的信息技术手段纳入贸易监管改革中，在货物放行与通关、进出境及过境相关手续等方面推动改革试点。

（3）金融开放创新服务实体经济效果明显。通过自贸试验区的制度创新，金融服务网络更加健全，金融对实体经济的支持力度增强。在上海自贸试验区创设的本外币一体化自由贸易账户，有效打通了企业境外融资通道，降低了融资成本，目前已在广东、天津、海南等地上线。外资企业外汇资本金意愿结汇、跨境双向人民币资金池业务等举措向全国推广，企业融资更加便利、渠道更宽、成本更低。重庆自贸试验区启动物流金融创新试点，加快构建集中统一的动产抵（质）押登记信息服务系统、物流全过程监管动态跟踪服务系统、开放式投融资对接服务系统、物流及供应链普惠性融资增信服务系统。

（4）"放管服"改革走在前列。"证照分离"改革率先在自贸试验区启动，经过逐步探索，已于2019年实现对中央层面设定的涉企事项全覆盖。有关地方累计向自贸试验区下放近3000项省级管理权限，初步建立以信用为基础的事中事后监管体系，强化政务公开、推进"互联网+政务"等，政府服务效能不断提升，营商环境进一步优化。

（5）服务国家战略作用日益突出。各自贸试验区围绕战略定位，突出区位资源优势，服务国家重大战略的功能作用不断加强。上海搭建服务长三角区域一体化发展的资本市场服务平台，已服务对接长三角地区3000多家企业。广东自贸试验区围绕"粤港澳深度合作示范区"战略定位，扎实推进"首创性""差异性"探索，积极推进与港澳制度规则衔接，服务粤港澳大湾区建设，加速粤港澳区域经济一体化，推进制度创新和融合，取得明显成效。重庆、四川、广西等自贸试验区积极参与西部陆海新通道建设，不仅有效促进了西部地区开放发展，也为"一带一路"建设打通了南向通道。2019年10月13日，西部12个省区市、海南省、广东省湛江市共同签署《合作共建西部陆海新通道框架协议》。国内共建机制基本形成。

（6）引领高质量发展能力逐步提升。自贸试验区深入发展优势特色产业，加速集聚优质要素资源，逐步成为高质量发展的示范者和引领者。例如，海南自贸试验区通过"产业+"

实现横向关联，推动"旅游+医疗"发展，吸引德国贝朗、美国强生、美国倍声、金域检测、爱丁堡糖尿病中心、法国康养等机构投资，创造特许进口人工耳蜗手术等"18个全国第一"。2019年，乐城先行区接待医疗旅游约7.5万人次，同比增长134%；医疗机构营业收入约6.4亿元，同比增长75.3%。福建自贸试验区立足风能资源向下延伸，立足平潭片区的突出部位、"狭管效应"风能资源丰富的优势，构建风能产业链。截至2019年，平潭片区风能产业项目落地11个，涵盖海上风电开发、风电设备制造、风电服务等领域，总装机容量近70万kW，完成风能产业投资近100亿元，实现年产值近100亿元。

根据商务部的统计数据，2020年，前18家自贸试验区共新设企业39.3万家，实际使用外资1763.8亿元，实现进出口总额4.7万亿元，以不到全国4‰的国土面积，实现了占全国17.6%的外商投资和14.7%的进出口，为稳外贸稳外资发挥了重要作用。

（三）新时代推动中国自由贸易试验区发展的思考

1. 赋予自贸试验区更大改革自主权

党的十九大以来，国家先后出台《关于支持自由贸易试验区深化改革创新的若干措施》等政策措施，充分调动各地积极性，深入推进改革创新，促进经济高质量发展。未来要以提升制度创新深度和广度，推动更大范围、更广领域开放，探索更多高质量发展模式，加快积累规则经验和风险防范经验，以更好服务国家重大战略为目标，进一步赋予自贸试验区更大改革自主权。

2. 打造链接双循环的重要平台

一方面，以全面深化改革充分激发国内大循环潜力。进一步发挥自贸试验区作为制度创新高地的作用，在商事、投资、贸易、事中事后监管、行业管理制度等重点领域，深入研究破解改革的重点难点，优化公平竞争环境，提高资源配置和要素市场化运行效率，打通国民经济体系生产、分配、流通、消费各环节的堵点和断点，充分释放大国经济的内需潜力。另一方面，以高水平对外开放更好联通国内国际双循环。进一步发挥自贸试验区作为开放前沿阵地的作用，充分挖掘国内市场潜能的同时，更大程度地发挥国内市场对国际商品和要素资源的吸引力，在更高开放水平上与国际经济大循环对接，加快提升对全球各类资源的配置能力，更好地利用两个市场、两种资源。

3. 提升产业链和供应链的稳定性

进一步发挥自贸试验区作为高质量发展增长极的作用，借助新一轮产业革命热潮，加快推动传统行业数字化转型，推进供应链的延展和升级，提升中国产业链竞争力；以创新激活发展、释放动力，加快培育一批具有高创新能力、强竞争力和完全自主知识产权的龙头企业，充分激发国内市场主体的活力；完善产业链布局，依托高质量优势集聚资源，强化和培育更多具有全球优势的产业链和供应链，弥补产业链关键堵点和断点，推动更多产业扎根国内，实现内外联动发展。

4. 突出差异化探索

各自贸试验区因地制宜开展差异化探索，通过对比试验、互补试验，形成更多更好的制度创新成果，这是自贸试验区建设的内在要求。各自贸试验区要围绕各自战略定位，大胆进行差异化探索，推动形成多层次、宽领域的改革试点格局。同时，要充分考虑各地对自贸试验区新增片区（或扩区），以及争取试行某些自由贸易港政策措施等方面的实际诉求，在自贸试验区建设模式上大胆开展差异化探索。

课后习题

1. 何为出口导向战略？何为进口替代战略？各有何特点？
2. 请简要概述中国自由贸易区（港）的特点。
3. "一带一路"倡议的主要内容有哪些？对中国经贸发展将有何影响？
4. 简述拉美国家进口替代战略的特点。

第四章

中国对外贸易管制制度

对外贸易管制也称为进出口国家管制，是指一国政府为了国家的宏观经济利益、国内外政策需要及履行所缔结或加入的国际条约义务，确立实行各种对外贸易制度并采取有效管理和规范对外贸易活动的总称，简称"贸易管制"。实施对外贸易管制的核心是充分发挥贸易管制的有利因素，尽量减少其不利因素，进而谋取国民利益的最大化。

第一节 对外贸易管制概述

一、对外贸易管制的目的与分类

对外贸易管制是政府的一种强制性行为，体现国家意志并以国家强制力为后盾，不仅是国家政府的重要职能，也是国家对外经济政策的具体体现。实行对外贸易管制的目的主要有三个方面：①保护本国经济利益、发展本国经济。例如，发展中国家实行对外贸易管制，主要就是为了保护本国的民族工业，建立与巩固本国的经济体系，通过进出口管制的各项措施，防止外国产品对本国市场的冲击并影响本国经济结构的独立性。②推行本国的外交政策。各国政府出于政治或安全上的考虑，在不同时期，会对不同国家或不同商品实行不同的贸易管制措施。③行使国家职能。对外贸易管制的强制性是国家为了保护本国环境和资源、保障国民人身安全、调控本国经济而行使国家管理职能的一个重要保证。

对外贸易管制通常有三种分类形式：按照管制目的，分为进口贸易管制和出口贸易管制；按照管制手段，分为关税措施和非关税措施；按照管制对象，分为货物进出口贸易管制、技术进出口贸易管制和国家服务贸易管制。本书主要关注货物进出口贸易管制，也称为进出口货物的国家管制。

二、中国对外贸易管制的基本框架与法律体系

中国于2001年12月11日加入WTO，这标志着中国全面融入国际经济体系，并且贸易管制制度日益完善。中国对外贸易管制是一种综合管理制度，主要由海关监管制度、关税制度、对外贸易经营者管理制度、进出口许可制度、进出境检验检疫制度、进出口货物收付汇管理制度，以及贸易救济制度等构成。

为保障贸易管制各项制度的实施，中国已基本建立并逐步健全了以《中华人民共和国对外贸易法》为核心的对外贸易管制的法律体系，并依照这些法律、行政法规、部门规章和中国履行国际公约的有关规定，自主实行对外贸易管制。由于中国对外贸易管制是一种国家管制，因此其所涉及的法律渊源只限于宪法、法律、行政法规、部门规章以及相关的国际条约，不包括地方性法规、规章及各民族自治区政府的地方条例和单行条例。

（一）法律

对外贸易管制的有关法律是由全国人民代表大会及其常务委员会制定的。我国现行的与对外贸易管制有关的法律主要包括：《中华人民共和国对外贸易法》《中华人民共和国海关法》《中华人民共和国进出口商品检验法》《中华人民共和国进出境动植物检疫法》《中华人民共和国固体废物污染环境防治法》《中华人民共和国国境卫生检疫法》《中华人民共和国野生动物保护法》《中华人民共和国药品管理法》《中华人民共和国文物保护法》《中华人民共和国食品卫生法》等。

（二）行政法规

国家行政法规由国务院制定，是对国家法律条文的进一步阐述，也是国务院为了实施宪法和其他法律而制定的行政规范文件。我国现行的与对外贸易管制有关的行政法规主要包括：《中华人民共和国货物进出口管理条例》《中华人民共和国技术进出口管理条例》《中华人民共和国进出口关税条例》《中华人民共和国知识产权海关保护条例》《中华人民共和国野生植物保护条例》《中华人民共和国外汇管理条例》《中华人民共和国核出口管制条例》《中华人民共和国反倾销条例》《中华人民共和国反补贴条例》《中华人民共和国保障措施条例》等。

（三）部门规章

国务院各部门规章制度是由国务院各部门、部委根据法律和国务院的行政法规、决定和命令，在其行政管辖的范围内所发布的规范性文件。我国现行的与对外贸易管制有关的部门规章主要包括：《货物进出口许可证管理办法》《货物出口许可证管理办法》《货物自动进出口许可管理办法》《出口收汇核销管理办法》《进口药品管理办法》《中华人民共和国放射性药品管理办法》《纺织品出口自动许可暂行办法》等。

此外，我国所签订的各类国际条约也是立法依据的渊源之一。国际条约是各国之间确立国际贸易关系立场的重要法律形式，是国家之间经济贸易关系的协调。这些国际条约主要包括：我国加入 WTO 所签订的有关双边或多边的各类贸易协定、《关于简化和协调海关业务制度的国际公约》（简称《京都公约》）、《濒危野生动植物种国际贸易公约》（简称《华盛顿公约》）、《关于消耗臭氧层物质的蒙特利尔议定书》、关于麻醉品和精神药物的国际公约、《关于化学品国际贸易资料交换的伦敦准则》《关于在国际贸易中对某些危险化学品和农药采用事先知情同意程序的鹿特丹公约》《控制危险废物越境转移及其处置的巴塞尔公约》以及《建立世界知识产权组织公约》等。

三、海关监管与对外贸易管制

进出口贸易的经营者或其代理人，在进出口活动中必须严格遵守各项法律、行政法规、部门规章等，并按照相应的管理要求办理进出口手续。在对外贸易管制制度中，国家的各相关部门必须协同配合，根据分工，共同对进出口进行管理。在这些部门中，海关具有特殊的管理地位并发挥特定的作用。

海关监管是实现对外贸易管制目标的重要手段。国家制定的各项贸易政策与相关管制措施能否得到切实贯彻和落实，主要集中表现在进出境环节上。中国海关作为进出关境监督管理机关，依据《海关法》所赋予的权力，代表国家在口岸行使进出境监督管理职能。《海关法》第八条规定："进出境运输工具、货物、物品，必须通过设立海关的地点进境或出境。"

第四十条规定："国家对进出境货物、物品有禁止性或限制性规定的，海关依据法律、行政法规、国务院的规定或者国务院有关部门依据法律、行政法规授权做出的规定实施监管。"从以上法律规定中可以看出，海关的监管是对进出关境"物"的监管，包括货物进出口贸易以及以货物为表现形式的技术进出口贸易，它们最终要通过进出境行为来实现。《海关法》规定进出境的行为只能发生在设有海关的地点，这保证了海关对货物的有效监督和管理。

海关监管也是对外贸易管制得以实现的一个重要环节。国家对进出口的管制是通过发放各类许可证件，海关在货物实际进出口时查验许可证件，以确定进出口货物是否合法合格，以此到达监管效力。虽然这些许可证件不是海关所颁发的，但是海关具有审定货物是否需要证件以及其所持有证件是否有效的裁定权力。所有国家的贸易管制政策措施，最终都要通过海关的监督核查来实现，只有当海关确认进出境的"物"合法合格之后，方可放行。具体来说，海关会根据进出口货物的收发货人、进出境运输工具的责任人及进出境货物的所有人所申报的内容、申报所提交的许可证件及其他单证（提单、发票、合同等）和货物的实际情况进行审核，只有"单"（包括报关单在内的各类报关单据及其电子数据）、"证"（各类许可证件及其电子数据）、"货"（实际进出口货物）三者相符时，即严格做到"单单相符""单货相符""单证相符""证货相符"，海关才可放行货物。

第二节 对外贸易管制的主要内容

对外贸易管制的主要内容包括：对外贸易经营者管理制度、货物和技术进出口许可管理制度、进出境检验检疫制度、进出口货物收付汇管理制度、对外贸易救济制度以及其他管理制度。这些对外贸易管制的主要内容可概括为五个字："备""证""检""核""救"。"备"即对外贸易经营资格的备案登记，它意味着我国对外贸易经营者在从事或参与对外贸易经营活动以前，须按规定向国务院对外贸易主管部门或者其委托的机构办理备案登记，否则，海关不予办理进出口货物的验放手续。"证"即货物、技术进出口的许可，即法律、行政法规规定的各种具有许可进出性质的证明，它是中国贸易管制的最基本手段，也是我国有关行政管理机构执行贸易管制与监督的重要依据。"检"即商品质量的检验检疫、动植物检疫和国境卫生检疫，简称"三检"，它强调对货物的进出口实行必要的检验或检疫。"核"即进出口收、付汇核销，它强调对实际进出口的货物与技术实行较为严格的收、付汇核销制度，以达到国家对外汇实施管制的目的，防止偷逃、偷套外汇。"救"即贸易管制中的救济措施，它包括反倾销、反补贴和保障措施。本节将对前四部分内容一一进行介绍，对外贸易救济制度将在第五章"中国对外贸易法律制度"中再介绍。

一、对外贸易经营者管理制度

（一）对外贸易经营资格管理制度

对外贸易经营者是指依法办理工商登记或者其他执业手续，依照《对外贸易法》和其他有关法律、行政法规、部门规章的规定从事对外贸易经营活动的法人、其他组织或者个人。对外贸易经营资格管理制度主要分为进出口经营权管理制度和进出口经营范围管理制度。进出口经营权是指我国境内的法人、其他组织或者个人依法办理了备案登记后取得的对外签订进出口合同的资格。未按规定办理备案登记的，海关不予受理其报关。进出口经营范围是指国家允许企业从事生产经营的具体商品类别和服务项目，具体体现在国家允许对外贸易经营者从事进出口经营活动的内容和方式上。对外贸易经营者只能在备案登记的经营范围内经营。

（二）备案登记制度

目前，中国对外贸易经营者的管理实行的是备案登记制，也就是法人、其他组织或者个人在从事对外贸易经营前，必须按照国家的有关规定，按法定程序在国务院对外贸易主管部门备案登记，取得对外贸易经营资格后，方可在国家允许的范围内从事对外贸易经营活动。

备案登记不是审批，备案登记制度是中国深化对外贸易改革的一种体现。从事进出口业务的对外贸易经营者，应当向国务院商务主管部门或者其委托的机构办理备案登记，获得对外贸易经营资格。法律、行政法规和国务院商务主管部门规定不需要备案登记的除外。备案登记的具体实施办法由国务院商务主管部门规定。对外贸易经营者在备案登记后，应当向海关办理注册登记，否则，海关不予办理进出口货物的报关验放手续。对外贸易经营者可以接受他人的委托，在经营范围内代为办理对外贸易业务。

（三）国营贸易

对外贸易主管部门为对关系国计民生的重要进出口商品实行有效的宏观管理，对部分货物的进出口实行国营贸易管理。国营贸易是指由特定的法人企业或其他组织代表国家所从事的部分商品的进出口经营活动。实行国营贸易管理货物的进出口业务只能由经授权的企业经营，但国家允许部分数量的国营贸易管理货物的进出口业务由非授权企业经营的除外。实行国营贸易管理的货物和经授权经营企业的目录，由国务院对外贸易主管部门会同国务院其他有关部门确定、调整并公布。对未经批准擅自进出口国营贸易管理货物的，海关不予放行。

二、货物进出口许可管理制度

进出口许可管理制度是国家根据《中华人民共和国货物进出口管理条例》《中华人民共和国技术进出口管理条例》等相关法律、行政法规，对进出口贸易实行的一种行政管理制度，既包括准许进出口的有关证件的审批和管理制度本身的程序，也包括以国家各类许可为条件的其他行政管理手续。进出口许可管理制度作为一项非关税措施，是世界各国管理进出口贸易的一种常见手段，在国际贸易中长期存在并广泛运用。

货物进出口许可管理制度是我国进出口许可管理制度的主体，是国家对外贸易管制中极其重要的管理制度。其管理范围包括禁止进出口的货物、限制进出口的货物以及自由进出口中部分实行自动许可管理的货物。

（一）禁止进出口货物管理

为维护国家安全和社会公共利益，保护人民的生命健康，履行中华人民共和国所缔结或者参加的国际条约和协定，国务院对外贸易主管部门会同国务院有关部门，依照《对外贸易法》的有关规定，制定、调整并公布禁止进出口货物目录。海关依据国家相关法律、法规，对列入禁止进出口货物目录的商品实施监督管理。

1. 禁止进口

列入国家公布的《禁止进口货物目录》以及其他法律、法规明令禁止或停止进口的货物，任何对外贸易经营者不得经营进口。

我国政府明令禁止进口的货物包括：列入由国务院对外贸易主管部门或由其会同国务院有关部门制定的《禁止进口货物目录》的商品，国家有关法律、法规明令禁止进口的商品，以及其他各种原因停止进口的商品。禁止进口货物的种类见表4-1。

表4-1 禁止进口货物的种类

禁止进口货物	列入《禁止进口货物目录》的商品（已公布六批）： （1）《禁止进口货物目录》（第一批）是从我国国情出发，为履行我国所缔结或者参加的与保护世界自然生态环境相关的一系列国际条约和协定而发布的，其目的是为了保护我国自然生态环境和生态资源，如国家禁止进口四氯化碳、犀牛角和虎骨等 （2）《禁止进口货物目录》（第二批）均为旧机电产品类，是国家对涉及生产安全（压力容器类）、人身安全（电器、医疗设备类）和环境保护（汽车、工程及车船机械类）的旧机电产品所实施的禁止进口管理 （3）《禁止进口货物目录》（第三、第四、第五批）所涉及的是对环境有污染的固体废物类，包括城市垃圾、医疗废物、含铅汽油淤渣等13个类别的废物 （4）《禁止进口货物目录》（第六批）是为了保护人的健康，维护环境安全，淘汰落后产品，履行《关于在国际贸易中对某些危险化学品和农药采用事先知情同意程序的鹿特丹公约》和《关于持久性有机污染物的斯德哥尔摩公约》而颁布的，如长纤维青石棉、二噁英等
	国家有关法律、法规明令禁止进口的商品： （1）依据《中华人民共和国固体废物污染环境防治法》，对未列入《限制进口类可用作原料的固体废物目录》以及《自动进口许可管理类可用作原料的废物目录》的废物，不符合环保规定的废物以及受放射性污染的废旧金属禁止进口 （2）动植物病源（包括菌种、毒种等）及其他有害生物、动物尸体、土壤 （3）带有违反"一个中国"原则内容的货物及其包装 （4）以氯氟羟物质为制冷剂、发泡剂的家用电器产品和以羟物质为制冷工质的家用电器用压缩机 （5）滴滴涕、氯丹 （6）莱克多巴胺和盐酸莱克多巴胺 （7）林丹和硫丹等 其他各种原因停止进口的商品： （1）以 CFC–12 为制冷工质的汽车以及 CFC–12 为制冷工质的汽车空调压缩机（含汽车空调器） （2）属右置方向盘的汽车 （3）停止进口旧服装、黑人牙膏（"DARKLE""DARLIE"）等 （4）Ⅷ因子制剂等血液制品 （5）氯酸钾、硝酸铵 （6）禁止进口和销售100瓦及以上普通照明白炽灯等 （7）停止国产手表复进口等

2. 禁止出口

对列入国家公布的《禁止出口货物目录》的以及其他法律、法规明令禁止或停止出口的货物，任何对外贸易经营者不得经营出口。

我国政府明令禁止出口的货物主要有列入《禁止出口货物目录》的商品，国家有关法律、法规明令禁止出口的商品以及其他各种原因停止出口的商品。禁止出口货物的种类见表4-2。

（二）限制进出口货物管理

为维护国家安全和社会公共利益，保护人民的生命健康，履行中华人民共和国所缔结或者参加的国际条约和协定，国务院对外贸易主管部门会同国务院有关部门，依照《对外贸易法》的规定，制定、调整并公布各类限制进出口货物和技术目录。海关依据国家有关法律、法规对限制进出口目录货物、技术实施监督管理。

表 4-2 禁止出口货物的种类

禁止出口货物	列入《禁止出口货物目录》的商品（已公布五批）： （1）《禁止出口货物目录》（第一批）是从我国国情出发，为履行我国所缔结或者参加的与保护世界自然生态环境相关的一系列国际条约和协定而发布的，其目的是为了保护我国自然生态环境和生态资源，如国家禁止出口四氯化碳、犀牛角和虎骨；禁止出口有防风固沙作用的发菜和麻黄草等植物 （2）《禁止出口货物目录》（第二批），主要是为了保护我国匮乏的森林资源，防止乱砍滥伐，如禁止出口木炭 （3）《禁止出口货物目录》（第三批），是为了保护人的健康，维护环境安全，淘汰落后产品，履行《关于在国际贸易中对某些危险化学品和农药采用事先知情同意程序的鹿特丹公约》和《关于持久性有机污染物的斯德哥尔摩公约》而颁布的，如长纤维青石棉、二噁英等 （4）《禁止出口货物目录》（第四批），主要包括硅砂、石英砂以及其他天然砂 （5）《禁止出口货物目录》（第五批），包括无论是否经化学处理过的森林凋落物以及泥炭（草炭）
	国家有关法律、法规明令禁止出口的商品： 例如，依据《中华人民共和国野生植物保护条例》，禁止出口未定名的或者新发现并有重要价值的野生植物；禁止出口原料血浆；禁止商业性出口的野生红豆杉及其部分产品；禁止出口劳改产品等

1. 限制进口管理

国家实行限制进口管理的货物，必须依照国家有关规定，取得国务院对外贸易主管部门或者由其会同国务院有关部门许可，方可进口。

目前，我国限制进口货物管理按照其限制方式，划分为许可证件管理和关税配额管理。

1）许可证件管理。许可证件管理是指在一定时期内，根据国内政治、工业、农业、商业、军事、技术、卫生、环保、资源保护等领域的需要，以及为履行我国所加入或缔结的有关国际条约的规定，以经国家各主管部门签发许可证件的方式来实现各类限制进口的措施。

许可证件管理主要包括进口许可证、濒危物种进口、可利用废物进口、进口药品、进口音像制品、黄金及其制品进口等管理。

国务院对外贸易主管部门或者国务院有关部门在各自的职责范围内，根据国家有关法律、法规及国际公约的有关规定签发上述各项管理所涉及的各类许可证件。

2）关税配额管理。关税配额管理是指在一定时期内（一般是一年），国家对部分商品的进口确定配额数量，对在配额数量内的进口商品适用关税配额税率，而对配额数量外进口商品适用关税配额税率外税率。实行关税配额管理的产品有农产品及化肥等。一般情况下，关税配额税率优惠幅度很大，国家通过该项政策作为成本杠杆，达到限制关税配额管理商品进口的目的。

2. 限制出口管理

国家实行限制出口管理的货物，必须依照国家有关规定取得国务院对外贸易主管部门或者由其会同国务院有关部门许可，方可出口。

对于限制出口货物管理，《货物进出口管理条例》规定：国家规定有数量限制的出口货物，实行配额管理；其他限制出口货物，实行许可证件管理；实行配额管理的限制出口货物，由国务院对外贸易主管部门和国务院有关经济管理部门按照国务院规定的职责划分进行管理。

目前，我国货物限制出口按照其限制方式，划分为出口配额限制和出口非配额限制。

（1）出口配额限制。出口配额限制是指在一定时期内，为建立公平竞争机制，增强我国商品在国际市场的竞争力，保障最大限度的收汇，保护我国产品的国际市场利益，国家对部分商品的出口数量直接加以限制的措施，即规定一定时期内（一般是一年）部分商品出口数量的总额，经国家批准获得配额的允许出口，否则不得出口，通过行政管理手段达到对一些重要商品以规定绝对数量的方式限制出口的目的。

在我国，出口配额限制有两种管理形式：①出口配额许可证管理。它是国家对部分商品的出口，在一定时期内（一般是一年）规定数量总额，经国家批准获得配额的允许出口，否则不准出口的配额管理措施。②出口配额招标管理。它是国家对部分商品的出口，在一定时期内（一般是一年）规定数量总额，采取招标分配的原则，经招标获得配额的允许出口，否则不准出口的配额管理措施。

（2）出口非配额限制。出口非配额限制是指在一定时期内，根据国内政治、军事、技术、卫生、环保、资源保护等领域的需要，以及为履行我国所加入或缔结的有关国际条约的规定，以经国家各主管部门签发许可证件的方式来实现的各类限制出口措施。目前，我国非配额限制管理主要包括出口许可证、濒危物种出口、敏感物项出口以及军品出口等许可管理。

（三）自由进出口货物管理

上述国家禁止、限制进出口货物和技术以外的其他货物，均属于自由进出口范围。自由进出口货物的进出口不受限制，基于监测进出口情况的需要，国家对部分属于自由进出口的货物实行自动进出口许可管理。

自动进口许可管理是在任何情况下对进口申请一律予以批准的进口许可制度。这种进口许可实际上是一种在进口前的自动登记性质的许可制度，通常用于国家对这类货物的统计和监督目的。它是我国进出口许可管理制度中的重要组成部分，也是目前被各国普遍使用的一种进口管理制度。

进口属于自动进口许可管理的货物，进口经营者应当在向海关报送手续前，向国务院对外贸易主管部门或者国务院有关经济管理部门提交自动进口许可申请；进口经营者凭国务院对外贸易主管部门或者国务院有关经济管理部门发放的自动进口许可证明，向海关办理报关手续。

三、技术进出口许可管理制度

技术进出口许可管理制度同货物进出口许可管理制度一样，是我国进出口许可管理制度的主体，是国家对外贸易管制中极其重要的管理制度。其管理范围包括禁止进出口的技术、限制进出口的技术以及自由进出口的技术。

《中华人民共和国技术进出口管理条例》是为了规范技术进出口管理，维护技术进出口秩序，促进国民经济和社会发展，根据《中华人民共和国对外贸易法》（以下简称《对外贸易法》）及其他有关法律的有关规定而制定的法规。此条例于2001年12月10日由中华人民共和国国务院令第331号公布，自2002年1月1日起施行；根据2011年1月8日《国务院关于废止和修改部分行政法规的决定》（国务院令第588号）第1次修订；根据2019年3月2日《国务院关于修改部分行政法规的决定》（国务院令第709号）第2次修订；根据2020

年 11 月 29 日《国务院关于修改和废止部分行政法规的决定》（国务院令第 732 号）第 3 次修订。2020 年修订版《中华人民共和国技术进出口管理条例》（以下简称《技术进出口管理条例》）共五章五十二条，主要内容包括总则、技术进口管理、技术出口管理、法律责任及附则等。

根据《技术进出口管理条例》，国家鼓励先进、适用的技术进口。属于禁止进口的技术，不得进口。属于限制进口的技术，实行许可证管理；未经许可，不得进口。进口属于限制进口的技术，应当向国务院对外贸易主管部门提出技术进口申请并附有关文件。

国家鼓励成熟的产业化技术出口。属于禁止出口的技术，不得出口。属于限制出口的技术，实行许可证管理；未经许可，不得出口。出口属于限制出口的技术，应当向国务院对外贸易主管部门提出申请。

进口或者出口属于禁止进出口技术的，或者未经许可擅自进口或者出口属于限制进出口技术的，依照刑法关于走私罪、非法经营罪、泄露国家秘密罪或者其他罪的规定，依法追究刑事责任；尚不够刑事处罚的，区别不同情况，依照海关的有关规定处罚，或者由国务院对外贸易主管部门给予警告，没收违法所得，处违法所得 1 倍以上 5 倍以下的罚款；国务院对外贸易主管部门并可以撤销其对外贸易经营许可。

（一）禁止进出口技术管理

为维护国家安全和社会公共利益，保护人民的生命健康，履行中华人民共和国所缔结或者参加的国际条约和协定，国务院对外贸易主管部门会同国务院有关部门，依照《对外贸易法》和《技术进出口管理条例》的有关规定，制定、调整并公布《禁止进出口技术目录》。海关依据国家相关法律、法规对列入《禁止进出口技术目录》的商品实施监督管理。

1. 禁止进口技术管理

根据《对外贸易法》《技术进出口管理条例》以及《禁止进口限制进口技术管理办法》的有关规定，列入国家公布的禁止进口目录以及其他法律、法规命令禁止或停止进口的技术，任何对外贸易经营者不得进口。

中国《禁止进口限制进口技术目录》（第一批）于 2001 年首次发布，列入禁止进口部分的技术涉及钢铁冶金、有色金属冶金、化工、石油炼制、石油化工、消防、电工、轻工、印刷、医药、建筑材料生产等技术领域；2007 年商务部颁布修订后的中国《禁止进口限制进口技术目录》，列入了进口后将危害国家安全、影响社会公共道德和社会公共利益、影响人和动植物生命健康、破坏生态环境等方面的技术 126 项，涵盖农业、食品制造业、纺织业、化学原料及化学制品制造业、医药制造业、金属冶炼加工业、设备制造业、电力热力生产供应业及环境管理业等 19 个行业。修订后的《禁止进口限制进口技术目录》细化了控制要点和技术规格，更加规范，更具操作性；2020 年 11 月第三届进博会开幕式上，国家主席习近平发表主旨演讲时指出，中国将压缩《禁止进口限制进口技术目录》，为技术要素跨境自由流动创造良好环境。商务部服务贸易和商贸服务业司司长陈春江表示，为了顺应技术贸易快速发展的新趋势，商务部将抓紧会同有关部门推进中国《禁止进口限制进口技术目录》的调整工作。除保留涉及国家安全、环境安全等必要的技术条目外，将更加突出市场调节的作用，对禁止进口和限制进口的技术项目进行压缩，为技术要素的跨境自由流动创造良好的环境。

2. 禁止出口技术管理

根据《对外贸易法》《技术进出口管理条例》以及《禁止出口限制出口技术管理办法》的有关规定，列入中国《禁止出口限制出口技术目录》中禁止出口的技术，不得出口。

中国《禁止出口限制出口技术目录》于 2001 年首次发布；2008 年商务部和科技部颁布修订后的中国《禁止出口限制出口技术目录》，列入禁止出口部分的技术涉及渔、牧、有色金属矿采选、农副食品加工、饮料制造、造纸、化学制品制造、医药制造、非金属矿物制品业、有色金属冶炼、交通运输设备制造、农用机械制造、计算机及其他电子设备制造、工艺品制造、电信信息传输等几十个行业领域；2020 年 8 月商务部和科技部调整发布最新版《禁止出口限制出口技术目录》，调整共涉及 53 项技术条目：删除微生物肥料技术、咖啡因生产技术、核黄素生产工艺、维生素发酵技术等 4 项禁止出口的技术条目；删除 5 项限制出口的技术条目；新增农业野生植物人工繁育技术、绒山羊繁育和品种培育技术、空间材料生产技术、大型高速风洞设计建设技术、航空航天轴承技术、激光技术等 23 项限制出口的技术条目；对 21 项技术条目的控制要点和技术参数进行修改，涉及农作物繁育技术、水产种质繁育技术、化学原料生产技术、生物农药生产技术、航天器测控技术、空间数据传输技术、地图制图技术、信息处理技术、真空技术等领域。

（二）限制进出口技术管理

国务院外经贸主管部门会同国务院有关部门，依照《对外贸易法》和《技术进出口管理条例》的有关规定，制定、调整并公布《限制进出口技术目录》。海关依据国家相关法律、法规对列入《限制进出口技术目录》的商品实施监督管理。

1. 限制进口技术管理

限制进口技术实行许可证管理。根据《对外贸易法》《技术进出口管理条例》以及《禁止进口限制进口技术管理办法》的有关规定，国务院对外贸易主管部门会同国务院有关部门，制定、调整并公布《禁止进口限制进口技术目录》。范围内限制进口技术，实行许可证管理，未经国家许可，不得进口。

进口属于限制进口的技术，应当向国务院对外贸易主管部门提出技术进口申请，国务院对外贸易主管部门收到技术进口申请后，应当会同国务院有关部门对申请进行审查，技术进口申请经批准的，由国务院对外贸易主管部门发给"中华人民共和国技术进口许可意向书"，进口经营者取得意向书后可以对外签订技术进口合同。进口经营者签订技术进口合同后，应当向国务院对外贸易主管部门申请"技术进口许可证"。经审核符合发证条件的，由国务院对外贸易主管部门颁发"技术进口许可证"，凭以向海关办理进口通关手续。

中国《禁止进口限制进口技术目录》（第一批）于 2001 年首次发布，列入限制进口部分的技术包括生物技术、化工技术、石油炼制技术、石油化工技术、生物化工技术和造币技术等技术领域；2007 年商务部颁布修订后的中国《禁止进口限制出口技术目录》；2020 年 11 月第三届进博会开幕式上，国家主席习近平发表主旨演讲时指出，中国将压缩中国《禁止进口限制进口技术目录》，为技术要素跨境自由流动创造良好环境。

经营限制进口技术的经营者，在向海关申报进口手续时必须主动递交"技术进口许可证"，否则经营者将承担为此而造成的一切法律责任。

2. 限制出口技术管理

根据《对外贸易法》《技术进出口管理条例》《生物两用品及相关设备和技术出口管制

条例》《核两用品及相关技术出口管制条例》《导弹及相关物项和技术出口管制条例》《核出口管制条例》以及《禁止出口限制出口技术管制办法》等有关规定，限制出口技术实行许可证管理，国务院对外贸易主管部门会同国务院有关部门，制定、调整并公布限制出口的技术目录。属于目录范围内的限制出口的技术，实行许可证管理；未经国家许可，不得出口。

出口属于《禁止出口限制出口技术目录》限制出口的技术，应当向国务院对外贸易主管部门提出技术出口申请，经国务院对外贸易主管部门审核批准后取得技术出口许可证件，凭以向海关办理出口通关手续。

经营限制出口技术的经营者，在向海关申报出口手续时必须主动递交相关技术出口许可证件，否则经营者将承担为此而造成的一切法律责任。

（三）自由进出口技术管理：技术进出口合同登记管理

除上述国家禁止、限制进出口技术外的其他技术，均属于自由进出口范围。自由进出口技术的进出口不受限制，但基于监测进出口情况的需要，国家对自由进出口的技术实行技术进出口合同登记管理。

《技术进出口合同登记管理办法》是为了规范自由进出口技术的管理，建立技术进出口信息管理制度，促进我国技术进出口的发展，根据《技术进出口管理条例》而制定的法规。

进出口属于自由进出口的技术，应当向国务院对外贸易主管部门或者其委托的机构办理合同备案登记。国务院对外贸易主管部门应当自收到规定的文件之日起3个工作日内，对技术进出口合同进行登记，颁发"技术进出口合同登记证"，申请人凭"技术进出口合同登记证"，办理外汇、银行、税务、海关等相关手续。

四、进出境检验检疫制度

海关总署根据对外贸易需要，公布调整《出入境检验检疫机构实施检验检疫的进出境商品目录》，对列入该目录的和其他法律、法规规定需要进行检验检疫的货物，进出口收发货人或其代理人在办理进出口报关手续前，须向口岸检验检疫机构报检。

（一）进出境检验检疫制度的含义和目的

进出境检验检疫制度是指由国家进出境检验检疫部门依据我国有关法律和行政法规以及我国政府缔结或参加的国际条约、协定，对进出境的货物、物品及其包装物、交通运输工具、运输设备和进出境人员实施检验检疫监督管理的法律依据和行政手段的综合。其国家主管部门是海关总署。

进出境检验检疫制度是我国进出口管制制度的重要组成部分，其目的是维护国家声誉和对外贸易有关当事人的合法权益，保证国内的正常生产，促进对外贸易健康发展，保护我国的公共安全和人民生命财产安全等，是国家主权的具体体现。

（二）进出境检验检疫制度的组成和范围

我国商品检验的种类分为法定检验、合同检验、公正检验和委托检验。进出境检验检疫的范围主要是法定检验，凡列入法检目录的商品实施强制性检验，进出口货物的收发货人在办理通关手续前，向口岸检验检疫部门申请商品检验。进出境检验检疫制度的内容包括：进出口商品检验制度、进出境动植物检疫制度以及国境卫生监督制度。

1. 进出口商品检验制度

进出口商品检验制度是根据《中华人民共和国进出口商品检验法》及其实施条例的规定，海关总署及其口岸进出境检验检疫机构对进出口商品所进行品质、质量检验和监督管理的制度。商品检验机构实施进出口商品检验的内容包括商品的质量、规格、数量、重量、包装，以及是否符合安全、卫生的要求。我国实行进出口商品检验制度的目的是保证进出口商品的质量，维护对外贸易有关各方的合法权益，促进对外经济贸易关系的顺利发展。对法律、行政法规、部门规章规定有强制性标准或者其他必须执行的检验标准的进出口商品，依照法律、行政法规、部门规章规定的检验标准检验；法律、行政法规未规定有强制性标准或者其他必须执行的检验标准的，依照对外贸易合同约定的检验标准检验。

2. 进出境动植物检疫制度

进出境动植物检疫制度是根据《中华人民共和国进出境动植物检疫法》及其实施条例的规定，海关总署及其口岸进出境检验检疫机构对进出境动植物、动植物产品生产、加工、存放过程实行动植物检疫的进出境的监督管理制度。我国实行进出境检验检疫制度的目的是防止动物传染病、寄生虫病和植物危险性病、虫、杂草以及其他有害生物传入、传出国境，保护农、林、牧、渔业生产和人体健康，促进对外经济贸易的发展。口岸进出境检验检疫机构实施动植物检疫监督管理的方式有注册登记、疫情调查、检测和防疫指导等。其管理主要包括：进境检疫、出境检疫、过境检疫、进出境携带和邮寄检疫以及进出境运输工具检疫等。

3. 国境卫生监督制度

国境卫生监督制度是指进出境检验检疫机构根据《中华人民共和国国境卫生检疫法》及其实施细则，以及国家其他的卫生法律、法规和卫生标准，在进出口口岸对进出境的交通工具、货物、运输容器以及口岸辖区的公共场所、环境、生活设施、生产设备所进行的卫生检查、鉴定、评价和采样检验的制度。我国实行国境卫生监督制度的目的是防止传染病由国外传入或者由国内传出，实施国境卫生检疫，保护人体健康。其监督职能主要包括：进出境检疫、国境传染病检测、进出境卫生监督等。

上述三种检验检疫制度的比较见表4-3。

表4-3 进出口商品检验制度、进出境动植物检疫制度和国境卫生监督制度比较

	进出口商品检验制度	进出境动植物检疫制度	国境卫生监督制度
法律依据	《进出口商品检验法》及相关法规	《进出境动植物检疫法》及相关法规	《国境卫生检疫法》《食品卫生法》及相关法规
检查重点	进出口商品的质量、规格、重量、包装，以及是否符合安全和卫生要求	进出境动植物有无传染性疾病、寄生虫病或有无携带有害生物	进出境的交通工具、货物、运输容器及口岸辖区的公共场所、环境、生活设施、生产设备的卫生检查、鉴定评价和采样检验
检查要求	法定检验及非法定检验	法定检验	法定检验

（三）进出境货物检验检疫的工作程序

法定检验检疫的进出境货物，在报关时必须提供报关地进出境检验检疫机构签发的"入境货物通关单"，海关凭"入境货物通关单"验放；或者提供"出境货物通关单"，海关凭"出境货物通关单"验放。

入境货物检验检疫的工作程序是：①法定检验检疫入境货物的货主或其他代理人首先向卸货口岸或到达站的出入境检验检疫机构报检。②检验检疫机构受理报检，转施检部门签署意见，计收费。对来自疫区的、可能传播传染病、动植物疫情，以及可能夹带有害物质的入境货物的交通工具或运输包装实施必要的检疫、消毒、卫生除害处理后，签发"入境货物通关单"（入境废物、活动物等除外）供报检人办理海关通关手续。③货物通关后，入境货物的货主或其代理人需在检验检疫机构规定的时间和地点到指定的检验检疫机构联系对货物实施检验检疫。经检验检疫合格的入境货物，签发"入境货物检验检疫证明"放行；经检验检疫不合格的入境货物，签发处理通知书；需要索赔的，签发检验检疫证书。

出境货物检验检疫工作程序是：①法定检验检疫出境货物的发货人或其代理人向检验检疫机构报检，检验检疫机构受理报检和计费后，转检验或检疫部门实施检验检疫。②对产地和报关地相一致的出境货物，经检验检疫合格的，签发"出境货物通关单"；对产地和报关地不一致的出境货物，出具"出境货物换证凭单"，由报关地检验检疫机构换发"出境货物通关单"，作为海关核放货物的依据；经检验检疫不合格的，签发"出境货物不合格通知单"。

五、进出口货物收付汇管理制度

货物的进出境会带来资金的进出境，进出口货物收付汇管理制度便应运而生。进出口货物收付汇管理制度是指根据有关规定，我国对外贸易经营者在对外贸易经营活动中，必须依照国家有关规定结汇、用汇。国家的有关规定就是我国的外汇管理制度，即国家外汇管理局、中国人民银行及国务院其他有关部门，依据国务院《中华人民共和国外汇管理条例》及其他有关规定，对包括经常项目外汇业务、资本项目外汇业务、金融机构外汇业务、人民币汇率的生成机制和外汇市场等领域实施的监督管理。进出口货物收付汇管理是我国实施外汇管理的主要手段，也是我国外汇管理制度的重要组成部分。

国家为了保障银行结汇、售汇制度的执行，保证充足的外汇来源，打击逃汇、套汇行为，满足用汇需要，在货物的进出口过程中，实行较为严格的收付汇核销制度。

（一）进口货物付汇管理

进口货物付汇管理是国家为了防止汇出外汇而实际不进口商品的逃汇行为的发生而通过海关对货物的实际监管，监督付汇进口并对进口单位实行进口付汇核销的一种管理制度。企业在进口付汇前，需向付汇银行申请国家外汇管理局统一制发的"贸易进口付汇核销单"，凭以办理付汇。货物进口后，进口单位或其代理人凭海关出具的"进口货物报关单"付汇证明联向国家外汇管理局指定银行办理付汇核销。"贸易进口付汇核销单"和"进口货物报关单"是进口付汇核销的凭证。

（二）出口货物收汇管理

出口货物收汇核销是指国家外汇管理部门根据国家外汇管制的要求，通过海关对出口货物的监管，对出口单位的收汇是否按规定上缴国家进行监督的一种管理制度。其法律依据是国家有关部门指定的《出口收汇核销管理办法》。国家实施该制度是为了制止出口的企业将外汇截留境外，提高收汇率。国家外汇管理局制发"出口外汇核销单"，由货物的发货人或其代理人填写，外汇管理部门凭海关签注的"出口外汇核销单"和"出口货物报关单"出口收汇。"出口收汇核销单"是出口收汇核销的凭证。

由于货物的进出境必然要通过海关，只要是有海关证明的货物进出境，必然会带来外汇的进出境，这样通过海关的协助，由合法贸易往来所带来的资金流动就牢牢地掌握在外汇监管当局的手中了。

第三节　中国进出口许可管理制度

一、进出口许可证管理

进出口许可证管理、自动进口许可管理和纺织品临时出口管理是货物进出口许可管理制度的重要组成部分，其归口管理部门为商务部。下面就许可证的具体管理措施和报关规范进行进一步阐述。

（一）进出口许可证管理概述

进出口许可证管理是指由商务部或者会同国务院其他有关部门，依法制定并调整进出口许可证管理目录，以签发进出口许可证的形式对该目录商品实行的行政许可管理。

进出口许可证管理是我国货物进出口许可管理制度的核心内容，是国家限制进出口的一种最主要的管理形式，分为进口许可证管理和出口许可证管理。凡属于进出口许可证管理的货物（列入《进口许可证管理货物目录》或《出口许可证管理货物目录》的货物），对外贸易经营者（以下简称经营者）应当在进出口前按规定向指定的发证机构申领进出口许可证，海关凭进出口许可证接受申报和验放，国家另有规定的除外。

我国进出口许可证的归口管理部门是商务部，负责制定进出口许可证管理办法及规章制度，监督、检查进出口许可证管理办法的执行情况，处罚违规行为。商务部会同海关总署制定、调整和发布年度《进口许可证管理货物目录》及《出口许可证管理货物目录》，商务部负责制定、调整和发布年度《出口许可证管理货物分级发证目录》和《进口许可证管理货物分级发证目录》。

进口许可证是我国进出口许可证管理制度中具有法律效力，用来证明对外贸易经营者经营列入国家进口许可证管理目录商品合法进口的证明文件，是海关验放该类货物的重要依据。出口许可证是我国进出口许可证管理制度中具有法律效力，用来证明对外贸易经营者经营列入国家出口许可证管理目录商品合法出口的证明文件，是海关验放该类货物的重要依据。

（二）进出口许可证管理的相关规定

1. 进口许可证

根据商务部、海关总署公布的《进口许可证管理货物目录（2020年）》，2020年我国实行进口许可证管理的进口商品有消耗臭氧层物质和重点旧机电产品两类。其中，消耗臭氧层物质包括甲基氯仿、三氯氟甲烷（CFC-11）、二氯二氟甲烷（CFC-12）等49个商品编号的商品，商务部授权的地方商务主管部门（地方发证机构）负责签发消耗臭氧层物质的进口许可证。重点旧机电产品包括化工设备、金属冶炼设备、工程机械、起重运输设备、造纸设备、电力电气设备、食品加工及包装设备、农业机械、印刷机械、纺织机械、船舶、硒鼓、X射线管等13个大类的旧产品，商务部配额许可证事务局（许可证局）负责签发重点旧机电产品的进口许可证。

凡属于进口许可证管理的货物，除国家另有规定外，经营者应当在进口前按规定向指定的发证机构申领进口许可证，海关凭进口许可证接受申报和验放。

进口许可证的有效期为一年，当年有效。因故在有效期内未使用的及未使用完的，经营者应当在进口许可证有效期内向原发证机构提出申请，发证机构根据其具体情况重新签发进口许可证，进口许可证有效期最长不超过次年度3月31号，未办理相应手续的许可证逾期自行失效，海关不予放行。

进口许可证一经签发，不得擅自更改证面内容。如需更改，经营者应当在许可证有效期内提出更改申请，并将许可证交回原发证机构，由原发证机构重新换发许可证。

进口许可证管理实行"一证一关"管理。一般情况下进口许可证为"一批一证"，如要实行"非一批一证"，应当同时在进口许可证备注栏内打印"非一批一证"字样。"一证一关"是指进口许可证只能在一个海关报关；"一批一证"是指进口许可证在有效期内一次报关使用；"非一批一证"是指进口许可证在有效期内可多次报关使用，但最多不超过12次，由海关在许可证背面"海关验放签注"栏内逐批签注核减进口数量。

对进口实行许可证管理的大宗、散装货物，溢装数量按照国际贸易惯例办理，即报关进口的大宗、散装货物的溢装数量不得超过进口许可证所列进口数量的5%，其中原油、成品油的溢装数量不得超过其许可证所列数量的3%。对不实行"一批一证"制的大宗、散装货物，每批货物进口时，按其实际进口数量进行核扣，最后一批进口货物进口时，其溢装数量按该许可证的实际剩余数量并在规定的溢装上限5%内计算，其中原油、成品油在溢装上限3%内计算。

2. 出口许可证

商务部、海关总署公布的《出口许可证管理货物目录（2020年）》规定如下：

（1）2020年实行许可证管理的出口货物为43种，分别实行出口配额或出口许可证管理。其中：

1）出口活牛（对港澳）、活猪（对港澳）、活鸡（对香港）、小麦、玉米、大米、小麦粉、玉米粉、大米粉、药料用麻黄草（人工种植）、煤炭、原油、成品油（不含润滑油、润滑脂、润滑油基础油）、锯材、棉花的，凭配额证明文件、货物出口合同申领出口许可证；出口甘草及甘草制品、蔺草及蔺草制品的，凭配额招标中标证明文件、海关加工贸易进口报关单申领出口许可证。

2）出口活牛（对港澳以外市场）、活猪（对港澳以外市场）、活鸡（对香港以外市场）、牛肉、猪肉、鸡肉、天然砂（含标准砂）、矾土、磷矿石、镁砂、滑石块（粉）、萤石（氟石）、稀土、锡及锡制品、钨及钨制品、钼及钼制品、锑及锑制品、焦炭、成品油（润滑油、润滑脂、润滑油基础油）、石蜡、部分金属及制品、硫酸二钠、碳化硅、消耗臭氧层物质、柠檬酸、白银、铂金（以加工贸易方式出口）、铟及铟制品、摩托车（含全地形车）及其发动机和车架、汽车（包括成套散件）及其底盘的，需按规定申领出口许可证。其中，消耗臭氧层物质货样广告品需凭出口许可证出口；以一般贸易、加工贸易、边境贸易和捐赠贸易方式出口汽车、摩托车产品的，需按规定的条件申领出口许可证；以工程承包方式出口汽车、摩托车产品的，凭中标文件等材料申领出口许可证；以上述贸易方式出口非原产于中国的汽车、摩托车产品的，凭进口海关单据和货物出口合同申领出口许可证。以加工贸易方式出口以上所列货物的，除另有规定以外，凭有关批准文件、海关加工贸易进口报关单和货物出口合同申领出口许可证。其中，出口润滑油、润滑脂、润滑油基础油等成品油的，需提交省级商务主管部门的转报函件；出口润滑油、润滑脂、润滑油基础油以外的成品油的，免于申领出口许可证。

（2）在京中央企业的出口许可证由许可证局签发。

（3）为维护货物出口经营秩序，国家对部分出口货物实行指定出口报关口岸管理。出口此类货物，须向指定发证机构申领出口许可证，并在指定口岸报关出口；发证机关须按指定口岸签发出口许可证。

1）对甘草、甘草制品和天然砂（对台港澳地区）实行指定口岸管理。其中，甘草的出口通关口岸为天津海关、上海海关、大连海关；甘草制品的出口通关口岸为天津海关、上海海关；天然砂（对台港澳地区）的出口通关口岸限定于企业所在省（自治区、直辖市）的海关。

2）继续暂停对镁砂、稀土、锑及锑制品等出口货物的指定口岸管理。

（4）消耗臭氧层物质的出口许可证实行"一批一证"制。

二、自动进口许可证管理

（一）自动进口许可证管理概述

自动进口许可证是我国自动进口制度中具有法律效力，用来证明对外贸易经营者经营某些商品合法进口的证明文件，是海关验放该类货物的重要依据。

进出口属于自由进出口管理的货物不受限制，但国家为了能及时检测此类货物进出口的实际情况，以利于进行宏观调控，保护民族经济利益，对部分属于自由进出口的货物实行自动进口许可管理。其实质并非许可，而是一种进出口登记证明。

自动进口许可证管理的归口部门是商务部，商务部根据监测货物进口情况的需要，调整并公布《自动进口许可管理货物目录》，凡列入目录的自由进出口货物需凭"中华人民共和国自动进口许可证"通关。

（二）自动进口许可证管理的适用范围

依据《对外贸易法》《货物进出口管理条例》《货物自动进口许可管理办法》《机电产品进口管理办法》《机电产品自动进口许可实施办法》等法律、行政法规和规章，商务部和海关总署公布了《自动进口许可管理货物目录（2020年）》，自2020年1月1日起执行。

2020年实施自动进口许可管理的货物种类共计42种：

（1）由商务部实施自动进口许可的货物，包括牛肉、猪肉、羊肉、鲜奶、奶粉、木薯、大麦、高粱、大豆、油菜籽、食糖、玉米酒精、豆粕、烟草、而醋酸纤维丝束、原鸡油、成品油、化肥等非机电类货物，以及烟草机械、移动通信产品、卫星广播电视设备及关键部件、汽车产品、飞机、船舶等机电类货物，共涉及24类商品。

（2）受商务部委托的省级地方商务主管部门或地方、部门机电办实施自动进口许可的货物，包括肉鸡、植物油、铜精矿、煤、铁矿石、成品油、化肥、钢材、工程机械、印刷机械、纺织机械、金属冶炼及加工设备、金属加工机床、电气设备、汽车产品、飞机、船舶、医疗设备等，共涉及18类产品。

进口列入《自动进口许可管理货物目录》的商品，在办理报关手续时须向海关提交自动进口许可证。但下列情形免交：

（1）加工贸易项下进口并复出口的（原油、成品油除外）。

（2）外商投资企业作为投资进口或者投资额内生产自用的（旧机电产品除外）。

（3）货样广告品、实验品进口，每批次价格不超过5000元人民币的。

（4）暂时进口的海关监管货物。

（5）进入保税区、出口加工区等海关特殊监管区域，以及进入保税仓库、保税物流中心的属自动进口许可管理的货物。

（6）国家法律法规规定其他免领自动进口许可证的。

（三）报关规范

自动进口许可证有效期为6个月，但仅限公历年度内有效。

自动进口许可证项下，货物原则上实行"一批一证"管理，对部分货物也可实行"非一批一证"管理。对实行"非一批一证"管理的，在有效期内可以分批次累计报关使用，但累计使用次数不得超过6次。海关在自动进口许可证原件"海关验放签注栏"内批注后，海关留存复印件；最后一次使用后，海关留存正本。同一进口合同项下，收货人可以申请并领取多份自动进口许可证。

海关对散装货物溢短装数量在货物总量±5%以内的予以免证验放；对原油、成品油、化肥、钢材四种大宗货物的散装货物溢短装数量在货物总量±3%以内的予以免证验放。对"非一批一证"进口实行自动进口许可管理的大宗散装商品，每批货物进口时，按其实际进口数量核扣自动进口许可证额度数量；最后一批货物进口时，其溢装数量按该自动进口许可证的实际剩余数量并在规定的允许溢装上限内计算。

三、其他进出口许可管理制度

除进出口许可证管理、自动进口许可证管理和纺织品临时出口管理外，废物、濒危物种、药品、黄金、两用物项和技术出口管制、音像制品及其他货物的进出口管理也是货物进出口管理制度中的重要组成部分。

（一）进口废物管理

1. 进口废物管理概述

进口废物管理是国务院环境保护行政主管部门根据《中华人民共和国固体废物污染环境防治法》和《废物进口环境保护管理暂行规定》等法律法规，对进口废物所实施的禁止、限制以及自动许可措施的总和。其归口部门是中华人民共和国生态环境部（原环境保护部）。这里所称废物是指《中华人民共和国固体废物污染环境防治法》管理范围内的废物，即在生产建设、日常生活和其他活动中产生的污染环境的废弃物质。

为了防止固体废物污染环境，保障人体健康，促进社会主义现代化建设的发展，我国对进口废物实施分类目录管理，分别实施禁止进口、限制进口以及非限制进口三类管理。生态环境部对全国固体废物进口环境管理工作实施统一监督管理，商务部、国家发展和改革委员会、海关总署在各自的职责范围内负责固体废物进口相关管理工作，定期公布调整相关管理目录。对列入《限制进口类可用作原料的固体废物目录》的固体废物实施限制进口管理；对列入《非限制进口类可用作原料的固体废物目录》的固体废物自由进口；对虽列入《限制进口类可用作原料的固体废物目录》及《非限制进口类可用作原料的固体废物目录》但经入境检验检疫不符合进口可用作原料的固体废物环境保护控制标准或者相关技术规范等强制性要求的，未列入《限制进口类可用作原料的固体废物目录》及《非限制进口类可用作原料的固体废物目录》的，以及列入《禁止进口固体废物目录》的固体废物实施禁止进口管理。

废物进口单位或者废物利用单位直接向生态环境部提出废物进口申请，由生态环境部审查批准，取得生态环境部签发的"进口废物批准证书"后才可组织进口。"进口废物批准证书"是废物合法进口的证明文件，也是海关验放货物的重要依据。

2. 进口废物管理的适用范围

近年来国家加大了对环境污染源的治理力度。2018 年生态环境部、商务部、国家发展改革委、海关总署对现行的《非限制进口类可用作原料的固体废物目录》和《限制进口类可用作原料的固体废物目录》进行了调整，将废钢铁、铜废碎料、铝废碎料等 8 个品种固体废物从《非限制进口类可用作原料的固体废物目录》调入《限制进口类可用作原料的固体废物目录》，自 2019 年 7 月 1 日起执行。2018 年生态环境部、商务部、国家发展改革委、海关总署对现行的《禁止进口固体废物目录》进行了调整：将废五金、废船、废汽车压件、冶炼渣、工业来源废塑料等 16 个品种固体废物从限制进口类调入《禁止进口固体废物目录》，自 2018 年 12 月 31 日起执行；将不锈钢废碎料、钛废碎料、木废碎料等 16 个品种固体废物从限制和非限制进口类调入《禁止进口固体废物目录》，自 2019 年 12 月 31 日起执行。

列入国家《限制进口类可用作原料的固体废物目录》的固体废物实施限制进口管理，废物利用单位在组织进口列入限制进口目录的固体废物前，应当向生态环境部申领"中华人民共和国限制进口类可用作原料的固体废物进口许可证"，凭以向海关办理进口报关手续。向海关申报进口列入《限制进口类可用作原料的固体废物目录》的废物，报关单位应主动向海关提交有效的废物进口许可证和检验检疫相关材料。

固体废物进口相关许可证实行"一证一关"管理。一般情况下固体废物进口相关许可证为"非一批一证"。

进口的废物不能转关（废纸除外），只能在口岸海关办理申报进境手续。

（二）濒危物种进出口管理

1. 濒危物种进出口管理概述

濒危物种进出口管理是指国家濒危物种进出口管理办公室会同国家其他部门，依法指定或调整《进出口野生动植物种商品目录》并以签发"濒危野生动植物种国际贸易公约允许进出口证明书"（简称"公约证明"）、"中华人民共和国濒危物种进出口管理办公室野生动植物允许进出口证明书"（简称"非公约证明"）或"非《进出口野生动植物种商品目录》物种证明"（简称"物种证明"）的形式，对该目录列明的依法受保护的珍贵、濒危野生动植物及其产品实施的进出口限制管理。"公约证明""非公约证明"和"物种证明"是我国进出口许可管理制度中具有法律效力，用来证明对外贸易经营者经营合法进出口的证明文件，是海关验放该类货物的重要依据。

为了挽救珍贵濒危动植物种，保护、发展和合理利用野生动植物资源，维护自然生态平衡，我国根据《濒危野生动植物种国际贸易公约》《中华人民共和国森林法》《中华人民共和国野生动物保护法》《中华人民共和国野生植物保护条例》等法律法规的规定，根据《濒危野生动植物种国际贸易公约》的约束，依法对受保护的珍贵、濒危野生动植物及其产品实施的进出口管理，其主要归口部门为中华人民共和国濒危物种进出口管理办公室（简称濒管办），该部门会同国家其他部门依法制定或调整《进出口野生动植物种商品目录》。

2. 濒危物种进出口管理的适用范围

凡进出口列入《进出口野生动植物种商品目录》的野生动植物或其产品，必须严格按照有关法律、行政法规的程序进行申报和审批，并在进出口报关前取得国家濒管办或其授权的办事处签发的相应证明，方可向海关办理进出口手续。

《进出口野生动植物种商品目录》可以分为两大部分：属于《濒危野生动植物种国际贸易公约》成员国（地区）应履行保护义务的物种及其产品；属于我国自主规定管理的野生动植物及其产品。

3. 濒危物种进出口报关规范

不论以何种方式，凡列入《进出口野生动植物种商品目录》中属于《濒危野生动植物种国际贸易公约》成员国（地区）应履行保护义务的物种，进出口通关必须事先申领"濒危野生动植物种国际贸易公约允许进出口证明书"（"公约证明"）。

不论以何种方式，凡列入《进出口野生动植物种商品目录》中属于我国自主规定管理的野生动植物及其产品，进出口通关必须事先申领"中华人民共和国濒危物种进出口管理办公室野生动植物允许进出口证明书"（"非公约证明"）。

"公约证明"和"非公约证明"均实行"一批一证"制度。

此外，由于受濒危管理的动植物种很多，认定工作的专业性很强，对于进出口列入《进出口野生动植物种商品目录》中适用"公约证明""非公约证明"管理的《濒危野生动植物种国际贸易公约》附录及国家重点保护野生动植物以外的其他列入商品目录的野生动植物及相关货物或物品和含野生动植物成分的纺织品，均必须事先由濒管办指定机构进行认定并出具物种证明，报关单位凭以办理报关手续。

"物种证明"分为"一次使用"和"多次使用"。"一次使用"的证明有效期自签发之日起不得超过6个月。"多次使用"的证明只适用于同一物种、同一货物类型、在同一报关口岸多次进出口的野生动植物。多次使用的物种证明有效期截至发证当年12月31日。持证者须于1月31日之前将上一年度使用多次物种证明进出口有关野生动植物标本的情况汇总上报发证机关。

（三）进出口药品管理

1. 进出口药品管理概述

进出口药品管理是指为了加强对药品的监督管理，保证药品质量，保障人体用药安全，维护人民身体健康和用药合法权益，国家市场监督管理总局依照《中华人民共和国药品管理法》、有关国际公约以及国家其他法规，对进出口药品实施监督管理的行政行为。其归口部门为国家市场监督管理总局。

进出口药品管理是我国进出口许可管理制度的重要组成部分，属于国家限制进出口管理范畴，实行分类和目录管理，即将药品分为进出口麻醉药品、进出口精神药品以及进口一般药品。国家市场监督管理总局会同国务院对外贸易主管部门对上述药品依法制定并调整管理目录，以签发许可证件的形式对其进出口加以管制。

目前我国公布的药品进出口管理目录有《进口药品目录》《精神药品管制品种目录》《麻醉药品管制品种目录》和《生物制品目录》。我国规定药品必须经由国务院批准的允许药品进口的口岸进口，这些口岸有北京、天津、上海、大连、青岛、成都、武汉、重庆、厦门、南京、杭州、宁波、福州、广州、深圳、珠海、海口、西安和南宁、苏州工业园、长沙、济南、郑州、沈阳。

2. 进出口药品管理的适用范围

凡进出口列入《精神药品管制品种目录》的药品，无论是什么单位，何种贸易方式，有何种用途，在办理进出口报关手续以前，需要取得国家市场监督管理总局核发的精神药品进出口准许证，凭"精神药品进口准许证"或"精神药品出口准许证"向海关办理通关手续。

凡进出口列入《麻醉药品管制品种目录》的药品，无论是什么单位，何种贸易方式，有何种用途，在办理进出口报关手续以前，需要取得国家市场监督管理总局核发的麻醉药品进出口许可证，凭"麻醉药品进口准许证"或"麻醉药品出口准许证"向海关办理通关手续。

对除上述特定药物以外的其他一般性药品，国家实行目录管理。进口列入《进口药品目录》的药品，应当取得口岸药品检验所签发"进口药品通关单"，并向海关办理验放手续。

"进口药品通关单"还适用于进口列入《生物制品目录》的药品、首次在中国境内销售的药品以及进口暂未列入《进口药品目录》的原料药的单位，这些单位必须遵守《进口药品管理办法》中的各项有关规定，主动到各口岸药品检验所报检。

3. 进出口药品报关规范

精神药品的进出口准许证实行"一批一证"制度，证面内容不得自行更改，如需更改，应到国家市场监督管理总局办理换证手续。

麻醉药品的进出口准许证实行"一批一证"制度，证面内容不得自行更改，如需更改，应到国家市场监督管理总局办理换证手续。

"进口药品通关单"仅限在该单注明的口岸海关使用，并实行"一批一证"制度，证面内容不得更改。一般药品出口目前暂无特殊的管理要求。

（四）黄金及其制品进出口管理

1. 黄金及其制品进出口管理概述

黄金及其制品进出口管理是指中国人民银行、商务部依据《中华人民共和国金银管理条例》等有关规定，对进出口黄金及其制品实施监督管理的行政行为。

黄金及其制品进出口管理属于我国进出口许可管理制度中限制进出口管理范畴，中国人民银行总行为黄金及其制品进出口的管理机关。具体规定为：进出口黄金及其制品，进出口企业应事先向中国人民银行申领"黄金及其制品进出口准许证"（加工贸易除外）。"黄金及其制品进出口准许证"是我国进出口许可管理制度中具有法律效力，用来证明对外贸易经营者经营黄金及其制品合法进出口的证明文件，是海关验放该类货物的重要依据。

2. 黄金及其制品进出口管理的适用范围

列入中国人民银行、海关总署联合发布的《黄金及黄金制品进出口管理商品目录》的黄金及其制品主要包括：氰化金、氰化金钾（含金40%）等［包括氰化亚金（Ⅰ）钾（含金68.3%）、氰化亚金（Ⅲ）钾（含金57%）］、其他金化合物（不论是否已有化学定义）、非货币用金粉、非货币用未锻造金（包括镀铂的金）、非货币用半制成金（包括镀铂的金）、货币用未锻造金（包括镀铂的金）、金的废碎料、镶嵌钻石的黄金制首饰及其零件（不论是否包、镀其他贵金属）、镶嵌濒危物种制品的金首饰及零件（不论是否包、镀其他贵金属）、其他黄金制首饰及零件（不论是否包、镀其他贵金属）、金制工业用制品、金制实验室用制品等。

3. 黄金及其制品进出口的报关规范

向海关申报进出口列入《黄金及其制品进出口管理目录》的黄金及其制成品，报关单位应主动向海关提交有效的"黄金及其制品进出口许可证"。

（五）两用物项和技术进出口许可证管理

1. 两用物项和技术进出口许可证管理概述

两用物项和技术是指《中华人民共和国核出口管制条例》《中华人民共和国核两用品及相关技术出口管制条例》《中华人民共和国导弹及相关物项和技术出口管制条例》《中华人民共和国生物两用品及相关设备和技术出口管制条例》《中华人民共和国监控化学品管理条例》《中华人民共和国易制毒化学品管理条例》及《有关化学品及相关设备和技术出口管制办法》中所规定的相关物项及技术。商务部是全国两用物项和技术进出口许可证的归口管理部门，负责制定两用物项和技术进出口许可证管理办法及规章制度，监督、检查两用物项和技术进出口许可证管理办法的执行情况，处罚违规行为。

为便于对上述物项和技术的出口管制，商务部和海关总署依据上述法规颁布了《两用物项和技术进出口许可证管理办法》，并联合发布了《两用物项和技术进出口许可证管理目录》，对列入目录的两用物项和技术的进出口统一实行两用物项和技术进出口许可证管理。

2. 两用物项和技术进出口许可证管理的适用范围

以任何方式进口或出口，以及过境、转运、通运列入《两用物项和技术进出口许可证管理目录》范围中的两用物项和技术，均应申领两用物项和技术进口或出口许可证。

3. 两用物项和技术进出口的报关规范

（1）对进出口列入《两用物项和技术进出口许可证管理目录》的商品，进出口经营者应主动向海关提交有效的两用物项和技术进出口许可证，对未向海关出具两用物项和技术进出口许可证产生的一切后果，由进出口经营者负责。

（2）海关有权对进出口经营者进出口的货物是否属于两用物项和技术提出质疑，进出口经营者应按规定向商务部申办进出口许可或不属于管制范围的相关证明。进出口经营者未能出具进出口许可证或相关证明的，海关将不予办理有关手续。

（3）"两用物项和技术进出口许可证"必须在有效期内使用，一般为一年，逾期自动失效。跨年度使用时，在有效期内只能使用到次年3月31日，逾期发证机构将根据原许可证有效期换发许可证。

（4）"两用物项和技术进口许可证"实行"非一批一证"制和"一证一关"制，同时在"两用物项和技术进口许可证"备注栏内打印"非一批一证"字样。"两用物项和技术出口许可证"实行"一批一证"制和"一证一关"制。同一合同项下的同一商品如需分批办理出口许可证，出口经营者应在申领时提供相关行政主管部门签发的相应份数的两用物项和技术出口批准文件。同一次申领分批量，最多不超过12批。"非一批一证"制是指每证在有效期内可多次报关使用，但最多不超过12次，由海关在许可证背面"海关验放签注"栏内逐批核减数量；"一批一证"制是指每证只能报关使用一次；"一证一关"制是指每证只能在一个海关报关使用。

（5）"一批一证"制的大宗、散装的两用物项在报关时，溢装数量不得超过"两用物项和技术出口许可证"所列出口数量的5%。"非一批一证"制的大宗、散装两用物项每批进口时，按其实际进口数量进行核扣，最后一批进口物项报关时，其溢装数量按该"两用物项和技术进口许可证"实际剩余数量并在规定的溢装上限的5%内计算。

（6）"两用物项和技术进出口许可证"证面内容不得修改，如需对证面内容进行更改，进出口经营者应当向主管部门重新领取"两用物项和技术进出口许可证"。

（7）"两用物项和技术进出口许可证"证面的进口商、收货人应分别与海关进口货物报关单的经营单位、收货单位相一致；"两用物项和技术进出口许可证"证面的出口商、发货人应分别与海关出口货物报关单的经营单位、发货单位相一致。

（六）音像制品进口管理

1. 音像制品进口管理概述

为了加强对音像制品进口的管理，促进国际文化交流，丰富人民群众的文化生活，我国颁布了《音像制品管理条例》《音像制品进口管理办法》及其他有关规定，对音像制品实行进口许可管制，其归口管理部门为文化旅游部。"中华人民共和国文化旅游部进口音像制品批准单"是我国进出口许可管理制度中具有法律效力，用来证明对外贸易经营者经营音像制品合法进口的证明文件，是海关验放该类货物的重要依据。

2. 音像制品进口管理的适用范围

音像制品成品进口业务由文化旅游部指定的音像制品经营单位经营，未经文化旅游部指定，任何单位或者个人不得从事音像制品成品进口业务。图书馆、音像资料馆、科研机构、学校等单位进口供研究、教学参考的音像制品成品，应当委托文化旅游部指定的音像制品成品进口经营单位报文化旅游部办理有关进口审批手续。

3. 音像制品进口的报关规范

音像制品进口单位凭文化旅游部进口音像制品批准文件到海关办理母带（母盘）或者音像制品成品的进口手续，海关凭有效的"中华人民共和国文化部进口音像制品批准单"办理验放手续；对随机器设备同时进口以及进口后随机器设备复出口的记录操作系统、设备说明、专用软件等内容的音像制品，海关凭进口单位提供的合同、发票等有效单证验放。

（七）化学品首次进口及有毒化学品进出口管理

1. 化学品首次进口及有毒化学品进出口管理概述

化学品首次进口是指外商或其代理人向中国出口其未曾在中国登记过的化学品，即使同种化学品已有其他外商或其代理人在中国进行了登记，仍视为化学品首次进口。

有毒化学品是指进入环境后，通过环境蓄积、生物累积、生物转化或化学反应等方式损害人体健康和生态环境，或者通过接触对人体具有严重危害和具有潜在危险的化学品。

为了保护人体健康和生态环境，加强化学品首次进口和有毒化学品进出口的环境管理，原国家环境保护部会同海关总署和原外经贸部，根据《关于化学品国际贸易资料交流的伦敦准则》，联合制定了《化学品首次进口及有毒化学品进出口环境管理规定》，同时发布了《中国禁止或严格限制的有毒化学品名录》，对首次进口化学品和进出口有毒化学品进行监督管理。其归口管理部门为生态环境部。

2. 化学品首次进口及有毒化学品进出口管理的适用范围

生态环境部在审批化学品首次进口环境管理登记申请时，对符合规定的，准予化学品环境管理登记并发给准许进口的"化学品进口环境管理登记证"。该证是用来证明对外贸易经营者经营属首次进口的化学品（不包括食品添加剂、医药、兽药、化妆品、放射性物质）已接受国家登记管理的证明文件，是海关验放该类货物的重要依据。

生态环境部在审批有毒化学品进出口申请时，对符合规定的发给准许进出口的有毒化学品进出口环境管理放行通知单，该证用来证明对外贸易经营者经营列入《中国禁止或严格限制的有毒化学品名录》的化学品合法进出口的证明文件，是海关验放该类货物的重要依据。

3. 化学品首次进口及有毒化学品进出口管理的报关规范

实行"一批一证"制度，每份通知单在有效期内只能报关使用一次。

（八）进出口农药登记证明管理

1. 进出口农药登记证明管理概述

进出口农药登记证明是国家农业主管部门会同国务院对外贸易主管部门，依据《中华人民共和国农药管理条例》和《在国际贸易中对某些危险化学品和农药实行事先知情同意程序国际公约》（PIC），制定《中华人民共和国进出口农药登记证明管理名录》（简称《农药目录》），对进出口农药实行目录管理的进出口许可证件。其国家主管部门是农业农村部。

2. 进出口农药登记证明管理的适用范围

对列入《中华人民共和国进出口农药登记证明管理名录》的农药，应事先向农业农村部农药检定所申领进出口农药登记证明，凭以向海关办理进出口报关手续。

对一些既可用作农药，也用作工业原料的商品，如果企业以工业原料用途进出口，则企业不需办理进出口农药登记证明。对此类商品，进出口通关时，海关不再验核进出口农药登记证明，改凭农业农村部向进出口企业出具的加盖"中华人民共和国农业农村部农药审批专用章"的"非农药登记管理证明"验放。

3. 进出口农药的报关规范

进出口农药登记证明实行"一批一证"制，证面内容不得更改，如需变更，须在有效期内将原证交回农业农村部农药检定所，并申请重新办理进出口农药登记证明。

（九）兽药进口管理

兽药进口管理是指国家农业农村部依据《进口兽药管理办法》，对进口兽药实施的监督管理。受管理的兽药是指用于预防、治疗、诊断畜禽等动物疾病，有目的地调节其生理机能并规定作用、用途、用法、用量的物质。其国家主管部门为农业农村部。

申报进口兽药、人畜共用的兽药，报关单位凭农业农村部指定的口岸兽药监察所在进口货物报送单上加盖的"已接受报验"的印章办理有关验放手续。对进口的兽药，因企业申报不实或伪报用途所产生的后果，企业应承担相应的法律责任。

（十）进出境现钞管理

进出境现钞管理是指国家主管部门对进出境在流通中使用的人民币和外币（包括各种面额的纸币和硬币）实施的管理。其中，外币现钞的调出调入由国家外汇管理局管理，人民币现钞调出调入由中国人民银行管理。银行办理外币现钞进出口业务时，报关单位凭银行填制的、由外汇管理局核发的"银行调运外币现钞进出境许可证"向海关办理通关手续；对人民币现钞进出境的，报关单位凭中国人民银行货币金银局的批件向海关办理通关手续。外币现钞进出境仅限在北京、上海、福州、广州、深圳口岸报关。

课后习题

1. 简述中国对外贸易管制的基本法律体系。
2. 中国对外贸易管制的主要内容有哪些？
3. 简述中国进出口许可管理制度的主要特点。

第五章

中国对外贸易法律制度

中国的对外贸易法律制度经过半个多世纪外贸实践的考验，从无到有，从简单到复杂，从零碎到系统。尤其是在中国加入 WTO 以后，它已经成为 WTO 规则和中国"入世"承诺在中国得以实施的主要纽带，对中国取得世界第一位贸易大国的地位起着直接的推动作用。

第一节 中国对外贸易的法律体系

一、对外贸易法律制度概述

（一）对外贸易法律制度的概念

对外贸易法律制度是指一国对其外贸活动进行行政管理和服务的所有法律规范的总称。它具有权威性、统一性、严肃性、规范性的特点。一国的对外贸易法律制度是其为保护和促进国内产业增加出口、限制进口而采取的鼓励与限制措施，或为政治、外交或其他目的，对进出口采取鼓励或限制的措施，它是一国对外贸易总政策的集中体现。

（二）对外贸易法律制度的基本特点

对外贸易法律制度与其他部门法相比较，具有如下几个特点：

（1）对外贸易法律制度调整的是国家管理对外贸易这一纵向法律关系，属于公法范围。对外贸易法与涉外民商法调整的范围是不同的，后者调整的是平等的民商事主体之间的权利和义务关系，而前者调整的则是政府与企业之间纵向的对外贸易法律关系。

（2）一国的对外贸易法律制度通常带有深刻的国际法的烙印。也就是说，在各国的国内法中，对外贸易法律制度是与 WTO 及国际惯例靠得最近、受其影响最大的一个部门法。这是因为西方国家的对外贸易法律制度的共同规则在 WTO 的核心文件中得到了较充分的体现，或者说 WTO 关于国际贸易方面的主要规则集中反映了这些国家对外贸易法律制度的共同点。

（3）当代对外贸易法律制度已经突破了传统意义上的只调整货物进出口关系的范围。现代对外贸易法，其调整的对象既包括货物贸易，也包括服务贸易，如电信、金融、教育、旅游、法律服务等，还包括技术贸易。因此，服务贸易和技术贸易在整个外贸法律制度中已占据很重要的地位。这也是当今世界各国对外贸易法律制度的新趋向和新特点。

（4）对外贸易法律制度一般具有广义与狭义之分。广义上的对外贸易法律制度，不仅包括调整货物贸易、服务贸易和技术贸易的内容，还包括以外国直接投资为代表的各类生产要素跨国流动方面的法律、法规和政策。狭义上的对外贸易法律制度，主要限定在管理国际贸易（货物、服务及技术）的法律、法规上。当今世界各国，以美国为首的西方发达国家的对外贸易法律制度中一般含有管理外资的内容，而且是作为整个外贸法的重要组成部分；

而广大的发展中国家,包括中国的《对外贸易法》在内,往往把管理外资的法律制度与管理国际贸易的外贸法相分离。

二、中国对外贸易法律的渊源

中国对外贸易法律的渊源主要包括国内法渊源和国际法渊源。国内法主要包括宪法、法律、行政性法规;国际法主要包括中国正式参加或缔结的双边和多边国际经济贸易公约、条约、协定以及承认的国际贸易惯例。

(一)国内法渊源

1. 宪法

宪法是指国家最高权力机关依据特定立法程序制定的国家根本大法,在中国法律体系中具有最高的法律效力。国家的立法行为和政府的行政管理行为都要遵循宪法的基本原则。宪法是中国对外贸易法律的重要渊源,中国的宪法明确把实行改革开放基本国策写进了序言,规定了对外贸易立法的基本原则、立法依据,同时还明确规定了国务院负责管理外贸的权力。

2. 法律

法律是指全国人民代表大会及其常务委员会制定颁布的法律。在对外贸易法律的渊源中,除宪法外,法律居主导地位。

3. 行政法规

行政法规是指国家最高行政机关,即国务院及其所属部委根据宪法、法律制定颁布的条例、规定、实施细则和办法等。中国已初步建立起直接规范政府行为的行政法规体系。例如,《国务院组织法》《行政诉讼法》《国家赔偿法》《行政处罚法》《行政复议法》《行政许可法》《政府采购法》和《认证认可条例》等。这些行政法规在一定程度上确保了企业对政府的法律诉讼权利,初步确立了企业与政府在法律制度上的对等地位。因此,外贸管理机关要按照上述行政法规对政府的职责和执法程序的规定,完善对外贸易管理制度。中国外贸法律制度中的一个重要渊源,就是由国务院颁布的大量行政法规。

4. 地方性法规

地方性法规是指各省、自治区、直辖市和经国务院批准的较大的市的人民代表大会及其常务委员会或人民政府制定的调整本地区对外贸易关系的区域性法规。其只要不与宪法、法律、行政法规相抵触,在所辖区域内具有规范性效力。

(二)国际法渊源

我国对外贸易法律的国际法渊源主要包括世界贸易组织的规则以及中国缔结和参加的其他国际条约及承认的国际贸易惯例等。

1.《世界贸易组织协定》和中国的《加入议定书》

《世界贸易组织协定》即《马拉喀什建立世界贸易组织协定》,该《协定》正文只是一个框架,规定了一些原则问题。世界贸易组织的具体规则包含在该《协定》的4个附件中:附件1包括1994年《关税与贸易总协定》等15个协定,它们包含了世界贸易组织的实体规则;附件2是《关于争端解决规则与程序的谅解》,包含有关世界贸易组织争端解决机构及其程序的一些规定;附件3是《贸易政策审议机制》,它包含对成员的贸易政策进行审议的原则性规定;附件4包括《政府采购协定》《民用航空器贸易协定》《国际奶制品协定》和

《国际牛肉协定》4个所谓的"诸边协定",但后两个协定已于1997年年底终止。要加入世界贸易组织,就必须接受《世界贸易组织协定》和它的前3个附件包含的所有协定,也就是所谓的"一揽子协定",不得提出保留。附件4包含的协定可以由成员自由决定是否参加其中的一个或者多个。《世界贸易组织协定》和《中华人民共和国加入世界贸易组织议定书》是对中国有法律效力的"入世"文件,于2001年12月11日生效。

2. 中国参加的国际条约

中国1971年恢复在联合国的合法席位后,参加了300多个国际条约,其中大部分是国际经济贸易方面的。主要包括:各种国际商品协定、货物销售合同公约、金融组织及条约、海关组织及条约、保护知识产权组织和公约、国际运输公约、国际商事仲裁和司法协助公约等。

3. 中国与其他国家和地区签订的多边和双边的经济贸易协定

目前,中国已同250多个国家和地区建立了贸易关系,同其中100多个国家和地区签订了有关贸易关系的双边条约等。例如避免双重征税和防止偷漏税协定以及促进和保护投资协定。

4. 中国承认的国际贸易惯例

国际贸易惯例是国家之间在相互贸易交往中,当事人经常引用,用以确定当事人之间权利义务关系的规则。中国适用国际贸易惯例的原则是:具有经济内容并为中国所承认的国际惯例,在有关国际条约和中国经济法律没有规定或允许适用的情况下,可以被适用。长期以来,中国在对外贸易活动以及处理对外贸易纠纷方面,对国际贸易中被广泛承认的国际贸易惯例是尊重的。中国承认的国际贸易惯例有《国际贸易术语解释通则》《联合运输单证统一规则》《跟单信用证统一惯例》《国际货物销售合同公约》《仲裁示范法》等。

三、中国对外贸易法律制度的发展与完善

中国对外贸易法律制度是从中华人民共和国成立之初开始逐步建立起来的,尤其是改革开放以来,根据不同时期的外贸形势,制定了相应的外贸法律、法规,并不断修改、补充和完善,目前已经形成了符合国际规范的中国对外贸易法律制度。回顾中国对外贸易法律的发展与完善,大致经历了四个时期。

(一) 中华人民共和国成立初期至1977年

在这一阶段,由于当时西方国家对中国采取封销和禁运的歧视与敌对态度,致使中国对外经济交往范围十分有限。当时的对外贸易立法主要以《中国人民政治协商会议共同纲领》和1954年《中华人民共和国宪法》为基础,制定了《对外贸易管理暂行条例》《进出口贸易许可证制度实施办法》等30多项法律法规。这些法规仅仅是作为维持和管理当时微弱的进出口业务的基本法律依据。

(二) 1978—1991年

1978年中国实行改革开放政策,把发展对外贸易提高到重要的战略地位,外贸体制有了较大改革。新形势下对外贸易的发展迫切需要加强对外贸易立法,并综合运用法律、经济和行政手段来实行对外贸易管理。为此,中国共产党十一届三中全会确定了加强法制建设的指导思想。根据这一指导思想,在对外贸易领域,各级立法机关加强了对外贸易的立法工作,颁布和制定了许多对外贸易方面的法律及法规,主要有《涉外经济合同法》《海关法》

《进出口商品检验法》《出口货物原产地规则》《技术引进合同管理》等，初步建立起中国对外贸易法律框架。

（三）1992—2000 年

1992 年党的十四大召开，外贸体制改革不断深化，对外贸易法制建设有了很大的发展。特别是 1994 年 7 月 1 日颁布实施的《中华人民共和国对外贸易法》（以下简称《对外贸易法》），结束了中国对外贸易领域长期没有国家对外贸易基本法的历史。《对外贸易法》的颁布实施标志着中国对外贸易法制建设进入了一个新的发展阶段。《对外贸易法》是指导中国对外贸易的根本大法，以《对外贸易法》为核心，出台外贸、外经、外资等一系列相应的法律、法规，从而将在社会主义市场经济体制下建立起一个健全和完善的并与国际贸易法律制度相适应的对外贸易法律体系。在这一阶段，中国的国民经济得到了巨大的增长，外贸事业更是得到了突飞猛进的发展。这个阶段是中国对外贸易法律制度逐步成型的阶段。

（四）2001 年"入世"后至今

中国加入 WTO 的重大意义不仅是使中国经济逐步融入全球经济，而且使中国的法制建设，尤其是对外贸易法律制度得到了一个良性发展机会。

根据中国政府"入世"承诺，中国对以前的整个对外贸易法律制度进行了全面的清理，在清理的基础上分别予以修订、保留、废止，并且新制定了部分法规、规章，使之能与世界贸易组织的基本原则保持一致，并在全国统一实施。据有关报道称，中国政府各部门清理的各种法规和部门规章多达 2500 多件，涉及货物贸易、服务贸易、知识产权和投资等多个方面。通过上述废、改、立，中国已初步建立起既符合社会主义市场经济的需要，又符合 WTO 规则要求的，统一、完备、透明的对外贸易法律体系。

四、中国对外贸易法律制度框架

中国的对外贸易法律制度是指国家对货物进出口、技术进出口和国际服务贸易进行管理和控制的一系列法律、法规和其他具有法律效力的规范性文件的总称。

（一）按照对外贸易立法机关不同的划分

按照对外贸易立法机关的不同，对外贸易法律可以分为以下三个层次：

1. 对外贸易法

《对外贸易法》是中国对外贸易法律制度的基本法，是整个外贸制度的核心。它规定了对外贸易经营许可证制度、配额关税和海关制度、检验制度、贸易救济制度、货物进出口制度等。

2. 外贸行政法规

中国对外贸易法律制度实施的主要依据就是由国务院颁布的大量行政法规，其内容涉及工商、海关、商检、外汇、税收、原产地、运输等各方面。中国"入世"以后，根据 WTO 规则以及中国"入世"时的承诺，国务院在货物贸易、技术贸易及服务贸易三个领域都颁布了行之有效的行政法规。

3. 外贸部门规章

与外贸有关的各部委，尤其是主管外经贸的商务部，在处理外贸具体工作时，往往根据具体问题，颁布专门的部门规章。例如，《对外贸易经营者备案登记办法》《重要工业品自动进口许可管理实施细则》《机电产品进口管理办法》《机电产品进口配额管理实施细则》

《出口许可证管理规定》《出口商品配额管理办法》《保障措施产业损害调查规定》《技术进出口合同登记管理办法》《禁止进口限制进口技术管理办法》《禁止出口限制出口技术管理办法》等。这些规章的特点是：①可操作性强；②针对性明确；③颁布和废除都较方便；④与法律、法规保持一致。

（二）按照法律所管辖的领域划分

按照法律所管辖的领域，对外贸易法律可以分为货物贸易法律体系、技术贸易法律法规和服务贸易法律法规。

1. 货物贸易法律体系

货物贸易法律是对外贸易法律的重要领域，尤其对于中国来说，货物贸易法律直接影响到整个对外贸易的发展。货物贸易法律体系主要由货物进出口管理法规、货物进出口流程各环节管理法规、维护贸易秩序法律等法律法规构成。图5-1为中国货物贸易法律体系组织结构图。

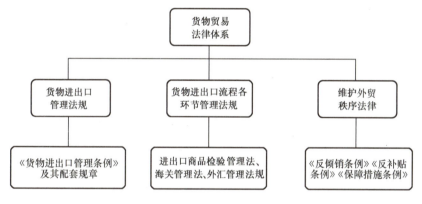

图 5-1　中国货物贸易法律体系组织结构图

（1）货物进出口管理法规。《货物进出口管理条例》（以下简称《条例》）及其配套规章构成了中国货物进出口管理的主要法律依据。主要包括：

1）《条例》共8章77条，涉及的主要内容包括《条例》的适用范围、货物进出口管理原则、货物进出口管理办法、进出口监测和临时措施、对外贸易促进措施、法律责任等。

2）《条例》的配套规章，包括进出口许可证管理规章、进出口配额管理规章、国营贸易与指定经营管理规章、特殊货物进出口管理规章等。

（2）货物进出口流程各环节管理法规。根据国际经济通行规则，中国为规范货物进出口各环节管理，也颁布了相应的法律法规。主要包括：

1）进出口商品检验管理法，包括《进出口商品检验法》及配套法规如进口商品检验法规、出口商品检验法规、进出口商品检验监督管理法规等。

2）海关管理法，包括《海关法》和配套法规以及参加国际海关组织及条约。

3）外汇管理法规，包括《外汇管理条例》及配套法规。

（3）维护对外贸易秩序法律，包括《反倾销条例》《反补贴条例》和《保障措施条例》及配套法律。

2. 技术贸易法律法规

改革开放以来，我国在技术贸易方面陆续公布过三部行政法规：《技术引进合同管理条例》（1985年）、《技术引进合同管理条例施行细则》（1988年）以及《技术出口管理暂行条例》（1990年）。然而，随着技术贸易的发展，这些条例无法适应新的形势。于是，2001年12月10日，国务院颁布了《技术进出口管理条例》，商务部制定了相应的《禁止进口限制进口技术管理办法》《禁止出口限制出口技术管理办法》以及《技术进出口合同登记管理办法》部门规章。图5-2为中国技术贸易法律体系组织结构图。

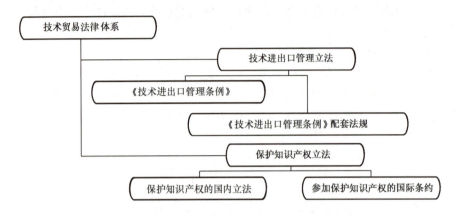

图5-2　中国技术贸易法律体系组织结构图

技术贸易法律体系包括技术进出口管理立法和保护知识产权立法。前者主要包括《技术进出口管理条例》及配套法规；后者包括保护知识产权的国内立法和参加知识产权保护的国际条约。

3. 服务贸易法律法规

中国服务贸易法律框架以《对外贸易法》为基本支柱，以《商业银行法》等服务行业性法律为主体，以《外资金融机构管理条例》等行业性行政法规、规章和地方性法规为补充，依托《反不正当竞争法》等跨行业的有关法律、行政法规支撑，共同构筑而成。具体来说，位于最高层次的是《对外贸易法》；其次是中国服务贸易的主体框架，即各服务行业的基本法律，如《商业银行法》《保险法》《证券法》《海商法》《注册会计师法》《律师法》《民用航空法》《广告法》《建筑法》等；再次是作为行业基本法律重要补充的行政法规、规章和地方性法规等，如《外资金融机构管理条例》《外资保险公司管理条例》《保险代理机构管理规定》《保险经纪机构管理规定》《外商投资电信企业管理规定》《旅行社管理条例》《国际海运条例》《外国律师事务所驻华代表机构管理条例》《电影管理条例》《音像制品管理条例》等。与服务行业有关的法律、行政法规等是构建服务行业法律框架的不可或缺的组成部分，主要有《公司法》《合伙企业法》《独资企业法》《反不正当竞争法》《消费者权益保护法》《价格法》等。

第二节　中华人民共和国对外贸易法

中国第一部《对外贸易法》是1994年制定和颁布的。该法自颁布以来，对发展中国对外贸易，维护对外贸易秩序，促进社会主义市场经济的健康发展，起到了十分重要的作用。但是，随着中国对外贸易活动的进一步发展和WTO的加入，《对外贸易法》的有些规定在新形势下显得有些滞后，有些与 WTO 不一致，有些新的贸易方式在《对外贸易法》中找不到相应的规则进行规制，或者过于原则化、抽象化而缺乏可操作性。因此，为了履行"入世"承诺，充分利用 WTO 规则，加强对国家和国内产业利益的保护，实现中国外贸外经的可持续发展，第 10 届全国人民代表大会常务委员会在 2004 年 4 月 6 日表决通过修订后的《对外贸易法》。它的颁布翻开了中国外贸战线新的一页，标志着中国外经贸的法制建设迈上一个新的台阶，为中国对外贸易的持续、稳定和健康发展奠定了新的法律基础，具有重要的现实意义和深远的历史影响。2016 年 11 月，对《中华人民共和国对外贸易法》做出修改，修订了第十条第二款。

《对外贸易法》主要规定了中国对外贸易的基本方针、基本政策、基本制度和基本贸易行为，在中国对外贸易法律体系中处于核心地位。

一、《对外贸易法》的宗旨与适用范围

（一）立法宗旨

立法宗旨即立法目的。《对外贸易法》的立法宗旨是扩大对外开放，发展对外贸易，维护对外贸易秩序，保护对外贸易经营者的合法权益，促进社会主义市场经济的健康发展。

（二）适用范围

《对外贸易法》的适用范围包括货物进出口、技术进出口和国际服务贸易以及与对外贸易有关的知识产权保护。

二、《对外贸易法》的基本原则

《对外贸易法》的基本原则是对外贸易确定的法律规范和法律基础，贯穿于对外贸易立法、执法、守法过程中，并对立法、执法和守法起普遍性的指导作用。

（一）国家实行统一的对外贸易制度原则

《对外贸易法》第四条规定："国家实行统一的对外贸易制度"。这是中国《对外贸易法》的首要原则。实行统一的对外贸易制度，就是由中央政府统一制定、在全国范围内统一实施的制度。这包括两个方面的内容：一是国家对外贸易法律法规的统一，要求立法部门或授权立法的部门所颁布的规章、条例等不能和《宪法》及《对外贸易法》相抵触；二是国家对外贸易管理制度的统一，对外贸易主管部门以及地方政府及有关部门，依照《对外贸易法》的有关规定实行统一的管理。

中国实行统一的对外贸易制度，一方面有利于稳定地发展对外贸易，开展公平、公正的对外贸易活动，维护国家在对外贸易方面的整体利益；另一方面，也为履行国与国之间双边或多边协议奠定了基础。

（二）货物与技术自由进出口原则

《对外贸易法》第三章是关于货物进出口与技术进出口的规定，第十四条规定："国家准许货物与技术的自由进出口。但是，法律、行政法规另有规定的除外。"这一规定体现了中国进出口贸易管理的基本原则，对货物和技术的进出口实行一定限度管理下的自由进出口制度。

《对外贸易法》所确定的进出口自由，是指国家在保证进出口贸易不对国家各项社会公共利益产生损害的前提下的自由。而当出现了某些危害国家利益的倾向时，国家则对进出口实现必要的限制或禁止。因此，中国《对外贸易法》依据国际通行的进出口原则，在确立

货物与技术自由进出口的同时，还借鉴国际通行做法。由于下列原因，可以对有关货物、技术的进口或出口限制或者禁止，实行配额或许可证等方式管理：

（1）为维护国家安全、社会公共利益或者公共道德，需要限制或者禁止进口或者出口的。

（2）为保护人的健康或者安全，保护动物、植物的生命或者健康，保护环境，需要限制或者禁止进口或者出口的。

（3）为实施与黄金或者白银进出口有关的措施，需要限制或者禁止进口或者出口的。

（4）国内供应短缺或者为有效保护可能用竭的自然资源，需要限制或者禁止出口的。

（5）输往国家或者地区的市场容量有限，需要限制出口的。

（6）出口经营秩序出现严重混乱，需要限制出口的。

（7）为建立或者加快建立国内特定产业，需要限制进口的。

（8）对任何形式的农业、牧业、渔业产品有必要限制进口的。

（9）为保障国家的国际金融地位和国际收支平衡，需要限制进口的。

（10）依照法律、行政法规的规定，其他需要限制或者禁止进口或者出口的。

（11）根据中国缔结或者参加的国际条约、协定的规定，其他需要限制或者禁止进口或者出口的。

此外，国家对与裂变、聚变物质或者衍生此类物质的物质有关的货物、技术进出口，以及与武器、弹药或者其他军用物资有关的进出口，可以采取任何必要的措施，维护国家安全。在战时或者为维护国际和平与安全，国家在货物、技术进出口方面可以采取任何必要的措施。

在限制和禁止进出口货物与技术的管理上，国务院对外贸易主管部门会同国务院其他有关部门，依《对外贸易法》的规定，制定、调整并公布限制或者禁止进出口的货物、技术目录，并可临时决定限制或者禁止规定目录以外的特定货物、技术的进口或者出口。国家对限制进出口的货物实行配额、许可证等方式管理；对限制进出口的技术，实行许可证管理；对部分进口货物还可以实行关税配额管理。有关进出口货物的配额、关税配额，由主管部门在各自的职责范围内，按照公开、公平、公正和效益的原则进行分配。

（三）发展国际服务贸易的原则

《对外贸易法》第二十四条规定："中华人民共和国在国际服务贸易方面根据所缔结或者参加的国际条约、协定中所做的承诺，给予其他缔约方、参加方市场准入和国民待遇。"鉴于目前中国服务业整体水平较低、竞争力较弱，以及遵循WTO《服务贸易总协定》中有关服务贸易逐步自由化的精神，《对外贸易法》确定了依据缔结或者参加的国际条约、协定中所做的承诺，逐步发展国际服务贸易的原则。一方面，规定了要给予其他缔约方、参加方市场准入和国民待遇；另一方面，还列举了国家限制和禁止国际服务贸易的范围。如规定基于下列原因，可以限制或者禁止有关的国际服务贸易：

（1）为维护国家安全、社会公共利益或者公共道德，需要限制或者禁止的。

（2）为保护人的健康或者安全，保护动物、植物的生命或者健康，保护环境，需要限制或者禁止的。

（3）为建立或者加快建立国内特定服务产业，需要限制的。

（4）为保障国家外汇收支平衡，需要限制的。

（5）依照法律、行政法规的规定，其他需要限制或者禁止的。

(6) 根据我国缔结或者参加的国际条约、协定的规定，其他需要限制或者禁止的。

此外，国家对与军事有关的国际服务贸易，以及与裂变、聚变物质或者衍生此类物质的物质有关的国际服务贸易，可以采取任何必要的措施，维护国家安全。在战时或者为维护国际和平与安全，国家在国际服务贸易方面可以采取任何必要的措施。

(四) 保护与对外贸易有关的知识产权的原则

与贸易有关的知识产权是世界贸易组织的三大支柱之一，并越来越多地成为各主要贸易国家维护国家利益的重要手段。《对外贸易法》与对外贸易有关的知识产权保护共有三条，包括三个方面的内容：

第二十九条针对的是对进口货物侵犯我国知识产权的处理。该条规定，进口货物侵犯知识产权，并危害对外贸易秩序的，国务院对外贸易主管部门可以采取在一定期限内禁止侵权人生产、销售的有关货物进口等措施。

第三十条针对的是知识产权权利人在对外贸易中滥用其专有权或优势地位的情况。该条规定，知识产权权利人有阻止被许可人对许可合同中的知识产权的有效性提出质疑、进行强制性一揽子许可，在许可合同中规定排他性返授条件等行为之一，并危害对外贸易公平竞争秩序的，国务院对外贸易主管部门可以采取必要的措施消除危害。

第三十一条针对的是外国政府的行为，为我国政府保护我国的知识产权及我国经营者在国外的利益，提供了法律依据和手段。该条规定，其他国家或者地区在知识产权保护方面未给予中国的法人、其他组织或者个人国民待遇，或者不能对来源于中国的货物、技术或者服务提供充分有效的知识产权保护的，国务院对外贸易主管部门可依照《对外贸易法》和其他有关法律、行政法规的规定，并根据中国缔结或参加的国际条约、协定，对与该国家或者该地区的贸易采取必要的措施。

另外，《对外贸易法》加重了侵犯知识产权行为的处罚力度，并与刑法的有关规定做了衔接；对一些外贸违法行为，除了规定罚款、没收违法所得外，还增加了三年内不受理其有关资格申请或者禁止其在一年以上三年以下的期限内从事有关货物或者技术的进出口或者国际服务贸易的规定。

(五) 维护对外贸易秩序的原则

对外贸易秩序是指国家运用法律措施规范对外贸易竞争行为，制止不正当竞争与不公平交易，维护本国经济利益，从而形成对外贸易井然有序的发展局面。它包括对外贸易的管理秩序和经营秩序。前者是为了维护国家的经济利益和政治利益而产生的，所反映的是作为对外贸易管理者的国务院对外贸易主管部门与对外贸易经营者之间的权利义务关系；后者是适应对外贸易活动的客观规律而形成的，所反映的是作为平等主体的对外贸易经营者之间的民商事权利义务关系。中国《对外贸易法》规定：

(1) 对于对外贸易中存在垄断行为，第三十二条规定，在对外贸易经营活动中，不得违反有关反垄断的法律、行政法规的规定实施垄断行为。在对外贸易经营活动中实施垄断行为，危害市场公平竞争的，依照有关反垄断的法律、行政法规的规定处理。行为违法，并危害对外贸易秩序的，国务院对外贸易主管部门可以采取必要的措施消除危害。

(2) 关于进出口环节的不正当竞争行为，第三十三条规定，在对外贸易经营活动中，不得实施以不正当的低价销售商品、串通投标、发布虚假广告、进行商业贿赂等不正当竞争行为。在对外贸易经营活动中实施不正当竞争行为的，依照有关反不正当竞争的法律、行政法规的规定处理。有前述违法行为,并危害对外贸易秩序的,国务院对外贸易主管部门可以采取禁止该经营者有关货物、技术进出口等措施消除危害。

(3) 第三十四条还规定了在对外贸易活动中,不得有下列行为:①伪造、变造进出口货物原产地标记,伪造、变造或者买卖进出口货物原产地证书、进出口许可证、进出口配额证明或者其他进出口证明文件;②骗取出口退税;③走私;④逃避法律、行政法规规定的认证、检验、检疫;⑤违反法律、行政法规规定的其他行为。

(4) 对外贸易经营者在对外贸易经营活动中,应当遵守国家有关外汇管理的规定。

(六) 实行公平贸易的原则

随着中国对外贸易的扩大和国内市场的开放,国际贸易中的公平竞争成为重要内容。这涉及两个方面:一是外国产品以不公平的方式或价格进入国内市场,对国内同类产业造成损害或构成损害威胁,可以实施贸易救济措施保护国内同类产业;另一方面,中国产品进入国际市场,不断遭遇其他国家的贸易壁垒,可以对国外的贸易壁垒实行贸易调查制度。对此,《对外贸易法》中增加了对外贸易救济和对外贸易调查两章的内容。

1. 对外贸易救济

《对外贸易法》第八章规定,其他国家或者地区的产品以低于正常价值的倾销方式进入我国市场,对已建立的国内产业造成实质损害或者产生实质损害威胁,或者对建立国内产业造成实质阻碍的,国家可以采取反倾销措施,消除或者减轻这种损害或者损害的威胁或者阻碍。进口的产品直接或者间接地接受出口国家或者地区给予的任何形式的专向性补贴,对已建立的国内产业造成实质损害或者产生实质损害威胁,或者对建立国内产业造成实质阻碍的,国家可以采取反补贴措施,消除或者减轻这种损害或者损害的威胁或者阻碍。

同时规定,因进口产品数量大量增加,对生产同类产品或者与其直接竞争的产品的国内产业造成严重损害或者严重损害威胁的,国家可以采取必要的保障措施,消除或者减轻这种损害或者损害的威胁,并可以对该产业提供必要的支持。

2. 对外贸易调查

《对外贸易法》第七章规定,国务院对外贸易主管部门可以自行或者会同国务院其他有关部门,依照法律、行政法规的规定对下列事项进行调查:①货物进出口、技术进出口、国际服务贸易对国内产业及其竞争力的影响;②有关国家或者地区的贸易壁垒;③为确定是否应当依法采取反倾销、反补贴或者保障措施等对外贸易救济措施,需要调查的事项;④规避对外贸易救济措施的行为;⑤对外贸易中有关国家安全利益的事项;⑥为执行修订后的《对外贸易法》有关条款规定,需要调查的事项;⑦其他影响对外贸易秩序,需要调查的事项。

(七) 对外贸易促进原则

对外贸易促进措施是根据对外贸易发展的需要,为鼓励、支持、推动对外贸易发展所采取的一系列措施。《对外贸易法》对中国贸易促进措施的内容、实施主体及行为规范等都做了规定。

经过多年的贸易体制改革,参照国际贸易通行的规则,中国已经逐步形成了一系列鼓励、促进对外贸易发展的措施和办法。有关国家促进对外贸易的措施,在第五十一、五十二、五十三、五十四条做了规定:"国家制定对外贸易发展战略,建立和完善对外贸易促进机制。""国家根据对外贸易发展的需要,建立和完善为对外贸易服务的金融机构,设立对外贸易发展基金、风险基金。""国家通过进出口信贷、出口信用保险、出口退税及其他促进对外贸易的方式,发展对外贸易。""国家建立对外贸易公共信息服务体系,向对外贸易经营者和其他社会公众提供信息服务。"

有关对外贸易促进组织和促进方式,《对外贸易法》也做了规定:"有关协会、商会应当遵守法律、行政法规,按照章程对其成员提供与对外贸易有关的生产、营销、信息、培训等方面的服务,发挥协调和自律作用,依法提出有关对外贸易救济措施的申请,维护成员和行业的利益,向政府有关部门反映成员有关对外贸易的建议,开展对外贸易促进活动。"

三、《对外贸易法》的主要内容

《对外贸易法》包括总则(主要规定了立法宗旨、适用范围、主管部门以及基本原则)、对外贸易经营者、货物进出口与技术进出口、国际服务贸易、与对外贸易有关的知识产权保护、对外贸易秩序、对外贸易调查、对外贸易救济、对外贸易促进、法律责任和附则11章共70条。具体内容见表5-1。

表5-1 《对外贸易法》的主要内容

序 号	标 题	主要内容
第一章(含7条)	总则	立法宗旨 对外贸易制度的基本特征 对外贸易的基本原则 调整的法律关系范围
第二章(含6条)	对外贸易经营者	对外贸易经营者的主体资格 对外贸易经营者的权利与义务
第三章(含10条)	货物进出口与技术进出口	货物进出口与技术进出口的原则 货物进出口与技术进出口管理制度与方式 限制或禁止进出口货物与技术的范围
第四章(含5条)	国际服务贸易	发展国际服务贸易的原则 限制或禁止国际服务贸易的范围 国际服务贸易的管理措施
第五章(含3条)	与对外贸易有关的知识产权保护	对实施贸易措施、防止侵犯知识产权的货物进出口和知识产权权利人滥用权利、促进中国知识产权在国外的保护做了规定
第六章(含5条)	对外贸易秩序	对外贸易主体在经营过程中的行为规范
第七章(含3条)	对外贸易调查	对外贸易调查的范围和对外贸易调查的程序
第八章(含11条)	对外贸易救济	对反倾销、反补贴、保障措施等贸易救济制度做了较系统的规定
第九章(含9条)	对外贸易促进	对外贸易促进措施 对外贸易促进组织及行为规范 扶持和促进中小企业开展对外贸易 扶持和促进民族自治地方和经济不发达地方发展对外贸易
第十章(含7条)	法律责任	规定通过刑事处罚、行政处罚和从业禁止等多种,对对外贸易违法行为手段以及对外贸易中侵犯知识产权行为进行处罚
第十一章(含4条)	附则	明确特殊商品进出口管理另行规定 边境贸易采取灵活措施的特殊原则 对单独关税区的非适应性 《对外贸易法》生效日期

第三节　中国对外贸易救济措施

贸易救济措施是指对进口成品的反倾销、反补贴和保障措施，简称"两反一保"。这三种措施都是因进口产品对国内产业造成损害，由主管当局主动采取的进口限制。它们的实施目的是维护 WTO 的贸易自由化和公平竞争原则。从 20 世纪 90 年代后期，中国开始贸易救济措施的立法，目前已经建立起符合 WTO 规则要求的较完善的对外贸易救济制度。

一、反倾销

反倾销作为热门话题由来已久。然而，在改革开放的前 20 年里，中国只是作为反倾销案件的受调查方，频频被国外提出反倾销调查。长期以来，中国各界人士更多关注的是如何应对国外对中国开展的反倾销调查，但关于对外国产品在中国的倾销行为是否实施反倾销，是否提出反倾销申诉，既无强烈的意识，又无相关的经验。随着 1997 年 3 月 25 日《中华人民共和国反倾销和反补贴条例》的出台，中国对外国进口产品开展反倾销调查的工作正式启动。而中国首例反倾销申诉案，即对原产于美国、加拿大和韩国的进口新闻纸反倾销案件的开展和该案件肯定性最终裁定的做出，正式揭开了中国反倾销申诉工作的序幕。而且，随着中国反倾销实践的不断深入，中国反倾销立法也得到了不断完善。为适应中国加入 WTO 的需要，维护公平的对外贸易秩序，2001 年 11 月 26 日，国务院公布了新的《中华人民共和国反倾销条例》，该条例参照 WTO《反倾销协议》的相关原则和精神，对 1997 年公布的《中华人民共和国反倾销和反补贴条例》进行了相应的修订和补充，并将反倾销与反补贴分别予以单独立法，大大加强了中国反倾销立法的科学性和可操作性，也为中国今后更有效地运用法律武器保护国内产业提供了基础，创造了有利条件。新的《反倾销条例》自 2002 年 1 月 1 日正式开始实施。

2004 年 3 月，在总结"入世"两年经验的基础上，又对部分条款进行了修订，修正后的条例于 2004 年 6 月 1 日实施。

（一）采取反倾销措施应具备的基本条件

对于反倾销措施而言，我国《反倾销条例》第二条规定："进口产品以倾销方式进入中华人民共和国市场，并对已经建立的国内产业造成实质损害或者产生实质损害威胁，或者对建立国内产业造成实质阻碍的，依照本条例的规定进行调查，并采取反倾销措施。"

因此，根据上述法律规定，在中国，采取反倾销措施必须具备三个基本条件：国外进口产品存在倾销；国内相关产业遭受损害；倾销和损害之间具有因果关系。

1. 国外进口产品存在倾销

根据我国《反倾销条例》的规定，所谓倾销，是指在正常贸易过程中进口产品以低于其正常价值的出口价格进入中华人民共和国市场。根据上述定义，某一进口产品是否存在倾销，要视该产品对中国的出口价格是否低于其正常价值而定。

（1）根据《反倾销条例》规定，正常价值的确定的方法主要有以下几种：进口产品在其本国的可比销售价格；如果进口产品在其本国市场上没有可比价格，以该产品出口到第三国的可比价格或者以产品的生产成本加合理费用、利润为正常价值（即所谓的结构价格）。

根据《反倾销条例》的规定，上述几种方式的选择是有顺序的。如能获得第一种方式推算的正常价值，则应采用第一种方式；如果该产品在其国内没有国内销售价格或者国内销售价格不具备可比性（例如，销售量很小，或者其在国内销售为低于成本销售等情况）而不能采用第一种方式，才能选择使用向第三国出口的价格或者结构价格作为某一产品的正常价值。

（2）确定了被调查产品的正常价值后，就必须确定被调查产品的出口价格。出口价格相对正常价格，其确定方法相对容易一些。进口产品有实际支付或者应当支付的价格的，以该价格为出口价格。一般为CIF对中国出口价格。如进口产品无出口价格（如易货贸易）或出口价格不可靠（如出口商与进口商存在关联关系），则应根据该进口产品首次转售给独立购买人的价格为出口价格。

（3）在确定进口产品的出口价格和正常价值后，就应当按照一定的方式对二者进行比较，以确定进口产品的倾销幅度。根据中国反倾销法律的规定，对进口产品的出口价格和正常价值，应当考虑影响价格的各种可比性因素，按照公平、合理的方式进行比较。因此，在进行价格调整和价格比较时，应当对正常价值和出口价格在销售条件、贸易条款、税收、贸易环节、数量、物理特征等方面做适当调整。在对正常价值和出口价格进行比较时，应当尽可能地在同一贸易环节、相同时间的销售、出厂前的水平上进行。

（4）根据《反倾销条例》的规定，进口产品的出口价格低于其正常价值的幅度，为倾销幅度。按照目前中国反倾销的实践做法，倾销的调查期限为立案公告前一年的时间。因此，倾销幅度的确定，一般为将调查期间内加权平均正常价值与该期间内全部可比出口交易的加权平均价格进行比较，或者将正常价值与出口价格在逐笔交易的基础上进行比较。

另外，根据《反倾销条例》的规定，如果来自每一国家（地区）的倾销进口产品的倾销幅度小于2%，则该倾销幅度为可忽略不计的倾销幅度，则针对该国家所涉及产品的反倾销调查案件应该终止。

2. 国内相关产业遭受损害

根据我国《反倾销条例》的规定，所谓损害，是指倾销对已经建立的中国国内同类产品的产业造成损害或者产生实质损害威胁，或者对建立国内同类产品产业造成实质阻碍。因此，反倾销意义上的损害，包括实质损害、实质损害威胁和实质性阻碍三种类型。

商务部产业损害调查局在认定倾销进口产品对国内产业造成损害及损害程度时，一般是以立案公告前一段时间内（一般为三年）进口产品的数量和价格走势以及国内产业的大量经济指标和因素的变化趋势来分析损害及损害程度的。具体而言，根据我国《反倾销条例》的规定，在确定倾销对国内产业造成的损害时，主要审查的事项如下：

（1）倾销进口产品的数量，包括倾销进口产品的绝对数量或者相对于国内同类产品生产或者消费的数量是否大量增加，或者倾销进口产品大量增加的可能性。

（2）倾销进口产品的价格，包括倾销进口产品的价格削减或者对国内同类产品的价格产生大幅度抑制、压低等影响。

（3）倾销进口产品对国内产业的相关经济因素和指标的影响。

这里主要包括对国内产业状况的所有有关经济因素和指数的评估，包括实际或潜在的变化，如产量、销售、市场份额、利润、生产力、投资效益、开工率、价格、就业、工资、筹措资本或投资能力及库存等指标和因素。

（4）倾销进口产品的出口国（地区）、原产国（地区）的生产能力、出口能力，被调查产品的库存情况。

（5）造成国内产业损害的其他因素。

需要注意的是，根据我国《反倾销条例》的规定，如果来自一个国家（地区）的倾销进口产品的数量占中国同类产品总进口量的比例低于3%，则该进口量属于可忽略不计的范围。根据法律规定，对该国家相关进口产品的反倾销调查案件应当终止。

3. 倾销和损害之间具有因果关系

根据我国《反倾销条例》的规定，申请书应当附具下列证据：倾销和损害之间存在因果关系。但是，对因果关系的要求和标准并没有明确规定。根据目前世界各国的实践做法，倾销与损害的因果关系采取"一般因果关系"，即并不要求申请人一定要证明倾销是造成损害的唯一原因或者"主要""重要"原因，而只要强调倾销与损害之间具有因果关系即可。当然，根据中国反倾销法律的规定，在考察倾销与损害的因果关系时，调查机关除了要考察有关进口产品的各种影响因素外，还要综合考虑其他因素，如国内同类产品的市场需求和消费模式的变化情况、国外或国内生产者的限制贸易的做法及它们之间的竞争情况、产业管理状况、贸易政策的影响情况、技术发展以及国内产业的出口实绩和生产率的变化情况、不可抗力因素等对国内产业的损害影响。

（二）反倾销申诉的基本程序

根据我国《反倾销条例》的规定，中国负责反倾销事务的机关主要有商务部、海关总署、国务院关税税则委员会。在涉及农产品的反倾销案件中，农业农村部也是负责反倾销事务的机关之一。

商务部公平贸易局是具体负责反倾销调查的部门，主要负责倾销及倾销幅度的调查。该局设有专门的处室处理反倾销申诉事宜。商务部产业损害调查局是具体负责产业损害调查的部门，主要负责损害及损害程度的调查，设有专门的处室处理反倾销申诉。海关总署是中国反倾销措施的具体执行机关。国务院关税税则委员会负责根据商务部的建议做出征收临时反倾销税和最终反倾销税等与"税"有关的决定。

1. 起草反倾销调查申请书

根据中国反倾销法律的规定，反倾销调查申请应以书面形式提出。反倾销调查申请书作为调查机关决定是否立案的主要法律文件，反映了申请人的主张、证据以及相关必要的信息。具体来讲，根据《反倾销条例》的规定，反倾销调查申请书应包括下列内容并附具相关证据材料：①申请人的有关情况；②申请调查进口产品的已知生产商、出口商、进口商；③申请调查进口产品、国内同类产品的完整说明及二者的比较；④估算的倾销及倾销幅度；⑤国内产业受到损害的情况；⑥倾销与损害之间的因果关系；⑦申请人认为需要说明的其他事项。

由于反倾销案件的特殊性和专业性，实践中，反倾销调查申请书的起草工作主要由律师在企业的配合下完成。

2. 递交反倾销调查申请书

申请人初步完成反倾销调查申请书之后，即可将申请书及相关附件材料的保密文本和公开文本各正本一份、副本六份提交的商务部公平贸易局；公开文本除提交正本一份、副本六份外，还应当按申请调查进口产品的出口国（地区）政府的数量向商务部公平贸易局提供副本，如涉及的申请调查进口产品的出口国（地区）政府的数量过多，可以适当减少，但不能少于五份。如果商务部有要求，申请人还应当提供申请书及证据材料的电子版本。

在向商务部公平贸易局递交申请的同时，申请人还应向商务部产业损害调查局提交反倾销调查申请书及其概要、相关附件的公开文本和保密文本各一式五份，同时提供电子文本（计算机软盘或光盘），一般为一式三份。

3. 初步审查

在对申请书及证据材料自签收之日起60天内，商务部公平贸易局和产业损害调查局将对申请书进行审查，决定是否对案件立案调查。在此期间内，商务部公平贸易局和产业损害调查局可以要求申请人对其反倾销调查申请进行调整和补充。申请人应按照调查机关的要求，对申请书进行相应的调整和补充。

4. 公告立案

根据我国《反倾销条例》的规定，在对申请书进行审查后，商务部产业损害调查局决定是否立案调查。另外，根据《反倾销条例》第十八条的规定："在特殊情形下，商务部没有收到反倾销调查的书面申请，但有充分证据认为存在倾销和损害以及二者之间有因果关系的，可以决定立案调查。"这就是所谓的"自主立案调查"。这种情况在实践中很罕见。案件的正式立案公告意味着调查机关的反倾销调查正式启动。

5. 调查期限

反倾销立案后，调查机关应该在规定的期限内完成反倾销调查。根据我国《反倾销条例》的规定，反倾销调查，应当自立案调查决定公告之日起12个月内结束；特殊情况下可以延长，但延长期不得超过6个月。也就是说，中国反倾销案件调查期限的最长时间为自立案调查决定公告之日起18个月。

6. 调查机关的调查

反倾销案立案之后，就进入调查阶段。商务部公平贸易局将对倾销及倾销幅度进行调查，产业损害调查局对损害及损害程度进行调查。反倾销调查的方式有多种，主要有向利害关系方发放调查问卷、进行抽样调查、听证会、现场核查、向有关利害关系方提供陈述意见和论据的机会等。

对于申请企业而言，立案后的主要工作集中在配合产业损害调查局的产业损害调查，而对于公平贸易局的倾销调查，申请企业主要是通过代理律师，及时跟踪被申请调查产品的出口经营者等利害关系方提交的问卷答卷以及其他相关材料，并及时提出相关请求和抗辩，参加必要的听证会，争取比较高或者对国内企业有利的反倾销税率。

7. 初步裁定和临时反倾销措施

经过初步阶段的调查，商务部公平贸易局和产业损害调查局根据调查结果，分别就倾销、损害做出初裁决定，并就二者之间的因果关系是否成立做出初裁决定，由商务部予以公告。初步裁定在立案后60天后的合理时间内出。如果初裁决定认为倾销、损害及二者之间的因果关系中的任何一项结论是否定性的，则反倾销调查应当终止，并商务部由予以公告。

如果初步裁定为肯定性的，反倾销案件将继续进行。同时，调查机关将对被调查进口产品采取临时反倾销措施。临时反倾销措施可以采取征收临时反倾销税的形式，或者要求提供现金保证金、保函或者其他形式的担保。目前，中国反倾销案件所采取的临时反倾销措施均为现金保证金的形式。根据中国反倾销法律的规定，临时反倾销措施实施的期限，自临时反倾销措施决定公告规定实施之日起，不超过4个月；在特殊情形下，可以延长至9个月。

8. 价格承诺

在反倾销案件的调查过程中，如果被调查产品的出口经营者承诺采取修改其价格或者停止以倾销价格出口其产品的行为，从而使得调查机关确信倾销的损害性影响已经消除，则调查机关可以中止或终止反倾销调查程序，而不采取临时措施或者征收反倾销税。

根据中国反倾销法律规定，价格承诺只能在调查机关对倾销以及由倾销造成的损害做出肯定性的初步裁定后进行，否则调查机关不得寻求或者接受价格承诺。价格承诺的期限与最终反倾销税的期限相同，为5年。

在调查机关与相关被调查产品出口经营者磋商签订价格承诺协议的过程中，调查机关一般会向国内申请人企业询问意见和建议，申请人企业应及时将意见反馈调查机关，同时应注意和考虑以下问题并及时向调查机关提出：

（1）出口经营者承诺的措施是否足以消除倾销对国内产业造成的损害。如果承诺中价格的提高幅度没有达到足够的水平，则该承诺将会不足以消除倾销的损害。

（2）承诺协议一旦达成，其有效期为5年，因此还要考虑到承诺协议期间可能发生的原材料成本变动、市场供求关系的变化以及汇率波动等多方面的因素。承诺协议中应当规定在上述情况发生变动时可以采取的相应调整机制，以保证协议价格的合理性。

（3）承诺协议的签订还应该考虑到承诺协议的可行性。可行性的考虑主要包括以下几个方面：

1）实际或潜在的出口商数量是否众多。
2）产品的种类规格是否繁多。
3）产品经常更新换代，规格或技术参数是否经常发生变动。
4）产品价格是否容易发生波动。

上述因素的存在可能会对承诺的监控造成极大的困难。如果无法对承诺的遵守进行有效的监督，则该承诺应不被接受。

（4）出口商的不合作态度通常也是考虑的因素之一。因为如果大部分的出口商对反倾销调查不予合作，则他们可能会通过受益于承诺的其他出口商对中国出口产品，从而达到规避反倾销税的目的。

9. 最终裁定和反倾销税

在肯定性初裁决定做出后，商务部公平贸易局和产业损害调查局将对案件进行进一步的调查，并根据调查结果分别做出终裁决定，由商务部予以公告。

如果最终裁定是否定性的，则调查程序结束；如果是肯定性的，则可以按照规定程序征收反倾销税。我国《反倾销条例》第四十八条规定，反倾销税的征收期限不超过5年。这一期限规定被称为"日落条款"（Sunset Clause）。但是，经复审确定终止征收反倾销税有可能导致倾销和损害的继续或者再度发生的，反倾销税的征收期限可以适当延长。

我国《反倾销条例》第四十二条规定，反倾销税税额不超过终裁决定确定的倾销幅度。WTO《反倾销协议》第9.1条规定，如果部分征税足以抵消国内产业造成的损害，则征税幅度可以小于倾销幅度，即所谓的"较小征税原则"。中国反倾销法律没有"较少征税原则"，一般终裁确定的倾销幅度为多少，就征收多少的反倾销税。我国《反倾销条例》第四十条规定，反倾销税的纳税人为倾销进口产品的进口经营者。

按照目前的实践做法，对于进口经营者已经在初步裁定后交纳的现金保证金，按照终裁确定的反倾销税率和商品范围计征并转为反倾销税。如果终裁决定确定的反倾销税，高于初步裁定确定的现金保证金金额的，差额部分不予收取；低于初步裁定确定的现金保证金金额的，差额部分应当根据具体情况予以退还或者重新计算税额（即所谓的"多退少不补"原则）。

10. 行政复审

我国《反倾销条例》第四十九条规定，反倾销税生效后，商务部可以在有正当理由的情况下，决定对继续征收反倾销税的必要性进行复审；也可以在经过一段合理时间，应利害关系方的请求并对利害关系方提供的相应证据进行审查后，决定对继续征收反倾销税的必要性进行复审。复审程序参照条例关于反倾销调查的有关规定执行。复审期限自决定复审开始之日起，不超过 12 个月。同时，在复审期间，复审程序不妨碍反倾销措施的实施。

根据复审结果，由商务部公平贸易局依照条例的规定提出保留、修改或者取消反倾销税的建议，国务院关税税则委员会根据商务部的建议做出决定，由商务部予以公告。

二、反补贴

1997 年，中国颁布了《反倾销和反补贴条例》，在反补贴问题上仅仅单列一章"反补贴的特别规定"，内容非常单薄，条文过于精练，基本上多是给出一个基本的法律原则，缺乏可操作性。对反补贴的规定，大部分是与反倾销是相同的，单独讲到反补贴的只有第三十六、三十七、三十八条。其中第三十六条是对补贴的定义：外国政府或者公共机构直接或者间接地向产业、企业提供的财政资助或者利益，为补贴。第三十七条把 WTO 守则中"不可起诉"范围中的三种具有专向性的补贴排除在反补贴之外，与 WTO 的规定是相同的。第三十八条为定义补贴金额，但对补贴金额的计算只提出以公平合理为原则，没有任何实际作用。其他还有第三十九条，说明反补贴的措施等同于反倾销的措施。

2001 年 10 月，为了适应加入 WTO 的需要，中国将反补贴从《反倾销和反补贴条例》单列出来，制定了《反补贴条例》，于 2002 年 1 月 1 日开始实施。新出台的《反补贴条例》在补贴的内容、分类上更加细化，明确规定采取反补贴措施的补贴必须具有专向性，并规定了确定专向性的标准，同时还对补贴金额的计算做了规定。

为适应新修订的《中华人民共和国对外贸易法》，国务院 2004 年 3 月 31 日做出关于修订《反补贴条例》的决定，新的《反补贴条例》于 2004 年 6 月 1 日起正式实施。新《反补贴条例》建立在《对外贸易法》的基础上，符合 WTO 有关规则。主要内容有：

（一）进口产品适用反补贴措施的条件

根据我国《反补贴条例》的规定，进口产品存在补贴，并对已经建立的国内产业造成实质损害或者产生实质损害威胁，或者对建立国内产业造成实质阻碍的，经过调查，采取反补贴措施。具体能够使用反补贴措施的实体性条件有以下几项：

（1）进口产品存在补贴。补贴是指出口国（地区）政府或者其任何公共机构提供的并为接受者带来利益的财政资助以及任何形式的收入或者价格支持。补贴应当具备主体、形式和效果三个要件：

1) 补贴是由政府或公共机构提供的。

2) 政府提供了财政资助以及任何形式的收入或者价格支持，包括：政府以拨款、贷款、资本注入等形式直接提供资金，或者以贷款担保等形式潜在地直接转让资金或者债务；政府放弃或者不收缴应收收入；政府提供除一般基础设施以外的货物、服务，或者由政府购买货物；政府通过向筹资机构付款，或者委托、指令私营机构履行上述职能。

3) 补贴使得行业或者企业获得利益。

(2) 补贴必须具有专向性。补贴的专向性是指政府将补贴只授予其"管辖范围内的企业或产业,或一组企业或产业",即有选择、有差别地对某些企业提供补贴。专向性是《反补贴条例》的一个重要概念,只有具有专向性的补贴,才受 WTO《补贴与反补贴措施协议》的约束。

(3) 受补贴的进口产品对已经建立的国内产业造成实质损害或者产生实质损害威胁,或者对建立国内产业造成实质阻碍。

根据《中华人民共和国反补贴条例》,国内产业是指中华人民共和国国内同类产品的全部生产者,或者其总产量占国内同类产品全部总产量的主要部分的生产者;但是,国内生产者与出口经营者或者进口经营者有关联的,或者其本身为补贴产品或者同类产品的进口经营者的,应当除外。

在确定补贴对国内产业造成的损害时,主要考虑的是:①补贴可能对贸易造成的影响;②补贴进口产品的数量,包括补贴进口产品的绝对数量或者相对于国内同类产品生产或者消费的数量是否大量增加,或者补贴进口产品大量增加的可能性;③补贴进口产品的价格,包括补贴进口产品的价格削减或者对国内同类产品的价格产生大幅度抑制、压低等影响;④补贴进口产品对国内产业的相关经济因素和指标的影响;⑤补贴进口产品出口国(地区)、原产国(地区)的生产能力、出口能力,被调查产品的库存情况;⑥造成国内产业损害的其他因素。

(4) 补贴产品和产业损害之间存在因果关系。在确定补贴对国内产业造成的损害时,应当依据肯定性证据,不得将造成损害的非补贴因素归因于补贴。

(二) 反补贴的基本程序

1. 调查的发起

任何指控补贴的存在、程度和影响的反补贴调查的发起始于两种情况:一是国内产业或国内产业的代表以书面形式向反补贴主管部门提起申诉;二是在某些特殊情况下,主管部门在掌握了补贴、补贴导致的损害及两者之间的因果关系的足够证据时,也可自行发起反补贴调查程序。国内产业提起申诉的条件如下:

(1) 有充分的证据证明补贴的存在,因补贴行为给国内产业造成损害,以及补贴与损害之间存在因果关系。

(2) 申诉应提交书面的申诉书,其内容应涵盖申诉人的名称、所代表的产业、国内同类产品的产量和产值、对补贴产品的具体说明、补贴国别、补贴产品的进出口商、补贴的事实和金额及性质。

主管部门审查范围包括申诉证据的充分性和准确性,国内同类产品产业对申诉的支持或反对情况。如果证据足够,并且占同类产品生产量 50% 以上的国内生产商支持申诉(至少要等于 25%),即申诉主体合格,则主管部门应立案并开始调查程序;如果主管部门发现申诉无足够证据,或者补贴金额属于法定最少额,即低于价格的 1%,或进口量造成的损害属于可忽略不计的,或者申诉主体不合格的,应驳回申诉。《反补贴条例》规定,一个反补贴案的调查应在 12 个月内结束,如因情况特殊需要延长,无论如何不能超过 18 个月。

2. 反补贴调查的程序

(1) 在反补贴调查中,有关利益成员方和全部利益方以书面形式提出其认为与调查有关的情况和意见，并尽快通知所有利害关系的各当事者。

（2）出口商、外国生产商或有利害关系的成员方在受到问卷调查后的30天内予以答复，必要时可再延长30天。

（3）在调查中，调查部门对属于机密性质的资料、信息，如未经同意，不得泄露。

（4）在征得企业、当事成员方的同意后，可到其他成员方境内进行调查。

（5）在利益成员方或利益各方在合理的时间内拒绝接受或不提供必要的信息，或严重阻碍调查，则肯定的和否定的初步和最终的裁决，可在已有事实的基础上做出。

（6）在做出最终裁决以前，调查部门应就形成决定的重要事实通告利益成员方和所有利益方，以使利益各方有足够时间维护其利益。

（7）调查部门也为被调查产品的工业用户、消费者组织提供机会，由其提供被调查产品的补贴、损害和因果资料。

（8）在利益各方，尤其是小公司遇到资料提供的困难时，调查部门要进行帮助。

（三）反补贴措施的种类与实施

1. 采取临时措施

如果商务部初步肯定存在补贴，且对进口成员方国内产业已造成实质性损害或严重威胁，为防止在调查期间继续造成损害，可采取临时措施。

临时措施可采用临时反补贴税的形式，临时反补贴税由初步确定的补贴额所存缴的现金存款或债券来担保。

临时措施不得早于自发起调查之日起后的60天；实施临时措施应限定在尽量短的时期内，不得超过4个月。

如果最终确认了损害，或在认定损害威胁的同时又认定再不采取临时措施，其影响肯定会导致损害时，对于本应实施临时措施的那一段时期可以追溯征收反补贴税。若最终认定的反补贴税额高于原现金存款或债券所担保的余额，超出部分不应再征收；如低于原现金存款或债券所担保的金额，对于多收部分应尽快退回。

若反补贴调查的最终结论是否定的，则在执行临时措施期间所提交的现金存款或债券担保都应尽快退回。

2. 补救承诺

如果在反补贴调查期间出现下述情况，反补贴调查可停止或中止：

（1）出口成员方政府同意取消补贴，或采取其他措施。

（2）出口商同意修正其价格，使调查部门满意地认为补贴所造成的损害性影响已消失，这样就算达成了"补救承诺"。补救承诺达成后，则反补贴调查应停止或中止。如果以后的情况表明不存在产业损害或损害威胁，补救承诺应自动取消。补救承诺可以由出口成员方提出要求，也可以由反补贴调查部门提出建议，但不能强迫出口商承担这一承诺。补救承诺的期限不得长于反补贴税所执行的期限。

3. 反补贴税

如果反补贴调查最终裁定存在补贴和产业损害，便可决定对受补贴进口产品征收反补贴税，但不得超过经确认而存在的补贴额，且应无歧视地征收。但对于已撤回的补贴或已按规定做出承诺的供应方的进口应给予例外。

反补贴税的执行期限只能以抵消补贴所造成的损害所必需的时间为准，执行期限不得长于 5 年。如调查部门通过调查确认有"充分理由"继续执行，可适当延长期限。

此外，有关反补贴调查的后续程序，对调查透明度的要求，以及调查结束后所需的行政审查和司法审查的规定，与《反倾销条例》规定相似。

三、保障措施

2001 年 10 月 31 日国务院第 46 次常务会议通过了《中华人民共和国保障措施条例》，自 2002 年 1 月 1 日起施行。因进口产品数量增加，对生产同类产品或者直接竞争产品的国内产业造成严重损害或者严重威胁的国内产业，可向外经贸部申请调查和申请采取保障措施。

2004 年第 3 月，在总结加入世界贸易组织两年来经验的基础上，中国对《保障措施条例》进行相应修改。2004 年 4 月重新公布《中华人民共和国保障措施条例》，于 2004 年 6 月 1 日起施行。

（一）保障措施实施的条件

进口产品数量增加，并对生产同类产品或者直接竞争产品的国内产业造成严重损害或者严重损害威胁（以下除特别指明外，统称损害）的，经过调查，采取保障措施。

进口产品适用保障措施的三个条件：

（1）进口产品数量增加是指进口产品数量的绝对增加或者与国内生产相比的相对增加。

（2）进口产品数量增加对国内产业造成的损害。

1）进口产品的绝对和相对增长率与增长量。

2）增加的进口产品在国内市场中所占的份额。

3）进口产品对国内产业的影响，包括对国内产业在产量、销售水平、市场份额、生产率、设备利用率、利润与亏损、就业等方面的影响。

4）造成国内产业损害的其他因素。在确定进口产品数量增加对国内产业造成的损害时，不得将进口增加以外的因素对国内产业造成的损害归因于进口增加。

（3）进口产品数量增加与国内产业的损害之间是否存在因果关系。

（二）保障措施实施程序

1. 保障措施的发起

（1）国内产业有关的自然人、法人或者其他组织（以下统称申请人），向商务部提出采取保障措施的书面申请。商务部应当及时对申请人的申请进行审查，决定立案调查或者不立案调查。这里的国内产业，是指中华人民共和国境内同类产品或者直接竞争产品的全部生产者，或者其总产量占境内同类产品或者直接竞争产品全部总产量的主要部分的生产者。

（2）商务部没有收到采取保障措施的书面申请，但有充分证据认为国内产业因进口产品数量增加而受到损害的，可以决定立案调查。

2. 立案

立案调查的决定，由商务部予以公告。商务部应当将立案调查的决定及时通知世界贸易组织保障措施委员会（以下简称保障措施委员会）。

3. 调查

进口产品数量增加及损害的调查和确定，由商务部负责；其中，涉及农产品的保障措施国内产业损害调查，由商务部会同农业农村部进行。调查可以采用调查问卷的方式，也可以采用听证会或者其他方式。针对进口产品数量增加及损害的调查和确定，商务部应及时公布对案情的详细分析和审查的相关因素等。商务部将为进口经营者、出口经营者和其他利害关系方提供陈述意见和论据的机会。商务部根据调查结果，可以做出初裁决定，也可以直接做出终裁决定，并予以公告。

4. 保障措施

（1）临时保障措施。有明确证据表明进口产品数量增加，在不采取临时保障措施将对国内产业造成难以补救的损害的紧急情况下，可以做出初裁决定，并采取临时保障措施。

采取临时保障措施，由商务部提出建议，国务院关税税则委员会根据商务部的建议做出决定，由商务部予以公告。海关自公告规定实施之日起执行。在采取临时保障措施前，商务部应当将有关情况通知保障措施委员会。临时保障措施采取提高关税的形式。临时保障措施的实施期限，自临时保障措施决定公告规定实施之日起，不超过200天。

（2）终裁决定确定进口产品数量增加，并由此对国内产业造成损害的，可以采取保障措施。终裁决定的保障措施采取提高关税、数量限制等形式。

采取数量限制措施的，限制后的进口量不得低于最近3个有代表性年度的平均进口量；但是，有正当理由表明为防止或者补救严重损害而有必要采取不同水平的数量限制措施的除外。采取数量限制措施，需要在有关出口国（地区）或者原产国（地区）之间进行数量分配的，商务部可以与有关出口国（地区）或者原产国（地区）就数量的分配进行磋商。

采取保障措施应当限于防止、补救严重损害并便利调整国内产业所必要的范围内。保障措施应当针对正在进口的产品实施，不区分产品来源国（地区）。在采取保障措施前，商务部应当为与有关产品的出口经营者有实质利益的国家（地区）政府提供磋商的充分机会。终裁决定确定不采取保障措施的，已征收的临时关税应当予以退还。

（三）保障措施的实施期限

保障措施的实施期限不超过4年。符合相关条件的，实施期限可以适当延长，但两者合并最长不超过10年。商务部应当将采取保障措施的决定及有关情况及时通知保障措施委员会。

保障措施实施期限超过1年的，应当在实施期间内按固定时间间隔逐步放宽。保障措施实施期限超过3年的，商务部应当在实施期间内对该项措施进行中期复审。复审的内容包括保障措施对国内产业的影响、国内产业的调整情况等。对同一进口产品再次采取保障措施的，与前次采取保障措施的时间间隔应当不短于前次采取保障措施的实施期限，并且至少为2年。符合下列条件的，对一产品实施的期限为180天或者少于180天的保障措施，不受前款限制：①自对该进口产品实施保障措施之日起，已经超过1年；②自实施该保障措施之日起5年内，未对同一产品实施2次以上保障措施。

四、国际贸易救济措施的二重性——自由性质和保护性质

国际贸易救济措施是贸易自由与贸易保护在动态博弈中的均衡：一方面，国际贸易救济措施是贸易自由化的产物和保障，其价值取向的归宿是贸易自由；另一方面，国际贸易救济措施具有适度的自我保护性质，在客观上存有沦为新贸易保护主义工具的危险。

（一）国际贸易救济措施是贸易自由化的产物和保障，其价值取向的归宿是贸易自由

1. 国际贸易救济措施是伴随着自由贸易而产生的

如果在完全保护贸易条件下，国际贸易救济措施本来没有存在的必要。因为在完全保护贸易的条件下根本不需要贸易救济措施——这种条件下政府可以用最简单的国家垄断对外贸易或封闭市场来限制进口。例如，在重商主义时代，各国都实行贸易保护政策。尽管当时补贴和倾销等现象大量存在，但有关国家并未确立反倾销或反补贴制度为其国内产业提供救济，因为当时有关国家采取的对进口产品征收高额关税的措施，已足以使其国内产业得到有效保护。实际上，贸易救济措施是在国际贸易自由化进程中逐渐形成和发展起来的，并且，在贸易自由化程度较高的国家，贸易救济制度也相对较为完善。可以说，没有国际贸易的自由化，贸易救济措施就没有存在的必要。

2. 在法律上确立贸易救济制度有利于从根本上保障自由贸易的国际经济秩序

在漫长的历史岁月中，大多数国家的对外贸易主要是在贸易保护政策下进行的。虽然其间也有国家选择自由贸易政策，但这种自由贸易政策实施的时间却十分短暂。例如，英国在15世纪至19世纪初都实行重商主义的贸易保护政策，随着资产阶级经济和政治实力的壮大，19世纪60年代开始实行自由贸易政策。然而1880年以后，英国经济相对衰落，在19世纪90年代，为了抵制和限制德国产品的进口，又转而实行贸易保护政策。其他国家外贸政策的发展史也和英国相似，都按"保护——自由——保护"的模式循环。促使原来实行自由贸易政策的国家在其国内产业受到损害或损害威胁时毅然走向另一极端去选择贸易保护政策，而不继续坚持实行自由贸易政策的原因错综复杂，除了贸易保护主义思想外，还有一个不可忽视的原因，那就是它们除了选择贸易保护政策以外，别无他法使其国内产业免受损害。也就是说，如果有一种特殊的制度设计能够发挥类似"调节器"的功能，使这些国家不背离国际贸易自由化的基本要求也能减轻其国内产业受到的损害，则它们仍然可能继续实行自由或者比较自由的贸易政策，而不会选择极端的贸易保护政策。贸易救济制度便能够发挥这种"调节器"的功能。有了这一制度，当实行自由贸易政策国家的国内产业受到国际贸易的损害或损害威胁时，该国便可以在不过分背离自由贸易政策的情况下，通过贸易救济防止或补救国内产业受到的损害，而不必采取极端的贸易保护政策为其国内产业提供保护。所以，正是WTO为各国提供了在自由贸易条件下充分而有效的贸易救济，才使各国愿意并能够实行对外开放，走上实现贸易自由化的道路。

因此，贸易救济表现的形式虽为进口限制，但其制度设计的理念却并非为了实行贸易保护。贸易救济措施与国际贸易的自由化有着密切的关系，它既是国际贸易自由化的产物，又对国际贸易自由化起着保障作用，可以使自由贸易政策在有关国家得到长久的推行。没有这种贸易救济，现代自由贸易就不可能获得今天的成功。

（二）国际贸易救济措施具有公平竞争原则基础上的适度自我保护性质，是贸易自由的"安全阀"

1. 国际贸易救济措施是建立在公平竞争原则基础上的，它是对等的自由贸易

WTO以维护和促进世界贸易自由化为己任，以公平竞争为基本原则。然而，伴随贸易自由化的发展，国家和地区间经济发展与国际贸易的不均衡也日益明显。特别是随着WTO管辖范围和纳入成员的不断发展，以及关税降低和非关税壁垒措施的减少，各成员方滥用不公平贸易行为的潜在危险性不断增大，而倾销和补贴就是其中常见的类型。WTO体制下反倾销和反补贴这两种贸易救济制度的设计本身就已贯穿了公平贸易的理念：一方面规定了对倾销或补贴进口产品可以采取反倾销或反补贴措施，且征收反倾销税和反补贴税的数额不应超过倾销的幅度或补贴的金额；另一方面也规定了如经调查进口产品不存在倾销或补贴，则应终止反倾销或反补贴调查。确保任何一种贸易救济措施都只能在防止或补救国内产业损害所必需的限度和时间内实施，以维护国际贸易公平。

2. 国际贸易救济措施具有适度的自我保护性质

（1）国际贸易救济措施具有自我保护性质。WTO贸易救济措施实施的直接目的就是防止某种进口产品进口增长过快给国内相关产业（特别是竞争力较弱的敏感性产业）造成重大损害或威胁。一个国家如果没有这样一种保护受冲击产业的安全机制，就有可能会因自由贸易和市场开放给国内经济带来严重的影响，如多数企业出现严重亏损，部分企业可能因此而倒闭或即将倒闭，工人失业日趋严重。这些问题得不到有效解决，对全球贸易和经济发展是不利的。在世界贸易组织的体制下，一方面要以自由贸易为宗旨，另一方面也要为各成员方提供一个保护国内受冲击产业的"安全阀"。WTO贸易救济措施实际赋予了各国在自由贸易条件下对本国市场实施适当保护的权利，明确反对外国产品对本国市场的无节制抢占和恶意冲击，以维护各国在自由贸易过程中应得的利益，从而构成了自由贸易不被滥用的"安全阀"，有利于各成员方维护自身合法权益，促进自由贸易健康、有序地发展。

（2）国际贸易救济措施所体现的保护是适度的、有限制的。在贸易保护政策下，贸易保护措施的适用大都具有随意性，如无节制地提高进口关税、随意实施进口数量限制等。而贸易救济的实施却要受到严格的限制：一方面，贸易救济必须符合规定的条件，并须按照法定的程序进行；另一方面，贸易救济只能用于防止或补救国际贸易对国内产业的损害，且这种救济是对受到损害的国内产业的补偿——以足以补救损害为限。

因此，从长远看，国际贸易救济措施的最终目的还是实现WTO贸易自由化的宗旨。

（三）国际贸易救济措施在客观上存有沦为新贸易保护主义工具的危险，从而延缓贸易自由化的进程

从定义可知，贸易救济是在本国经济受到损害或损害威胁时提供救济的措施，本身其实并不直接包含贸易保护的意义。但由于历次关税减让谈判将关税水平降到了对贸易的影响已经十分微弱的地步，传统的一些非关税壁垒也在贸易自由化过程中日渐减少，面对国际贸易摩擦不断加剧的形势，出于扶持国内政治经济竞争的需要，许多国家越来越倾向于肆意滥用国际贸易救济措施，将抵制不公平贸易演变为对国内产业的过度保护。事实上，国际贸易救济措施正日益演变为一种新的国际贸易壁垒，成为一些国家实施战略性贸易政策、推行新贸易保护主义的工具。

1.《反倾销协议》《补贴与反补贴措施协议》和《保障措施协议》在设计上的缺陷使"公平贸易"旗号下的贸易保护手段成为可能

虽然为了加强对国际贸易各项救济措施实施的约束以防止成员方滥用这些措施，WTO专门签署了各项协议，这其中包括《反倾销协议》《补贴与反补贴措施协议》和《保障措施协议》，但遗憾的是，这些协议的许多条款由于本身在很大程度上存在模糊性，因而并未杜绝国际贸易救济措施被滥用的发生。恰恰是由于其制度设计的缺陷，一些国家以"合法"的面孔大行贸易保护主义之实。这体现在：

一方面，成员方被授予过大的自由裁量权。例如，在反倾销的产业损害调查中，它关注是否全部考察了15个指标,至于考察的结果并不过多追求,只是要求裁决是"适当的""合理的"。如果法官立场具有倾向性,较大的自由裁量权无疑会增加裁决的不公。

另一方面,贸易救济措施的裁决机关是本国政府,这样,本国政府就承担着双重职能,即公平裁决和保护国内产业。虽然认定倾销、倾销幅度以及实质性损害都是有客观标准的,但是在实际操作中,各国政府都难以达到完全客观。二者一旦出现冲突,保护国内产业的利益也会成为首要选择,这方面最典型的例子就是针对中国的反倾销。由于在很多WTO成员方看来中国还不是市场经济国家,因而在确定中国出口商品正常价值的时候,就不以中国相关产品和原材料的国内价格为标准,而是选择一个市场经济第三国作为替代,以替代国国内相同产品和原材料的国内价格为基础计算正常价值。在我国被反倾销的历史上,印度、泰国、印度尼西亚、韩国,甚至美国、澳大利亚等国家都曾被选择作为中国的替代国,这些国家中有的人均收入是中国人均收入的几十倍,相关产品和原材料的价格自然很高,这会使计算出的中国产品的正常价值非常高,很容易判定中国产品存在倾销。

尽管围绕这三个协议的缺陷举行了多轮谈判,但是由于欧盟、美国是现有贸易救济规则的既得利益方,属于"保守派",它们在与日本、韩国等改革"激进派"的博弈中仍然掌握着主动权,所以,在短期内对贸易救济规则进行大范围修改很难实现。

2. 利用WTO争端解决机制在解决争端上的时间局限,将贸易救济措施与针对WTO的其他战略性措施联合运用达到贸易保护的效果

虽然WTO有一套比较完善的争端解决机制可供遭到滥用贸易救济措施而受损的其他成员方援用,但从时间上来看,WTO争端解决机制解决一项争端平均需耗时一年半,往往即使受害成员方能够在WTO获得胜诉,败诉一方也不一定就会立即按照专家小组或上诉机构的建议改正自己的不当做法,而受害方遭遇不公正贸易救济措施的企业很可能已经在此期间因受到沉重打击而不可逆转地走向破产或者遭遇不可挽回的其他损失。"美国钢铁保障案"即是这方面的一个典型的明证,欧盟、日本、中国等成员方在WTO争端解决机构提起对美国的指控后,上诉机构最终裁定美国败诉时,已到了美国钢铁保障措施实施的中后期阶段。

从这个意义上来说,国际贸易救济措施与贸易自由化又有一定的矛盾,完全有可能因为矫枉过正而背离主旨,在客观上成为一种新的贸易壁垒,从而不可避免地延缓全球贸易自由化步伐。

(四)国际贸易救济措施体现了贸易自由与贸易保护在动态博弈中的均衡

在全球化的背景下,贸易自由与贸易保护是二元博弈、相互制衡与相互兼容的关系。自由贸易是多边贸易体系的核心,与贸易保护手段不断博弈为自己开辟新的道路;贸易保护有时是为了确保自由贸易不被滥用而建立的"安全阀",适度的贸易保护不是为了排斥竞争,而是把贸易保护政策作为走向国际公平竞争以更好实现贸易自由的手段。贸易保护不可能成为贸易自由不可逾越的障碍,贸易自由化也不可能脱离贸易保护无节制的发展。作为以自由贸易和保护贸易两者相制衡为理论基础的国际经济组织,WTO制定的国际贸易救济措施也必然体现为自由贸易思想和自我保护贸易思想的有机统一;由于贸易的自由化,出现了作为"安全阀"的国际贸易救济措施,同时为了防止贸易救济对国际贸易的扭曲,WTO的贸易救济措施协议对各种贸易救济措施的适用都规定了严格的条件和程序;而正是有了国际贸易救济措施保护国内民族工业,各成员方政府才敢进一步推动贸易的自由化。因此,国际贸易救济措施是贸易自由与贸易保护的混合体,正是在"自由"与"保护"这一矛盾体中,国际贸易救济措施才逐步形成、发展。

课后习题

1. 简述中国对外贸易法律体系的发展演变。
2. 《对外贸易法》的主要内容有哪些？
3. 反倾销法、反补贴法、保障措施的异同有哪些？
4. 如何理解针对中国的特殊保障措施？
5. 中国政府、企业应该如何应对越来越多的贸易摩擦问题？

第六章

中国关税制度

第一节 中国关税制度及其演变

一、中国关税制度的概念

关税制度是国家关于关税法律法规的总称，它包括税收法律、行政法规、行政规章以及部门规范性文件，例如《海关法》《关税条例》《海关审价办法》《海关征税管理办法》等。它是海关代表国家向纳税义务人征税的法律依据和工作规程，也是纳税义务人履行纳税义务的法定准则。

关税制度调整关税征纳过程中有关各方的关系，特别是国家、海关与纳税义务人之间的权利和义务关系。为了保障国家和纳税义务人的合法权益不受侵犯，必须将征纳各方的权利和义务法律化、制度化、规范化，使一切征纳活动均有法律根据，实行"以法治税"，做到有法可依、有法必依、执法必严、违法必究。

二、1949—1978年的关税制度

中华人民共和国成立以前，中国的经济落后，民族工业较少，经济对外的依赖程度很大。中国的关税长期被西方国家把持，关税制度的制定、海关的行政管理、关税收入的支配，均为西方国家所操纵，关税成为西方国家向中国倾销商品、输出资本、掠夺资源、实施经济侵略的工具。中华人民共和国成立以后，西方国家对中国进行了强大的经济和政治封锁，中国的经济发展处于内外交困的境地。面对这种局面，中国政府制定了独立自主发展经济的政策，努力摆脱西方国家的经济和政治封锁，战胜重重困难，建立和发展中国独立完整的工业体系。在关税制度方面，中国收回了关税的管理权，实行了关税自主，使关税在中国的经济建设中发挥着日益重要的作用，并随着社会主义经济建设的不断深入，建立起适合中国经济发展和政治需要的关税制度。

1949年10月25日，中华人民共和国海关总署成立。同年2月，政务院第13次政务会议批准试行《中央人民政府政务院海关总署试行组织条例》。根据条例，海关总署作为国家行政机关，统一监管全国一切海关事宜。海关总署受政务院的领导和政务院财经委员会指导，并与贸易部保持密切联系，执行贸易部根据中央人民政府对外贸易政策法令所颁布的有关进出口货物的决定。

1951年5月，中央人民政府政务院批准了《中华人民共和国进出口税则》和《中华人民共和国海关进出口税则暂行条例》简称《海关进出口税则暂行条例》，并自同月16日起施行，此前实行的《海关进出口税则》及有关税则实施的法令章程均予以废除，并规定该

税则税率的修改，须经政务院财经委员会核准。根据新的税则和实施条例，自1951年5月16日起，进出入中华人民共和国境内的货物，除中华人民共和国政务院另有规定外，均应按照《中华人民共和国暂行海关法》及《海关进出口税则暂行条例》，由海关征收进口关税和出口关税。《海关进出口税则暂行条例》实行复合税则制，按照与中国是否订有贸易互利条约或协定，分别规定适用普通税率或最低税率；按照进出口合一的原则，进出口税使用一个税则分类目录，分别订立不同的税率；税额一律采取从价计征办法，税率则是用完税价格的百分比表示的比例税制。税率包括进口税率和出口税率两部分。进口税率又分为最低税率和普通税率。进口税率的变化幅度为从价计征的5%～200%。根据制定税则的基本原则，大致可以分为5类22个税级，应税商品货名分三种方式，即具体列名、一般列名和未列名。税则分类目录将所有进出口货物分为17大类、89组、39个税则号列和1853个税目和子目，凡税则内未列有品名的货物，由海关按照最适合的税则号列归类。

1951年起实行的《中华人民共和国进出口税则》和《中华人民共和国海关进出口税则暂行条例》是中国最近100多年来真正独立自主制定的海关税则，是税制税法上的革命性变革。

1967—1978年期间，中国的关税形同虚设。这一期间中国主要依靠特有的外贸管理体制和强大的行政、计划管理措施来管理对外贸易。

总之，1949—1978年期间，由于西方国家对中国实行封锁和禁运，中国的对外贸易伙伴主要是苏联和东欧国家，贸易规模比较小，关税主要起增加财政收入的作用。关税保护国内生产和市场、调节进出口量、平衡国际收支、调剂国内余缺等功能在经济中均未得到充分体现。在这一时期，中国对对外贸易的管理主要是靠行政管理手段。但是应该肯定，在中华人民共和国成立初期工业基础十分薄弱的条件下，这种管理体制对于打破西方国家对中国的经济封锁、建立独立完整的工业体系、控制盲目进口、鼓励出口、增加财政收入和促进国民经济平稳发展是十分重要的。这一期间关税的算术平均水平为52.9%，其中农产品关税税率为92.3%，工业品关税税率为47.7%。

三、1978—1992年的关税制度

改革开放以后，中国加强了对外的经济联系，强调对外贸易是经济发展不可分割的重要组成部分。随着改革开放的深入和海关工作的开展，原有的关税制度产生了许多弊端，在原有制度上简单的修修补补已远不适应改革开放新形势的需要。于是，从1980年开始，中国政府对关税制度进行了全面改革。

根据国务院决定，从1980年1月1日起，海关管理局从对外贸易部中分设出来，恢复为海关总署，直属国务院领导，对各地海关实行以中央管理为主的体制。停止执行外贸公司进出口货物关税与利润合并上交办法，恢复单独计征关税。

为扩大出口、增加出口创汇收入、平衡国际收支，取消了所有出口货物的关税。同时，为补充国内急需的物资，国家降低了68种进口商品税目的税率（这些商品主要是国家急需的进口物资）。

原有税则关税税率的设立注重关税增加财政收入的作用，而没有考虑高关税对生产和市场产生的负面影响，也不注重关税结构对关税有效保护能力的影响。随着中国对外贸易的不断发展，原有税则的弊病也不断地显露出来，其中最严重的问题有三个：①关税的名义关税

税率很高，但关税的有效保护能力却很弱；②原有关税制度的关税结构不合理，原材料的关税率过高，削弱了关税的实际保护能力；③原有税则未随着经济的发展和产业结构的调整而及时地进行修改，造成该保护的行业未能被保护，不该保护的行业关税税率反而较高。

为适合中国社会主义经济体制的变化，适应产业结构调整的需要，1982年1月，我国对149个税号、326个子目的税率进行了较大的调整。调整的商品主要有三大类：第一类是国内生产不足的工业原料和原料性产品，如橡胶、木材、皮革、纸浆、普通印书纸等。为补充国内生产，鼓励这类商品的进口，调低了这类商品的进口关税税率，其税率调低幅度一般在40%以上，从而缓解了国内这类商品的供求矛盾，也降低了以这类产品为原料的国内制成品的成本。第二类是国内要求大力发展的短线产品和所需机械设备及零部件，如能源物资、水泥等。为适应国内生产和市场的需要，调低了这些产品的进口关税税率，这类产品进口关税税率的降幅也较大。第三类是国内已经能生产的机械设备，如动力机械、农业机械等。由于我国在这类商品的生产上已具备了相当的实力和规模，能够满足国内的需求，国内的产品可替代进口产品，调高了该类产品的进口关税税率以保护和发展这类产品的生产并培育它们的竞争能力。

1985年，在制定新的税则时，我国对税率又做了大幅度的调整，降低了一些产品的关税税率，关税的平均水平比调整前降低了10%。1991年1月，为配合国家产业政策的调整，又对49种商品的进口关税税率进行了调整。关税税率调低的商品有40种，主要为国内短缺的原材料和国内需要的先进设备，降幅达17.5%。关税税率调高的商品有9种。同年11月，我国又调低了371个税目的商品的进口税率，占税则税目总数的53.6%，使关税总水平降低了7.3%。为限制盲目进口某些国内外差价大的商品和成套配件，在对某些产品征收关税和进口环节产品税的同时，开征了进口调节税。1992年，中国的进口关税的算术平均关税率为43.2%。这次调整是建国30多年来关税率调整涉及范围较广的一次，是按关税结构理论理顺中国关税结构的一个良好的开端，为提高关税的有效保护程度奠定了基础。

为鼓励出口，长期以来中国对绝大多数出口商品不征出口税。但是，在行政手段逐渐弱化的情况下，出口关税措施调节能力的失效会造成出口管理失控的局面，尤其是对国内外市场价格差价大、国际市场容量有限、竞争性强的产品以及需要限制出口的极少数原材料和半制成品，如果失去关税控制，会造成出口厂家竞相压价、国际市场供给过剩和国内急需产品供不应求的局面，影响经济的正常运行。为解决这些问题，1982年经国务院批准，海关总署决定从6月1日起对杏仁、生漆等34种商品征收出口税，其中从价征收的33种，分为10%、20%、30%、40%、50%、60%六个税级，从量征税的有煤炭1种，每吨征收入民币40元。1983年后，随着产业结构的变化，又陆续取消了3种出口商品的关税。

1985年3月，公布了重新制定的《中华人民共和国进出口关税条例》（简称《关税条例》）和《中华人民共和国海关进出口税则》（简称《海关进出口税则》），从法律上进一步规范进出口贸易。

《关税条例》是中国关税制度的基本法规，是制定关税政策的法律依据。它系统地规定了关税制度的基本内容。具体包括：关税的纳税人、课税对象、税率的运用、完税价格的确定、减税免税问题、纳税人的义务和权利、申诉程序以及其他的关税征收管理方面的规定。

《海关进出口税则》是《关税条例》的组成部分，它是国家关税政策的具体体现。《海关进出口税则》在划分类、章以及税目的排列上采取了《海关合作理事会商品分类目录》，使进出口商品分类方法与世界绝大多数国家的进出口商品分类方法基本一致，简化了对外贸易的交易程序，进一步使中国经济与世界经济接轨。《海关进出口税则》将商品分为21类99章，进口货物和出口货物均按照相同的方法归类，并使用同一税目税率表。进口税率表有两栏，税率分为最低税率和普通税率两种。最低税率从3%到150%，分为17级；普通税率从80%到180%，也分为17级。

1987年1月，第六届全国人大常委会通过了《中华人民共和国海关法》（简称《海关法》），从当年7月1日起施行，1951年颁布并实行了20多年的《中华人民共和国暂行海关法》同时废止。根据《海关法》，国家在对外开放的口岸和海关监管业务集中的地点设立海关；海关的隶属关系不受行政区域的限制；海关依法独立行使职权，向海关总署负责；海关机构统一称为海关。中国在关税制度上的立法充分体现出中国的经济管理和对外贸易正逐步走上规范化、制度化和法制化管理的轨道。

1986年7月，中国正式提出了恢复关贸总协定缔约国地位，并开始进行历时长久的"复关"谈判，全面参加了以乌拉圭回合协议为基础的国际经贸规则。在开放市场、关税减让、减少和规范关税措施等方面的关税制度改革以及关税立法，推动了恢复GATT/WTO进程。

总的来说，1978—1992年间中国的关税制度基本上适应建立社会主义商品经济乃至建立社会主义市场经济的需要，能按照产业政策调整和经济发展变化的需要调整各类商品的关税税率，能正确处理好促进经济发展和保护民族工业的关系，并使关税制度法制化。1978—1992年间中国的关税制度改革是经济发展的必然要求，是向社会主义市场经济转轨、统一规范对外经济贸易体制的要求，是参与世界经济一体化进程，实现中国经济与世界经济接轨，逐步向国际惯例和通行做法靠拢的需要。但是，中国的关税制度仍很不完善。就关税税率来讲，在发展中国家中，中国也是一个高关税国家，名义关税税率达40%以上，某些进口商品的关税税率高达150%甚至200%，关税制度还有待进一步改善。

四、1992年至加入WTO前的关税改革

从1992年开始，中国为满足社会主义市场经济发展的需要，适应国际经济通行规则和"复关"谈判，建立以法律手段和经济手段为主、必要的和合理的行政手段为辅，主要采用关税、汇率等经济手段调节进出口的外贸管理体制，又进一步加大了关税制度改革。"九五"期间，为初步建立统一规范的关税体制，进一步降低了关税税率总水平，调整了关税结构，清理了减免税政策，规范和减少了进出口商品管理的非关税措施。

乌拉圭回合谈判结束后，各参加国都在按自己的承诺实施关税减让计划。与其他发展中国家相比，中国的关税水平明显偏高。高税率影响了参与GATT的谈判进程，同时也不利于中国的经济发展和进一步对外开放。

1992年的关税率是中国重返GATT谈判时采用的基准税率。从1992年开始，为进一步开放中国市场，履行与GATT有关的降税协议和促进经贸体制向国际规则靠拢，中国政府开始大幅度调低进口关税税率。

1992年1月，中国单方面降低了225种进口商品的关税税率，并取消了全部进口调节关税；同年2月，降低了3771种商品的进口关税税率，使关税总水平下调了7.3%。1993年12月，中国再次调低了2898个税目的商品的进口关税税率。1994年1月11日，又降低

了农药等关系国内农业生产的重要原材料及部分重要机电产品零部件等 234 种商品的关税税率，对它们实行进口暂定税率。1996 年 4 月 1 日，再次降低了 4993 个税目的商品的关税税率，将进口关税的算术平均水平从 35.9% 下调到 23%。在按照《商品名称及编码协调制度》（HS）目录分类的海关进口税则中，除零税率商品外，关税的最低税率为 1%，最高税率为 120%。1997 年 10 月 1 日的降税涉及 4874 个 8 位数的商品，占税目总数的 73.3%，使关税水平由 23% 降至 17%，降幅约为 26%。经过这一时期对进口关税税率的调整，关税的算术平均水平已从 1992 年的 43.2% 降至 17%，累计降幅达 60.6%，远远超过了关贸总协定乌拉圭回合多边贸易谈判参加团平均减让的 33%。1999 年 5 月 1 日，将关税总水平进一步降到 16.4%。从 2001 年 1 月 1 日起，中国再次自主降低关税总水平。经过这次降税，中国的关税总水平从 16.4% 下降为 15.3%，平均降幅为 6.6%。此次降税共涉及 3462 个税目，占税则税目总数的 49%。降税后，各大类商品的平均关税税率为：矿产品 3.0%、金属材料 7.4%、化工品 10.6%、林产品 12.3%、机电仪 14.3%、轻工杂项产品 14.8%、建材产品 17.8%、农产品 19.0%、纺织品 21.1%、交通工具 24.0%。同时，此次还对暂定关税税率和税则税目进行了调整，调整后的税则税目由 7062 个增加至 7111 个（见表 6-1）。

表 6-1　我国大幅度调低关税的情况

时间	降税前	降税后	平均幅度	所降税目数
1992.12	42.5%	39.3%	7.5%	3371
1993.12	39.3%	36.4%	7.4%	2898
1994.1	36.4%	35.9%	10.4%	小汽车
1995 年	35.9%	35.6%	0.8%	烟酒、中型客车
1996.4	35.6%	23.0%	35.0%	4997
1997.1	23.0%	17.0%	26.0%	4874
1999.1	17.0%	16.8%	1.3%	1014
2001.1	16.4%	15.3%	6.6%	3462

五、加入 WTO 至今的关税调整

2001 年 12 月 11 日，中国加入 WTO，根据加入 WTO 的关税减让义务，继续逐步降低关税。

（1）2002 年 1 月 1 日起，中国进口商品关税进一步下调，关税总水平从 15.33% 降至 12%，降幅达 21.6%，共有 5300 多个税目的税率不同程度降低，降幅面达 73%。

（2）2003 年 1 月 1 日起，中国进一步降低进口关税，关税总水平由 2002 年的 12.7% 降低到 11.5%，降低 1.2 个百分点。其中，工业品平均关税由 11.7% 降低到 10.6%，农产品由 18.5% 降低到约 17.4%，5000 多种商品不同程度降低了关税。

（3）自 2004 年 1 月 1 日起再次调整，降低进口税则中 2414 个税目的最惠国税率，调整后关税总水平由 11% 下降至 10.4%，进口税则普通税率不变。调整后关税总水平由 11% 下降至 10.4%。

（4）从 2005 年 1 月 1 日起，中国进一步降低进口关税，关税总水平将由 10.4% 降低至 9.8%，涉及降税的共 900 多个税目。此外，综合考虑国内产业和科技发展、对外贸易需要，

对进口暂定税率进行了适当调整,2015 年 1 月 1 日起,针对 749 项商品实施进口暂定税率,平均税率为 4.4%。

(5) 从 2008 年 1 月 1 日起中国再次调整进出口关税,主要涉及最惠国税率、年度暂定税率、协定税率和特惠税率等方面。调整后中国关税总水平为 9.8%,其中,农产品平均税率为 15.2%,工业品平均税率为 8.9%。

(6) 自 2011 年 1 月 1 日起,为促进经济结构调整,加强节能减排和生态环境保护,中国对 600 多种资源性、基础原材料和关键零部件产品实施较低的年度进口暂定税率。

(7) 根据《关税条例》的相关规定,自 2018 年 1 月 1 日起中国对 948 项进口商品实施暂定税率,其中 27 项信息技术产品暂定税率实施至 2018 年 6 月 30 日止。且自 2018 年 7 月 1 日起,对碎米(税号 1006,4010、1006,4090)实施 10% 的最惠国税率。

(8) 按照世贸组织框架下扩大《信息技术协定》产品范围的谈判成果,2020 年 7 月 1 日,中国对部分信息技术产品的最惠国税率实施第五步降税。而中国已先后于 2016 年 9 月、2017 年 7 月、2018 年 7 月和 2019 年 7 月,对部分信息技术产品实施了四步降税。

(9) 根据《关税条例》的相关规定,自 2019 年 1 月 1 日起对 706 项商品实施进口暂定税率;自 2019 年 7 月 1 日起,取消 14 项信息技术产品进口暂定税率,同时缩小 1 项进口暂定税率适用范围。根据中国与有关国家或地区签署的贸易或关税优惠协定,除此前已报经国务院批准的协定税率降税方案继续实施外,自 2019 年 1 月 1 日起,中国与新西兰、秘鲁、哥斯达黎加、瑞士、冰岛、韩国、澳大利亚、格鲁吉亚以及亚太贸易协定国家的协定税率进一步降低。根据《内地与香港关于建立更紧密经贸关系的安排》《内地与澳门关于建立更紧密经贸关系的安排》的《货物贸易协议》,自该《协议》实施之日起,除内地在有关国际协议中做出特殊承诺的产品外,对原产于香港、澳门的产品全面实施零关税。自 2019 年 1 月 1 日起继续对铬铁等 108 项出口商品征收出口关税或实行出口暂定税率,税率维持不变,取消 94 项出口暂定税率。

第二节 中国的海关税则与海关估价

一、海关税则制度概述

海关税则(Customs Tariff)或称关税税则(Tariff Schedule),是一国根据国家的关税政策制定的,通过立法程序公布实施的,按货物的不同类别排列的关税税率表。海关税则主要由两部分构成:关税税率表(Schedule of Duty Rates)和适用关税税率表的说明与规则。关税税率表是海关税则的主要内容,分为商品分类目录(Nomenclature of Goods)和税率栏目(Column of Duty Rates)两部分。

(一) 商品分类目录

1. 国际贸易商品分类目录的产生与发展

国际贸易商品分类目录的产生是由于国家对进出本国的商品征收关税,需要对商品进行分类。早期的商品目录是极为简单的,仅是将商品名称按笔画多少或字母顺序排列成表。后来人们渐渐地认识到,商品目录必须有系统、科学的分类,有国际通用性,才能适应国际贸易的发展。1913 年,在布鲁塞尔召开的商业统计第二届国际会议提出了使用统一的统计目录的建议。这个目录于 1931 年年底制定，将商品分为五类，共 186 个项目。当时有几十个国家把它作为本国统计和税则的目录。1927 年，世界经济会议召开，有人提出要制定一个共同海关税则目录。这个目录于 1937 年最后定稿，并命名为《日内瓦目录》，它共有 21 类、86 章、991 个税目。这个目录由于种种原因，只有少数国家采用过。第二次世界大战后，西欧的一些国家成立了欧洲关税同盟研究团，在《日内瓦目录》的基础上草拟了《布鲁塞尔税则目录》。这个目录于 1959 年 11 月正式实施，它共有 21 类、99 章、1011 个税目。1972 年，该目录改名为《海关合作理事会商品分类目录》（CCCN）。截至 1987 年，世界上有 150 多个国家和地区以它为基础制定本国海关税则。中国海关于 1985 年 3 月开始采用《海关合作理事会商品分类目录》。在欧洲关税同盟研究团研究制定《布鲁塞尔税则目录》的同时，联合国统计委员会研究制定了《国际贸易标准分类目录》（SITC），供各国政府进行对外贸易统计之用，它共有 10 类、63 章、233 组和 3041 个项目。尽管《海关合作理事会商品分类目录》和《国际贸易标准分类目录》用途不一，但所涉及的均为国际贸易的商品名称及编号对应关系。在 20 世纪六七十年代，经过海关合作理事会和联合国统计委员会的共同努力，两个目录经过修订，各自的项目和编号范围能相互一一对应。

20 世纪 60 年代末，尽管在海关税则和国际贸易统计上有两个商品名称及编码可相互对应的目录，但人们仍感觉不便，国际贸易的发展需要有一个能同时满足关税、统计和国际贸易其他方面要求的商品目录。1970 年，联合国欧洲经济委员会向海关合作理事会建议成立一个研究小组，负责建立一套既可满足海关税则和统计需要，又可包容运输及制造业等要求的国际商品分类制度。经过 13 年的努力，《商品名称及编码协调制度》（Harmonized Commodity Description and Coding System）（简称《协调制度》，HS）终于在 1983 年 5 月定稿。1983 年 6 月，海关合作理事会第 61/62 届会议通过了《协调制度公约》及其附件《协调制度》。《协调制度公约》及其附件于 1988 年 1 月 1 日正式实施，当时采用该目录的共有 40 多个国家和地区；截至 2000 年 11 月，公约的缔约国总数达到 101 个及 1 个经济联盟（欧盟），正式使用《协调制度》的国家和地区共 179 个（其中非缔约国 68 个及 8 个经济联盟），世界上所有主要发达国家都采用了《协调制度》，涵盖了国际贸易总量的 98% 以上。

我国的海关进出口商品分类目录是指根据海关征税和海关统计工作的需要，分别编制的《海关进出口税则》和《中华人民共和国海关统计商品目录》（以下简称《海关统计商品目录》）。这两个商品分类目录的税目号在第 1~97 章完全一致，均是以《协调制度》为基础、结合我国进出口货物的实际情况特别编制而成的

我国现行的《海关进出口税则》和《海关统计商品目录》是以 2017 年版《协调制度》为基础编制的。2019 年版《海关进出口税则》的税目总数为 8549 个。根据海关征税和海关统计工作的需要，我国在《协调制度》的基础上增设本国子目（三级和四级子目），形成了我国海关进出口商品分类目录，然后分别编制出《海关进出口税则》和《海关统计商品目录》。为了明确增设的本国子目的商品含义和范围，我国又制定了《子目注释》，作为归类时确定三级子目和四级子目的依据。

2. 《协调制度》的主要框架

《协调制度》是国际上多个商品分类目录协调的产物。它的最大特点就是通过协调，适合于与国际贸易有关的各个方面需要，成为国际贸易商品分类的一种"标准语言"，是一部

完整、系统、通用、准确的国际贸易商品分类体系。

《协调制度》的主要内容是品目和子目，是代表各种各样商品名称及其规格的列目。2002年版《协调制度》的4位数列目共有1244个，6位数列目共有5225个（1992年版是5019个，1996年版是5116个），分布于21类、97章（其中第77章是空章）中。为使各个品目和子目之间界限分明，不发生交叉归类的情况，它在许多类、章下加有注释，有的注释是专门针对某个子目的，称子目注释。对于涉及整个《协调制度》各类、章商品分类的一些规则，《协调制度》将其单独列出，称为归类总规则。总规则共有6条，作为指导整个《协调制度》商品分类的总原则。

《协调制度》自1988年1月1日实施以来，分别于1992年、2002年、2007年、2012年和2017年进行了升级。截至目前，已进行过6次修订，形成7个版本，当前采用的是2017年生效的版本。2017年版《协调制度》在2012年版的基础上进行了大范围的修订，共有242组修订。修订后，《协调制度》的4位品目数减少至1222个，6位子目总数从5205个增加至5387个。

（二）税率栏目

税率栏目是根据商品分类目录逐项制定的相应关税税率。由于现代关税制度中对产自不同的国家的进口商品实行不同的税率，因此，大多数国家的进口关税税率栏目不止一个。根据进口关税税率栏目的多少，税则可以分为单式税则和复式税则；根据制定税则的权限，税则可分为自主税则与协定税则。

（1）单式税则（Single Tariff）。单式税则也称一栏税则，即一个税目只有一个税率，适用于来自任何国家或地区的商品，没有差别待遇。目前，只有少数发展中国家，如乌干达、巴拿马、委内瑞拉等实行单式税则。而主要发达国家为了争取关税上的互惠等原因，都放弃单式税则转用复式税则。

（2）复式税则（Complex Tariff）。复式税则也称多栏税则，即往往在一个税目下定有两个或两个以上的税率，对来自不同国家或地区的进口商品给予不同的关税税率待遇。这种税则有二栏、三栏和四栏不等。

（3）自主税则（Autonomous Tariff）。自主税则又称国定税则，是指一国立法机构根据关税自主原则单独制定而不受对外签订的贸易条约或协定约束的一种税率。自主税则可分为自主单式和自主复式税则。前者为一国对一种商品自主地制定一个税率，这个税率适用于来自任何国家或地区的同一种商品；后者为一国对一种商品自主地制定两个或两个以上的税率，分别适用于来自不同国家或地区的同一种商品。

（4）协定税则（Conventional Tariff）。协定税则是指一国与其他国家或地区通过贸易与关税谈判，以贸易条约或协定的方式确定的关税税率。这种税则是在本国原有的自主税则以外另行规定的一种税率，它是两国通过关税减让谈判的结果。对于没有减让关税的商品仍采用自主税则，这样形成的复式税则称作自主—协定税则。

二、中国现行的海关税则制度

中国现行的税则制度是按照国际通行的税则制度建立起来的。中国海关于1992年1月1日起，正式根据《协调制度》目录的分类原则和内容，实施《海关进出口税则》和《海关统计商品目录》，后来又根据1996年版《协调制度》进行了调整，目前使用的是2017年版《协调制度》。《协调制度》将国际贸易商品分为 21 类，97 章。为方便海关统计，在海关统计目录中增设了第 22 类和第 98 章"特殊交易品及未分类商品"。

中国税则制度实行自主协定的复式税则，进出口税则合一，但进出口税率分列。进口税则实行复式税则，出口税则列在进口税则之后，实行单式税则制，不分消费国家和地区，只列出有税商品的名称和编码及其出口关税税率。

（一）进口关税税率

按照《关税条例》，进口关税设置最惠国税率、协定税率、特惠税率、普通税率、关税配额税率等税率。对进口货物在一定期限内可以实行暂定税率。

1. 最惠国税率

最惠国税率适用原产于共同适用最惠国待遇条款的世界贸易组织成员的进口货物，原产于与中华人民共和国签订含有相互给予最惠国待遇条款的双边贸易协定的国家或者地区的进口货物，以及原产于中华人民共和国境内的进口货物。

2. 协定税率

协定税率适用原产于中国参加的含有关税优惠条款的区域性贸易协定的有关缔约方的进口货物。

如 2005 年，中国内地与以下国家和地区的部分商品实行协定税率：①对原产于韩国、斯里兰卡、孟加拉国、印度和老挝的 917 个税目的商品实施《曼谷协定》税率；②对原产于巴基斯坦的 917 个商品实施与《曼谷协定》税率一样的优惠关税税率；③对原产于东盟 9 个成员国（文莱、柬埔寨、印度尼西亚、老挝、马来西亚、缅甸、新加坡、泰国和越南）的部分商品实施"早期收获"税率，其中对各国统一适用同一税率的为 340 个税目，分国别适用不同税率的为 262 个税目；④对原产于泰国和新加坡的 194 个税目的果蔬实施零关税；⑤对原产于中国香港的 1108 个税目的产品实施零关税，其中拟生产的并在生产后需经内地与香港共同确认后方可适用的税目税率有 189 个；⑥对原产于中国澳门的 509 个税目的产品实施零关税，其中拟生产的并在生产后需经内地与澳门共同确认后方可适用的税目税率有 66 个。

根据国务院批准的《2019 年进出口暂定税率等调整方案》，2019 年将对 16 个协定、23 个国家或地区实施协定税率。除此前 5 个已报经国务院批准的协定税率降税方案继续实施外，自 2019 年 1 月 1 日起，对与新西兰、秘鲁、哥斯达黎加、瑞士、冰岛、韩国、澳大利亚、格鲁吉亚以及《亚太贸易协定》国家的 9 个协定税率进一步降低。根据《〈内地与香港关于建立更紧密经贸关系的安排〉货物贸易协议》和《〈内地与澳门关于建立更紧密经贸关系的安排〉货物贸易协议》，自《协议》实施之日起，除内地在有关国际协议中做出特殊承诺的产品外，对原产于香港、澳门的产品全面实施零关税。自 2020 年 1 月 1 日起，进一步降低与新西兰、秘鲁、哥斯达黎加、瑞士、冰岛、新加坡、澳大利亚、韩国、智利、格鲁吉亚、巴基斯坦的双边贸易协定以及亚太贸易协定的协定税率。2020 年 7 月 1 日起，按照中国与瑞士的双边贸易协定和《亚太贸易协定》规定，进一步降低有关协定税率。

3. 特惠税率

特惠税率适用原产于与中国签订有特殊优惠关税协定的国家或地区的进口货物。如 2005 年，中国对以下国家或地区实施特惠税率：①对原产于柬埔寨、缅甸、老挝和孟加拉国的部分商品实施特惠税率，税目数分别为 355 个、133 个、239 个和 20 个；②对原产于苏丹等25个非洲最不发达国家的190个税目商品实施特惠零关税。

根据国务院批准的《2019年进出口暂定税率等调整方案》，2019年特惠税率调整只涉及《亚太贸易协定》项下的孟加拉国和老挝两国，税率水平按协定规定随着最惠国税率降低进行相应调整。目前除赤道几内亚外，对与中国建交并完成换文手续的其他最不发达国家继续实施特惠税率。自2020年1月1日起，赤道几内亚停止享受零关税特惠待遇。

4. 普通税率

普通税率适用原产于上述国家或地区以外的国家或地区的进口货物。

5. 税率的适用原则

（1）暂定最惠国税率优先于最惠国税率执行；按协定税率、特惠税率进口暂定最惠国税率商品时，取低计征关税；按国家优惠政策进口暂定最惠国税率商品时，按优惠政策计算确定的税率与暂定最惠国税率两者取低计征关税，但不得在暂定最惠国税率的基础上再进行减免。

（2）对于无外交关系的国家和无法确定原产地的进口货物，按普通税率征收进口关税；对于某些包装特殊的货物（如中性包装），经查验又无法确定原产地，除申报时能提供原产地证明的仍可按其原产地确定税率外，一律按普通税率计征关税。

（3）对于按规定应按普通税率计征关税的进口货物，经国务院关税税则委员会特别批准，可以按照最惠国税率征收关税。

（4）中国海关规定，对在进口配额范围内进口的货物可适用较最惠国税率低的配额税率，对超出进口配额范围内进口的货物按原税则规定的非配额税率征收关税。

（5）任何国家或者地区违反与中华人民共和国签订或者共同参加的贸易协定及相关协定，对中华人民共和国在贸易方面采取禁止、限制、加征关税或者其他影响正常贸易的措施的，对原产于该国家或者地区的进口货物可以征收报复性关税，适用报复性关税税率。征收报复性关税的货物、适用国别、税率、期限和征收办法，由国务院关税税则委员会决定并公布。

（二）出口关税税率

出口税则商品分类也和进口税则一样，采用《协调制度》的商品分类目录，但只列出有税的商品名称和编码及其出口关税税率，出口税率设一栏。为鼓励出口，税则中大部分税目未规定出口税率，凡未规定出口税率的货物不征出口税。

如2005年，中国出口税则共37个税目，有25个实施暂定税率，如对鳗鱼苗等174项出口商品实行暂定税率。其中：①对148个纺织品税目（涉及第61、62章的部分服装）实行出口暂定税率，包括特定区域的一般贸易、加工贸易和边境小额贸易等都需征收出口税；②对出口尿素每吨征收260元的暂定出口关税，征税的期限为2005年1月1日至2005年3月31日；③对未锻轧铝征收出口暂定关税时，征收范围包括加工贸易的商品。

根据国务院批准的《2019年进出口暂定税率等调整方案》，自2019年1月1日起继续对铬铁等108项出口商品征收出口关税或实行出口暂定税率，税率维持不变；取消94项出口暂定税率，主要包括化肥、磷灰石、铁矿砂、矿渣、煤焦油、木浆等。

三、海关估价

海关估价是指海关为征收关税，确定进口货物完税价格的程序。海关估价是进出口贸易中的重要环节，正确地审定进出口商品的完税价格是征收关税的前提。进口商申报的价格不是进口货物的完税价格，只有该价格被海关接受，才能成为完税价格。

根据中国"入世"承诺，"入世"后要遵守WTO的《海关估价协议》。中国海关于2001年12月31日公布海关总署令95号，废止了自1992年9月1日起实施的《海关审定进出口货物完税价格办法》和自1999年10月1日起实施的《海关审定加工贸易进口货物完税价格办法》，并颁布新的《海关审定进出口货物完税价格办法》，新的《海关审定进出口货物完税价格办法》自2002年1月1日起实施。

2013年12月25日国务院第213号令公布了最新的《中华人民共和国进出口关税条例》，并于2014年2月1日起实施。这部条例对中国海关估价制度做了进一步调整和完善，规定了海关在什么情况下承认进口货物的成交价格，哪些费用应当计入成交价格，不承认成交价格时如何估定完税价格，以及如何确定出口货物的完税价格等。

（一）进口货物的完税价格

根据中国《海关法》的规定，进口货物的完税价格包括货物的货价、货物运抵我国境内输入地起卸前的运输及其相关费用、保险费。我国境内输入地为入境海关地，包括内陆河、江口岸，一般为第一口岸。货物的货价以成交价格为基础。

进口货物的价格不符合成交价格或者成交价格不能确定的，海关应当依次以相同货物成交价格方法、类似货物成交价格方法、倒扣价格方法、计算价格方法及其他合理方法确定的价格为基础，估定完税价格。如果进口货物的收货人提出要求，并提供相关资料，经海关同意，可以选择倒扣价格方法和计算价格方法的适用次序。

（1）相同或类似货物成交价格方法。①相同或类似货物成交价格方法，即以与被估的进口货物同时或大约同时（在海关接受申报进口之日的前后各45天之内）进口的相同或类似货物的成交价格为基础估定完税价格。②上述"相同货物"是指与进口货物在同一国家或地区生产的，在物理性质、质量和信誉等所有方面都相同的货物，但表面的微小差异允许存在；"类似货物"是指与进口货物在同一国家或地区生产的，虽然不是在所有方面都相同，但却具有相似的特征、相似的组合材料、同样的功能，并且在商业中可以互换的货物。③以该方法估定完税价格时，应使用与该货物相同商业水平且进口数量基本一致的相同或类似货物的成交价格，但应当对因运输距离和运输方式不同在成本和其他费用方面产生的差异进行调整。在没有上述的相同或类似货物的成交价格，但对因商业水平，进口数量，运输距离和运输方式不同而在价格、成本和其他费用方面产生的差异应当做出调整。以该方法估定完税价格时，应当首先使用同一生产商生产的相同或类似货物的成交价格，只有在没有这一成交价格的情况下，才可以使用同一生产国或地区生产的相同或类似货物的成交价格。如果有多个相同或类似货物的成交价格，应当以最低的成交价格为基础，估定进口货物的完税价格。

（2）倒扣价格方法。倒扣价格方法即以被估的进口货物、相同或类似进口货物在境内销售的价格为基础估定完税价格。按该价格销售的货物应当同时符合五个条件：①在被估货物进口时或大约同时销售；②按照进口时的状态销售；③在境内第一环节销售；④合计的货物销售总量最大；⑤向境内无特殊关系方销售。以该方法估定完税价格时，下列各项应当扣除：①该货物的同等级或同种类货物，在境内销售时的利润和一般费用及通常支付的佣金；②货物运抵境内输入地点之后的运费、保险费、装卸费及其他相关费用；③进口关税、进口环节税和其他与进口或销售上述货物有关的国内税。

（3）计算价格方法。计算价格方法即按下列各项的总和计算出的价格估定完税价格。有关项目为：①生产该货物所使用的原材料价格和进行装配或其他加工的费用；②与向境内出口销售同等级或同种类货物的利润、一般费用相符的利润和一般费用；③货物运抵境内输入地起卸前的运输及相关费用、保险费。

（4）其他合理方法。使用其他合理方法时，应当根据《海关审定进出口货物完税价格办法》规定的估计原则，以在境内获得的数据资料为基础估定完税价格。但不得使用以下价格：①境内生产的货物在境内的销售价格；②可供选择的价格中较高的价格；③货物在出口地市场的销售价格；④以计算价格方法规定的有关各项之外的价值或费用计算的价格；⑤出口到第三国或地区的货物的销售价格；⑥最低限价或虚构的价格。

（二）出口货物的完税价格

出口货物的完税价格，由海关以该货物向境外销售的成交价格为基础审查确定，并应包括货物运至我国境内输出地装卸前的运输及其相关费用、保险费，但其中包含的出口关税税额应当扣除。出口货物的成交价格中含有支付给境外的佣金的，如果单独列明，应当扣除。

出口货物的成交价格不能确定时，完税价格由海关依次使用下列方法估定：①同时或大约同时向同一国家或地区出口的相同货物的成交价格；②同时或大约同时向同一国家或地区出口的类似货物的成交价格；③根据境内生产相同或类似货物的成本、利润和一般费用、境内发生的运输及其相关费用、保险费计算所得的价格；④按照合理方法估定的价格。

第三节　中国进出口税费的征收

一、关税的征收

（一）进出口关税征收的相关规定

（1）进口货物的纳税义务人应当自运输工具申报进境之日起 14 日内，出口货物的纳税义务人除海关特准的外，应当在货物运抵海关监管区后、装货的 24 小时以前，向货物的进出境地海关申报。

（2）纳税义务人应当自海关填发税款缴款书之日起 15 日内向指定银行缴纳税款。纳税义务人未按期缴纳税款的，从滞纳税款之日起，按日加收滞纳税款万分之五的滞纳金。

（3）进出口货物的成交价格以及有关费用以外币计价的，以中国人民银行公布的基准汇率折合为人民币计算完税价格；以基准汇率币种以外的外币计价的，按照国家有关规定套算为人民币计算完税价格。适用汇率的日期由海关总署规定。

（二）进口关税的征收

1. 从价税

计算进口关税税额的基本公式为

$$进口关税税额 = 完税价格 \times 进口关税税率$$

在计算关税时应注意以下几点：

（1）进口税款缴纳形式为人民币。进口货物以外币计价成交的，由海关按照签发税款缴纳证之日国家外汇管理部门公布的人民币外汇牌价的买卖中间价折合人民币计征。人民币外汇牌价表未列入的外币,按国家外汇管理部门确定的汇率折合人民币。

(2) 完税价格金额计算到元为止,元以下四舍五入;完税税额计算到分为止,分以下四舍五入。

(3) 一票货物的关税税额在人民币 50 元以下的免税。

进口货物的成交价格,因有不同的成交条件而有不同的价格形式,常用的价格条款有 CIF、FOB、CFR 三种。

(1) 以 CIF 成交的进口货物,如果申报价格符合规定的"成交价格"条件,则可直接计算出税款。

【例 6-1】某公司从日本进口钢铁制品 10 万 kg,其成交价格为 CIF 天津新港 12.50 万美元。已知海关填发税款缴款书之日的外汇牌价:100 美元 = 696.59 元人民币(买入价),100 美元 = 699.54 元人民币(卖出价),钢铁制品进口关税税率为 15%。求进口关税税额。

税款计算如下:

1) 根据填发税款缴款书日的外汇牌价,将货价折算为人民币:

$$外汇买卖中间价 100 美元 = [(696.59 + 699.54) \div 2] 元 = 698.07 元$$

$$完税价格 = (125000 \times 6.9807) 元 = 872587.5 元$$

2) 计算进口关税税额,即

$$进口税税额 = 872587.5 元 \times 15\% = 130888.13 元$$

(2) 以 FOB 和 CFR 条件成交的进口货物,在计算税款时应先把进口货物的申报价格折算成 CIF 价,然后再按上述程序计算税款。

【例 6-2】国内某公司向美国购买轿车 10 辆,成交价格为 FOB 纽约 12 万美元,实际支付运费 5000 美元,保险费 800 美元。已知该货物的进口税率为 43.8%,外汇汇率为 1 美元 = 6.98 元人民币。求进口关税税额。

1) 确定货物的完税价格:

$$CIF = FOB + I(保险费) + F(运费)$$

$$CIF 价格 = (120000 + 5000 + 800) 美元 = 125800 美元$$

2) 根据汇率适用原则,将外币计算为人民币:

$$(125800 \times 6.98) 元 = 878084 元$$

3) 计算应该征收的税款:

$$进口关税税额 = 完税价格 \times 进口关税税率$$
$$= 878084 元 \times 43.8\%$$
$$= 384600.80 元$$

2. 从量税

从量税的计算公式为

$$进口关税税额 = 货物进口数量 \times 从量税税额$$

【例 6-3】国内某公司从日本购进柯达胶卷 50400 卷(规格 135/36 的胶卷,1 卷为 $0.05775 m^2$),成交价格为 CIF 境内某口岸 10.00 港元/卷,外汇汇率 1 港元 = 0.88 元人民币,计算进口关税税额(胶卷进口最惠国税率为 155 元/m^2)。

1) 确定货物的实际进口数量:

$$50400 卷 \times 0.05775 m^2/卷 = 2910.6 m^2$$

2）按照公式计算应该征收的税款：

$$进口关税税额 = 货物进口数量 \times 从量税税额$$
$$= 2910.6 m^2 \times 155 元/m^2 = 451143 元$$

3. 复合税

复合税的计算公式为

$$复合税 = 从量税 + 从价税$$

【例6-4】某电视台进口两台日本产电视摄像机，价格为CIF13000美元，海关填发税款缴款书之日人民币对美元买卖中间价是100美元=698.36元人民币，求关税税额。

1）确定完税价格：

$$(13000 \times 698.36 \div 100) 元 = 90786.8 元$$

2）确定适用税率。摄像机归入税则号8525.3090，日本是WTO的缔约方，适用最惠国税率，每台价格低于或等于5000美元的，适用从价税，税率35%；每台价格高于5000美元的，其税率是每台13280元的从量税，加上3%的从价税。因此，必须首先计算单价：

$$(13000 \div 2) 美元 = 6500 美元$$

单价高于5000美元，故应使用复合税。

3）计算从量部分关税：

$$(13280 \times 2) 元 = 26560 元$$

4）计算从价部分关税：

$$(90786.8 \times 3\%) 元 = 2723.6 元$$

5）计算全部应征关税：

$$(26560 + 2723.6) 元 = 29283.6 元$$

4. 滑准税

滑准税的计算公式为

$$从价应征进口关税税额 = 完税价格 \times 暂定关税税率$$
$$从量应征进口关税税额 = 进口货物数量 \times 暂定关税税率$$

（三）出口关税税款的征收

出口货物的完税价格以FOB价格扣除出口关税后的价格作为应税价格。

出口关税税款的基本计算公式为

$$出口关税税额 = 完税价格 \times 出口关税税率$$

$$完税价格 = \frac{FOB 价}{1 + 出口关税税率}$$

出口货物以FOB条件成交的，可按上述两个公式直接计算出税款；如果出口货物以其他贸易术语成交，需先将货价折算成FOB价，再计算税款。

【例6-5】某公司出口到中国香港甲苯4500桶，每桶净重100kg，毛重102kg，每公吨售价CFR香港7610港元，甲苯出口税率30%，已知申报运费为每公吨850元人民币，税款缴纳证填发之日的外汇牌价为1港元=0.8789元人民币，求应征出口税额。

税款计算如下：

1）将CFR货价折算成人民币价：

$$(7610 港元 \times 0.8789 \times 450) 元 = 3009793.05 元$$

2) 计算运费：

$$运费 = (850 \times 459)元 = 390150 元(运费以毛重计)$$

3) 计算完税价格：

$$FOB 价 = CFR 价 - F(运费)$$
$$= (3009793.05 - 390150)元$$
$$= 2619643.05 元$$

$$完税价格 = FOB 价 \div (1 + 出口关税税率)$$
$$= [2619643.05 \div (1 + 30\%)]元$$
$$= 2015110.04 元$$

4) 该批货物的出口关税税额：

$$2015110.04 元 \times 30\% = 604533.01 元$$

（四）反倾销税税款的征收

反倾销税税额的计算公式为

$$反倾销税税额 = 完税价格 \times 适用的反倾销税税率$$

【例6-6】 国内某公司从韩国购进厚度为0.7mm的冷轧板卷200t，成交价格为CIF境内某口岸560美元/t，生产厂商为韩国某制钢株式会社。已知适用中国银行的外汇折算价为1美元=6.9836元人民币，计算应征的反倾销税税款。

1) 确定税则归类，厚度为0.7mm的冷轧卷板归入税号7209.1790。

2) 根据有关规定，进口韩国厂商韩国某制钢株式会社生产的冷轧卷板反倾销税税率为14%。

3) 审定成交价格为112000美元。

4) 将外币价格折算成人民币为782163元。

5) 计算反倾销税税额：

$$反倾销税税额 = 完税价格 \times 适用的反倾销税税率$$
$$= 782163 元 \times 14\%$$
$$= 109502.82 元$$

二、进口环节税的征收

（一）消费税

1. 从价税

中国实行从价定率办法计算进口消费税，计税价格由进口货物（成本加运保费）价格（即关税完税价格）加关税税额组成。中国消费税采用价内税的计税方法，因此，计税价格组成中包括消费税税额。

组成计税价格计算公式为

$$组成计税价格 = \frac{关税完税价格 + 关税税额}{1 - 消费税税率}$$

从价计征的消费税税额计算公式为

$$应纳税额 = 组成计税价格 \times 消费税税率$$

【例6-7】 某公司进口一批货物,经过海关审核其成交价格为CIF境内某口岸12800美元,外汇汇率1美元=6.98元人民币,折合人民币89344元。已知该批货物的关税税率为20%,消费税税率17%,求消费税税额。

1) 确定货物的进口关税完税价为89344元。
2) 货物的进口关税税额:

$$89344 \text{元} \times 20\% = 17868.8 \text{元}$$

3) 计算组成计税价格:

组成计税价格 = (关税完税价格 + 关税税额) ÷ (1 − 消费税税率)

$$= [(89344 + 17868.8) \div (1 - 17\%)] \text{元}$$

$$= 129172.05 \text{元}$$

4) 计算应征消费税税额:

$$129172.05 \text{元} \times 17\% = 21959.25 \text{元}$$

2. 从量税

从量计征的消费应税货物有黄酒、啤酒、汽油、柴油四种,实行定额征收。黄酒每吨人民币240元,啤酒每吨人民币220元,汽油每升0.2元,柴油每升0.1元。

从量计征的消费税税额计算公式为

应纳税额 = 单位税额 × 进口数量

按从量税计征消费税的货品计量单位的换算标准是

啤酒1t=988L;黄酒1t=962L;汽油1t=1388L;柴油1t=1176L

【例6-8】 某公司进口1000箱啤酒,每箱24听,每听净重335mL,价格为CIF10000美元,100美元=698元人民币。关税普通税率7.5元/L,消费税税率220元/t。求关税税额和消费税税额。

1) 进口啤酒数量:

$$(335 \times 1000 \times 24 \div 1000) \text{L} = 8040 \text{L} = 8.1377 \text{t}$$

2) 计算关税税额:

$$(7.5 \times 8040) \text{元} = 60300 \text{元}$$

3) 计算消费税税额:

$$(220 \times 8.1377) \text{元} = 1790.29 \text{元}$$

(二) 增值税

按照我国相关税法的规定,增值税由税务机关征收,进口货物的增值税由海关征收。纳税人出口货物,税率为零。个人携带或者邮寄进境自用物品的增值税,连同关税一并计征。

组成计税价格的计算公式为

组成计税价格 = 关税完税价格 + 关税税额 + 消费税税额

增值税税额的计算公式为

应纳税额 = 组成计税价格 × 增值税税率

【例6-9】 某公司从英国进口一批货物,经过海关审核其成交价格为1200美元,外汇汇率为1美元=7.0元人民币,折合人民币8400元。已知该批货物的关税税率为12%,消费税税率为10%,增值税税率为13%。计算应征增值税税额。

1) 确定货物的进口关税完税价 = 8400 元
2) 计算货物的进口关税税额:

$$8400 \times 12\% = 1008 \text{ 元}$$

3) 确定货物的消费税税额:

$$消费税税额 = (关税完税价格 + 关税税额) \div (1 - 消费税税率) \times 消费税税率$$
$$= [(8400 + 1008) \div (1 - 10\%) \times 10\%] \text{元} = 1045.33 \text{ 元}$$

4) 计算增值税组成计税价格:

$$增值税组成计税价格 = 关税完税价格 + 关税税额 + 消费税税额$$
$$= (8400 + 1008 + 1045.33) \text{元} = 10453.33 \text{ 元}$$

5) 计算应征增值税额:

$$10453.33 \text{ 元} \times 13\% = 1358.9 \text{ 元}$$

三、其他税费的征收

滞纳金的计算公式为

$$关税滞纳金金额 = 滞纳关税税额 \times 0.5‰ \times 滞纳天数$$

进口环节代征税滞纳金金额 = 滞纳的进口环节海关代征税税额 × 0.5‰ × 滞纳天数

【例6-10】中国内地某公司向中国香港购进日本丰田皇冠牌轿车一批,已知该批货物应征关税税额为352793.52元,应征进口环节消费税为72860.70元,进口环节增值税税额为247726.38元。海关于2007年6月14日填发海关专用税款缴款书,该公司于2007年7月10日缴纳税款。计算应征的滞纳金。

1) 确定滞纳天数。税款缴款期限为2007年6月29日(星期五),6月30日—7月10日为滞纳期,共滞纳11天。
2) 计算各类滞纳金:

$$关税滞纳金 = 滞纳关税税额 \times 0.5‰ \times 滞纳天数$$
$$= (352793.52 \times 0.5‰ \times 11) \text{元}$$
$$= 1940.36 \text{ 元}$$

$$进口环节消费税滞纳金 = 进口环节消费税税额 \times 0.5‰ \times 滞纳天数$$
$$= (72860.70 \times 0.5‰ \times 11) \text{元}$$
$$= 400.73 \text{ 元}$$

$$进口环节增值税滞纳金 = 进口环节增值税税额 \times 0.5‰ \times 滞纳天数$$
$$= (247726.38 \times 0.5‰ \times 11) \text{元}$$
$$= 1362.50 \text{ 元}$$

3) 应缴滞纳金 = 关税滞纳金 + 进口环节消费税滞纳金 + 进口环节增值税滞纳金
$$= (1940.36 + 400.73 + 1362.50) \text{元}$$
$$= 3703.59 \text{ 元}$$

四、关税的退补与减免

(一) 关税的退补

关税的退补分补征、追征和退税三种情况。

1. 补征

进出口货物、进出境物品放行后，海关发现少征或漏征税款时，应当自缴纳税款或者货物、物品放行之日起一年内，向纳税义务人补征。

2. 追征

因纳税义务人违反规定造成少征或者漏征税款的，海关可以自缴纳税款或者货物放行之日起三年内追征税款，并从缴纳税款或者货物放行之日起按日加收少征或者漏征税款万分之五的滞纳金。

3. 退税

海关多征的税款，发现后应当立即退还。

有下列情形之一的，进出口货物的纳税义务人可以自缴纳税款之日起一年内，书面声明理由，连同原纳税收据向海关申请退税，逾期不予受理：①因海关误征，多纳税款的。②海关核准免验进口的货物，在完税后，发现有短缺情形，经海关审查认可的。③已征出口关税的货物，因故未将其运出口，申报退关，经海关查验属实的。

对已征出口关税的出口货物和已征进口关税的进口货物，因货物品种或规格原因（非其他原因）原状复运进境或出境的，经海关查验属实的，也应退还已征关税。海关应当自受理退税申请之日起30日内，做出书面答复并通知退税申请人。《海关法》在这规定强调的是"因货物品种或规格原因，原状复运进境或出境的"；如果属于其他原因且不能以原状复运进境或出境的，不能退税。

同时，根据新《关税条例》第五十条规定，有下列情形之一的，纳税义务人自缴纳税款之日起一年内，可以申请退还关税，并应当以书面形式向海关说明理由，提供原缴款凭证及相关资料：①已征进口关税的货物，因品质或者规格原因，原状退货复运出境的；②已征出口关税的货物，因品质或者规格原因，原状退货复运进境，并已重新缴纳因出口而退还的国内环节有关税收的；③已征出口关税的货物，因故未装运出口，申报退关的。

(二) 关税的减免

关税减免是对从外国进口商品减征或免征进口税的一种待遇。根据中国《海关法》规定，中国关税减免权属于中央，各地海关一般按《海关法》和《海关进出口税则》规定以及中央的指示等执行。根据《海关法》，享受关税减免的主要有：①进出口关税征收额在人民币50元以下，免征关税。②在国外运输途中或起卸时遭受损失的，可以酌情减免进口关税。③进、出口广告品和专作化验用的进口货样，以及国家机关、企业价购和免费赠送给国外的货样，免征关税。④暂时进出口的展览品和货样，免征关税。⑤专为制造特种外销商品的主要进口原料，可以减免关税。⑥非贸易性自用物品的关税在人民币150元以下的，可由海关关长酌情减免。⑦直接用于教学、科研、实验的进口用品和样品，免征关税和工商统一税。

同时，新《关税条例》第四十五条规定，下列进出口货物可以免征关税：①关税税额在人民币50元以下的一票货物。②无商业价值的广告品和货样。③外国政府、国际组织无偿赠送的物资。④在海关放行前损失的货物。⑤进出境运输工具装载的途中必需的燃料、物料和饮食用品。

第四节　中国的原产地制度

一、原产地规则概述

原产地规则（Rules of Origin）是指任一国家、国家集团或地区为确定货物原产地而实施的法律、规章和普遍适用的行政命令。简言之，它是确定货物原产地的法规。货物的原产地被形象地称为商品的"经济国籍"，原产地规则在国际贸易中具有重要作用。

原产地规则的产生起源于国际贸易领域对国别贸易统计的需要。然而，伴随着国际贸易中关税壁垒与非关税壁垒的产生与发展，原产地规则的应用范围也随之扩展，涉及关税计征、最惠国待遇、贸易统计、国别配额、反倾销、手工制品、纺织品、政府采购甚至濒危动植物的保护等诸多范畴。因此，许多国家都分别制定了烦琐、苛刻的原产地规则。原产地判定标准往往带有深厚的贸易保护主义色彩。如今，原产地规则已不仅仅是单纯的海关的技术性（统计）问题，而是发展成为西方各国实施其贸易政策的有力工具，在一定程度上已经演变成非关税壁垒的措施之一，因原产地规则而引起的贸易摩擦与纠纷时有发生。

为了建立一个公正、透明、简化、一致的原产地规则，关贸总协定与海关合作理事会（Customs Co-operation Council）曾做过长期不懈的努力。早在1947年，《关贸总协定》中的第九条就对"原产地标记"问题做了规定，以便产品的进口国别统计和跨国营销。海关合作理事会于1973年在日本京都制定了《1973年简化和协调海关手续的国际公约》（俗称《京都公约》），其中心内容是海关手续问题，也包括了原产地规则。然而，加入公约的国家只有40多个，且公约没有建立起统一的原产地规则，只规定了供成员国自由选择或参照的标准条款和建议条款，各成员国仍分别制定本国的原产地规则。直到1986年开始的GATT乌拉圭回合的多边贸易谈判中，非关税措施谈判组才将原产地规则问题列入重要议题。经各有关方面的共同努力，终于在乌拉圭回合结束的1993年，通过了《原产地规则协议》（Agreement on Rules of Origin）。该协议是GATT多边贸易体制内第一个关于原产地规则的国际协议。对简化、协调、统一国与国之间的原产地规则起到积极的推动作用。1995年成立的世界贸易组织（WTO）在其货物贸易理事会（The Council for Trade in Goods）中专门下设了原产地规则委员会，旨在加强原产地规则的国际协调和趋同。

（一）原产地规则的基本要素及应用范畴

货物的"原产地"通常是指货物的"原产国"，而其中的"国"可指一个国家或国家集团或一个地区（独立关税区等）。原产地规则包括如下几项基本要素：制定原则、适用范围、原产地标准、运输规则、证书要求、监管程序、主管机构等。

原产地规则已被广泛应用于国际贸易的许多范畴，诸如：

1. 贸易统计

贸易统计便于联合国、世界贸易组织等国际机构及各国的国别贸易统计和分析，便于区分货物的原产地、转口流通及最终进口消费等。然而，随着经济全球化和跨国公司的发展，因现行的原产地规则统计而得出的贸易差额已出现了误导，甚至引起贸易争端。

2. 差别关税的计征

各国为了政治、经济权益的需要，都对外实施"多栏制"的差别关税待遇，如一般税率、最惠国税率、协定税率、普惠制税率等。各国海关依据进口货物的原产地计征不同税率的关税，原产地规则的主要作用体现在关税的征收上，正确使用原产地规则可以避免在关税征收上遭受不公正的待遇。

3. 地区经济一体化的互惠措施

20世纪80年代以来，国与国之间经济的一体化进程加快，以关税同盟（如欧盟）与自由贸易区（如北美自由贸易区）为主要表现形式。其以互惠互利、一致对外原则安排其成员的经贸关系，在成员之间享受减免关税待遇，并减少非关税壁垒。为了区分货物是否原产于成员方，由此产生了关税同盟与自由贸易区内部通行的原产地规则。

4. 进口配额的管理

根据双边协议（如中美之间）或多边协议的安排，不少国家，尤其是发达国家，对敏感性产品（如纺织品、服装、汽车、机电产品）实施进口配额限制，并制定了相应的原产地规则，以确定进口货物的来源。为了进行贸易保护，进口国往往修改原产地规则的有关条款。1994年，美国通过法案，将服装的原产地判定标准由"裁剪地"改为"缝制地"，从而有效地阻碍了中国内地制造的服装利用中国香港的尚余配额对美出口。一词之差造成的影响非常之大。

5. 反倾销（反补贴）诉案的审理

所谓"倾销"，是指在不同国家以不同价格销售货物的做法，尤指以低于货物出口原产国国内市场价格的价格在国外销售，对进口国生产商造成不公平竞争的做法。如何确定货物的国内市场价格，货物究竟"原产"于何国，则是反倾销诉案调查审理的关键，势必要涉及原产地规则的运用，以防止原产国通过第三国向进口国倾销或通过在进口国"就地设厂、就地倾销"等规避行为的发生。

6. 原产地标记的监管

有的国家（如美国）为了保护消费者的权益，规定每件原产于外国的货物及其包装必须附有原产地标记，以利于海关的监管和消费者的识别和选购。原产地标记的真实性、合法性则与原产地规则密切相关。

7. 政府采购中货物的原产地判定

为了保护民族工业，维护国家经济利益，一些国家专门制定了原产地规则，旨在鼓励政府部门采购"国货"，抵制"舶来品"的冲击。

8. 涉及濒危动植物的保护

根据《华盛顿公约》的规定，为了保护濒危动植物，对某些特定的货物，使用原料涉及濒危动植物的，做了原产地、品种和数量的限制。

（二）原产地规则的种类

通常，原产地规则按适用范畴分为优惠性原产地规则和非优惠性原产地规则。一般来讲，非优惠性原产地规则是在最惠国待遇下普遍适用的确定进出口货物原产地的规则。对符合非优惠原产地规则的货物的进口，实施适用于最惠国待遇的关税水平，没有特殊优惠。优惠原产地规则则用于判定进口货物是否原产于属于享受优惠的国家或地区，确定其是否可以享受关税等优惠待遇，一般用于区域自由贸易协定和其他双边及多边贸易优惠安排。享受关税优惠的原产地规则一般要比非优惠原产地规则严格得多,各个自由贸易协定概莫能外。

简单地说,非优惠原产地规则适用于所有贸易对象国或地区,而优惠原产地规则只适用于签订协定或由协定规定的贸易对象国或地区。

(三) 原产地标准

原产地规则是确定进出口产品生产或制造国家(地区)的标准与方法。由于世界上大多数国家都实行复式税则,对原产于不同国家(地区)的产品给予不同的关税待遇,因此,进口产品的原产地或制造地将决定该产品适用哪种关税税率。同时,各国出于对外贸易政策的需要,海关要对各进口国(地区)的商品贸易进口量进行统计,也必须对进口产品的原产地加以确定。

进口货物原产地确定的主要标准有完全获得标准和实质性改变标准。

1. 完全获得标准

对于完全在一个国家(地区)内生产或制造的产品,生产或制造国(地区)即为该货物的原产地,完全在一个国家(地区)内生产或制造的产品范围为:①该国(地区)领土或领海内开采的矿产品;②该国(地区)领土或领海收获或采集的植物产品;③该国(地区)领土上出生和饲养的活动物及从其所得产品;④从该国(地区)领土或领海狩猎或捕捞所得的产品;⑤该国(地区)的船只在公海捕捞的水产品和其他海洋产品;⑥该国(地区)加工船加工的前述5项所列物品所得的产品;⑦在该国(地区)收集的仅适用于原材料回收的废旧物品;⑧在该国(地区)利用上述第①~⑦项所列产品加工所得的产品。

2. 实质性改变标准

对经过几个国家(地区)加工、制造的进口货物,以最后一个对货物进行经济上可以视为实质性加工的国家(地区)作为有关货物的原产地。这一标准常称为"实质性改变标准",包括税目改变标准、增值百分比标准、加工工序标准、混合标准等。

(1) 税目改变标准。税目改变标准又称税则分类变化标准,是指一项产品经加工制造使得所用原材料的税目分类编号与成品的税目分类编号不同,则以该加工制造地作为此产品的原产地。例如,用原产于第三国的零部件组装而成的收音机的原产地为组装地,这是因为收音机与其零部件分列不同的税目号。

(2) 增值百分比标准。按照产品的进口部分或国内部分与产品本身价值之间的比例关系来确定产品的原产地。例如规定,如果产品中的进口成分超过产品本身价值的30%,这项产品就不能取得该国的原产地了。

(3) 加工工序标准。这里的加工工序是指在某一国家(地区)进行的赋予制造、加工后所得货物基本特征的主要工序。产品只有在一国经历了这样的工序才算取得该国的原产地资格。例如,规定"缝制地"为服装的原产地。石油产品以生产国为原产国。对于机器、仪器、器材或车辆所用的零件、部件、配件、备件及工具,如果与主件同时进口并且数量合理,其原产地按主件的原产地予以确定;如果分别进口,则按各自的原产国确定。

我国海关并不要求进口货物的收货人对每一票货物都必须提供原产地证书,报关时一般只需如实填写货物原产地即可(同一批货物原产地不同,应分别填写申报单)。但中性包装、裸包装和散装货物例外。

此外,对于某些难以确定原产地的货物,必要时海关可以要求进口申报人交验有关国家

（地区）发证机关发放的"原产地证明书"。凡不能提供的，海关按普通新税率计征关税。我国海关对原产地证书的格式没有规定，但不接受第三国出具的原产地证书。

（四）常见原产地证明书的种类

原产地证书是国际贸易中用来证明货物产地来源的证明文书，它是货物的来源地"护照"和"国籍"凭证。由于它往往被进口国用来作为实行差别关税待遇和实施国别贸易政策管理的重要依据，因此它就具有了特定的法律效力和经济效用。

根据签发者不同，原产地证书一般可分为以下三类：

（1）商检机构出具的原产地证书，如中华人民共和国检验检疫局（CIQ）出具的普惠制产地证格式 A（GSP FORM A）；一般原产地证书（CERTIFICATE OF ORIGIN）。

（2）商会出具的产地证书，如中国国际贸易促进委员会（CCPT）出具的一般原产地证书，简称贸促会产地证书（CCPIT CERTIFICATE OF ORIGIN）。

（3）制造商或出口商出具的产地证书。

二、中国非优惠原产地规则

中国的原产地规则的建立经历了一个相对漫长的发展过程。在 2005 年 1 月 1 日之前，中国对进口和出口货物分别实行不同的原产地规则。

（一）进口货物原产地规则

1949—1985 年期间，中国对进口货物的真正原产地不进行评价和判定，而是采用以进口货物的购运国来进行区分，即只看货物从哪个国家运往中国，然后将它归入所适用的相应关税待遇中。在此期间，中国的税率只有两种：一是普通税率，主要适用于未建交的国家；二是最惠国税率，主要适用于已建立并签订双边或多边贸易协定的国家。

在这 30 多年中，国与国之间的贸易分工发生了根本性的变化，完全由一国生产的产品越来越少，而更多的是经过多国加工完成的制成品，其加工深度和产品附加值各不一样，所以，按照购运国的标准难以准确判定货物的原产地。

世界经济全球化造成的贸易争端日趋尖锐，为缓解矛盾，各国在制定本国出口货物原产地判定标准的同时，相继制定进口货物的原产地判定标准，以方便本国海关实施关税优惠措施。为了顺应国际经济贸易的发展变化，中国于 1985 年 3 月将适用多年的按进口货物的购运国课征关税改为按进口货物的原产国课征关税，1986 年 12 月，海关总署对外颁布了《中华人民共和国海关关于进口货物原产地的暂行规定》（以下简称《暂行规定》）用于对进口货物的原产地管理。这是中国第一个有关原产地的行政法规。

根据该规定，海关在判定进口货物的原产地时有两个标准：一是对于完全在一个国家内生产或制造的产品，该国即视为原产地；二是对于经过几个国家加工制造的产品，最后一个对产品进行经济上或视为实质性加工的国家为原产地。具体标准是：《海关进出口税则》中四位数税号一级的税则归类已发生改变，加工增值部分占新产品总值超过 30%。这个原产地规则存在很多问题，如标准还不完全与 WTO 及国际惯例接轨、可操作性差、在国际贸易中对本国产业的保护作用不强等。

（二）出口货物原产地规则

在相当一段时期内，中国的出口货物原产地制度存在许多弊端，主要表现在：中国原产地工作在宏观控制和微观管理方面存在着严重的滞后和被动，原产地工作的管理无法可依、无章可循，缺乏规范统一的原产地判定标准，一些含有进口成分较高，甚至中方只收取少量加工费的加工贸易产品复出口时领取了中国的原产地证，加大了中国对外贸易的顺差；申领和签发原产地证明书过于宽松，多头出证现象严重，造成原产地证缺乏法律效力，使真正原产于中国本应享受优惠关税待遇的出口产品在进口国不能享受应有的优惠关税，甚至受到进口国的反倾销报复，严重影响了中国对外贸易的正常发展。在这种形势下，中国原产地立法工作提上了议事日程。

为了既能促进对外经济贸易，又能有效地利用外资，既能缓解贸易摩擦，又能保护和发展民族工业，加快与国际原产地规则接轨的步伐，中国于1992年制定了第一部有关出口贸易原产地的法规——《中华人民共和国出口货物原产地规则》（以下简称《原产地规则》），并于1992年3月8日颁布，同年5月1日正式实施。

《原产地规则》是中国有关出口货物原产地的基本法规。原外经贸部根据国务院的授权，于1992年4月1日发布了《中华人民共和国出口货物原产地规则实施办法》（以下简称《原产地规则实施办法》）和《中华人民共和国含进口成分出口货物原产地标准主要制造、加工工序清单》（以下简称《加工工序清单》）。《原产地规则实施办法》和《加工工序清单》对《原产地规则》中所涉及的问题做了进一步详细的规定，于1992年5月1日与《原产地规则》同时实施。

《原产地规则》《原产地规则实施办法》和《加工工序清单》的公布实施，是中国出口货物原产地制度得到进一步完善的极其重要的里程碑。它结束了中国原产地工作长期以来没有统一的法律法规和管理体系的局面，把中国的原产地工作纳入了法律化、科学化和规范化的轨道，为原产地工作的健康发展奠定了法律基础，促进了中国对外经济贸易事业的发展。

为了进一步规范中国原产地证的签发和管理工作，原外经贸部于1995年11月21日下发了《关于签发中华人民共和国出口货物原产地证明书的规定（试行）》（以下简称《签证规定》）。该《签证规定》于1996年1月1日起正式实施。

《原产地规则》《原产地规则实施办法》《加工工序清单》和《签证规定》共同构成中国出口货物原产地制度的基本法律体系，是中国原产地工作管理机构、原产地证书签发机构和原产地证书申领企业必须遵循的准则。中国国际贸易促进委员会（以下简称贸促会）于1994年7月根据《原产地规则》和《原产地规则实施办法》等法规制定了《中国国际贸易促进委员会签发一般原产地证明书管理办法》，自1994年10月1日起实施，作为规范全国贸促会系统一般原产地证书签证工作的依据。1996年4月，贸促会根据外经贸部的《签证规定》对其制定的签发一般原产地证明书管理办法进行了修改和补充。

长期以来，中国的出口货物和进口货物原产地规则分离，而且分别在1986年和1992年先后由海关总署、国务院分别发布，前者属于部门规章，后者属于行政管理法规，两者立法层级不一致。随着中国在世界经济和国际贸易中地位的不断提高，迫切需要一部进出口统一的、具有更高法律层级的、与国际通行规则相衔接的原产地规则。于是，国务院于2004年9月颁布了《中华人民共和国进出口货物原产地条例》（以下简称《原产地条例》），自2005年1月1日起施行。这是中国为履行加入WTO的承诺，根据WTO《原产地规则协议》的要求，在总结进口货物原产地暂行规定和出口货物原产地规则实施经验的基础上制定的，是中国第一部进出口货物完全统一的、与国际接轨的货物原产地认定行政法规。《原产地条例》的颁布，大大提高了原产地管理的科学化、法制化水平，有利于企业依法维护自己的权益。

（1）基本原则。根据《原产地条例》规定，进口货物的收货人按照《海关法》及有关规定办理进口货物的海关申报手续时，应当依照《原产地条例》规定的原产地确定标准如实申报进口货物的原产地；同一批货物而原产地不同的，应当分别申报原产地。

海关在审核确定进口货物原产地时，可以要求进口货物的收货人提交该进口货物的原产地证书，并予以审核。出口货物发货人申请领取"出口货物原产地证书"，应当在签证机构办理注册登记手续，按照规定如实申报出口货物的原产地，并向签证机构提供签发"出口货物原产地证书"所需的资料。

对于提供虚假材料骗取"出口货物原产地证书"或者伪造、变造、买卖或者盗窃"出口货物原产地证书"的，《原产地条例》规定，由出入境检验检疫机构、海关处5000元以上10万元以下的罚款；骗取、伪造、变造、买卖或者盗窃作为海关放行凭证的"出口货物原产地证书"的，处货值金额等值以下的罚款，但货值金额低于5000元的，处5000元罚款；有违法所得的，由海关没收违法所得；构成犯罪的，依法追究刑事责任。

（2）具体标准。我国原产地规则主要采用完全获得标准和实质性改变标准。

1）完全获得标准。完全在一个国家（地区）获得的货物，以该国（地区）为原产地；两个以上国家（地区）参与生产的货物，以最后完成实质性改变的国家（地区）为原产地。

2）实质性改变标准。按照《原产地条例》规定，实质性改变的确定标准，以税目改变为基本标准；税目改变不能反映实质性改变的，以增值百分比标准、加工工序标准等为补充标准。

三、中国（大陆）优惠原产地规则

（一）优惠原产地的概念

优惠原产地规则是指各国（地区）为了实施各种优惠贸易政策而制定的原产地规则，也称为协定原产地规则。优惠贸易政策可以是单向给惠的，如特惠制；也可以是双向给惠的，如自由贸易协定。优惠原产地规则作为优惠贸易政策的重要配套工具，具有很强的排他性。一般认为，优惠原产地规则应当比非优惠原产地规则严格，与此同时，优惠原产地规则下进口货物税率也比最惠国税率更优惠。截至2018年2月底，中国大陆共签订了《亚太贸易协定》《中国—东盟全面经济合作框架协议货物贸易协议》（简称《中国—东盟自贸区协议》）、《内地与香港关于建立更紧密经贸关系的安排》（简称《内地与香港紧密经贸关系安排》）、《内地与澳门关于建立更紧密经贸关系的安排》（简称《内地与澳门紧密经贸关系安排》）、《中华人民共和国给予非洲最不发达国家特别优惠关税待遇的货物原产地规则》（简称《对非洲特惠待遇》）、《原产于台湾地区的农产品实施零关税的措施》（简称《台湾农产品零关税措施》）、《中国—巴基斯坦关于自由贸易协定早期收获计划的协议》（简称《中巴自贸区协议》）、《中国—智利自由贸易协定》（简称《中智自贸区协定》）、《中华人民共和国政府和新加坡共和国政府自由贸易协定》（简称《中新（加坡）自贸协定》）、《中华人民共和国政府和新西兰共和国政府自由贸易协定》（简称《中新（西兰）自贸协定》）、《中华人民共和国政府和秘鲁共和国政府自由贸易协定》（简称《中秘自贸协定》）、《中华人民共和国海关进出口货物优惠原产地管理规定》（简称《海关进出口货物优惠原产地管理规定》）、《海峡两岸经济合作框架协议》（简称ECFA）等优惠贸易协定。为加强我国优惠原产地的统一管理，海关总署于 2009 年 1 月发布了《中华人民共和国进出口货物优惠原产地管理规定》（以下简称《优惠原产地管理规定》）。《优惠原产地管理规定》与各项自由贸易协定和优惠贸易安排项下的原产地管理办法，初步构成我国优惠原产地管理的基本框架。

目前，中国大陆优惠原产地规则包括中国参与的区域贸易协议、与其他国家签订自由贸易区协议以及给予一些最不发达国家的特惠关税。这些优惠协议都制定了严格的原产地规则，只有符合原产地规则的产品进入我国才能享受关税优惠。下面对各优惠贸易协议及原产地规则做简单介绍。

（二）优惠原产地规则的内容

1. 原产地标准

优惠原产地规则的原产地标准分为完全获得标准和实质性改变标准两个标准。

（1）完全获得标准。中国大陆的优惠原产地规则目前有《曼谷协定》《中国—东盟自由贸易区协定》等原产地规则。优惠原产地规则的完全获得标准除个别文字外，与非优惠原产地规则没有本质上的区别。

（2）实质性改变标准。

1）税则归类改变标准。

2）制造与加工工序标准。制造与加工工序标准（Criterion of Manufacturing）又称为加工制造标准，是以清单方式具体列明某货物要获得原产地产品资格必须经过的制造或加工工序，只有完成该制造或加工工序才可认为符合实质性改变标准。

3）从价百分比标准。

① 具体规定加工增值价值的内容。例如，《内地与香港关于建立更紧密经贸关系的安排》和《内地与澳门关于建立更紧密经贸关系的安排》原产地规则中规定：

$$\frac{原料价值 + 组合零件价值 + 劳工价值 + 产品开发支出价值}{出口成品的 FOB 价格} \times 100\% \geq 30\%$$

② 进口成分（即非原产地生产的和原产地不明的货物）的价值占加工后产品 FOB 价值的百分比不超过某一比例的标准。例如，《曼谷协定》原产地规则中规定：

$$\frac{进口成分价值}{出口成品的 FOB 价格} \times 100\% \leq 50\%$$

③ 在本质上仍属于进口成分的价值占加工后产品 FOB 的百分比不超过某一比例的标准，但在形式上表现为：

$$100\% - \frac{非自由贸易区材料价值 + 不明原产地材料价值}{离岸价格} \times 100\% \geq 40\%$$

2. 最后加工标准和直接运输规则

（1）最后加工标准。最后加工标准是指进口货物的最后一道加工制造工序必须在受惠国境内完成。

（2）直接运输规则。直接运输规则是关于进口货物必须从受惠国直接运输到我国关境的规定。但是，由于地理位置或者运输路线的原因货物不得不经过非受惠国时，货物可以作为例外，但不得在非受惠国关境内使用、交易或消费，并且除装卸和为保持货物良好状态而接受的简单处理外，货物不得经过任何其他处理。

课后习题

1. 简述中华人民共和国成立以来的关税制度演变及其特点。
2. 何为海关估价？如何进行海关估价？
3. 中国进出口税费有哪些？分别如何征收？
4. 何为原产地规则？中国原产地规则的主要内容有哪些？

第七章

中国贸易促进制度

在经济日益全球化的今天，国际贸易对一国经济发展的重要性是有目共睹的。出口贸易能否获得持续的增长，将直接影响到中国在未来经济全球化进程中的前途和命运。推动中国出口贸易成长，需要解决的问题很多，制定和实施有效的出口促进政策是不可缺少的一个方面。本章重点阐述中国的出口促进政策和措施。

第一节 中国的出口信贷制度

一、出口信贷

第二次世界大战后，国际贸易领域中的一般性制成品的出口，越来越多地为技术含量高、交易金额大的大型成套设备和大型工程项目的出口所替代，进出口商需要金额较大、期限较长的信贷支持，而原有的对外贸易短期信贷方式难以满足这一需要。于是，发达国家相继成立专门支持本国商品出口的出口信贷机构（Export Credit Agency，ECA），专门从事或者支持本国的商业银行开办中长期的、有补贴的出口信贷。由于出口信贷具有政府支持的特点，它一般金额大（没有最高限额）、期限长（平均在两年以上），而且利率优惠，对进出口商的吸引力远比一般的商业贷款要强；而且由于政府会贴补利差并担保有关风险，商业银行也乐于开展此项业务。因此，出口信贷自出现以来发展很快，目前已经成为各国商业银行的一项重要国际信贷业务。

（一）出口信贷的种类

1. 卖方信贷

卖方信贷（Supplier's Credit）是指出口商所在国的银行对出口商提供融资，以使得进口商可以在贸易合同中采用延期付款的方式，从而解决出口商资金周转的困难。在一个国家出口信贷发展的初期起步阶段，卖方信贷往往占主要地位，其原因主要是提供信贷的银行和申请信贷的出口商都在同一国度，操作比较方便。卖方信贷的一般操作程序是：

（1）出口商以延期付款的方式与进口商签订进出口合同，合同一般要求进口商向出口商在合同生效以后支付10%~15%的定金，其余85%~90%的款项在交货时由进口国银行签发或承兑若干张不同到期日的本票或汇票（由进口商或进口商的银行出具，需明确注明是可自由转让的），分期偿还（依国际惯例，一般要求每6个月偿还一次等额本金加利息）。

（2）在签订进出口合同之前，出口商一般事先向当地保险公司询价，以便将有关的保险费用事先打入成本。

（3）出口商凭出口贸易合同向其所在地的银行申请卖方贷款，双方签订出口卖方信贷融资协议，由银行根据协议向出口商提供信贷。需要注意的是，进出口合同必须与出口卖方信贷融资协议在内容上协调一致，如进出口合同中规定的定金比例、延期付款的次数、每次延付的金额以及最长延付期，其实就是卖方信贷融资协议中的定金条款、付款方式和付款期限等。

（4）出口商还需要与保险公司签订保险协议，主要是投保出口中长期延期付款收汇险。贷款银行一般会要求将该保险单的受益人转让给贷款银行，但此项转让必须事先征得保险公司的同意。

（5）出口商在根据进出口合同发货后，把出口装运单据以及商业发票提交给贷款银行，然后根据卖方信贷融资协议从银行贷款中提取贷款（一般是发票金额的85%左右）。接下来就是由进口商按照进出口合同的约定，分期偿还货款并支付利息给出口商，然后由收到进口商所付货款的出口商根据贷款协议偿还银行贷款。不过在实践中更多的做法是银行直接介入，进口国银行会把其出具或承兑的本票、汇票直接交给贷款银行，贷款银行一般则会要求出口商把进出口合同项下的债权凭证抵押在银行，用到期款项优先偿还贷款本息。

2. 买方信贷

在大型机械装备或成套设备贸易中，由出口商（卖方）所在地的银行贷款给外国进口商（买方）或进口商的银行，以给予融资便利，扩大本国设备的出口，这种贷款称为买方信贷（Buyer's Credit）。

（1）直接贷款给进口商（买方）。这种买方信贷的程序与做法是：

1）进口商（买方）与出口商（卖方）洽谈贸易，签订贸易合同后，进口商（买方）先缴相当于货价15%的现汇定金。现汇定金在贸易合同生效时支付，也可在合同签订后的60天或90天支付。

2）在贸易合同签订后至预付定金前，进口商（买方）再与出口商（卖方）所在地银行签订贷款协议。这个协议是以上述贸易合同作为基础的。如果进口商不购买出口国的设备，则进口商不能从出口商所在地银行取得此项贷款。

3）进口商（买方）用其借得的款项，以现汇付款条件向出口商（卖方）支付货款。

4）进口商（买方）对出口商（卖方）所在地银行的欠款，按贷款协议的条件分期偿还。

（2）直接贷款给进口商（买方）的银行。这种买方信贷的程序与做法是：

1）进口商（买方）与出口商（卖方）洽谈贸易，签订贸易合同，进口商（买方）先缴15%的现汇定金。

2）签订合同至预付定金前，进口商（买方）的银行与出口商（卖方）所在地的银行签订贷款协议。该协议虽以前述贸易合同作为基础，但在法律上具有相对独立性。

3）进口商（买方）的银行以其借得的款项，转贷给进口商（买方），后者以现汇条件向出口商（卖方）支付货款。

4）进口商（买方）的银行根据贷款协议分期向出口商（卖方）所在地的银行偿还贷款。

进口商（买方）与进口商（买方）的银行之间的债务按双方商定的办法在国内清偿结算。

上述两种形式的买方信贷协议中，均分别规定进口商或进口商的银行需要支付的信贷保险费、承担费、管理费等具体金额，这就比卖方信贷更有利于进口商了解真实货价，核算进口设备成本。但有时信贷保险费直接计入贸易合同的货价中。

3. 买方信贷和卖方信贷比较

买方信贷和卖方信贷这两种出口信贷的基本原理和目的都是一样的，即由银行提供信贷，为进口商提供融资便利，从而支持本国的出口商发展出口、开拓国际市场。但这两种方式涉及不同的借款人，在操作程序、融资成本等方面也存在不少差别。在一个国家出口信贷发展的初级起步阶段，卖方信贷是出口信贷的主要形式。但随着出口信贷的发展，买方信贷逐渐占了主要地位，是目前各国广泛应用的一种方式。为什么会这样呢？原因在于买方信贷与卖方信贷相比，对当事人各方都具有比较明显的优点：

首先，对出口商来说，在使用卖方信贷的情况下，是以延期付款的方式将产品出售给进口商，除了要筹措资金、组织生产以外，还会增加其资产负债表中的应收账款项目，从而对其资信产生不利影响。而在使用买方信贷的情况下，出口商能够从进口商那里以现汇方式收得货款，既不会影响其资金周转，也不会因资产负债表中的结构变化而影响其资信。因此，买方信贷比卖方信贷对出口商更加有利。

其次，对进口商来说，在使用卖方信贷的情况下，出口方银行直接将款项贷给出口商，出口商要承担贷款本息、承担费、管理费以及保险费等费用，而这些费用都会计入货价转嫁给进口商，从而影响进口商对货物真实价格的判断。而在使用买方信贷的情况下，进口商以现汇方式支付货款，货价不涉及信贷，进口商就比较清晰。

最后，对银行来说，买方信贷的信贷资金的安全性要高于卖方信贷，银行自然愿意做买方信贷。因为在使用卖方信贷的情况下，出口方银行的贷款是直接贷给出口商的，而在买方信贷的情况下，出口方银行的贷款可以贷给进口方银行，即使直接贷给进口商，通常也要有进口方银行的担保。在一般情况下，银行的资信当然要高于企业的资信，把钱贷给银行总是要放心一些。所以说，买方信贷对银行也是有利的。

在实践中的具体操作上，买方信贷和卖方信贷这两种方式还存在一些差别。例如，卖方信贷的最低合同金额一般比买方信贷要求的要低；卖方信贷的币种往往以出口国的本币为主，而买方信贷的币种往往是国际上自由可兑换的货币。

（二）中国的出口信贷

为了改善中国的出口商品结构，扩大机电仪器产品的出口，在国家有关政策的指导下，中国银行于1980年开办了出口卖方信贷业务，即对中国机电产品的出口单位发放政策性低利贷款。1983年曾试办过出口买方信贷，即对购买中国机电产品的国外进口商发放贷款。1994年，中国成立了办理出口信贷业务的政策性银行——中国进出口银行。中国进出口银行的建立与业务的开展，标志着我国初步形成了出口信贷体制。下面主要介绍中国进出口银行经营的出口卖方信贷和出口买方信贷的主要内容。

1. 出口卖方信贷

出口卖方信贷包括人民币贷款及外汇贷款，由出口方向银行借款。其贷款对象是具有法人资格、经国家有关部门批准有权经营机电产品和成套设备出口的进出口企业或生产企业。也就是说，无论是中央企业还是地方企业，无论是大中型企业还是中小型企业，只要获得机电产品出口经营权，出口项目又符合银行规定的条件，都有资格申请出口卖方信贷，也都有取得出口卖方信贷支持的机会。

出口卖方信贷支持的范围比较广泛，只要每项出口合同超过50万美元、设备在中国国内制造部分的比重符合国家规定、出口合同中规定的现汇支付比例符合国际惯例（一般机电产品不低于15%，船舶不低于20%）的各个行业的机电产品和成套设备以及船舶、飞机、通信卫星、电站等项目，均属于银行出口卖方信贷支持的范围。

由于卖方信贷具有政府贴补、支持本国出口的性质，因此具有相当的优惠。不过，并不是所有的出口商都能够获得卖方信贷的支持，申请该种贷款必须符合一定的条件。申办出口卖方信贷一般来说需具备以下条件：

（1）申请贷款的企业必须是独立的经济法人，企业经营管理良好，过去财务状况有良好记录，出口商和国内生产企业具备履行出口合同的能力。

（2）出口项目符合国家产业政策和外贸政策等有关规定，项目经过有关部门的批准，出口的有关合同已经签订，国内有关配套条件落实。

（3）经测算出口项目的经济效益好，盈利水平和出口换汇成本比较合理，有偿还借款本息的能力。

（4）出口合同的商务条款符合国际惯例，能维护中方的权益，有关的货款支付和结算方式对中方有利，商务合同在签约前需征得银行认可。

（5）出口的设备需符合进口国的规定，进口商已取得进口许可证。另外，进口商必须资信可靠，并能提供银行可接受的支付货款的保证（如银行保函、信用证、本票等）。

（6）借款企业应投保出口信用险，确保收汇安全。

（7）借款企业应提供银行认可的还款担保或财产抵押。

（8）借用外汇贷款的企业要有可靠的还汇来源，并采取防范汇率风险的措施。

具备上述条件的企业，可向银行申请出口卖方信贷，并提供以下几个方面的文件资料：

（1）正式向银行提出借款的书面申请。

（2）填交有关表格，制订用款和还款计划。

（3）近几年的资产负债表、损益表等财务报表。

（4）有关部门对出口项目的批准书等。

（5）出口项目的可行性研究报告或经济分析报告。

（6）出口项目的商务合同副本，需进口原材料或设备的项目应提供进口合同及有关批件或进口许可证。

（7）借款企业与国内生产企业或供货单位签订的供货合同副本。

（8）投保出口信用险的需提供出口信用保险的保单或承保意向书。

（9）借款人需提供国外银行付款保函或其他付款保证文件，并提供偿还出口卖方信贷的还款担保书或财产抵押证明文件。

（10）银行认为有必要提供的其他文件、资料。

银行受理企业借款申请后，按银行贷款条件进行贷前调查和评审，经过项目评审同意贷款后，即由银行与企业签订借款合同，合同生效后即可按合同规定的用款计划向企业发放贷款，并按期收回贷款本息。

2. 出口买方信贷

在各种出口信贷的形式中，使用最为广泛的就是买方信贷，尤其是出口商银行直接将款项贷给进口商银行这一种形式的买方信贷。在出口信贷发展比较成熟的国家，买方信贷占有重要地位。例如法国，直接贷款给进口商银行这一方式占法国出口信贷总额的70%。

出口买方信贷是由中方银行向进口方国家提供的外汇贷款，进口方用中方出口买方信贷款项支付中国出口商的货款，由购买设备的买方向中方银行申请。其贷款对象是经中国进出口银行认可的国外进口方银行或其他借款（如进口国的财政部或有实力的国外进口商等）。一般来说都要求进口方银行是世界上有名望或信誉卓著的银行或进口国的国家银行。贷款的使用范围必须是用于购买中国境内的成套设备、船舶及其他机电产品，不得用于购买第三国货物或工程土建费用。贷款的利率参照经合组织（OECD）的水平协商确定，贷款的期限一般不超过 10 年，贷款金额一般不超过合同金额的 85%。

申请出口买方信贷的条件：

（1）贸易合同的金额不低于 100 万美元。
（2）贸易合同项下进口方应支付 15% 的预付款。
（3）借款人需向保险公司投保出口信用险。
（4）由借款国的中央银行或财政部出具贷款担保。
（5）商务合同项下的出口结算应在中国进出口银行进行。
（6）使用出口买方信贷的贸易合同必须符合进出口双方国家的有关法律规定，获得双方国家批准，并取得进口国外汇管理部门同意按借款协议规定汇出全部借款本息及费用的文件。

如果需要使用出口买方信贷来执行出口贸易合同，出口企业应尽早与银行联系，并提供有关资料，由双方借贷银行商谈有关借款条件及借款合同条款，所签订的出口贸易合同必须与双方银行签订的贷款协议同时生效，有关的条款必须互相衔接、互相呼应，避免引起纠纷。

采用出口买方信贷方式的贸易合同，进口方的借款银行需在进出口双方商谈贸易合同的同时向中国进出口银行提出书面借款申请，并提交下列文件及资料：

（1）借款人的法定地址、名称。
（2）借款人近期的资产负债表、利润表及其他表明经营状况的资料。
（3）贷款的用途及还款计划。
（4）中国进出口银行认为必要的其他材料。

中国进出口银行受理出口买方信贷申请后，对出口项目和借款人进行必要的评审和调查研究，经过一定的审批程序批准贷款后，与借款人签订借款合同，并按合同规定发放贷款和收回贷款。

二、福费廷业务

（一）福费廷市场的起源与发展

"福费廷"（Forfeiting）一词来源于法语的"a forfeit"，含"放弃权利"的意思，是指在延期付款的大型设备贸易中，出口商先征得银行同意，把经过进口商承兑的远期汇票无追索权地卖给出口商所在地的银行，提前取得现款的一种资金融通方式。

第二次世界大战以后，为了医治战争创伤，重建家园，各国都需要进口大量建设物资和日用品。例如，东欧各国向美国购买大量谷物，因为缺乏外汇资金而需要向银行贷款，但银行融资能力有限，于是瑞士苏黎世银行协会首先开创了福费廷融资业务。

到了 20 世纪 50 年代后期，随着各国经济实力的恢复与发展，资本性货物的贸易越来越多,出口竞争日益加剧,资本性货物的卖方市场逐步转变为买方市场,买方已不再满足传统的 90~180 天的融资期限,要求延长付款期限。由于这种不断延长的信贷期限大大超出了卖方本身资金所承受的限度,卖方不得不向银行提出越来越长的融资需求。当时的银行无法提供出口商所希望得到的融资服务,于是福费廷融资方式就进一步活跃起来。

进入 20 世纪 80 年代,由于第三世界债务危机的困扰,再加上国际局势动荡不安,正常的银行信贷受到抑制,而福费廷业务却持续增长,逐渐由欧洲向亚洲及全世界发展。福费廷二级市场逐渐形成,使福费廷的交易方式日益灵活、交易金额日益增加,而且票据种类也不断扩大,形成了一个世界范围内的福费廷交易市场。

(二)福费廷业务的特点

(1)福费廷票据一般是以国际正常贸易为背景的,不涉及军事产品。

(2)在福费廷业务中,出口商必须放弃对所出售债权凭证的一切权益,贴现银行也必须放弃对出口商的追索权。

(3)福费廷票据一般在 1~5 年,也可提供更长期限的中长期融资。

(4)福费廷属批发性融资工具,适合于 100 万美元以上的大中型出口合同,对金额小的项目而言,其优越性不很明显。

(三)采用福费廷业务的好处

1. 对出口商的好处

福费廷对出口商的好处体现在以下几个方面:

(1)福费廷融资不影响出口企业的债务状况,不受银行信贷规模和国家外债规模的影响。

(2)福费廷业务是无追索权方式的贴现,出口企业一旦将手中的远期票据卖给银行,同时也就卖断了一切风险,包括政治、金融和商业风险,免除了后顾之忧。

(3)出口企业通过采用福费廷方式,可以在商务谈判中为国外买方提供延期付款的信贷条件,从而提高出口产品的竞争力。

(4)出口企业可将全部或部分远期票据按票面金额融资,无须受到预付定金比例的限制。

(5)出口企业需支付一定的贴现费用,但将延期付款变成了现金交易,变远期票据为即期收汇,提高了资金使用率,扩大了业务量,增强了企业活力。

(6)由于福费廷采用固定利率,出口企业可预知业务的成本,卖断以后的一切费用均由贴现银行承担。

(7)福费廷融资操作简便,融资迅速,不需要办理复杂的手续和提供过多的文件,可以节省时间,提高融资效率。

(8)福费廷融资方式可为出口企业保密,有利于保护出口企业的利益。

2. 对进口商的好处

福费廷对进口商的好处体现在以下几个方面:①可获得贸易项下延期付款的便利;②不占用进口商的融资额度;③所需文件及担保简便易行。

3. 对贴现银行的好处

福费廷对贴现银行有以下好处:①使银行扩大业务品种,加强与国际金融界的交往,有利于培养金融专业人才;②利用外资为国内出口商广开融资渠道,促进贸易出口;③融资效率高，在不占用本身信贷规模的前提下，扩大了融资金额和范围；④可随时在二级市场上出售所贴现票据，转移风险。

（四）中国的福费廷业务

目前中国进出口银行所做的福费廷主要是为机电产品和成套设备的出口项目服务。申请条件为：①出口商品的范围属于正常贸易；②信用证或保函的支付条件应是可转让的；③票据种类应是汇票、本票或保函，若为保函，须按照不同到期日的汇票金额出具可分割的保函。申请程序如下：

（1）询价。出口商在向银行询价时，须提供下列有关情况：①合同金额、期限、币种；②出口商简介、注册资本、资信材料、签字印鉴及其他有关情况；③进口商的详细情况，包括注册地点、财务状况、支付能力等；④货款支付方式、结算票据种类；⑤开证行/担保行的名称，所在国家及其资信情况；出口商品的名称、数量及发运情况；⑥分期付款票据的面额和不同到期日；⑦有关进口国的进口许可和支付许可；⑧有关出口项目的批准和许可；⑨票据付款地点。

（2）报价。银行接到出口商的询价后，根据国际福费廷市场情况做出报价，报价的内容包括贴现率（Discount Rate）、承担费（Commitment Fee）和多收期（Grace Days）。

（3）签约。若出口商接受了银行的报价，便须与银行正式签订福费廷协议。

（4）交单。根据福费廷协议的有关规定，出口商在发货之后应立即将全套的装船单据交银行议付，议付行将远期票据寄开证行/担保行承兑后退给出口商。出口商在银行承兑的远期汇票或本票上背书并注明"无追索权"字样后，正式连同其他单据在承诺期内交贴现银行审核。一般须提交的单据有以下几种：①本票或银行承兑汇票等；②提单副本；③发票副本；④合同副本；⑤信用证或保函副本。

（5）审单及付款。银行收到出口商提交的单据，经审核无误后向出口商付款。

福费廷有两种收费：

（1）每项贸易合同所提供的贴现率。贴现率的高低是根据进口国的综合风险系数、融资期限的长短、融资货币的筹资成本等决定的。

在福费廷的交易中，进口商可以选择固定利率，也可用浮动利率 LIBOR（London Interbank Offered Rate，伦敦同业拆借利率）加上一个利差计算。LIBOR 按照福费廷融资协议签署日或交割日的 LIBOR 确定。

（2）承担费。承担费是银行在承诺期内根据贴现的面值及向出口商承诺的融资天数计算出来的费用。承诺期是指从银行与出口商签订福费廷协议起，至银行实际贴现付款日止的一段时间。承诺期不是事先固定的，但一般不超过 6 个月。

承担费率视个别交易而定，一般为年率 0.5%～2%。承担费的计算公式为

$$承担费 = \frac{票面值 \times 承担费率 \times 承诺天数}{360}$$

（五）中国福费廷业务的发展前景

福费廷融资从开始到现在已经在国际上流行几十年了，融资领域越来越广，融资方式也越来越灵活。它不仅可以对资本性货物以延期付款方式出口部分融资，而且也可以对预付定金部分融资，促进了国际贸易的发展，深受广大进出口企业的欢迎，也适合中国目前外贸出口形势的需要。因此，在中国开展福费廷业务将有广泛的前景。

（1）随着国际竞争的日益加剧，延期付款方式进一步增加，为福费廷业务的开展提供了必要性。近几年来，有些第三世界国家为缓和外汇资金短缺的压力，明确规定所有的进口产品一律实行远期付款，有的在3年以上，有的长达7~10年。这不仅增加了出口企业的收汇风险，而且严重影响了资金的周转。在此情况下，企业必然会想到利用福费廷方式将远期票据贴出去取得资金，以缓解资金压力，从事新的贸易活动。

（2）出口的扩大必然导致对资金需要的增加。银行受到信贷规模的影响和其他条件的制约，不可能完全满足广大出口企业日益增长的资金需求，从而迫使企业寻求其他融资方式，福费廷就是其中的一种。

（3）中国目前资本性货物的出口现状已为开展福费廷业务提供了一个潜在市场。

（4）经过多年的国际金融体制改革，中国金融机构与国际金融的接轨程度越来越高，具备了办理这项业务的金融环境，银行从业人员素质的提高也为承办此业务提供了基本条件。

通过福费廷实际操作，中国已积累了一些经验。例如，不同国家有不同的法律规定，对银行的支付有不同的审批程序、一次发货和多次发货对福费廷业务影响较大，不同的债权、凭证有不同的处理方法等。与此同时，中国还与世界上大多数经营福费廷业务的银行和企业建立了密切的关系，对这些银行和企业的主要业务领域和技术特长有一定了解，为今后开展福费廷业务打下了一个良好的基础。

随着福费廷融资方式越来越广泛地被国内出口企业所接受和利用，这项业务必将会在国内市场上日益活跃起来。福费廷业务的发展对中国外贸事业的发展会起到很大的促进作用，而外贸事业的发展又反过来为福费廷业务提供更多的业务来源。因此，福费廷在中国有着广阔的发展前景。这条融资渠道一旦为广大金融工作者和外贸工作者所利用，将会为扩大中国机电产品出口做出重要贡献。

三、国际保理业务

（一）国际保理业务的产生和发展

国际保理业务（International Factoring）是20世纪60年代发展起来的一种国际贸易结算方式。它是国际贸易中在承兑交单、赊销方式下，保理公司对出口商应收账款进行核准或购买，从而使出口商获得出口后收回货款的保证。目前，国际上已成立包括中国在内的130多个国家参加的国际保理商联合会（Factors Chain International，FCI），并公布了世界各国保理公司所接受的统一惯例——《国际保理惯例规则》（《Code of International Factoring Customs》）。

近年来，国际保理业务得到迅猛发展和大规模应用。在欧美国家之间的贸易结算中，保理基本上取代了信用证，占据了越来越重要的地位。

（二）国际保理业务的应用优势

国际保理业务有别于汇款、托收和信用证三大传统国际结算手段，其无论对出口商还是进口商都具有独特的应用优势。对出口商而言，保理商可以代替出口商对进口商资信状况进行调查与监督，克服信息障碍，从而为出口商的销售政策提供准确的依据和信息。出口商在货物装运完毕并向保理商转让发票等单据后，即可获得80%以上的融资，提高收汇速度，加快资金融通。只要出口商的交货条件符合合同规定，出口商即可将进口商破产或拒付等经营风险、信用风险完全转移给保理商，相比L/C付款方式，能更大限度地保护出口商的利益。

保理业务由于建立在赊销交易的基础上，其实际相当于为买方提供了信用放款，从而也起到鼓励买方进口和建立长期合作的作用。对进口商而言，由于保理业务通过保理组织进行结算，可以省去买方高昂的开证费用及押金等支出，降低了买方的交易成本。保理结算的延期付款，也相当于为买方提供了信用放款，从而提高了其资金利用率。

（三）国际保理业务的当事人及业务程序

国际保理业务的当事人有出口商、进口商、出口保理商以及进口保理商（出口保理商在进口地的代理人）。

一般业务程序如下：

（1）出口商在决定以托收或赊销方式成交前，把合同内容和进口人名称通知本国的（出口）保理商。

（2）出口保理商将有关资料通知进口地的保理商，由其对进口商进行资信调查，并及时将调查结果通知出口保理商。

（3）出口保理商对可以认可的交易与出口商签订保理协议，协议内明确规定信用额度。

（4）出口商在保理协议规定的额度内与进口商签订买卖合同。

（5）出口商按合同规定发货，取得运输单据和其他商业单据，并在单据上注明应收账款转让出口保理商。

（6）出口保理商收到全套单据后，将单据转交进口保理商。由进口保理商负责向进口商收款，并将款项拨交出口保理商。

（7）出口保理商将收到的货款扣除手续费后交付出口商。若按协议规定，在出口商交单后已预支部分货款（一般为50%～90%），则应在付款时扣除预付款的本息。

（8）如进口商不能按时付款或拒付，保理商应负责追偿和索赔，并按协议规定的时间向出口人付款。

（四）国际保理业务在中国发展的现状及存在的问题

1992年中国银行率先推出国际保理业务。之后，交通银行和东方国际保理咨询服务中心等也陆续开展此项业务，但一直发展缓慢。2006年，此项业务开始了较为迅速的发展。据国际保理商联合会（FCI）官方数据统计，2017年我国国际保理业务量约合5600亿元人民币，总量大，但占GDP的比重低，仍有较大的发展空间。为什么极具应用优势的保理业务在中国没有得到充分的发展？分析中国当前保理业务现状，主要存在以下问题：

（1）信用交易在中国尚未普遍建立，出口企业满足于用传统结算方式进行交易，忽视保理业务的应用。长期以来，由于受汇款、托收、信用证等传统交易模式的限制，中国出口企业还不能适应建立在商业信用基础上的保理业务，这首先从交易观念上阻碍了国际保理业务在中国的发展。而在保理业务中，买卖双方对产品有争议或买方挑剔产品质量时，保理商又不承担付款责任，这使出口商唯恐会财货两空，而宁愿选择传统的贸易结算方式。此外，保理业务在中国尚处于起步阶段，对国际贸易的促进作用还不可能在短期内显现出来，自身的优势一时难以体现。

（2）保理业务法规建设滞后，不能适应保理业务发展要求。虽然中国已经加入国际保理联合会，接受了《国际保理惯例规则》，但这一规范并不能直接用于指导和监督中国保理业务的具体实施。近年来，我国也施行了一些专门性文件，但大多是《中国银行业保理业务规范》等行业协会内进行自我规范的文件或者《民法通则》等针对性并不明显的法律文件，缺乏专门的保理法律体系。这无疑成为保理业务在中国发展的又一巨大障碍。

（3）缺乏一支训练有素的专业国际保理从业人才队伍。目前，在中国开展国际保理业务的商业银行和非金融机构中，从事保理业务的工作人员大都未进行过专业的国际保理业务培训。在实践中，从业人员也缺乏实务方面的锻炼，从而影响国际保理业务在中国推广速度的加快和应用范围的扩展。可见，高素质的从业人员对于国际保理业务在中国的发展极为重要。

第二节 中国的出口信用保险制度

一、出口信用保险的概念

出口信用保险是在出口贸易或相关经济活动中发生的，是保险人（经营出口信用保险业务的公司）与被保险人（向国外买方提供信用的出口商）签订的一种保险协议。根据该保险协议，被保险人向保险人缴纳保险费，保险人赔偿保险协议项下被保险人向国外买方提供商品或劳务后因国外买方不付款所引起的经济损失。

出口信用保险是国家为促进本国出口贸易而建立的非营利性保险制度。出口信用保险所承担的对象，出口商以商业信用支付条件出口时，因进口商破产倒闭、资金困难甚至赖账等商业风险原因，或因进口商所在国实行贸易或汇兑限制以及发生战争、暴乱等政治风险等原因，使出口商不能按合同规定如期收回乃至根本无望收回货款而遭受的经济风险。出口信用保险既不是传统意义上的保险，也不是单纯的国家补贴，其目的是支持外贸出口。其承保政策体现的是国家对外贸易的政策，所以，以盈利为经营目的的商业性保险公司一般都没有能力涉及这一领域。

另外，出口信用保险承担的风险远比一般的商业性保险大。企业破产、倒闭、国际经济形势恶化、政治动荡、世界债务问题等，都可能使出口信用保险的赔款大幅度增加。这也是一般商业性保险公司所无力承担的。同时，出口信用保险承担的政治风险责任所涉及的诸多问题，更不是商业性保险公司所能解决的。

目前世界各国（地区）的出口信用保险一般也都是非营利性的，而且都有政府部门的介入。有的是由政府部门办理的，如英国和日本；有的是由政府拨付专款建立单独的国营金融机构，如法国、印度；有的是将出口信用保险机构附设于发放出口信贷的国营专业银行，如美国和澳大利亚；有的是由国家委托私营保险机构代办，风险由国家承担，如德国。尽管各国出口信用保险机构在形式上有所不同，但在承保方针等重大问题上，政府都起着重要作用。

随着外贸体制改革的深入，外贸企业正在成为自主经营、独立核算、自负盈亏的经济实体，出口信用风险势必成为外贸企业经营中一个十分重要的问题；另外，随着中国出口商品结构的逐步优化，尤其是机电产品出口比重的逐年增大，利用商业信用、放宽支付条件以促进出口也势在必行。因此，出口信用保险作为一种转移风险的商业手段和国家促进出口的政策措施，就显得很有必要了。

二、出口信用保险的功能和作用

出口信用保险对发展国民经济有着不可忽视的推动作用，主要体现在以下几个方面：

（一）推动对外贸易发展

出口信用保险因其商业化运作的特色为 WTO 所接受，已成为许多国家争相发展的新兴行业，是发展本国外贸的一种较好方式。

在当今世界贸易中，出口企业经常会面临资金周转的压力，而一般商业银行出于对出口行业所面临风险的顾忌，往往在放贷时提高利率。这无疑增加了出口企业的融资成本，削弱其竞争力。出口信用保险由于得到国家在资金上的支持，可以通过建立充足的风险准备金方式来承保一般商业保险所难以承担的出口信用风险，在出口企业因进口方发生商业风险或政治风险而蒙受损失时，为其提供资金补偿，以维护其正常运转。在承保前后，保险公司还会利用与国内外合作伙伴建立的信息网络，帮助投保企业评定进口方资信等级，调查进口国国情状况，跟踪项目执行进度，识别可能面临的风险，提供专业化风险管理服务。这不仅有助于降低企业应收账款的拖欠率和坏死率，也为企业节约了因自身进行风险管理而需付出的运营成本，有利于改善企业财务状况。出口企业竞争力的提升势必带动国家对外贸易的发展，促进出口相关行业的繁荣，创造更多的就业机会，进而产生更进一步的消费与投资，使对外贸易对国民经济发展所起到的推动作用更加凸显。

（二）推动产业结构升级

出口信用保险作为发展外贸的重要工具，对调整国家产业结构也有着积极作用。ECA 在实际承保过程中，常常将限额（包括国家限额、买家限额）和费率作为两个支点，在促进出口和保证本国资产安全之间进行动态调控，以期在严格控制风险的基础上，实现推动出口效用的最大化。这两大支点的变化既然能对出口发挥放大和缩小的作用，也必然可用于推动产业结构的升级。对于国家重点发展的产业，ECA 可适度扩大限额，在伯尔尼协会或经合组织（OECD）规定的范围内降低保费，通过承担更多的风险来帮助这些新兴产业在国际市场上赢得更多的发展机遇，推动其逐步走上依靠自身实力参与国际竞争的良性发展轨道。出口信用险对国家产业结构升级的推动作用是一个逐步放大的过程，其支持的出口额占国家出口总额的比例越高，即渗透率越高，所能发挥的推动产业结构升级的作用也就越大。

（三）推动出口市场多元化

出口信用保险可根据国家外贸和安全战略导向，利用自身优势，推动出口市场多元化战略的实施。一方面，ECA 可通过适度调控限额和费率两大支点，引导本国企业开拓新的地区市场；另一方面，也可在风险能够控制的前提下，对某些有积极意义的项目个案进行处理，采取更加灵活的承保条件，如适度降低担保要求、放松付款条件等，推动企业开拓和占领风险较高但发展潜力巨大的新兴市场，实现出口市场多元化。

（四）推动国家信用体系建立

市场经济也是信用经济。一个完整的国家信用体系有助于维护市场秩序、降低交易成本，提高资源配置效率，进一步增强市场自我调控能力。国家信用体系建立的基础之一是企业、个人等信用数据的收集与整理，而出口信用保险则可为此发挥直接作用。一方面，由于 ECA 在承保前均会对投保企业及与保险标的相关的企业做资信方面的调查备案，并随时更新有关资料，日积月累，必然会形成一个较为完整的兼具时效性的企业资信数据库，为国家信用体系提供最准确和最有效的数据；另一方面，ECA作为一个国家在出口信用方面的对外窗口，具有与国外同行或著名资信评估机构沟通信息、交流经验的优势，能够为本国信用体系的建立献计献策。

（五）增强国家抵御海外经济危机的能力

出口信用保险可为防范外来经济危机的输入，维护本国经济安全，发挥有效作用。

（1）出口信用保险的主要职责就是为本国企业在海外蒙受的损失提供经济补偿，因而无疑会有助于切断国外经济危机通过贸易等方式向国内传播的渠道，有利于避免因众多出口企业的资金链断裂而导致国内金融体系发生危机。

（2）ECA会从控制风险总量角度出发，对世界各国进行风险综合评级，在此基础上设立国家限额，并根据该国形势变化和还款情况进行动态调整，循环使用，一旦限额用尽，便会暂停承保向该国的出口项目。这样既可为出口企业提供国情风险分析，指导其正确识别风险，也可避免对单个国家的债权过于集中，从而分散国别风险。

三、出口信用保险的种类

（1）依据交易中信用放账期限的不同，出口信用保险可以分为短期出口信用保险和中长期出口信用保险两大类。

短期出口信用保险适用于信用期限在一年以内的信用证、非信用证方式的出口贸易，如付款交单（D/P）、承兑交单（D/A）、赊销（OA），以及存在一定收汇风险的信用证（L/C）方式出口贸易。中长期出口信用保险适用于信用期限在一年以上的成套设备等资本性货物出口和海外工程承包项目。短期出口信用保险只承保货物出运后收汇风险。在中长期出口信用保险项下，根据出口信贷融资方式的不同，有出口卖方信贷保险和出口买方信贷保险。

（2）根据保险范围的不同，出口信用保险可以分为只保商业风险的出口信用保险、只保政治风险的出口信用保险和既保商业风险又保政治风险的出口信用保险。

（3）根据保险时段的不同，出口信用保险可分为出运前出口信用保险和出运后出口信用保险。出运前出口信用保险起于贸易合同生效日，止于货物出运日，主要承保合同签字后出口商支付的产品设计、制造、运输及其他费用。出运后出口信用保险起于货物出运日，止于保险合同终止日，主要承保商品出运后由于国外买方政治风险和商业风险造成的不能及时收回货款的风险。

（4）根据保险方式不同，出口信用保险可以采取特定方式和总括方式两种方式进行承保。短期出口信用保险大多采取总括方式进行承保。这种方式要求出口企业投保其保单适用范围内的全部出口，不得仅选择其中一部分客户或一部分业务投保。中长期出口信用保险则大多采用特定方式承保，实行一合同一审查。

四、出口信用保险的办理程序

目前，中国出口信用保险公司办理出口信用保险的基本程序如下：

（一）申请投保

填写"短期出口信用保险综合险投保单"一式三份，把本出口企业的名称、地址、投保范围、出口情况、适保范围内的买方清单及其他需要说明的情况填写清楚后，企业法人签章，向保险公司申请投保出口信用保险。

(二) 申请限额

接到保险公司承保并签发的"短期出口信用保险综合险保险单"后，就本保单适用范围出口的卖家尽早向保险公司书面申请信用限额，并填写"短期出口信用综合险买方信用限额申请表"一式三联，按表内的要求，把买家的情况、双方贸易条件以及本企业所需的限额如实填写清楚，为企业在适保范围内的全部海外新旧买家申请信用限额。

(三) 申报出口

保险公司通过"短期出口信用综合险买方信用限额审批单"批复限额，出口企业每批出货后，15 天内（或每月 10 号前）逐批填写"短期出口信用综合险出口申报单"（或"短期出口信用保险综合险出口月申报表及保费计算书"）一式三份，按表中的要求把出口的情况如实清楚填写，供保险公司计收保险费。对于出口企业未在规定时间内申报的出口，保险公司有权要求出口企业补报。但若补报的出口已经发生损失或可能引起损失的事件已经发生，保险公司有权拒绝接受补报。如出口企业故意不报或严重漏报或误报情况，保险公司对已申报出口所发生的损失，有权拒绝承担责任。

(四) 缴纳保险费

出口企业在收到保险公司发出的保险费发票及有关托收单据的日期起 10 日内缴付保险费。如未在规定期限内缴付保险费，保险公司对出口企业申报的有关出口不负赔偿责任。如企业超过规定期限两个月仍未交付保险费，保险公司有权终止保单，已收的保险费概不退还。保险公司每个月按出口企业的申报和保单明细表列明的费率，计算应缴的保险费。

(五) 填报可损

出口企业出货后，买方已破产或无力偿付债务、买方已提出拒绝收货及付款、买方逾期三个月未付或未付清货款，或者发生保险公司承保的政治风险项下的事件，应在 10 天内向保险公司填报"短期出口信用保险可能损失通知书"。要清楚简述案情，并在赔偿等待期间，努力催收货款，密切与保险公司联系，及时告之追讨或处理的进程和结果。

(六) 索赔损失

出口企业收不到货款且追讨无效，保险条款规定的赔偿等待期届满，应尽快以书面形式向保险公司提出索赔，并填写"短期出口信用保险索赔申请书"，同时，齐全、真实地提供申请书列明的所需单证（包括贸易合同、提单、出口报关单、发票、装箱单、汇票、买卖双方往来函电、"信用限额审批单"、出口申报表和本公司要求的其他资料）。对因买方无力偿付债务所致损失的索赔，保险公司在证实买方破产或丧失偿付能力后，尽快赔付；对其他原因所致损失的索赔，保险公司在规定的赔偿等待期满后，尽快赔付。对买方无力偿付债务引起的损失，如出口企业未在买方被宣告破产或丧失偿付能力后一个月内提出索赔，对其他原因引起的损失，未在赔偿等待期满后两个月内提出索赔，又未提出充分理由的，保险公司有权拒绝受理。

保险公司对保险责任范围内的损失，分别按保单明细表所列商业信用风险和政治风险所致损失的赔偿百分比赔偿。但赔偿以不超过保险公司批准买方信用限额或被保险人自行掌握信用限额的上述百分比为限。

(七) 权益转让

出口企业获悉保险公司的赔偿通知后，须出具"赔款收据及权益转让书"（中英文各一份）和中英文的"追讨委托书"。如果买方逾期三个月未付或未付清货款，出口企业在申报

"可能损失通知书"时同意委托保险公司先追讨,需提供该案的合同、提单、发票、贸易双方往来函电及中英文的"追讨委托书"。

五、中国出口信用保险的发展状况

中国的出口信用保险是在20世纪80年代末发展起来的。1989年,国家责成中国人民保险公司(简称人保公司)负责办理出口信用保险业务,当时是以短期业务为主。1992年,人保公司开办了中长期业务。1994年,政策性银行成立,中国进出口银行也有了办理出口信用保险业务的权力。出口信用保险业务开始由中国人民保险公司和中国进出口银行两家机构共同办理。经国务院批准,2001年10月,在原中国人民保险公司出口信用保险部和中国进出口银行保险部的基础上组建了中国出口信用保险公司(简称中国信保),初步建立起中国出口信用保险体系。

中国出口信用保险经过30年的发展,已成为支持对外贸易和对外经济技术合作政策的重要组成部分。中国信保的产品服务体系日臻完善,主要包括中长期出口信用保险、海外投资保险、短期出口信用保险、国内信用保险等产品,以及信用担保、应收账款管理、信息咨询等出口信用保险服务,可为国内外贸易与投资提供有力的信用风险保障。根据伯尔尼协会统计,2015年以来,中国信保业务总规模连续在全球官方出口信用保险机构中排名第一。2018年,中国信保实现承保金额6119.9亿美元,同比增长16.7%;实现承保保费29.1亿美元,同比增长6.4%;全年向企业和银行支付赔款19.2亿美元,同比增长40.6%。

中国信保作为政策性出口信用保险机构,主要职责是通过为对外贸易和对外投资合作提供保险等服务,促进对外经济贸易发展,重点支持货物、技术和服务等出口,特别是高科技、附加值大的机电产品等资本性货物出口,促进经济增长、就业与国际收支平衡。新时期,随着中国"一带一路"倡议的实施,中国信保的政策性作用凸显,主要体现在通过积极为企业制定风险保障方案,为企业与银行搭建融资合作平台,努力扩大出口信用保险覆盖面,充分发挥出口信用保险在加快转变对外经济发展方式方面的促进和引导作用,帮助企业提高抵御国际市场风险的能力,助推中国品牌、中国装备、中国标准"走出去",进而促进我国开放型经济水平的全面提高。2019年,中国信保积极融入"一带一路"的投资政策和服务体系,共承保我国企业向"一带一路"沿线国家出口和投资1338亿美元,有力促进了设施联通、贸易畅通和资金融通。

当前,世界经济仍处在国际金融危机后的深度调整期,地缘政治局势复杂性更加突出。"一带一路"沿线多是新兴经济体和发展中国家,风险与机遇并存,部分国家存在政局不稳、经济状况不佳、法律制度不健全等问题,有些国家国有化和征收风险高、通货膨胀严重、经济结构单一、金融体系欠发展,还有一些国家的安全形势受到恐怖主义或宗教极端组织的负面影响。

从一般贸易出口的角度来看,企业的收汇安全不仅取决于海外买方的经营和信用状况,国际形势变动、货币贬值以及国家政策法规调整等,都会导致相关地区海外买方偿付能力和偿付意愿严重恶化。例如,始于2018年的中美贸易摩擦加剧了两国经贸关系的不确定性,加之受2020年新冠肺炎疫情影响,国内大量企业停工停产,海外买方拒收风险增高,企业面临的信用风险大大增加。

此外,不同出口行业和企业群体,面临的风险也有所不同。例如,船舶行业在国际金融危机后出现了降低预付款比例的趋势,国内船厂在建造期普遍面临业主弃船风险和巨大的资金缺口;果蔬类农产品出运时间集中,运输过程中易腐烂和变质,因此质量纠纷案件较多;小微企业的风险承受能力较弱,大型企业集团也会面临买方授信时间长等问题。

从中长期海外项目的角度看,项目金额大、资金回收周期长、融资结构复杂,暴乱、战争、主权国家违约、汇兑限制等突发的海外政治风险对"走出去"的企业、金融机构提出了严峻挑战。此外,当前国际工程承包、大型成套设备出口领域的国际竞争不仅表现在品牌、技术、质量、价格及服务上,融资条件已成为竞争的重要筹码。很多海外业主对承包企业提出了融资需求:一方面,要求承包商提供更大的融资比例,尾款占比提高;另一方面,又要求融资期限延长,放宽还款期。这些都增加了出口企业的经营风险。作为专业的出口信用保险机构和国家政策性机构,中国信保将全面落实国家对出口信用保险的相关政策要求,自觉服从和服务战略大局、服务实体经济,进一步努力扩大政策性出口信用保险规模,对大型成套设备出口融资做到应保尽保,更好地支持企业"走出去"和外贸转型升级。

第三节 中国的出口退税制度

中国对外贸易体制改革的一项核心内容是要建立一整套符合市场经济规律的宏观调控政策体系,以使外贸经营者真正做到自主经营、自负盈亏,同时鼓励对外贸易的发展。其中一项主要政策是对出口产品退还各种间接税。在国际贸易中,对出口补贴政策都持反对和抵制态度,但对间接税退还的出口退税政策则表示普遍接受,因而这种做法符合国际贸易通行做法。

所谓间接税,是指可以由最初的纳税人转嫁给纳税货物和劳务的最终消费者身上的那些税收。营业税、销售税、增值税、产品税、消费税和进口关税一般都属于间接税的范围。相对而言,直接税则是指不能从最初的纳税人那里转嫁到课税商品和劳务的最终消费者身上的那些税收。人头税、财产税和所得税等一般都属于直接税的范畴。也就是说,厂商为中间产品或最终产品缴纳的间接税都将计入最终产品的销售价格,从而转嫁给最终消费者,也就等于是间接地向最终消费者征税。与此相反,厂商缴纳的直接税则不计入销售价格,因而也不转嫁给最终消费者。因此,直接税与间接税的区分主要在于形式上是否发生转嫁。

在中国的经济实践中,间接税主要包括增值税、消费税和进口关税。这些税的征收无论是在最终产品环节还是在中间产品环节,在产品出口时都予以退还。

一、出口货物退(免)税的概念与原则

(一)出口货物退(免)税的概念

出口货物退(免)税是指在国际贸易中,货物输出国对输出境外的货物免征其在本国境内消费时应缴纳的税金,或退还其按本国税法规定已缴纳的税金。这是国际贸易中通常采用的并为各国所接受的一种税收措施,目的在于鼓励各国出口货物进行公平竞争。

(二)出口货物退(免)税原则

1. 公平税负原则

对出口货物实行退(免)税是保证出口货物公平参与国际贸易竞争的基本要求。由于各国政治、经济、历史和传统的差异,各国的税收制度也不尽相同,这使得同一货物在不同

国家的税收负担高低不等。这种国与国之间的税收差异，必然造成国际贸易中出口货物的含税量不同，导致各国产品在国际市场上不能做到公平竞争。消除这一影响的办法，就是按照国际惯例，对出口货物退（免）本国已征收到的间接税。

2. 属地管理原则

各国的间接税是按属地管理原则来制定政策规定的。各个独立的主权国家在税收上都享有完全独立的自主权，包括课税权和减、免、退税权。各国为对本国经济进行宏观调控而制定的税收政策，只适用于在国内生产和消费的货物，对出口货物则不适用。因此，按照间接税属地管理原则，中国的征免退税规定只适用于中国境内，而不适用于境外。对于在中国境内实行消费的货物，包括在国外生产的输入我国境内消费的货物，我国行使课税权；对于出口到国外的货物，在不损害别国利益的前提下，我国将退还或免征其在国内应缴或已缴纳的税款，然后再按输入国的有关税收制度及有关规定办理税收。这样可以保证消费者购买的货物，其间接税的含税量彼此相同，从而体现公平竞争的原则。

3. "零税率"原则

"零税率"是指企业生产的出口货物所应缴纳的间接税（增值税、消费税）为零。"零税率"原则也就是"征多少税、退多少税"。根据"零税率"原则，将出口货物在国内已实际缴纳或负担的税负全部退还给出口企业，使其可以用不含税价格在国际市场上进行公平竞争，有利于促进我国对外贸易的发展。

4. 宏观调控原则

出口货物退（免）税的宏观调控原则是通过税收的职能作用来体现的。国家制定的出口货物退（免）税政策，既符合国际惯例，同时又体现了国家的经济政策。例如，对黄金首饰、珠宝玉石等贵重货物，凡由指定经营企业出口的可办理退税，凡由非指定经营企业出口的不予退税，以保证国家经济政策的贯彻；对从增值税小规模纳税人处购入的出口货物，一般也不予退税，但对购入的某些列举的传统货物，考虑到其所占出口比重较大以及生产、采购的特殊因素，特准给予退税，以保护中国传统出口货物的生产和发展；对少数因国际、国内差价大而出口获利较多的货物和国家限制、禁止出口的货物等则不予退税，以调节出口货物的利润和防止资源外流。总之，国家通过对出口货物实行符合国际惯例的免税、退税和不予退税的政策，充分体现了国家以鼓励、限制、禁止等方式进行宏观调控的经济政策。

二、中国出口退税制度及其变革

中国的出口退税始于1950年。当时，有关部门在制定《货物税暂行条例》及其实施细则时，对出口货物退还已纳货物税做出了规定。1958年，我国将商品流通税、货物税、营业税合并为工商统一税，对出口的商品不再退税，出口退税制度中止。这个时期，中国的外贸出口处在盈利阶段，退税与否主要涉及财政内部的利税转移的问题。而对于其他经济成分的企业，我国也不实行退税，只在少数企业出口亏损很大的时候，才会批准在生产环节减免税收。1973年，工商税制进一步简化，中国对进口货物不予退税，对出口货物也不征税，出口盈亏由外贸部与财政部算账。1983年，国务院出台《关于钟表等17种产品实行出口退（免）税和进口征税的通知》，开始对部分货物实行退税。1985年，工商税分为产品税、增值税、营业税和盐税。同年3月，国务院批准了《关于对进口产品征、退产品税或增值税的规定》。此规定从1985年4月1日开始实行，这标志着中国现行的出口退税制度建立。由于当时还没有实行增值税,出口产品的营业税、流转税都纳入了消费税系列,所以退税率不是很高。一直到1993年,退税率也只有11.2%。1988年以前,中国只退生产环节的增值税和最后环节的产品税。那年以后,在流转税方面实行了彻底的退税制度。1994年,中国实行了大规模的税制改革,确立了增值税的主体地位。按照国家颁布的增值税条例,增值税税率是17%,出口产品实行零税率,即17%的税应该全部退掉。实际调整后的平均退税率为16.63%。从11.2%一下子提高到近17%,步子迈得很大。这一政策的出台,极大地刺激了出口企业的积极性。1994年和1995年连续两年中国的出口增长突飞猛进,增长率分别为32%和23%。这样一来,政府的退税压力一下就上来了。由于中央财政在年初预算中定的退税"盘子"没有这么大,因此从1995年开始,中国第一次出现了欠退税现象。同时,由于管理不健全,发生了很多骗退税和税收流失的情况,给国家财政造成了一定困难。1996年,为了缓解财政压力,减少骗税,中国对出口退税率做了大幅度下调,从17%一下子调到了"3、6、9"(即按不同产品分层次退税,最高退税率9%,最低退税率3%),平均税率降至8.29%。对政府来说,这么做只是暂时缓解财政压力的权宜之计。但退税率一降,企业出口积极性即严重受挫,出口增长缓慢。1996年,出口增长只有1.53%。紧接着,1998年爆发了东南亚金融危机,受此负面影响,加上退税率下调,1998年中国的出口形势非常严峻,全年只增长了0.5个百分点。1998—1999年,为了减轻亚洲金融危机对外贸出口的影响,中国又多次将退税率上调(最先恢复17%退税率的是纺织品和纺织机械)。之后几年,企业出口的积极性得以提高,外贸出口增长很快,但中央财政的退税支出又重新面对越来越大的压力。于是,出口退税指标成为控制该项支出的重要手段,但越积越多的出口退税的欠款又形成了中央财政的一笔隐形负债。

2002年年初,中国对生产型企业的自营和委托出口货物和没有进出口经营权的生产企业委托出口的货物,全部实行"免、抵、退"税的办法。"免"是指对生产企业自营出口或委托外贸企业代理出口的货物,免征本企业生产销售环节增值税;"抵"是指生产企业自营出口或委托外贸企业代理出口的货物,免征或退还所耗用原材料、零部件等已纳税款抵顶内销货物的应纳税款;"退"是指生产企业自营出口或委托外贸企业代理出口货物占本企业当期全部货物销售额50%以上的,在一个季度内,因应抵顶的税额大于应纳税额而未抵顶完时,经主管出口退税的税务机关批准,对未抵顶完的税额部分予以退税。

2003年年底,中国针对对外贸易的实际和国际形势,又调整了出口退税政策。从2004年1月起,实行"新账不欠,老账要还"的基本原则。同时,建立中央和地方共同负担出口退税的新机制,以2003年出口退税实退指标为基数,对超基数部分的应退税额,由中央和地方按75:25的比例分摊。主要原因是:

1. 普遍下调出口退税率有利于缓解中央政府财政压力,加快出口退税的下放

据统计,2002年年底,中国累计出口退税欠款高达2477亿元。到2003年,国家财政所做的退税预算指标却只有1230亿元左右,欠税款在2003年还在继续增长。只有对出口商品普遍下调出口退税率,调整出口退税政策,改成中央、地方共同负担退税,才能减小银行贷款压力,缓解中央政府财政压力,从根本上解决出口退税欠税问题,加快出口退税的下放。

2. 借市场力量培育优势产业国际竞争力

中共十六届三中全会后,中国已成为世界贸易大国之一,在某些行业,如纺织服装、家用电器、电子元器件等行业,在国际竞争中具有明显的成本优势,降低其出口退税率,并不会影响到这些行业的出口竞争能力。相反，在一定程度上减少政策支持的力度，更多地通过市场的方法培育与发展它们的竞争力，尽管短期是有损的，但长期将是有利的。

3. 用国际规则扩大对农产品出口的支持

出口退税是国际上通行的做法，特别是对农产品的政策支持，无论是发达国家还是发展中国家都是当仁不让的。其中一个重要的原因就是目前农产品的各种政策支持尚未纳入WTO 的框架之内。新的出口退税政策对农产品出口关爱有加，2007 年 6 月 18 日颁布的《关于调低部分商品出口退税率的通知》规定，"现行出口退税率为 5% 和 13% 的农产品"和"现行出口退税率为 13% 的以农产品为原料加工生产的工业品"维持原有的退税率。除此之外，对部分农产品的加工行业的产品还提高了退税率。小麦粉、玉米粉、分割鸭、分割兔等货物的出口退税率，由 5% 调高到 13%。

4. 借地方优势调整区域间的利益分配

历年来，中国外贸十强省（市）占有全国退税总额的绝大部分，换句话说，强省从中央财政中通过退税渠道获得了更多的政策支持。新政策规定中央和地方共同负担出口退税，对超基数部分的应退税额，由中央和地方按 75∶25 的比例共同负担。此项规定可谓是一举三得：①中央财政压力减轻；②出口多的省市在超基数之上负担部分退税额并不会影响其财政能力；③可以在一定程度上平衡不同区域间的利益分配。

5. 借税收杠杆调节国内资源性产品的供求

新政策根据不同产品的国际竞争力和国内需求情况，采取了大致三类措施予以调节：①维持部分产品的出口退税率不变；②下调部分产品的出口退税率；③取消部分产品的出口退税。特别是在取消出口退税的产品目录中，资源性产品为多，如石油原油、航空煤油、轻柴油、木浆、纸板等。下调出口退税率的产品也有类似的情况，如焦炭、煤、铜、铝、磷、铁合金等产品的退税率有较大幅度下调。近几年，这些产品的国内市场供给相对旺盛的需求增长有缺口，通过税收政策杠杆可以在一定程度上抑制出口，改善相关产品的国内市场供给。

6. 借非汇率的手段缓解人民币升值的压力

近年来，以美国为首的少数发达国家强烈要求人民币升值，尽管中国政府多次在各种场合都明确地表达了人民币稳定对国内经济、亚洲经济以及世界经济的重要性，但是人民币升值的实际压力依然存在。由于多年来的进出口贸易顺差和外汇储备高速增长，国际社会要求人民币升值的主要理由并没有被改变。因此，新出口退税政策是借非汇率手段，力求减少与主要贸易伙伴的贸易摩擦，以缓解国际社会对人民币升值的预期。

2005 年以后，中国根据外贸形势陆续对部分产品的出口退税率进行调整。自 2019 年 4 月 1 日起，原征税率和退税率为 16% 的出口货物服务，退税率调整为 13%；原征税率和退税率为 10% 的出口货物服务，退税率调整为 9%；其他退税率保持不变。至此，中国出口退税率调整共计 32 次，为调节出口总量和出口产品结构、加快地方经济发展和提高我国开放型经济水平发挥了重要作用。

三、中国出口退税的程序要求

（一）出口货物准予退（免）税的范围

准予退（免）税的出口货物，除另有规定者外，必须同时具备以下四个条件：

(1) 必须是增值税、消费税征收范围内的货物。增值税、消费税的征收范围，包括除直接向农业生产者收购的免税农产品以外的所有增值税应税货物，以及烟、酒、化妆品等11类列举征收消费税的消费品。

之所以必须具备这一条件，是因为出口货物退（免）税只能对已经征收过增值税、消费税的货物退还或免征其已纳税额和应纳税额。未征收增值税、消费税的货物（包括国家规定免税的货物）不能退税，以充分体现"未征不退"的原则。

（2）必须是报关离境出口的货物。所谓出口，即输出关口，包括自营出口和委托代理出口两种形式。区别货物是否报关离境出口，是确定货物是否属于退（免）税范围的主要标准之一。凡在国内销售、不报关离境的货物，除另有规定者外，不论出口企业是以外汇还是以人民币结算，也不论出口企业在财务上如何处理，均不得视为出口货物予以退（免）税。

对在境内销售收取外汇的货物，如宾馆、饭店等收取外汇的货物等，因其不符合离境出口条件，均不能给予退（免）税。

（3）必须是在财务上做出口销售处理的货物。出口货物只有在财务上做出口销售处理后，才能办理退（免）税。也就是说，出口退（免）税的规定只适用于贸易性的出口货物，而对非贸易性的出口货物，如捐赠的礼品、在国内个人购买并自带出境的货物（另有规定者除外）、样品、展品、邮寄品等，因其一般在财务上不做销售处理，故按照现行规定不能退（免）税。

（4）必须是已收汇并经核销的货物。按照现行规定，出口企业申请办理退（免）税的出口货物，必须是已收外汇并经外汇管理部门核销的货物。

在一般情况下，出口企业向税务机关申请办理退（免）税的货物，必须同时具备以上四个条件。但是，生产企业（包括有进出口经营权的生产企业、委托外贸企业代理出口的生产企业、外商投资企业，下同）申请办理出口货物退（免）税时必须增加一个条件，即申请退（免）税的货物必须是生产企业的自产货物（外商投资企业经省级外经贸主管部门批准收购出口的货物除外）。

（二）申请办理出口退税登记的条件

（1）必须经营出口产品业务，这是企业申办出口退税登记最基本的条件。

（2）必须持有工商行政管理部门核发的营业执照。营业执照是企业得以从事合法经营，其经营行为受国家法律保护的证明。

（3）必须是实行独立经济核算的企业单位，具有法人地位，有完整的会计工作体系、独立编制财务收支计划和资金平衡表，并在银行开设独立账户，可以对外办理购销业务和货款结算。

凡不同时具备上述条件的企业单位，一般不予办理出口企业退税登记。

（三）出口退税附送材料

（1）报关单。报关单是货物进口或出口时进出口企业向海关办理申报手续，以便海关凭此查验和验放而填具的单据。

（2）出口销售发票。这是出口企业根据与出口购货方签订的销售合同填开的单证，是外商购货的主要凭证，也是出口企业财会部门凭此记账做出口产品销售收入的依据。

（3）进货发票。提供进货发票主要是为了确定出口产品的供货单位、产品名称、计量单位、数量，是否是生产企业的销售价格，以便划分和计算确定其进货费用等。

(4) 结汇水单或收汇通知书。

(5) 属于生产企业直接出口或委托出口自制产品，凡以到岸价 CIF 结算的，还应附送出口货物运单和出口保险单。

(6) 有进料加工复出口产品业务的企业，还应向税务机关报送进口料件的合同编号、日期、进口料件名称、数量、复出口产品名称、进料成本金额和实纳各种税金额等。

(7) 产品征税证明。

(8) 出口收汇已核销证明。

(9) 与出口退税有关的其他材料。

（四）办理出口退税所需凭证

(1) 购进出口货物的增值税专用发票或普通发票。申请退消费税的企业，还应提供由工厂开具并经税务机关和银行（国库）签章的"出口货物消费税专用缴款书"（也称"专用税票"）。

(2) 出口货物销售明细账。

(3) 盖有海关验讫章的"出口货物报关单（出口退税联）"。

(4) 出口收汇单证。

但下列四项出口货物可以不提供出口收汇单：①易货贸易、补偿贸易出口的货物；②对外承包工程出口的货物；③经主管部门批准延期收汇而未逾期的出口货物；④企业在国外投资而在国内采购并运往境外的货物。

(5) 增值税"税收（出口货物专用）缴款单"或出口货物"完税分割单"。

第四节　中国的出口促进组织

在世界各国，商会以及类似机构对贸易的促进作用是十分重要的。各国从事贸易促进工作的团体和机构一般都汇集了一批精通国际贸易、国际金融、市场、信息、咨询、展览、公关、经贸法律与仲裁等方面的人才，为本国企业与外国经济界、贸易界建立和扩大业务联系，为本国的商品、技术、资金、劳务更多地进入国际市场提供服务。

在各类商会中，与外贸有关的是进出口商会（也称外贸商会）或贸易促进会。这类机构的活动重点在于促进外贸，吸收企业或团体为会员，为其进出口活动提供服务。例如，荷兰的贸易促进会、日本的国际贸易促进协会、墨西哥的企业家国际事务理事会等都属于这一类。中国的贸易促进组织或外贸中介组织主要由中国国际贸易促进委员会和进出口商会组成。

一、中国国际贸易促进委员会

1952 年 5 月中国国际贸易促进委员会（简称贸促会）成立。贸促会是由中国贸易界有代表性的人士、企业和团体组成的全国民间对外经贸组织。其宗旨是：遵循中华人民共和国的法律和政府的政策，开展促进对外贸易、利用外资、引进外国的先进技术及各种形式的中外经济合作等活动，促进中国同世界各国、各地区之间的贸易和经济关系的发展，增进中国同世界各国人民以及经贸界之间的相互了解和友谊。

1986 年，中国国际贸易促进委员会以国家委员会名义申请加入国际商会（ICC）。经过 8 年多的谈判和努力，1994 年 11 月，国际商会第 168 次理事会正式通过决议，同意中国加入国际商会并组建国际商会中国国家委员会。1995年1月1日，国际商会中国国家委员会在北京正式成立，简称 ICC China。

中国国际商会下设国际联络部、展览部、经济信息部、法律事务部、专利事务所、宣传出版部、中国对外贸易杂志社、中国贸易报等；附设机构有中国国际经济贸易仲裁委员会、中国海事仲裁委员会、海峡两岸经贸协调会、中国海商法协会、国际保护工业产权协会中国分会、国际许可证贸易工作协会中国分会、北京调节中心秘书处等。其主要任务是：

（1）开展同世界各国、各地区经济贸易界、商会、协会和其他经贸团体以及有关国际组织的联络工作，邀请和接待外国经济贸易界人士和代表团组来访，组织中国经济贸易、技术代表团、企业家代表团出国访问和考察，参加有关国际组织及其活动；负责与外国对口组织在华设立的代表机构以及外国在华成立的商会进行联络；向国外派遣常驻代表或设立代表处；组织、参加或与外国相应机构联合召开有关经济贸易技术合作和法律方面的国际会议。

（2）代表国家参加国际展览会的活动，主办、参加世界博览会，赴国外主办中国贸易展览会和参加展览会或国际博览会的归口协调及相关管理和监督工作。

（3）安排和接待国外来华举办的经济贸易或技术展览会，主办国际专业性和综合性展览会，组织并主办国际博览会；协调国内有关方面接待外国来华举办经济贸易与技术展览会。

（4）办理国际经济贸易和海事仲裁事宜；出具中国出口商品原产地证明书；受理共同海损和单独海损理算案件；出具不可抗力证明，签发和认证对外贸易和海上货运业务的文件和单证；为到国外从事临时出口活动的企业或个人出具有关单证册，并对其提供担保。

（5）代理中国企业在国外与外国企业和个人在中国的商标注册和专利申请，办理有关工业产权和知识产权的咨询、争议及技术贸易等业务。

（6）开展国内外经济调查研究和经济贸易信息的收集、整理、传递和发布工作，向国内外有关企业和机构提供经济技术合作和贸易方面的信息咨询服务及国内外企业的资信调查服务；联系、组织中外经贸界的技术交流活动；编辑出版发行对外贸易报刊以及其他出版物；组织对外经济贸易洽谈；承办中外经济技术合作项目的评估和可行性研究，以及法律咨询、法律顾问工作。

（7）指导、协调中国贸促会各地方分会、行业分会、支会和各级国际商会的工作；负责对各分支机构及会员的服务及培训工作。

（8）负责国际商会中国国家委员会的日常工作，协调国际商会的对华业务和国际商会中国国家委员会会员与国际商会交往的有关事宜。

（9）办理其他促进对外经济贸易活动的有关事宜。

二、中国进出口商会

中国从1988年开始相继成立进出口商会，目前共有中国机电产品进出口商会、中国五矿化工进出口商会、中国轻工工艺品进出口商会、中国纺织品进出口商会、中国食品土畜进出口商会、中国医药保健品进出口商会六大进出口商会和一个中国外商投资企业协会。根据中国《对外贸易法》规定，进出口商会的宗旨是：协调、指导、咨询、服务。即遵守宪法、法律、法规和国家政策，遵守社会道德风尚；对进出口业务及相关活动进行协调、指导，为会员及其他组织提供咨询、服务；维护正常的对外贸易秩序，保护公平竞争；维护国家利益和会员的合法权益，促进进出口贸易健康发展。

（一）中国各大进出口商会概况

1. 中国机电产品进出口商会

中国机电产品进出口商会（China Chamber of Commerce for Import& Export of Machinery and Electronic Products）于1988年7月成立，是由在中华人民共和国境内依法注册、从事机电产品进出口贸易及相关活动的各种经济类型组织自愿联合成立的自律性、全国性行业组织，现有会员近万家。商会下设立仪器仪表分会、家用电器分会、工程农业机械分会、日用机械分会、船舶分会、视听产品分会、汽车分会、电工产品分会、机械基础件分会、工农具分会、航空航天分会、信息产品分会、轻工机械分会、太阳能光伏分会等。

2. 中国五矿化工进出口商会

中国五矿化工进出口商会（China Chamber of Commerce for Import & Export of Metal and Chemical Products）于1988年9月1日在北京成立，是由从事五金制品、矿产品、建材产品、化工品进出口贸易的企业依法成立的行使行业协调、为企业服务的自律性组织，具有独立法人地位。目前共有6000余家会员，包括专业外贸公司、工贸公司、三资企业、民营企业和科研院所等各类企业。会员的经营范围涵盖了黑色金属、有色金属、非金属矿产及制品、煤炭及制品、建材制品、五金制品、石油及制品、化工原料、塑料及制品、精细化工品、农用化工品和橡胶及制品等五矿化工商品。

3. 中国轻工工艺品进出口商会

中国轻工工艺品进出口商会（China Chamber of Commerce for Import& Export of Light Industries & Arts）成立于1988年，是经国务院主管部门批准，由从事轻工工艺品进出口贸易的各类企业自愿组成的非营利性社会团体。目前会员总数已达13000余家，包含国有企业、三资企业、民营企业、私有企业及科研院所等各类性质的企业。中国轻工工艺品进出口商会设立18个商品分会及协调组：鞋分会、陶瓷分会、珠宝首饰分会、箱包分会、抽纱分会、家具分会、玩具分会。帽类商品协调组、发制品商品协调组、玻璃器皿商品协调组、编织品商品协调组、保温瓶商品协调组、帐篷商品协调组、伞类商品协调组、眼镜商品协调组、笔类商品协调组、纸制品商品协调组、乐器商品协调组等。

4. 中国纺织品进出口商会

中国纺织品进出口商会（China Chamber of Commerce for Import& Export of Textiles）成立于1988年10月，是由经营纺织品进出口业务的各类企业组成的法人组织。其宗旨是维护国家利益和会员企业的合法权益，促进和扩大纺织品进出口贸易。目前在全国各地拥有12000余家会员企业，是全国性的纺织品服装进出口中介组织。商会下设花色漂布分会、丝绸分会、家纺分会、服装分会、纱线面料分会等。

5. 中国食品土畜进出口商会

中国食品土畜进出口商会（China Chamber of Commerce for Import & Export of Food Stuffs Native Products & Animal By-products）成立于1988年9月，是由在中华人民共和国境内依法注册从事农、林、水产、食品、土畜产品进出口贸易及相关活动的各种经济类型组织自愿组成的自律性行业组织。目前共有6700余家会员企业，遍布全国除港澳台地区外的所有省、直辖市、自治区，经营范围覆盖了粮食谷物、油脂油料、蔬菜水果、畜禽肉食、水海产品、酒饮罐头、林化产品、香精香料、土特产品、羽绒羽毛、羊绒兔毛、猪鬃肠衣、裘革皮及制品、地毯等各类农林土畜产品。会员企业包括外贸企业、生产企业、三资企业和民营企业。

6. 中国医药保健品进出口商会

中国医药保健品进出口商会（China Chamber of Commerce of Medicines & Health Products Importers & Exporters）于 1989 年 5 月在北京成立。它是由国务院对外经济贸易主管部门及其授权部门批准从事医药保健品进出口贸易、在中华人民共和国境内注册的各类企业依法组成的、进行行业协调，为医药保健品进出口企业服务的社会团体，现有会员 2400 余家，遍布全国各地。

7. 中国外商投资企业协会

中国外商投资企业协会于 1987 年 11 月在北京创立，是由商务部主管，在民政部登记注册，由在中国境内的外商投资企业以及我国香港、澳门、台湾同胞和海外侨胞投资企业为主，联合组成的全国性不以盈利为目的的社会团体。

协会宗旨是遵照国家对外开放、鼓励外商投资的方针、政策和法律、法规，努力为会员和投资者服务，引导会员守法经营，维护会员的合法权益；增进会员之间、会员和政府之间的相互了解、友谊和合作，促进会员在中国的社会主义经济建设和国际经济合作中发挥积极作用。

（二）进出口商会的职能

根据中国六大进出口商会制定的章程，中国进出口商会的性质是经国务院主管部门批准并依法登记，具有独立的法人地位的行业性组织。其主要职能有以下几个方面：

（1）对商品的出口发展规划和进口状况进行研究，并向政府主管部门提出建议；向政府反映会员企业的要求和意见，对政府制定政策提供咨询和建议。

（2）维护本行业进出口经营秩序和会员企业的利益；根据政府授权或会员企业的共同要求和同行协议，对本行业的商品进出口价格、市场、客户等进行协调。

（3）协助国务院主管部门指导监督会员企业依法经营，合法使用进出口配额和许可证，并对配额和许可证管理提出建议。

（4）对进出口商品市场、行情、国际贸易有关法规、协定，有关国家贸易措施及国际金融、利率、货币等进行调查研究，为会员企业提供信息和咨询服务。

（5）组织会员企业就国外对我国出口商品的反倾销、反补贴投诉进行应诉工作；对外国商品在我国的倾销或其他不正当竞争行为进行调查，并向政府报告。

（6）根据国务院主管部门的授权，负责进出口商品配额招标等的具体实施工作。

（7）代表本行业组织参加国际专业会议，加强与国际同行业组织的联系和交流，建立业务合作关系。

（8）组织和参加国内外进出口商品交易会、展览会、博览会；组织会员出国考察、推销、订货和技术交流；协助会员对进出口商品进行宣传介绍及其他促进对外贸易的活动。

（9）维护会员企业的正当利益，公正地协调解决会员企业之间的贸易纠纷；协调或组织会员企业联合对国外的招标项目进行投标。

课后习题

1. 中国的贸易促进方式主要有哪些？各有何特点？
2. 中国出口信贷主要有哪些业务？有何异同？
3. 中国出口信用保险的发展现状如何？
4. 简述中国出口退税制度的发展演变及其变革。

第八章

中国海关管理制度

第一节 中国海关概述

一、海关的性质和职责

海关是各国设在关境上的依法处理进出境事务的国家行政监管机关。依据《中华人民共和国海关法》（以下简称《海关法》），海关是代表国家在进出境活动中行使监管职能的行政管理和执法机关，肩负着依法对进出关境的运输工具、货物、行李物品、邮递物品和其他物品进行监督管理，征收关税和其他税费，查缉走私，并编制海关统计和办理其他海关业务等神圣职责。海关是国家主权的象征，体现着国家的权力和意志。

（一）海关的性质

《海关法》以法律形式确立了海关的性质、任务和管理体制，《海关法》第二条规定："中华人民共和国海关是国家的进出关境监督管理机关，"这一提法符合我国海关的实际情况，是对我国海关性质的高度概括。

海关的性质，具体而言包括以下三部分：

1. 海关是国家行政机关

中国的国家机关包括享有立法权的立法机关、享有司法权的司法机关和享有行政管理权的行政机关。国务院是我国最高行政机关，海关总署是国务院直属机构。

2. 海关是国家进出境监督管理机关

海关履行国家行政制度中的进出境监督管理职能，是国家宏观管理的一个重要组成部分。海关依照有关法律、行政法规并通过法律赋予的权力，制定具体的行政规章和行政措施，对特定领域的活动开展监督管理，以保证其按国家的法律规范进行。

海关实施监督管理的范围是进出关境及与之有关的活动，监督管理的对象是所有进出关境的运输工具、货物、物品以及上述货物的有关人员的行为。与一般行政机关相比，海关管理具有较强的涉外性，即海关的行政行为是国家权力意志的体现，对内维护国家法律和政策、对外捍卫国家主权和利益。因此，海关必须严格依法行政，保持高度的统一性，并依法独立行使职权。

3. 海关的监督管理是国家行政执法活动

海关通过法律赋予的权力，对特定范围内的社会经济活动进行监督管理，并对违法行为依法实施行政处罚，以保证这些社会经济活动按照国家的法律规范进行。海关执法的依据是《海关法》和其他有关法律、行政法规。海关事务属于中央立法事权，立法者为人大及其常务委员会和国务院。海关总署也可以根据法律和国务院的法规、决定、命令，制定规章，作为执法依据的补充。省、自治区、直辖市人民代表大会和人民政府不得制定海关法律规范，地方法规、地方规章不是海关执法的依据。

（二）海关的职责

《海关法》明确规定海关有四项基本任务，即监管进出境的运输工具、货物、行李物品、邮递物品和其他物品，征收关税和其他税费，查缉走私，编制海关统计。

1. 海关监管

海关监管是指海关运用国家赋予的权力，通过一系列管理制度与管理程序，依法对进出境运输工具、货物、物品的进出境活动所实施的一种行政管理。海关监管是一项国家职能，其目的在于保证一切进出境活动符合国家政策和法律的规范，维护国家主权和利益。根据监管对象的不同，海关监管分为运输工具监管、货物监管和物品监管三大体系，每个体系都有一整套规范的管理程序与办法。

监管是海关最基本的任务，海关的其他任务都是在监管工作的基础上进行的。除了通过备案、审单、咨验、放行、后续管理等方式对进出境运输工具、货物、物品的进出境活动实施监管外，海关监管还要执行或监督执行国家其他对外贸易管理制度的实施，如进出口许可制度、外汇管理制度、进出口商品检验、检疫制度、文物管理制度等，从而在政治，经济、文化道德、公众健康等方面维护国家利益。

2. 征收关税

关税是国家税收的一种。代表国家征收关税和其他税费是海关的另一项重要任务。海关征税工作的基本法律依据是《海关法》《中华人民共和国进出口关税条例》（以下简称《关税条例》），以及其他有关法律、行政法规。征税工作包括征收关税和进口环节海关代征税。

关税是国家中央财政收入的重要来源，是国家宏观经济调控的重要工具，也是世界贸易组织允许各缔约方保护其境内经济的一种手段。关税的征收主体是国家，《海关法》明确将征收关税的权力授予海关，由海关代表国家行使征收关税的职能。因此，未经法律授权，其他任何单位和个人均不得行使征收关税的权力。

关税的课税对象是进出口货物、进出境物品。

进口货物、物品在办理海关手续放行后，允许在国内流通，应与国内货物同等对待，缴纳应征的国内税。为了节省征税人力，简化征税手续，严密管理，进口货物、物品的国内税由海关代征，即我国海关对进口货物、物品征收关税的同时，还负责代其他机关征收若干种类的进口环节税。目前，由海关代征的进口环节包括增值税和消费税。

3. 查缉走私

查缉走私是海关为保证顺利完成监管和征税等任务而采取的保障措施。查缉走私是指海关依照法律赋予的权力，在海关监管场所和海关附近的沿海沿边规定地区，为发现、制止、打击、综合治理走私活动而进行的一种调查和惩处活动。

走私是指进出境活动的当事人或相关人违反《海关法》及有关法律、行政法规，逃避海关监管，偷逃应纳税款，逃避国家有关进出境的禁止性或者限制性管理，非法运输携带、邮寄国家禁止、限制进出境或者依法应当缴纳税款的货物、物品进出境或者未经海关许可并且未缴应纳税款、交验有关许可证件，擅自将保税货物、特定减免税货物以及其他海关监管货物、物品、进境的境外运输工具在境内销售的行为。它以逃避监管、偷逃关税、牟取暴利为目的，扰乱经济秩序，冲击民族工业，腐蚀干部群众，毒化社会风气，引发违法犯罪，对国家危害极大，必须予以严厉打击。

《海关法》规定，"国家实行联合缉私、统一处理、综合治理的缉私体制，海关负责组织、协调、管理查缉走私工作"，从法律上明确了海关打击走私的主导地位以及与有关部门的执法协调。海关是打击走私的主管机关，查缉走私是海关的一项重要任务，海关通过查缉走私，制止和打击一切非法进出境货物、物品的行为，维护国家进出口贸易的正常秩序，保障社会主义现代化建设的顺利进行，维护国家关税政策的有效实施，保证国家关税和其他税、费的依法征收，保证海关职能作用的发挥。为了严厉打击走私犯罪活动，根据党中央、国务院的决定，我国组建了专司打击走私犯罪的海关缉私警察队伍，负责对走私犯罪案件的侦查、拘留、执行逮捕和预审工作。

根据我国的缉私体制，除了海关以外，公安、工商、税务、烟草专卖等部门也有查缉走私的权力，但这些部门查获的走私案件，必须按照法律规定，统一处理。各有关行政部门查获的走私案件，应当给予行政处罚的，移送海关依法处理；涉嫌犯罪的，应当移送海关侦查走私犯罪公安机构、地方公安机关，依据案件管辖分工和法定程序办理。

4. 编制海关统计

海关统计是以实际进出口货物作为统计和分析的对象，通过搜集、整理、加工处理进出口货物报关单或经海关核准的其他申报单证，对进出口货物的品种、数（重）量、价格、国别（地区）、经营单位、境内目的地、境内货源地、贸易方式、运输方式、关别等项目分别进行统计和综合分析，全面，准确地反映对外贸易的运行态势，及时提供统计信息和咨询，实施有效的统计监督，开展国际贸易统计的交流与合作，促进对外贸易的发展。我国海关的统计制度规定，对于凡能引起我国境内物质资源储备增加或减少的进出口货物，均列入海关统计，对于部分不列入海关统计的货物和物品，则根据我国对外贸易管理与海关管理的需要，实施单项统计。

海关统计是对国家进出口货物贸易进行统计，是国民经济统计的重要部分。它的作用是使政府部门及时了解对外贸易的实际情况，包括进出口的规模、发展趋势及存在的问题，从而为国家制定对外经济贸易政策、进行宏观经济调控，实施海关严密高效管理提供重要的依据，在国家政策做出调整以后，海关又及时进行跟踪分析，反映进出口情况是否符合国家政策的调整，起到了信息反馈作用。它是研究我国对外贸易经济发展和国际经济贸易关系的重要资料。

海关的四项基本职责是统一的、有机联系的整体。监管工作是监管进出境运输工具、货物、物品的合法进出，保证贯彻实施国家统一的有关进出口政策法律、行政法规，是海关四项基本任务的基础。征税工作所需的单证、数据、资料等是在海关监管的基础上获取的，征税与监管有着十分密切的联系。缉私工作则是监管、征税两项基本任务的延伸，监管、征税工作中发现的逃避监管和偷逃关税的行为，必须用法律手段予以制止和打击，以确保前两项工作的有效进行。编制海关统计是在监督、征税工作的基础上完成的，它为国家宏观经济调控提供了准确、及时的信息，同时又对监管、征税等业务环节的工作质量起到检验、把关的作用。

除了以上四个基本职能外，伴随着当今世界经济一体化和区域经济集团化的发展趋势，各国之间的贸易、资金、科技以及人员等方面的合作日益密切，海关职能得以扩展，已经涉及环保、社会安全、知识产权保护、反倾销以及反补贴调查、缉毒等方面。

二、中国海关的权力

根据《海关法》及有关法律、行政法规，中国海关的权力主要包括：

（一）行政许可权

行政许可权包括对企业报关资格以及从事海关监管货物的仓储、转关运输货物的境内运输、保税货物的加工、装配等业务的许可审批，对报关员的报关从业审批等。

（二）税费征收及减免权

海关依法代表国家对进出口货物、物品征收关税及其他税费。根据法律、行政法规及有关规定，海关拥有对特定地区（如保税区）、特定企业（如三资企业）或有特定用途的进出口货物减征或免征关税，以及对经海关放行的有关进出口货物、物品、发现少征或者漏征的，依法补征、追征税款的权利。

（三）行政监督检查权

行政监督检查权是海关保证其行政管理职能得到履行的基本权力，主要包括：

1. 检查权

海关有权检查进出境运输工具，检查有走私嫌疑的运输工具和有藏匿走私货物、物品嫌疑的场所，检查走私嫌疑人的身体。海关对进出境运输工具的检查不受海关监管区域的限制；对走私嫌疑人身体的检查，应在海关监管区和海关附近沿海、沿边规定地区内进行；对有走私嫌疑的运输工具和有藏匿走私货物、物品嫌疑的场所，在海关监管区和海关附近沿海、沿边规定地区内，海关人员可直接检查，超出这个范围，在调查走私案件时，须经直属海关关长或者其授权的隶属海关关长批准，才能进行检查，但不能检查公民住处。

2. 查验权

海关有权查验进出境货物、物品。

3. 检疫权

对出入境动植物及其产品的检验检疫；对出入境转基因生物及其产品、生物物种资源的检验检疫，对出入境人员、交通工具、集装箱、尸体、骸骨及可能传播检疫传染病的行李、货物、邮包等实施检疫查验；对出入境的微生物、生物制品、人体组织、血液及其制品等特殊物品，以及能传播人类传染病的媒介生物实施卫生检疫；对进出口食品、化妆品检验检疫，以及进出口食品生产、加工、存储、经营等单位（场所）的日常检验检疫等。

4. 查阅、复制权

此项权力包括查阅进出境人员的证件，查阅、复制与进出境运输工具、货物、物品有关的合同、发票、账册、单据、记录、文件、业务函电、录音录像制品和其他有关资料。

5. 查问权

海关有权对违反《海关法》或者其他有关法律、行政法规的嫌疑人进行查问，调查其是否有违法行为。

6. 查询权

海关在调查走私案件时，经直属海关关长或者其授权的隶属海关关长批准，可以查询案件涉嫌单位和涉嫌人员在金融机构、邮政企业的存款、汇款。

7. 稽查权

自进出口货物放行之日起三年内或者在保税货物、减免税进口货物的海关监管期限内及其后的三年内，海关可以对与进出口货物直接有关的企业、单位的会计账簿、会计凭证、报关单证以及其他有关资料和有关进出口货物实施稽查。根据《中华人民共和国海关稽查条例》规定，海关进行稽查时，可以行使下列职权：①询问被稽查人的法定代表人、主要负责人和其他有关人员与进出口活动有关的情况和问题；②检查被稽查人的生产经营场所；③查询被稽查人在商业银行或者其他金融机构的存款账户；④封存有可能被转移、隐匿、篡改、毁弃的账簿、单证等有关资料；⑤封存被稽查人有违法嫌疑的进出口货物等。

8. 行政处罚权

海关有权对尚未构成走私罪的违法当事人处以行政处罚，包括：①对走私货物、物品及违法所得处以没收；②对有走私行为和违反海关监管规定行为的当事人处以罚款；③对有违法情事的报关企业和报关员处以警告以及处以暂停或取消报关资格的处罚等。

9. 佩带和使用武器权

海关为履行职责，可以配备武器。海关工作人员佩带和使用武器的规定，由海关总署会同公安部制定，报国务院批准。

1989年6月，海关总署、公安部联合发布《海关工作人员使用武器和警械的规定》。根据规定，海关使用的武器包括轻型枪支、电警棍、手铐以及其他经批准可使用的武器和警械；使用范围为执行缉私任务时；使用对象为走私分子和走私嫌疑人；使用条件必须是在不能制服被追缉逃跑的走私团体或遭遇武装掩护走私，不能制止以暴力劫夺查扣的走私货物、物品和其他物品，以及以暴力抗拒检查、抢夺武器和警械、威胁海关工作人员生命安全，非开枪不能自卫时。

（四）行政强制权

海关行政强制，包括海关行政强制措施和海关行政强制执行。

1. 海关行政强制措施

海关行政强制措施是指海关在行政管理过程中，为制止违法行为、防止证据损毁、避免危害发生、控制危险扩大等情形，依法对公民的人身自由实施暂时性限制，或者对公民、法人或者其他组织的财物实施暂时性控制的行为。包括：

（1）限制公民人身自由。

1）在海关监管区和海关附近沿海沿边规定地区，对走私犯罪嫌疑人，经直属海关关长或者其授权的隶属海关关长批准，可以扣留，扣留时间不得超过24小时，在特殊情况下可以延长至48小时。

2）个人违抗海关监管逃逸的，海关可以连续追至海关监管区和海关附近沿海沿边规定地区以外，将其带回。

3）受海关处罚的当事人或者其法定代表人、主要负责人在出境前未缴清罚款、违法所得和依法追缴的货物、物品、走私运输工具的等值价款，又未提供担保的，海关可以通知出境管理机关阻止其出境。

（2）扣留财物。

1）对违反海关法的进出境运输工具、货物、物品以及与之有牵连的合同、发票、账册、单据、记录、文件、业务函电、录音录像制品和其他资料，可以扣留。

2）在海关监管区和海关附近沿海沿边规定地区，对走私嫌疑的运输工具、货物、物品，经直属海关关长或者其授权的隶属海关关长批准，可以扣留。

3）在海关监管区和海关附近沿海沿边规定地区以外，对有证据证明有走私嫌疑的运输工具、货物、物品，可以扣留。

4）有违法嫌疑的货物、物品、运输工具无法或者不便扣留，当事人或者运输工具负责人未提供等值担保的，海关可以扣留当事人等值的其他财产。

5）海关不能以暂停支付方式实施税收保全措施时，可以扣留纳税义务人其价值相当于应纳税款的货物或者其他财产。

6）进出口货物的纳税义务人、担保人自规定的纳税期限届满之日起超过三个月未缴纳税款的，经直属海关关长或者其授权的隶属海关关长批准，海关可以扣留其价值相当于应纳税款的货物或者其他财产。

7）对涉嫌侵犯知识产权的货物，海关可以依申请扣留。

(3) 冻结存款、汇款。

进出口货物的纳税义务人在规定的纳税期限内有明显的转移、藏匿其应税货物以及其他财产迹象，不能提供纳税担保的，经直属海关关长或者其授权的隶属海关关长批准，海关可以通知纳税义务人开户银行或者其他金融机构暂停支付纳税义务人相当于应纳税款的存款。

(4) 封存货物或者账簿、单证。

1）海关进行稽查时，发现被稽查人的进出口货物有违反《海关法》和其他法律、行政法规嫌疑的，经直属海关关长或其授权的隶属海关关长批准，可以封存有关进出口货物。

2）海关进行稽查时，发现被稽查人有可能篡改、转移、隐匿、毁弃账簿和单证等资料的，经直属海关关长或其授权的隶属海关关长批准，在不妨碍被稽查人正常的生产经营活动的前提下，可以暂时封存其账簿、单证等有关资料。

(5) 其他强制措施。

1）进出境运输工具违抗海关监管逃逸的，海关可以连续追至海关监管区和海关附近沿海沿边规定地区以外，将其带回。

2）对于海关监管货物，海关可以加施封志。

3）按法律法规规定必须实施动植物检疫处理，以及不符合检疫要求的进出境动植物、动植物产品和其他检疫物采取的强制性处理措施，包括扑杀、销毁、退回、截留、封存、禁止进出境等。

4）对来自检疫传染病流行地区的、被检疫传染病污染的、可能成为检疫传染病传播媒介或发现有公共卫生学问题的进出境人员、运输工具、集装箱、行李物品、货物、邮包，以及可能受污染的口岸环境、进出境货物存放场所等，采取隔离、留验、就地诊验等医学措施及消毒、除鼠、除虫等卫生措施。

2. 海关行政强制执行

海关行政强制执行是指在有关当事人不依法履行义务的前提下，为实现海关的有效行政管理，依法强制当事人履行法定义务的行为。包括：

(1) 加收滞纳金。

1）进出口货物的纳税义务人逾期缴纳税款的，由海关征收滞纳金。

2）进出口货物和海关监管货物因纳税义务人违反规定造成少征或者漏征税款的，海关可予追征并加征滞纳金。

（2）扣缴税款。

进出口货物的纳税义务人、担保人自规定的纳税期限届满之日起超过三个月未缴纳税款的，经直属海关关长或者其授权的隶属海关关长批准，海关可以书面通知其开户银行或者其他金融机构从其暂停支付的存款中扣缴税款。

（3）抵缴、变价抵缴。

1）当事人逾期不履行海关的处罚决定又不申请复议或者提起诉讼的，海关可以将其保证金抵缴或者将其被扣留的货物、物品、运输工具依法变价抵缴。

2）进出口货物的纳税义务人、担保人自规定的纳税期限届满之日起超过三个月未缴纳税款的，经直属海关关长或者其授权的隶属海关关长批准，海关可以依法变卖应税货物，或者依法变卖其价值相当于应纳税款的货物或者其他财产，以变卖所得抵缴税款。

3）海关以扣留方式实施税收保全措施，进出口货物的纳税义务人在规定的期限内未缴纳税款的，经直属海关关长或者其授权的隶属海关关长批准，依法变卖所扣留货物或者其他财产，以变卖所得抵缴税款。

4）进口货物的收货人自运输工具申报进境之日起超过三个月未向海关申报的，其进口货物由海关提取依法变卖处理。

5）确属误卸或者溢卸的进境货物，原运输工具负责人或者货物的收发货人逾期未办理退运或者进口手续的，由海关提取依法变卖处理。

（五）其他行政处理权

（1）行政命令权，比如对违反海关有关法律规定的企业责令限期改正、责令退运等。

（2）行政奖励权，即对举报或者协助海关查获违反《海关法》案件的有功单位和个人给予精神的或者物质的奖励的权力。

（3）行政裁定权，海关可以根据对外贸易经营者提出的书面申请，对拟进口或者出口的货物预先做出商品归类等行政裁定。

除以上行政处理权以外，在进出境活动的监督管理领域，海关还具有行政立法权和行政复议权。行政立法权是指海关总署根据法律的授权，制定并发布海关行政规章的权力；行政复议权是指有权复议的海关（海关总署、各直属海关）对相对人不服海关行政行为进行复议的权力。

三、中国海关的管理体制与机构

海关机构是国务院根据国家改革开放的形势以及经济发展战略的需要，依照海关法律设立的。随着改革开放不断深化，我国对外经济贸易和科技文化交流与合作的发展，海关机构不断扩大，机构的设立从沿海沿口岸扩大到内陆和沿江、沿边海关业务集中的地点，并形成了集中统一管理的垂直领导体制。

（一）海关的管理体制

海关作为国家的进出境监督管理机关，为了履行其进出境监督管理职能，提高管理效率，维持正常的管理秩序，必须建立完善的管理体制。

《海关法》规定，"国务院设立海关总署，统一管理全国海关""海关依法独立行使职权，向海关总署负责"，确定了海关总署作为国务院直属机构的地位，进一步明确了海关机构的隶属关系，将海关集中统一的垂直领导体制以法律的形式予以确立。海关集中统一的垂直领导体制既适应了国家改革开放、社会主义现代化建设的需要，也适应了海关自身建设与发展的需要，有力地保证了海关各项监督管理职能的实施。

《海关法》以法律形式明确了海关的设关原则："国家在对外开放的口岸和海关监管业务集中的地点设立海关。海关的隶属关系不受行政区划的限制。""对外开放的口岸"是指由国务院批准，允许运输工具及所载人员、货物、物品直接出入国（关）境的港口、机场、车站，以及允许运输工具、人员、货物、物品出入国（关）境的边境通道。国家规定，在对外开放的口岸必须设置海关。"海关监管业务集中的地点"是指虽非国务院批对外开放的口岸，但是海关某类或者某几类监管业务比较集中的地方，如转关运输监管、保税加工监管等。这一设关原则为海关管理从口岸向内地，进面向全关境的转化奠定了基础，同时也为海关业务制度的发展预留了空间。"海关的隶属关系不受行政区划的限制"表明了海关管理体制与一般性的行政管理体制的区域划分无必然联系，如果海关监督管理需要，国家可以在现有的行政区划之外考虑和安排海关的上下级关系和海关的相互关系。

（二）海关的组织机构

海关机构的设置为海关总署、直属海关和隶属海关三级。隶属海关由直属海关领导，向直属海关负责；直属海关由海关总署领导，向海关总署负责。

1. 海关总署

海关总署设在北京，是国务院的直属机构，在国务院领导下统一管理全国海关机构、人员编制、经费物资和各项海关业务，是海关系统的最高领导部门。海关总署下设广东分署，在上海和天津设立特派员办事处，作为其派出机构，目前，海关总署共有直属单位47个，其中分署、特派员办事处3个，局级海关32个，副局级海关9个，院校3个，隶属单位562个，海关总署的基本任务是在国务院领导下，领导和组织全国海关正确贯彻实施《海关法》和国家的有关政策、行政法规，积极发挥依法行政、为国把关的职能，服务、促进和保护社会主义现代化建设。

2. 直属海关

直属海关是指直接由海关总署领导，负责管理一定区域范围内海关业务的海关。目前在海关的47个直属单位中，直属海关共有42个，除香港、澳门、台湾地区外，分布在全国31个省份。

直属海关就本关区内的海关事务独立行使职责，向海关总署负责。直属海关承担着在关区内组织开展海关各项业务和关区集中审单作业，以及全面有效地贯彻执行海关各项政策、法律、法规、管理制度和作业规范的重要职责，在海关三级业务职能管理中发挥着承上启下的作用。

3. 隶属海关

隶属海关是指由直属海关领导，负责办理具体海关业务的海关，是海关进出境监督管理职能的基本执行单位。一般都设在口岸的海关业务集中的地点。隶属海关根据海关业务情况，设立若干业务科室，其人员从十几到二三百人不等。

第二节　中国海关报关制度

一、中国报关制度的发展历程

报关是履行海关进出境手续的必要环节之一，是指进出境运输工具的负责人、货物的收发货人或其代理人，在通过海关监管口岸时，依法进行申报并办理有关手续的过程。报关涉及两类主体，即报关企业和报关员。

从中国报关制度的发展历程看，经历了以下几个阶段：

1. 中华人民共和国成立初期—1979 年

中华人民共和国建立初期，绝大多数报关业务由报关行或海关事务经纪人来完成。但随着国营进出口公司在对外贸易中逐步占据主导地位，海关作业制度简化，开始了外贸公司的自行报关。尤其是自 1953 年开始实行《进出口贸易许可证办法》后，海关凭经贸主管部门签发的进出口许可证进行监管，报关均由各外贸公司单独直接办理。"文革"期间，报关制度几乎被取消。1972 年，海关部分恢复了对进出口货物的申报查验职能。

2. 1979—1985 年

党的十一届三中全会以后，中国实行了改革开放政策，海关的进出境监管职能尤为突出。从 1980 年起，中国海关恢复了外贸公司进出口货物全国统一的报关制度，启用了新格式的《进口货物报关单》和《出口货物报关单》。这些外贸公司获得了对外贸易进出口经营权，即意味着自动取得了进出口报关资格。因此，自 1980 年到 1985 年上半年间，海关对报关企业的确认，主要通过审查其是否具有经国家经贸主管部门批准的进出口经营权。

3. 1985—1987 年

20 世纪 80 年代中期，中国对经济特区、沿海开放城市、经济技术开发区等实行关税优惠政策。在这些地区，设立海关报关业务的机构越来越多，报关业务急剧增加。为提高报关工作质量，严防违规、走私、偷逃税款等不法行为，海关总署于 1985 年 2 月制定了《中华人民共和国海关对报关单位实施注册登记制度的管理规定》。这一规定明确了所有报关企业必须到海关注册登记，未注册登记的，无报关权。

4. 1987—1997 年

1987 年 7 月 1 日颁布实施的《中华人民共和国海关法》首次以国家法律的形式对报关注册登记、报关企业、代理报关企业、报关员的管理做了规定，为中国报关管理制度的完善和发展提供了坚实的法律基础。

随着中国对外开放的继续深化和外贸体制的进一步改革，海关总署在 1988 年 H883 报关自动化工程试点成功和 1992 年《商品名称及编码协调制度》顺利实施的基础上，为更好地适应改革开放的形势并加强对进出口货物报关企业和报关员的管理，于 1992 年 9 月制定了《中华人民共和国海关对报关企业和报关员的管理规定》（以下简称新《管理规定》）。新《管理规定》的指导思想明确提出报关制度的改革方向是报关专业化、社会化和网络化，支持、鼓励和扶植专业报关企业。1994 年 10 月 24 日，《中华人民共和国海关对专业报关企业的管理规定》公布实施；之后，1995 年 7 月 6 日，《中华人民共和国海关对代理报关企业的管理规定》公布实施。

5. 1997 年至今

为加强报关员管理,维护报关秩序,规范报关行为,1997 年 4 月 8 日,《中华人民共和国海关对报关员管理规定》(以下简称《规定》)公布实施。《报关员资格全国统一考试暂行规定》于 1997 年 7 月 1 日起实施。《规定》对报关员的资格审定、注册和年审、权利、义务和法律责任等提出了明确要求。且自《规定》实施之日起,海关实行报关员资格全国统一考试制度。这一制度是中国报关管理制度的一项重要改革,是提高报关质量和提高企业经济效益的一项重要措施。2013 年 10 月 12 日,海关总署官网发布了第 54 号公告,决定"改革现行报关从业人员资质资格管理制度,取消报关员资格核准审批,对报关人员从业不再设置门槛和准入条件。今后,报关从业人员由企业自主聘用。""海关总署决定自 2014 年起不再组织报关员资格全国统一考试,2013 年考试将如期举行,考试成绩合格者可以取得报关员资格证书"。2000 年 7 月 8 日,第九届全国人大常委会第十六次会议通过了《关于修改〈中华人民共和国海关法〉的决定》。新《海关法》以法律的形式明确规定了向海关办理报关纳税手续的企业、单位及人员的主体资格,报关企业及其委托人的法律地位和法律责任,企业的报关注册登记,报关从业人员资格,报关企业和报关人员的业务守则等内容,将中国的报关管理制度进一步法制化和规范化,使中国的报关管理更加适应外贸体制改革的需要与中国加入 WTO 的要求,标志着中国报关管理制度走向完善。

二、报关与报关对象

《中华人民共和国海关法》第八条规定:"进出境运输工具、货物、物品,必须通过设立海关的地点进境或出境。"报关是指进出口货物的收发货人及其代理人、进出境运输工具负责人、进出境物品的所有人向海关办理有关货物、运输工具、物品进出境手续的全过程。其中,进出口货物的收发货人及其代理人、进出境运输工具负责人、进出境物品的所有人是报关行为的承担者,是报关的主体,也就是报关人。这里所称的报关人既可以是法人,比如进出口企业、报关企业,也可以是自然人,如物品的所有人。报关的对象是进出境运输工具、货物和物品。报关的内容是办理运输工具、货物和物品的进出境手续。

报关的对象具体包括:

(1) 进出境运输工具。进出境运输工具是指用以载运人员、货物、物品进出境在国与国之间运营的各种境内或境外船舶、车辆、航空器和驮畜。

(2) 进出境货物。进出境货物主要包括:一般进口货物;一般出口货物;保税货物;暂时进口货物;特定减免税货物;过境、转运和通运货物及其他进出境货物。另外,一些特殊货物,如通过电缆、管道输送进出境的水、电等,以及无形的货物,如附着在货品载体上的软件等,也属报关的对象。

(3) 进出境物品。进出境物品是指进出境的行李物品、邮递物品和其他物品。以进出境人员携带、托运等方式进出境的物品为行李物品;以邮递方式进出境的物品为邮递物品;其他物品主要包括享有外交特权和豁免的外国机构或者人员的公务用品或自用物品,以及通过国际速递进出境的快件等。

三、报关企业

报关企业是向海关提出报关书面申请,经海关审核同意,拥有海关颁发的报关注册登记证书，有权办理进出口货物及运输工具报关手续的境内法人。报关企业主要分为三类：自理报关企业、专业报关企业和代理报关企业。

（1）自理报关企业，即已在海关注册登记，仅为本企业（单位）办理进出口货物报关手续的报关企业。

（2）专业报关企业（俗称报关行），即已在海关注册登记，专业从事接受进出口货物经营单位和运输工具负责人以及他们的代理人的委托，办理进出口货物和进出境运输工具的报关、纳税等事宜，具有境内法人地位的经济实体。

（3）代理报关企业，即经营国际货物运输代理、国际运输工具代理等业务，并兼营进出口货物的报关、纳税等事宜，已履行代理报关注册登记手续的境内法人。

三类报关企业报关的业务对比见表 8-1。

表 8-1　三类报关企业报关的业务对比

企业类别	报关区域	委托对象	货物范围	异地报关
自理报关企业	注册地海关辖区、异地报关备案地海关辖区	本身为进出口货物收发货人，不能接受委托代理	进出口货物收发货人自己经营进出口的货物	在办理异地报关备案手续后可异地报关
专业报关企业	注册地海关辖区	可接受进出口货物收发货人的委托代理报关	由收发货人委托报关的进出口货物	一般不得开展异地报关业务
代理报关企业	注册地海关辖区	可接受进出口货物收发货人的委托代理报关	在代理报关企业承运承揽，并由收发货人委托报关的进出口货物	一般不得开展异地报关业务

四、报关注册登记

报关注册登记是指进出口货物收发货人、报关企业向海关提供规定的法律文书，申请报关资格，海关经审查核实，准予其办理报关业务的过程。

（一）报关注册登记的范围和条件

在中国，各类报关企业注册登记的管理机关是中华人民共和国海关。《海关法》规定，报关企业办理报关手续必须依法经海关注册登记，这是企业取得报关资格的法定条件。可以向海关办理报关注册登记的单位有两类：一是进出口货物收发货人，主要包括有进出口经营权的内资公司、外商投资企业等；二是提供社会化报关纳税服务的报关企业，包括专门从事报关服务的报关企业和经营国际货物运输代理、国际运输工具代理业务同时兼营报关服务的代理报关企业。若是其他企业和单位申请办理报关注册登记，海关一般不予接受。

（二）报关注册登记的基本条件

考虑到两类报关企业的不同性质，海关对其规定了不同的报关注册登记条件。进出口货物的收发货人可直接向海关办理注册登记；对于报关企业，海关要求具备以下三个条件：①必须拥有固定的服务场所和提供服务的必要设施；②拥有一定数量的注册资金；③拥有一定数量的报关从业人员。

（三）报关注册登记的程序

报关注册登记的程序一般包括申请、海关审查、颁发证明三个步骤。符合海关规定条件的单位向海关办理注册登记，应当向企业所在地海关提出书面申请，并视企业的性质提交全套相关的文件资料；海关对企业提交的文件资料及企业的资格条件进行审核检查，具体内容包括服务场所和提供服务的必要设备情况、企业性质、经营范围、企业承担经济或法律责任的能力以及各种文件的真实性、合法性等，海关就企业申请不同的报关类型分别采取不同的审查方式和审查不同的内容；审核通过后，海关在规定的期限内做出准予或不准予注册登记的决定，对符合条件并获批准者，由海关颁发《报关注册登记证书》并按规定为企业编制"报关注册编码"，给予海关注册登记编号（又称经营单位编码）。

经报关注册登记的企业，既成为报关企业，可以在规定的经营地域或口岸的范围开展报关业务。如果报关企业需到所在地海关关区以外的地区办理报关纳税事宜，则须办理异地报关备案手续。这项制度一般仅适用于自理报关的进出口货物收发货人。

三类报关企业报关注册登记业务的比较见表8-2。

表8-2　三类报关企业报关注册登记业务的比较

单位类别	条件	程序	文件
自理报关企业	没有服务场所等方面的条件要求	直接办理包括申请、海关审核、颁发证书三个步骤的注册手续	除三者均必须提交的文件外，另须呈验企业合同（外资企业免）、章程及相关批件
专业报关企业	有服务场所、设备、注册资金和从业报关员数量等方面的条件要求	须先办理企业开业的海关手续，再按三个步骤完成注册手续	除三者均必须提交的文件外，另须呈验海关批准其开业的文件及验资报告
代理报关企业	有服务场所、设备、注册资金和从业报关员数量等方面的条件要求	直接办理包括申请、海关审核、颁发证书三个步骤的注册手续	除三者均必须提交的文件外，另须呈验海关或交通部批准其经营代理业务的文件及验资报告

五、报关员

进出口货物的报关是一项复杂而又非常重要的工作。一方面，报关工作的质量，报关的真实性、准确性，直接关系到海关对进出口货物合法进出的监管；另一方面，报关工作的真实、准确也与进出口活动当事人息息相关，影响其办理通关手续的效率。根据现行海关规定，进出口货物的报关必须由经海关批准并注册登记的专业人员代表收发货人或者报关企业向海关办理。这些专业人员就是报关员。

报关员是经海关批准注册，代表所属企业（单位）向海关办理进出口货物报关纳税等手续，并以此为职业的人员。中国海关规定，向海关办理进出口报关纳税手续的报关员不是自由职业者，必须受雇于某一个企业。由于只有获得对外贸易经营权的企业和报关企业才可以向海关办理报关纳税手续，因此，报关员只能受雇于一个有对外贸易经营权的企业或者报关企业，并代表该企业办理报关纳税手续。中国有关法律禁止报关员非法接受他人委托从事报关业务。

随着中国对外贸易的飞速发展，企业对报关员的需求日益增长，报关作为向社会提供专门化服务的职业已引起社会的关注。报关职业要求报关员必须具备一定的学识水平和实际业务能力，必须熟悉与货物进出口有关的法律、对外贸易、商品知识，必须精通海关法律、法规、规章和海关业务制度，并具备办理海关手续的技能。为此，中国《海关法》以法律形式明确了报关员资格审查制度。

中国报关员资格审查通过报关员资格全国统一考试的形式进行。海关通过对符合报名条件的人员进行全面、系统的专业知识考试，来检验其是否符合报关职业的基本要求。报关员资格全国统一考试由海关总署负责统一组织和管理，具体考务工作由总署授权有关主管海关组织实施。海关总署主要负责确定报名条例、科目内容、考试时间、试卷印刷以及《报关员资格证书》的印制；有关主管海关负责考试的安排、组织，包括接受报名及接受海关总署委托授权颁发《报关员资格证书》。2014 年起，海关总署不再组织报关员资格全国统一考试。

第三节　中国海关通关制度

海关通关制度是主权国家维护本国政治、经济、文化利益，对进出口货物和物品在进出境口岸进行监督管理的基本制度。所谓通关，是指进出境运输工具的负责人、货物的收发货人及其代理人、进出境物品的所有人向海关申请办理进出口手续，海关对其呈交的单证和申请进出境的货物、运输工具和物品进行依法审核、查验、征税、批准进口或出口的全过程。它涉及海关有关部门、进出口货物报关人、承运人以及所有人等多方面，是货物进出口的关键环节。

一、进出口货物的通关程序

根据《海关法》有关规定，国家在对外开放的口岸和海关监管业务集中的地点设立海关，进出境运输工具、货物、物品都必须通过设立海关的地点进境或出境，办理通关手续是货运当事人的法定义务。进出口货物的通关，一般来说可以分为四个环节，如图 8-1 所示。

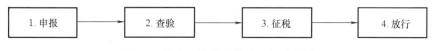

图 8-1　进出口货物通关的一般流程图

对于加工贸易进出口货物、经海关批准的减免税或缓期缴纳进出口税费的进出口货物，以及其他在放行后一定期限内仍须接受海关监管的货物的通关，可以划分为五个环节，如图 8-2 所示。

图 8-2　其他几类货物的通关流程

（一）申报

申报是指进出境运输工具的负责人、货物和物品的收发货人或其代理人，在进出口货物时，在海关规定的期限内，以书面或者电子数据交换（EDI）方式向海关报告进出口货物的情况，并随附有关货运和商业单据，申请海关审查放行，并对所报告内容的真实性、准确性承担法律责任的行为。

申报是进出境货物通关的第一个环节。目前，海关接受申报的方式一般有三种：口头申报、书面申报和电子数据交换（EDI）申报。为了保证申报行为的合法性，海关在进出口货物的申报资格、申报时间、申报单证、申报内容等方面做了明确规定。申报与否以及是否如实申报,是判定走私、违规等的重要依据之一。

(二) 查验

查验是指海关对已接受申报的进出境货物、运输工具和物品,依法审查申报的内容是否属实,单证是否相符。这是海关监管的关键关节。除了国家规定、国际惯例以及海关总署特准的免检货物、运输工具和进出境人员携带的物品外,其他均应接受海关查验。这包括一般的常规检查以及一些针对性的检查。例如,海关总署在一定时期内明文规定的须重点检查的敏感货物、有重大走私嫌疑的货物以及机动抽查等。

(三) 征税

税费计征是海关根据国家的有关政策、法规对进出口货物征收关税及进口环节的税费。关税由海关依照《中华人民共和国海关进出口税则》征收。对进出口货物除征收关税外,还要征收进口环节增值税,对少数商品征收消费税。

(四) 放行

放行是口岸海关对进出境的货物、运输工具、物品监管过程的最后环节。通过对前述各关节的复核,在有关的单证上签印放行。所有进出境的物品只有经过海关放行后,才能被提取或装运出境,有关运输工具也才能驶离海关。海关对进出境的货物、运输工具和物品的放行方式主要有正常放行、担保放行和信任放行。

(1) 正常放行。这是最基本的放行方式。对于无税费的货物,一般只要单证齐全,原则上经查验即可直接放行;对于应税货物、物品和应征吨位的船舶,则必须由海关的税收部门,按照《中华人民共和国进出口关税条例》和《中华人民共和国海关进出口税则》的规定,根据"一票一证"的方式对这些货物的收发货人征收有关税费,然后签印放行。

(2) 担保放行。海关对符合《中华人民共和国海关关于进出口货物申请担保的管理办法》的进出境货物暂不征收关税,而是以接受担保的形式予以放行。在这种方式下,担保人通过事先向海关支付相当于有关货物税费之和的保证金或提交保证函,保证在一定期限内履行其承诺的义务。若其兑现了承诺,海关退还已缴纳的保证金或注销已提交的保证函。担保期限通常不得超过20天,否则海关对有关进出口货物按规定进行处理。担保放行是为了确保海关监管货物的安全性,避免因纳税人无偿付能力或不履行义务而对海关造成的风险。

(3) 信任放行。这是海关给予资信好的企业的通关便利,即对其进出口货物先放行,后通过分批或集中定期纳税来完备海关手续。这种放行方式的采取,要求海关事先对企业的通关信用状况、经营情况、管理水平等因素进行监测、定期评估,仅对符合标准的企业给予信任放行。当然,对经海关批准的资信好的企业,如发现信誉降级,海关可随时警告,情节严重的,可取消其享受的这种通关便利。

(五) 结关

结关是指对经口岸放行后仍需继续实施后续管理的货物,海关在规定的期限内进行核查,对需要补证、补税的货物做出处理,直至完全结束海关监管程序。

加工贸易进口货物的结关是指海关在加工贸易合同规定的期限内对其进口、复出口及余料的情况进行核对,并经经营单位申请办理了批准内销部分货物的补证、补税手续,对原备案的加工贸易合同予以销案。

暂时进出口货物的结关是指在海关规定的期限内(含经批准延期的)暂时进口货物复

运出口或者暂时出口货物复运进口,并办理了有关纳税销案的手续,完全结束海关监管的工作程序。

特定减免税货物的结关是指有关进口货物的海关监管年限期满并向海关申请解除监督,领取了主管海关核发的"海关对减免进口货物解除监管证明",完全结束海关监管的工作程序。

海关正式通过上述相互联系的基本环节实施其货运监管权,以确保良好的通关秩序。表8-3以采取正常放行方式进出口的货物为例,介绍了通关过程中两大当事人应办理的事项。

表8-3 进出口货物通关的一般程序

程 序	报关员的职责	海关部门的职责
申报	填写进出货物报关单;提供法定单证,如进出口许可证;提供必需的货运、商业单证,如发票、运单、提货单等;如有的话,提供减免税证明等其他单证	接受提交的单证并对报关单进行编号登记、签注申报日期等;审核报关单内容
查验	积极配合海关进行查验货物的各项工作	查验单货是否一致,单证是否一致;查验过程中有责任确保货物完好无损,如有损坏需承担赔偿责任
征税	认真配合海关征税部门的工作,回答提出的问题,提交所需的文件,凭海关开出的税款缴款书到银行缴纳关税和其他税费	按照海关计价的规定审价;以费率对应税货物计征关税,依法减免有关税收;出具银行缴款通知书
放行	凭报关员证及领单凭据领取放行单及其他货物发还单证;按照有关单证的说明及时到海关监管仓库提货	审核关税及其他有关税费是否缴讫;审核各项通关程序是否完成;经办人在报关单及提单上加盖放行章

二、通关的法律责任

进出口货物的通关是通过进出口货物的报关单位及其报关员,遵守国家有关进出口法律法规和海关,依法对进出口货物实施有效监督管理而共同完成的。因此,报关单位及其报关员和海关在进出口货物的通关过程中,均要求承担相应的法律责任。

(一)报关单位和报关员的法律责任

报关(即申报)是通关的必经和首要的环节,报关单位和报关员向海关报关,即与海关之间产生了法律关系。根据海关的报关管理制度,报关单位及其报关员在进出口活动中享有依法向海关报关的权利,但同时也应当依法履行法定的义务。具体包括:

(1)必须遵守国家有关进出口的政策、法规,如实向海关申报。

(2)按照海关指定的时间,陪同海关人员查验进出口货物,并负责搬移、开拆、重封货物包装。

(3)在规定期限内缴纳所申报的进出口货物的税款及其他税费。

(4)配合海关对走私违规案件的调查。

(5)报关单位要向海关申请注册登记,报关员应当经海关考核认可,报关单位和报关员都要接受海关年审。

(6)报关单位应当按照海关的要求选用报关员,并对其指派的报关员的一切报关行为负法律责任。

报关单位和报关员如不履行上述义务，将承担相应的法律责任，包括暂停报关权、取消报关权、取消报关资格并不准重新申请报关员资格、罚款追究刑事责任等。

(二) 海关人员的法律责任

海关人员在依法对进出口货物实施监管中，必须遵守法律、法规、秉公执法、忠于职守、文明服务。海关人员承担法律责任的形式包括：

（1）海关人员在查验进出境货物、物品时，损坏被查验的货物、物品的，应当赔偿实际损失。

（2）海关人员私分没收的走私货物、物品的，依照《刑法》有关规定追究刑事责任。

（3）海关人员滥用职权，故意刁难、拖延监管、查验的，给予行政处分；徇私舞弊、玩忽职守或者放纵走私的，根据情节轻重给予行政处分或者依法追究刑事责任。

课后习题

1. 中国海关的主要职能有哪些？
2. 中国报关制度的主要内容有哪些？
3. 简述中国海关通关程序及其注意事项。

第九章

中国服务贸易

第一节 中国服务贸易的发展历程和现状

目前,全球竞争的焦点有向服务业转移的趋势,提升服务业发展水平和服务业国际竞争力已成为中国在加入 WTO 后刻不容缓的任务。中国服务业在改革开放后获得了前所未有的快速发展,日益成为国民经济的重要组成部分,服务贸易也由此获得较快发展。据商务部统计,中国服务贸易进出口额已经由 1982 年 47 亿美元增加至 2018 年的 7919 亿美元,37 年间增加了 168 倍之多,而占世界服务贸易的比重也由当初的 0.6% 升高到 2018 年的 6.9%。虽然由于 2008 年世界金融危机的影响,2009 年世界贸易遭到重创,世界服务贸易额有所下降,但是从 WTO 发布的数据来看,中国服务贸易进出口占世界的比重不仅没有降低,还有些微增加,从 4.1% 上升到 4.8%。

一、中国服务贸易的规模

总体来讲,改革开放以来,中国服务贸易得到了很大发展。1982—2018 年,中国服务贸易进出口总额年平均增长率 15.31%,其中出口年均增长 13.61%,进口年均增长 16.73%,进口的增速高于出口增速。而 1982—2018 年世界服务贸易年均增速仅为 7.48%,中国的增速远高于世界水平,表明中国的服务贸易呈稳中有升的发展态势。

从服务贸易绝对值来看,中国服务贸易的总体规模显著上升。1982 年中国服务贸易开始发展,该年服务贸易进出口总额仅为 47 亿美元(占世界比重为 0.6%),其中出口额 27 亿美元(占世界比重 0.7%),进口额 20 亿美元(占世界比重 0.4%);到 2008 年,服务贸易进出口总额已达 3223 亿美元,其中出口额 1633 亿美元(占世界比重 4.1%),进口额 1589 亿美元(占世界比重 4.1%),27 年间进出口总额增加超过了 60 多倍,占世界服务贸易的比重也从由此上升到 4.1%。2009 年进出口总额共 3025 亿美元,较前一年有所减少,但占世界服务贸易的比重提升到 4.3%,提高了 0.2 个百分点,这主要是由于 2008 年世界金融危机对世界贸易的影响所致。到 2012 年,进出口总额共 4829 亿美元,占世界服务贸易的比重进一步提升到 5.4%;2017 年进出口总额继续平稳增长趋势,上升到 6.5%;2018 全年服务贸易规模再创历史新高,进出口总额突破 7000 亿美元,增速远超世界平均水平(见表 9-1)。

表 9-1 中国历年服务贸易进出口情况

年份	中国出口额（亿美元）	世界出口额（亿美元）	中国出口占世界比重	中国进口额（亿美元）	世界进口额（亿美元）	中国进口占世界比重	中国进出口额（亿美元）	世界进出口额（亿美元）	中国进出口占世界比重
1982	27	4001	0.7%	20	4517	0.4%	47	8518	0.6%

（续）

年份	中国出口额（亿美元）	世界出口额（亿美元）	中国出口占世界比重	中国进口额（亿美元）	世界进口额（亿美元）	中国进口占世界比重	中国进出口额（亿美元）	世界进出口额（亿美元）	中国进出口占世界比重
1983	28	3896	0.7%	20	4356	0.5%	48	8252	0.6%
1984	31	3983	0.8%	29	4451	0.7%	59	8434	0.7%
1985	31	4112	0.8%	25	4437	0.6%	56	8549	0.7%
1986	39	4846	0.8%	23	5001	0.5%	61	9847	0.6%
1987	41	5747	0.7%	25	5887	0.4%	66	11634	0.6%
1988	51	6426	0.8%	36	6708	0.5%	87	13134	0.7%
1989	62	6997	0.9%	39	7346	0.5%	101	14344	0.7%
1990	81	8313	1.0%	44	8752	0.5%	124	17065	0.7%
1991	95	8777	1.1%	41	9212	0.4%	137	17989	0.8%
1992	126	9769	1.3%	94	10066	0.9%	220	19835	1.1%
1993	146	9938	1.5%	120	10113	1.2%	266	20051	1.3%
1994	202	10835	1.9%	163	10936	1.5%	365	21770	1.7%
1995	244	12222	2.0%	252	12409	2.0%	496	24632	2.0%
1996	280	13173	2.1%	226	13156	1.7%	506	26329	1.9%
1997	342	13726	2.5%	280	13512	2.1%	622	27239	2.3%
1998	251	13900	1.8%	268	13544	2.0%	519	27444	1.9%
1999	294	14355	2.0%	317	14308	2.2%	610	28663	2.1%
2000	350	15220	2.3%	362	15194	2.4%	712	30414	2.3%
2001	392	15251	2.6%	393	15378	2.6%	784	30629	2.6%
2002	462	16341	2.8%	465	16231	2.9%	928	32571	2.8%
2003	513	18966	2.7%	553	18627	3.0%	1066	37593	2.8%
2004	725	23024	3.1%	727	22287	3.3%	1452	45311	3.2%
2005	843	26579	3.2%	840	26098	3.2%	1683	52677	3.2%
2006	1030	29976	3.4%	1008	29230	3.4%	2038	59206	3.4%
2007	1353	35834	3.8%	1301	34511	3.8%	2654	70346	3.8%
2008	1633	40252	4.1%	1589	39180	4.1%	3223	79432	4.1%
2009	1436	35995	4.0%	1589	34923	4.6%	3025	70918	4.3%
2010	1783	39213	4.5%	1934	38351	5.0%	3717	77564	4.8%
2011	2010	44113	4.6%	2478	42868	5.8%	4489	86981	5.2%
2012	2016	45402	4.4%	2813	44558	6.3%	4829	89960	5.4%
2013	2070	48408	4.3%	3306	47262	7.0%	5376	95670	5.6%
2014	2191	51953	4.2%	4329	51251	8.4%	6520	103204	6.3%
2015	2186	49626	4.4%	4355	48761	8.9%	6542	98386	6.6%
2016	2095	50312	4.2%	4521	49062	9.2%	6616	99374	6.7%
2017	2281	54293	4.2%	4676	52172	9.0%	6957	106464	6.5%
2018	2668	58451	4.6%	5250	56036	9.4%	7919	114487	6.9%

（资料来源：中国商务部，《中国统计年鉴》，联合国贸易和发展会议数据库。）

中国服务贸易整体规模的扩大,其中建筑、知识产权使用费、政府服务和电信、计算机和信息服务等进出口增幅明显。2018年,我国面对着复杂的国内外形势和经济下行的压力,积极优化服务贸易结构,着力于扩大高附加值服务出口。在贸易数量上,旅游和运输占有绝对地位,事实上,历年来,这两大传统服务部门一直保持着高额贸易量。其次,其他商业服务的贸易量为1171.8亿美元,也属于服务贸易额的重大贡献行业。其他行业贸易规模略小,贸易总额不一,甚至个人、文化和娱乐服务只有46.0亿美元的进出口总额,这也表明了我国服务贸易结构的不平衡。具体见表9-2。

表9-2 2018年中国服务贸易分类进出口统计

服务类别	总额(亿美元)	出口额(亿美元)	进口额(亿美元)
运输	1505.9	423.0	1082.9
旅游	3162.9	394.5	2768.3
建筑	351.8	265.8	86.0
保险服务	168.0	49.2	118.7
金融服务	56.0	34.8	21.2
电信、计算机和信息服务	708.2	470.5	237.6
知识产权使用费	411.5	55.6	355.9
个人、文化和娱乐服务	46.0	12.1	33.9
维护和维修服务	97.1	71.7	25.3
加工服务	176.8	174.2	2.6
其他商业服务	1171.8	698.9	472.8
政府服务	62.2	17.5	44.7

(资料来源:中国商务部。)

目前中国服务贸易规模继续扩大,占对外贸易比重上升,但总体发展水平仍远远落后于货物贸易。这一情况与世界各国的情况基本一致。服务贸易与货物贸易的进口额、出口额和进出口总额存在着相当大的差距,2018年中国货物贸易进出口总额占对外贸易的85.4%,而服务贸易仅占14.6%,两者在对外贸易结构的比重悬殊较大。近年来,货物贸易出口额是服务贸易出口额的10倍左右,但差距逐年减少。而货物贸易进口额大约是服务贸易进口额的4~5倍,虽然差距越来越大,但绝对值小于出口差距,同时,进口差距扩大的速度也有逐渐放慢的趋势,也就是服务贸易进口额的增长超过了货物贸易额的增长,尤其在2014—2018年,两者的进口差额相比上一年逐渐减少。此外,从表9-3可以明显得出,就数值来看,服务贸易与货物贸易的差距仍在不断扩大,其中出口差距的扩大更为严重。

表9-3 货物贸易与服务贸易进出口差额

年份	2005	2006	2007	2008	2009	2010	2011	2012	2013	2014	2015	2016	2017	2018
服务贸易出口额(亿美元)	843	1030	1353	1633	1436	1783	2010	2016	2070	2191	2186	2095	2281	2668
货物贸易出口额(亿美元)	7619	9690	12201	14307	12016	15778	18984	20487	22090	23423	22735	20976	22634	24867

（续）

年份	2005	2006	2007	2008	2009	2010	2011	2012	2013	2014	2015	2016	2017	2018
货物贸易与服务贸易出口差额（亿美元）	6776	8660	10848	12674	10580	13995	16974	18471	20020	21232	20549	18881	20353	22199
服务贸易进口额（亿美元）	840	1008	1301	1589	1589	1934	2478	2813	3306	4329	4355	4521	4676	5250
货物贸易进口额（亿美元）	6600	7915	9561	11326	10059	13962	17435	18184	19500	19592	16796	15879	18438	21357
货物贸易与服务贸易进口差额（亿美元）	5760	6907	8260	9737	8470	12028	14957	15371	16194	15263	12441	11358	13762	16107
服务贸易进出口额（亿美元）	1683	2038	2654	3223	3025	3717	4489	4829	5376	6520	6542	6616	6957	7919
货物贸易进出口额（亿美元）	14219	17604	21762	25633	22075	29740	36419	38671	41590	43015	39530	36856	41071	46224
服务贸易与货物贸易进出口总差额（亿美元）	12536	15566	19108	22410	19050	26023	31930	33842	36214	36495	32988	30240	34114	38305
服务贸易占对外贸易比重	10.6%	10.4%	10.9%	11.2%	12.1%	11.1%	11.0%	11.1%	11.4%	13.2%	14.2%	15.2%	14.5%	14.6%

（资料来源：中国商务部，《中国统计年鉴》。）

二、中国服务贸易的结构

1. 中国服务业的发展现状

我国服务业以消费性服务为主，生产性服务不够发达，服务的科技含量低，主要集中于传统服务业，如旅游、工程承包、劳务出口、远洋运输等，而全球服务贸易量最大的金融、保险、咨询、邮电等技术密集和知识密集型的服务行业，仍处于发展的初级阶段。2003年，我国服务贸易出口的行业结构中占份额最大的是旅游，近53%，运输占12%，两项合占65%，服务出口过分依赖于旅游业和运输业，而以信息技术为基础的新型服务业的出口比重与世界相比明显偏低。到2018年，旅游占比17.29%，而运输业占比18.11%，两项合占35.40%，比2003年有大幅下降。

此外，我国服务业供给能力相对于国民经济的需求有较大的差距，内部结构有待改进。我国服务业比较优势主要体现在自然和劳动力资源上，其产品大多为劳动密集型的，知识、科技和资本含量都比较低。劳动密集型服务的出口在总出口中所占比重超过70%，而知识技术密集型服务，如金融、电信、现代商贸、管理咨询等出口比重很低。

自20世纪90年代以来，我国的服务贸易进出口始终处于逆差，并且近年来逆差呈逐步扩大趋势，2018年逆差达到2582亿美元。在改革开放后的很多年份里，中国服务贸易的发展落后于货物贸易的发展。1989 年以前，中国服务贸易出口增速总体上低于货物贸易出口增速；1989—1994 年，服务贸易出口增速快于货物贸易出口增速；1995 年以后，尽管服务贸易出口增长较快，但同期的货物贸易出口增长更快。

从进出口地区结构看，中国进出口市场高度集中，不利于长期服务贸易竞争力的提高。目前，中国内地服务贸易的出口前三分别为中国香港、美国和欧盟；服务贸易前三大进口来源地分别为中国香港、欧盟和美国。与进出口市场结构都高度集中同时出现的是，中国对美国和欧盟的服务贸易逆差不断增大。2008 年，美国对中国服务贸易顺差就已经达到了 61.7 亿美元。

2. 中国服务贸易出口结构

就出口总额而言，中国服务出口近年来有较大幅度的增长，其中份额逐步上升的有电信、计算机和信息服务、其他商业服务、保险和养老金服务、金融服务等；旅游、运输出口有所下降，如旅游从 2001 年"入世"时占比 54.1% 下降到 2018 年的 17.29%。具体见表 9-4。

表 9-4　中国服务贸易各部门出口规模所占百分比

年份	2006	2007	2008	2009	2010	2011	2012	2013	2014	2015	2016	2017	2018
总量（亿美元）	1030	1353	1633	1436	1783	2010	2016	2070	2191	2174	2084	2131	2336
加工服务	14.03%	14.73%	14.29%	15.02%	14.14%	13.20%	12.77%	11.23%	9.77%	9.40%	8.90%	8.48%	7.46%
维护和维修服务	0	0	0	0	0	0	0	0	0	1.66%	2.50%	2.80%	3.08%
运输	20.41%	23.15%	23.52%	16.42%	19.18%	17.69%	19.30%	18.19%	17.45%	17.75%	16.23%	17.50%	18.11%
旅游	32.97%	27.51%	25.01%	27.63%	25.69%	24.11%	24.82%	24.96%	20.10%	20.68%	21.32%	18.10%	17.29%
建设	2.67%	3.97%	6.32%	6.59%	8.13%	7.32%	6.08%	5.15%	7.01%	7.66%	6.08%	5.75%	5.80%
保险和养老金服务	0.54%	0.67%	0.85%	1.12%	0.97%	1.50%	1.65%	1.93%	2.09%	2.29%	1.95%	1.91%	2.11%
金融服务	0.14%	0.17%	0.19%	0.25%	0.75%	0.42%	0.94%	1.54%	2.07%	1.07%	1.52%	1.61%	1.43%
知识产权使用费	0.20%	0.25%	0.35%	0.30%	0.47%	0.37%	0.52%	0.43%	0.31%	0.50%	0.56%	2.25%	2.38%
电信、计算机和信息服务	3.59%	4.08%	4.79%	5.37%	5.87%	6.92%	8.06%	8.26%	9.21%	11.29%	12.20%	12.61%	12.85%
其他商业服务	24.76%	24.82%	24.01%	26.58%	24.20%	28.04%	25.31%	27.65%	31.44%	26.86%	27.81%	27.84%	28.33%
个人、文化和娱乐服务	0.13%	0.23%	0.26%	0.07%	0.07%	0.06%	0.06%	0.07%	0.08%	0.34%	0.36%	0.36%	0.41%
别处未提及的政府服务	0.56%	0.41%	0.41%	0.66%	0.54%	0.37%	0.49%	0.59%	0.48%	0.49%	0.58%	0.80%	0.75%

（资料来源：《中国国际收支平衡表》。）

服务贸易出口结构的变化说明了两点:

(1) 出口仍以传统服务贸易为主体。以 2018 年的数据来看,传统服务业如运输、旅行虽然相对有所下降,但其仍占很大比重,且总量大。2018 年,运输服务、旅游服务出口额为 827 亿美元。

(2) 部分新兴服务贸易部门增速较快。随着中国服务贸易总量的快速扩大,多数新兴服务贸易部门的增速加快。2006—2018 年间,技术知识密集型的知识产权使用费、金融服务、保险和养老金服务以及电信、计算机和信息服务等新兴服务行业的出口均有大幅度增长,成为增长最快的几个部门。由于起步晚基数小,2018 年为止知识产权使用费、金融服务所占比重仍然较小。传统服务出口中占据主要地位的旅游服务出口比重略有下降,但仍占最大比重。旅游与运输两项合占 35.40%。

3. 中国服务贸易进口结构

就进口总额而言,中国服务进口近年来也有较大幅度的增长,其中旅游所占份额逐步上升;运输、保险和养老金服务、其他商业服务进口有所下降,电信、计算机和信息服务和知识产权使用费等进口占比基本维持不变。具体见表 9-5。

表 9-5 中国服务贸易各部门进口规模所占百分比

年 份	2006	2007	2008	2009	2010	2011	2012	2013	2014	2015	2016	2017	2018
总量(亿美元)	1008	1301	1589	1589	1934	2478	2813	3306	4329	4357	4415	4720	5257
加工服务	0	0.01%	0.02%	0.04%	0.04%	0.08%	0.04%	0.02%	0.03%	0.04%	0.04%	0.04%	0.05%
维护和维修服务	0	0	0	0	0	0	0	0	0	0.30%	0.44%	0.48%	0.48%
运输	34.08%	33.26%	31.66%	29.31%	32.71%	32.46%	30.52%	28.53%	22.21%	19.59%	18.25%	19.76%	20.77%
旅游	24.12%	22.89%	22.75%	27.50%	28.38%	29.29%	36.25%	38.89%	52.52%	57.34%	56.64%	54.64%	52.74%
建设	2.03%	2.24%	2.74%	3.69%	2.62%	1.50%	1.29%	1.18%	1.12%	2.34%	1.93%	1.83%	1.64%
保险和养老金服务	8.76%	8.19%	8.02%	7.12%	8.15%	7.96%	7.32%	6.68%	5.19%	2.02%	2.92%	2.43%	2.20%
金融服务	0.88%	0.43%	0.36%	0.40%	0.72%	0.30%	0.68%	1.12%	1.14%	0.61%	0.46%	0.34%	0.40%
知识产权使用费	6.58%	6.30%	6.49%	6.96%	6.74%	5.93%	6.31%	6.36%	5.22%	5.05%	5.43%	6.09%	6.81%
电信、计算机和信息服务	2.48%	2.53%	2.94%	2.80%	2.12%	2.03%	1.95%	2.31%	2.48%	2.62%	2.88%	4.10%	4.48%
其他商业服务	20.43%	23.39%	24.28%	21.48%	17.74%	19.85%	15.06%	14.31%	9.41%	9.08%	9.79%	8.98%	8.95%
个人、文化和娱乐服务	0.12%	0.12%	0.16%	0.18%	0.19%	0.16%	0.20%	0.24%	0.20%	0.43%	0.48%	0.58%	0.64%
别处未提及的政府服务	0.50%	0.66%	0.58%	0.53%	0.59%	0.43%	0.37%	0.36%	0.47%	0.59%	0.72%	0.73%	0.85%

(资料来源:《中国国际收支平衡表》)。

服务贸易进口结构的变化说明了两点：

（1）中国传统服务进口的主要项目包括旅游、运输服务，2018年，两项占到了总进口份额的73.51%。之所以出现这两者占主要比重的原因是目前中国服务业市场对外开放程度较低。不过近些年来服务贸易开放度也在不断提高，如果以服务贸易进出口占国内生产总值的比重来计算服务贸易开放度的话，1985年该数值为1.7%，2001年"入世"时也就5.4%，而2004年已经达到7.5%左右，已经有了较大幅度的增长。近年来我国服务贸易开放度维持在6%左右。然而，与同期西方发达国家的服务贸易开放度相比，中国的服务贸易开放度依然偏小。

（2）新兴的服务贸易部门的进出口也有较快程度的增长，而且这些部门进口所占比重较高，如2018年保险和养老金服务、知识产权使用费的服务进口合计占到全部服务进口比重的9.01%。这也反映了进口结构正处在优化之中，随着中国服务业开放度的进一步提高，在金融、电信、信息等现代服务业仍处于劣势的产业的进口仍将扩大。

三、中国服务贸易的增长

（一）世界服务贸易的增长情况

世界服务贸易总额在1970年仅仅只有710亿美元，到2006年世界服务贸易总额达到5.92万亿美元，而2018年，世界服务出口58451亿美元，服务进口56036亿美元，与此相比，2018年世界货物进出口增速比上年小幅下滑1.3个百分点。1990—2002年，货物贸易的年均增长速度为5%，服务贸易的年均增长速度为6%；2003—2006年，世界服务贸易额年增长率更创1995年以来的新高，服务贸易进出口总额以年均16.4%的速度增长。2010—2018年，世界服务贸易进出口总额以年均5%的速度增长。与此同时，全世界同期的GDP增长率为3%[⊖]。从总体上看，经济增长速度仍然以较大幅度低于贸易增长速度，尤其是服务贸易的增长。服务贸易对经济增长的推动作用正在不断增强。

（二）中国服务贸易的增长情况

总体来说，中国服务贸易的总体发展水平落后于货物贸易，但在增速上却要快于货物贸易。近年来服务贸易和货物贸易的增速对比，整体上服务贸易增速高于货物贸易。

从服务贸易绝对额看，中国对外服务贸易的总体规模持续扩大。1982年，中国服务进出口总额仅为47亿美元（占世界比重0.6%），其中出口额为27亿美元（占世界比重0.7%），进口额为20亿美元（占世界比重0.4%）。2018年，中国服务贸易进出口总额首破7000亿美元，同比增速达到13.8%，出口增速为17.0%。2009年服务进出口总额较上年有所减少，但占世界的比重提高了0.2个百分点，这主要是2008年全球金融危机的影响所致。2018年世界货物和服务出口的增长情况见表9-6。

⊖ 世界GDP增长率来自新浪财经《全球宏观经济数据》. http://finance.sina.com.cn/worldmac/inclication_NY.GDP.MKTD.KD.2G.shtml.

表 9-6　2018 年世界货物和服务出口的增长情况

项　目	金额（亿美元）	增　长　率			
	2018 年	2016 年	2017 年	2018 年	2010—2018 年
货物出口	191184	-3%	11%	10%	3%
服务出口	58451	1%	8%	8%	5%

（资料来源：联合国贸易和发展会议数据库。）

从服务贸易绝对额的增速看，中国服务贸易发展尤其迅速。20 世纪 80 年代以来，除个别年份外，中国服务出口增速一直高于同期世界平均增速和世界服务贸易主要出口国家（地区）增速，同时中国服务出口增速变化与全球变化趋势基本一致。20 世纪八九十年代，中国服务贸易总额年均增长速度分别为 11.55% 和 19.37%，服务出口增速分别为 12.61% 和 15.40%。进入 21 世纪后，2000—2018 年中国服务出口年均增速为 11.95%，而同期世界平均水平仅为 7.76%（见图 9-1）。

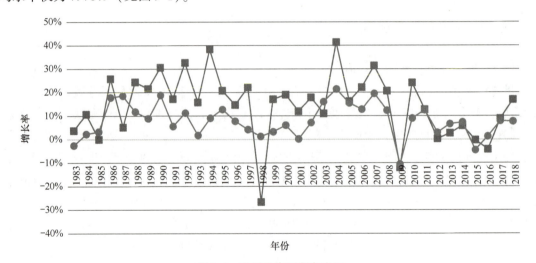

图 9-1　世界及中国服务出口
—■— 中国服务出口增长率　　—●— 世界服务出口增长率

（资料来源：中国商务部官网，《中国统计年鉴》，联合国贸易和发展会议数据库。）

中国服务出口世界排名 2018 年保持在第 5 位，前五位的国家分别为美国、英国、德国、法国和中国，出口额分别为 8284 亿美元、3762 亿美元、3312 亿美元、2915 亿美元和 2668 亿美元；中国服务进口保持在第 2 位，排名前五的国家分别为美国、中国、德国、法国和英国，进口额分别为 5592 亿美元、5250 亿美元、3515 亿美元、2568 亿美元和 2353 亿美元。进出口总额则保持在第二。与此同时，中国服务贸易占世界的比重也逐年增加，在 2018 年达到了 6.9%（见图 9-2）。这一数据表明了中国服务贸易在世界上重要性的增加和地位的提高。其实，无论从进出口的绝对额、增速和占比来看，中国对外服务贸易的确获得了极大的提升，但不容回避的是由发达国家主导的世界服务贸易发展格局仍未改变。从地区来看，国际服务贸易呈现出较为明显不平衡性。当前，国际服务贸易主要集中在欧洲、北美和东亚，其中欧盟服务贸易总额占比最大。根据世界贸易组织统计，2009 年，欧盟 27 国服务进出口占世界的比重为 49.3%。虽然新兴经济体的服务贸易规模也在不断扩大，但现阶段发达国家主导的服务贸易发展格局短期内很难改变。

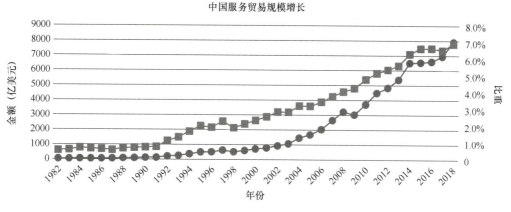

图 9-2　中国服务贸易规模增长

（资料来源：中国商务部官网，《中国统计年鉴》，联合国贸易和发展会议数据库。）

在全球服务贸易自由化进程加快的背景下，中国服务贸易无论是发展速度还是发展规模，都取得了不小成绩。但目前我国的对外服务贸易依然存在许多问题，如整体水平不高、贸易逆差较大、国际竞争力较弱、管理体制滞后等，都需要解决。

（三）中国服务贸易的发展趋势

1. 服务贸易的进出口规模将继续扩大

随着服务贸易在世界经济中的地位不断提升，各国积极推进多边服务贸易自由化进程，特别是发达经济体利用服务业发展的领先优势，通过谈判开放服务业市场和促进服务进出口。另外，区域贸易自由化的蓬勃发展使其服务贸易自由化水平超过了GATS。在多边和区域贸易自由化背景下，中国服务贸易必将进入快速发展的通道。1983—2018 年，除个别年份服务进出口下降外，服务贸易规模基本保持持续增长态势，且绝大多数年份增长率为正，最高达到61%。

2. 服务贸易商业存在呈现稳定增长的发展势头

根据《2017 年国民经济和社会发展统计公报》，2017 年外商直接投资规模扩大，外商投资继续呈现向服务业加速转移的趋势：其中，投向交通运输、仓储和邮政业外商直接投资额增长 13.6%；投向信息传输、计算机服务和软件业的增长 157.1%；投向租赁和商务服务业的增长 7.5%。

3. 服务外包有望成为中国服务贸易的新增长点

在生产客服化、服务流程数字化和模块化以及国际竞争日益激烈等因素推动下，跨国服务转移成为近年来引人瞩目的新现象，推动了全球服务外包的迅速发展。跨国服务转移的内容十分丰富，包括后台服务、IT、人力资源管理与培训、采购、客户服务、物流、研发等。美国《CIO Insight》杂志公布的 2005 年《全球外包报告》，综合考虑外包东道国的成本与风险因素后，评出的 2005 年全球外包指数印度名列第一，中国列第二位；而未来外包指数（2015 年），中国名列榜首，将成为世界上最具吸引力的外包提供国。因此，中国将利用跨国服务产业转移的重大机遇，争取超过印度，成为承接服务外包的大国。这反映出服务外包将成为未来中国发展服务贸易的新增长点。

四、中国服务贸易的逆差

1982—1994 年，中国服务贸易进出口基本处于平衡状态，并有少量的顺差。自 1995 年中国服务贸易出现首次贸易逆差后，除个别年份（1996 年和 1997 年）外，中国服务贸易基本一直处于逆差，虽然在 2005—2008 年出现短暂的顺差，但 2009 年逆差再次剧增。2018 年，逆差扩至 2582 亿美元，同比增长 7.8%，尽管在电信、计算机和信息服务以及其他商业服务、建筑、加工服务、维护和维修服务、金融服务领域分别实现了 232.8 亿美元、226.1 亿美元、179.8 亿美元、171.6 亿美元、46.4 亿美元、13.6 亿美元的顺差，但在旅游、运输、知识产权使用费、保险和养老金服务领域存在较大数额逆差，逆差额分别为 2373.8 亿美元、659.9 亿美元、300.2 亿美元和 69.5 亿美元，其中，旅游和运输服务也是逆差的两个最大来源，而别处未提及的政府服务以及个人、文化和娱乐服务也分别呈现 27.1 亿美元和 21.7 亿美元的逆差。另一方面，从各个部门近十年的数据来看，旅游、运输服务、知识产权使用费以及个人、文化和娱乐服务和政府服务一直处于逆差，且逆差额逐年增加；与此相反的是电信、计算机和信息服务以及建筑服务、其他商业服务、维护和维修服务部门，处于顺差且数额增长；而金融服务是出口发展快于进口，变逆差为顺差。保险和养老金服务虽然一直处于逆差，但差额在变小；加工服务虽一直处于顺差，顺差的差额也在变小。相关情况见表 9-7、表 9-8。

表 9-7　2012—2018 年中国服务贸易各部门差额

年　份	2012	2013	2014	2015	2016	2017	2018
加工服务（亿美元）	256.0	232.0	213.0	202.0	184.0	179.0	171.6
维护和维修服务（亿美元）	0	0	0	23.0	30.0	36.0	46.4
运输（亿美元）	−470.0	−567.0	−580.0	−467.0	−468.0	−558.0	−659.9
旅游（亿美元）	−520.0	−769.0	−1833.0	−2048.0	−2167.0	−2161.0	−2373.8
建筑（亿美元）	86.0	68.0	105.0	65.0	44.0	154.0	179.8
保险和养老金服务（亿美元）	−173.0	−181.0	−179.0	−38.0	−87.0	−64.0	−69.5
金融服务（亿美元）	0	−5.0	−4.0	−3.0	12.0	21.0	13.6
知识产权使用费（亿美元）	−167.0	−201.0	−219.0	−209.0	−228.0	−238.0	−300.2
电信、计算机和信息服务（亿美元）	107.0	95.0	95.0	146.0	139.0	86.0	232.8
其他商业服务（亿美元）	86.0	99.0	282.0	189.0	145.0	186.0	226.1
个人、文化和娱乐服务（亿美元）	−5.0	−7.0	−7.0	−12.0	−14.0	−20.0	−21.7
别处未提及的政府服务（亿美元）	0	0	−9.0	−15.0	−17.0	−18.0	−27.1

（资料来源：中国商务部官网）

表 9-8　1994—2018 年中国服务贸易与货物贸易差额

年份	1994	1995	1996	1997	1998	1999	2000	2001	2002	2003	2004	2005	2006	2007	2008	2009	2010	2011	2012	2013	2014	2015	2016	2017	2018
服务贸易差额（亿美元）	39	−8	54	63	−18	−23	−11	−1	−3	−40	−2	3	21	52	44	−153	−151	−468	−797	−1236	−2137	−2169	−2426	−2395	−2582
货物贸易差额（亿美元）	54	167	122	404	434	292	241	226	304	255	321	1020	1775	2639	2981	1957	1815	1549	2303	2590	3831	5939	5097	4196	3510

（资料来源：中国商务部官网，《中国统计年鉴》。）

从图 9-3 来看，近年来中国服务贸易逆差呈现出不断扩大的趋势。2000 年逆差达到 11 亿美元，2003 年逆差 40 亿美元，然而 2009 年逆差额较 2003 年增加了近 4 倍，2018 年该差额增加到 2582 亿美元，大约是 2013 年的 2 倍。相比之下，货物贸易一直呈现顺差，且顺差值迅速增大。以 2008 年和 2011 年为分界点，2009 年受 2008 年世界金融危机的影响有所下降，但从表中数据可得，与货物贸易相比，在世界金融危机的冲击下，服务贸易受到的影响明显小很多。货物贸易从 2008 年至 2011 年顺差有所下降，但其之前和之后都处于持续上升状态，在 2016 年后，又出现了下降趋势。这些图表和数据均表明我国的服务贸易和货物进出口在向着性质相反的方向发展。这表明，服务贸易国际之路顺应世界新趋势，实现逆差局面的扭转，仍任重而道远。

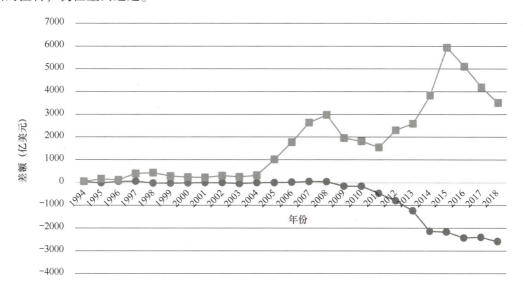

图 9-3　1994—2018 年中国服务贸易与货物贸易差额变化图

　●—服务贸易差额　　■—货物贸易差额

（资料来源：中国商务部官网，《中国统计年鉴》。）

第二节　中国服务贸易的国际竞争力

一、中国服务贸易的世界地位

近几年来，中国服务业开放领域得到进一步的拓宽，如今基本涵盖了《服务贸易总协定》160 多项内容中 100 多项。然而，由于重视服务业的时间并不长等原因，服务业的发展还是严重滞后于其他产业，也落后于其他国家特别是欧美等发达国家。基于此，中国服务贸易尚处于发展初期，存在自身的特点和问题，亟待进一步发展。

从服务贸易额在世界贸易额中的占比来看，中国对外服务贸易的总体规模持续扩大。1982 年，中国服务进出口总额占比仅为 0.6%，其中出口额占世界比重 0.7%，进口额占世界比重 0.4%。2008 年，这一占比已达 4.1%，其中出口额占世界比重 4.1%，进口额占世界比重 4.1%。2009 年，服务进出口总额较上年有所减少，但占世界比重提高了 0.2 个百分点，这主要是 2008 年世界金融危机的影响所致。2018 年，中国服务进出口总额占世界比重 6.9%。从历年的世界排名来看，中国的服务贸易的国际地位呈现稳健的上升趋势（见表 9-9）。

表 9-9　1997—2018 年中国服务进出口世界排名

年　份	出口额世界排名	进口额世界排名	进出口额世界排名
1997	15	11	13
1998	14	12	12
1999	14	10	13
2000	12	10	12
2001	12	10	13
2002	11	9	9
2003	9	8	9
2004	9	8	9
2005	9	7	9
2006	8	7	8
2007	7	5	6
2008	5	5	5
2009	5	4	4
2010	4	3	4
2011	4	3	4
2012	5	3	3
2013	5	2	3
2014	5	2	2
2015	5	2	2
2016	5	2	2
2017	5	2	2
2018	5	2	2

（资料来源：《中国统计年鉴》。）

2018 年，美国、中国、德国、英国、法国居世界服务进出口前五位（见表 9-10）。美国排名居首，服务进出口总额 13876 亿美元，占比 12.1%，继续以较大优势领先；中国、德国、英国和法国服务进出口总额分别为 7919 亿美元、6826 亿美元、6115 亿美元和 5483 亿美元。荷兰服务进出口总额 4713 亿美元，排名第六，与中国的差距由 2017 年的 2717 亿美元扩大至 3205 亿美元。

表 9-10　2018 年世界服务进出口排名前 5 位国家（地区）

排　名	国家（地区）	进出口		
		金额（亿美元）	占比	增长率
1	美国	13876	12.1%	3.5%
2	中国	7919	6.9%	13.8%
3	德国	6826	6.0%	7.0%
4	英国	6115	5.3%	7.4%
5	法国	5483	4.8%	5.3%

（资料来源：联合国贸易和发展会议数据库。）

二、服务贸易竞争力的评价与影响因素

从时间跨度看,学术界对服务贸易竞争力的理论研究经历了三个阶段:第一阶段始于20世纪70年代,西方学者讨论比较优势原理在解释服务贸易发生过程中的适用性问题,同时讨论服务贸易竞争力的来源问题。比较优势理论的原理认为,每个贸易者都关注的共同利益来源于使其自身更高的行为效率。而效率被等同于竞争力,因此,所有在比较优势原理基础上解释服务贸易发生的理论都与服务贸易竞争力来源的讨论有关。第二阶段从90年代初期开始,随着世界经济的快速发展,一些有增长潜力的具体服务部门(如旅游、通信、金融等)成为研究的重点对象,从具体部门切入探讨服务业和服务贸易的竞争力问题,论证这些行业在国民经济中的重要性、竞争力现状、竞争力评价及其提升策略等。第三阶段的研究从分行业讨论后又回到服务业与服务贸易竞争力统一性规律的总结上来,研究的内容更丰富,从理论和实证两个方面进行分析。

从研究内容看,国外学术界将竞争力理论应用于服务业,主要研究成果集中在三个方面:具体服务行业的研究、生产者服务与竞争力的研究以及服务贸易竞争力的国际比较研究。例如,巴拉萨(Balassa,1965)从贸易自由化角度分析了显示性比较优势;霍克曼和卡森迪(Hockman & Karsenty,1992)运用显示性比较优势指数分析了不同收入水平国家服务贸易的比较优势;菲利普(Philip,1998)等人研究了保险业竞争力;保罗(Paul,1999)等人研究了知识密集型服务业的竞争力;玫尔(Meyer,1999)等人比较了德国、英国、美国等国家的服务贸易竞争力;路易斯(Louis,2001)等人探讨了贸易领域中服务与竞争力的关系;西城(Hitchens)等人比较了不同地区商业服务业竞争力等。我国学者对这三个方面也做了大量研究。例如,程大中(2003)等人用显性比较优势定量分析我国服务贸易的竞争力;郑吉昌(2004)探讨分析了服务贸易竞争力的影响因素;赵书华(2007)等人定量分析了我国特定服务业的竞争力;陈宪(2008)通过分析国际服务贸易发展的最新趋势,探讨了中国服务贸易的竞争力;等等。

从研究发展可以发现,由于研究方法单一、数据的缺乏,以往对服务贸易竞争力的研究稍显表面化,停留在对竞争力强弱的一般定性判断与初步统计比较上,而对影响一国服务贸易竞争力的深层原因的分析较少。而且现有的文献大多基于统计分析指标进行测算,通过建立计量经济模型分析影响竞争力的因素,讨论各因素的影响并不多。

迈克尔·波特"钻石模型"的提出,对分析一国某种产业竞争力的形成和保持有很强的说服力,在理论上得到了学术界的认可,用"钻石模型"对产业竞争力进行理论分析的文章层出不穷。但是,目前尚未见到基于"钻石模型"对影响服务贸易竞争力的因素进行实证研究的文献。因此,为了正确认识和客观评价中国服务贸易竞争力,克服单一指标分析存在的偏颇,本书通过显示性和分析性两大类指标,试图对中国服务贸易竞争力现状进行综合评价,并立足于"钻石模型",尝试性地选择相关变量,构建计量经济模型,探讨中国服务贸易竞争力的源泉。

为了更好地反映我国服务贸易竞争力现状,本书同时采用两类指标⊖展开分析:一类是

⊖ 显示性指标包括出口市场占有率、出口优势变差指数、贸易竞争优势指数、显示性比较优势指数、显示性竞争优势指数、净出口显示性比较优势指数等;分析性指标包括贸易开放度、外资依存度和劳动生产率等指标。资料来源:裴长洪,《试论国际竞争力的理论概念与分析方法》[J],《中国工业经济》,2002年04期。

显示性指标,它说明国际竞争力的结果;另一类是分析性指标,它解释具有国际竞争力的原因。

(一)服务贸易竞争力的评价

1. 显示性指标

(1)出口市场占有率。服务贸易的出口市场占有率,即一国服务出口总额与世界服务贸易出口总额之比,反映一国服务贸易出口占世界市场的比例。比例越高,出口竞争力越强。

2018年中国出口额为2668亿美元,位于世界第五位,市场占有率为4.6%,但是与排在第一的美国(8284亿美元,14.2%)相距仍然很大(见表9-11)。这说明我国服务贸易在世界服务贸易中已经占有重要地位,但是与服务贸易发达的国家相比仍有较大的差距。

表9-11 2018年世界服务贸易主要出口国家出口市场占有率比较

排名	国别	出口额(亿美元)	份额	排名	国别	出口额(亿美元)	份额
1	美国	8284	14.2%	6	荷兰	2425	4.1%
2	英国	3762	6.4%	7	爱尔兰	2057	3.5%
3	德国	3312	5.7%	8	印度	2051	3.5%
4	法国	2915	5.0%	9	日本	1920	3.3%
5	中国	2668	4.6%	10	新加坡	1840	3.1%

(资料来源:联合国贸易和发展会议数据库。)

我国服务贸易市场占有率整体呈上升趋势(见图9-4)。2008年世界金融危机后,全球经济回暖,尤其是2010年,传统服务拉动中国服务贸易快速增长,上升趋势更为明显,幅度也更大。

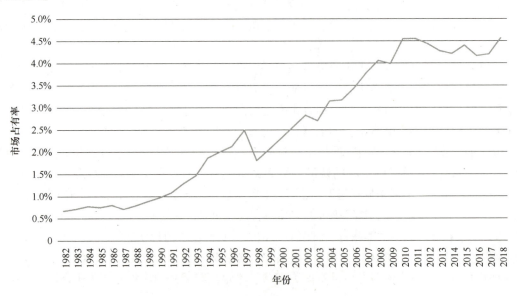

图9-4 1982—2018年中国服务贸易市场占有率

(资料来源:中国商务部官网,《中国统计年鉴》,联合国贸易和发展会议数据库。)

(2)出口优势变差指数(P指数)。出口优势变差指数是指将某产业或产品的出口增长率与该国或该产品所属行业的出口总额增长率进行比较,以确定一定时期内哪一产业或产品具有较强或较弱的出口竞争力。具体到服务贸易领域,它主要用于比较一国服务业总体或部门的出口增长率与该国对外贸易或服务贸易出口总额增长率,如表9-12所示。

表9-12 我国服务贸易出口优势变差指数

年份	1998	1999	2000	2001	2002	2003	2004	2005	2006	2007	2008	2009	2010	2011	2012	2013	2014	2015	2016	2017	2018
P	-13.59	5.38	-12.67	2.30	-2.97	-19.32	0.47	-6.43	-2.43	5.92	3.25	6.87	-10.42	-1.50	1.24	3.36	15.81	7.33	6.77	-5.33	1.10

(资料来源:中国商务部官网,《中国统计年鉴》。)

服务出口优势变差指数的表达式为

$$P = (G_i - G_0) \times 100$$

式中,G_i 为一国服务业总体或部门的出口增长率;G_0 为该国对外贸易或服务贸易出口总额增长率。

可区分为四类:第一类,强竞争优势($P > 10$);第二类,弱竞争优势($0 \leq P \leq 10$);第三类,弱竞争劣势($-10 \leq P < 0$);第四类,强竞争劣势($P < -10$)。

我国服务业自1998—2006年,P 值大体处于 $-10 \leq P \leq 0$ 范围内;自2007—2018年,大多处于 $0 \leq P \leq 10$。这说明2006年后,我国服务贸易竞争力水平有所提升。

(3) 贸易竞争优势指数(TC指数)。贸易竞争优势指数(Trade Competitive Index,TC)[⊖],表示一国进出口贸易的差额占进出口总额的比重。该指数的优点是剔除了通货膨胀等宏观总量方面波动的影响,作为贸易总额的相对值,可在不同时期、不同国家之间进行比较。

20世纪90年代末期,世界服务贸易的发展处于初级阶段,服务贸易进出口值都非常少,我国与世界服务贸易强国之间的差距较小。因此,这一阶段我国服务贸易的竞争优势指数接近0,说明竞争劣势不大。2010年之后,我国服务贸易TC值急剧下降。主要原因在于,随着全球化和发达国家产业结构的升级,服务贸易在发达国家中快速发展,而我国服务贸易的发展并没有跟上世界的步伐,导致与强国的竞争力差距拉大(见图9-5)。TC值在2016年达到最低点,2017年后TC值在逐渐上升。

2. 分析性指标

(1) 服务贸易开放度。服务贸易开放度是一国服务贸易进出口总额占该国国内生产总值的百分比,反映了一国参与国际贸易的开放程度,体现了一国经济增长对国际贸易市场的依赖程度。我国的服务贸易开放度整体水平一直维持在5%以上,如图9-6所示。

(2) 服务业外资依存度。服务业外资依存度即服务业实际利用外资金额占GDP的比率,用于衡量一国经济对国外投资的依赖程度。

我国服务业的外商直接投资额是在逐步增加的。虽然我国于2001年加入WTO,但2001—2005年尚处于过渡期,对服务贸易的管制采取"内紧外松"的政策,逐渐放开对服务贸易的管制,因此,外商对服务业的投资比较谨慎,处于"试水"阶段,以设立办事处为主,实质性的投资业务还没有完全展开,导致我国服务业FDI值增幅不大,其间外资依存度呈下降趋势。随着过渡期的结束,服务贸易政策的基本放开,FDI大幅增加,服务业外资

⊖ TC取值范围为(-1,1),当值接近0时,说明比较优势接近平均水平;如果TC>0,说明比较优势大,且越接近1,竞争力越强;反之,则说明比较优势小,竞争力越小;如果TC = -1,意味着该国第 j 种商品只有进口而没有出口;如果TC = 1,意味着该国第 j 种商品只有出口而没有进口。

依存度总体呈下降趋势（见表9-13）。

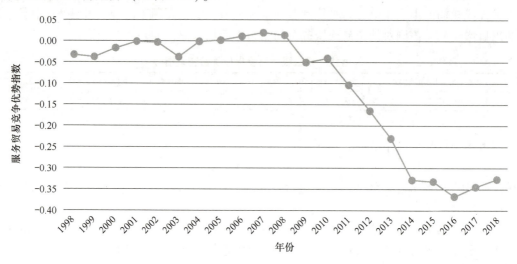

图 9-5　我国服务贸易竞争优势指数

（资料来源：中国商务部官网，《中国统计年鉴》。）

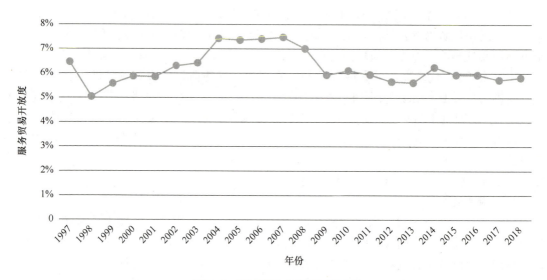

图 9-6　我国服务业贸易开放度

（资料来源：中国商务部官网，《中国统计年鉴》，联合国贸易和发展会议数据库。）

表 9-13　我国服务业外资依存度

年　份	GDP（亿美元）	FDI（亿美元）	外资依存度
2001	13394.01	134.54	1.00%
2002	14705.57	136.25	0.93%
2003	16602.80	146.20	0.88%
2004	19553.47	151.89	0.78%
2005	22859.61	163.08	0.71%
2006	27521.19	211.96	0.77%

(续)

年 份	GDP（亿美元）	FDI（亿美元）	外资依存度
2007	35503.27	309.83	0.87%
2008	45943.37	379.48	0.83%
2009	51016.90	385.28	0.76%
2010	60871.92	499.63	0.82%
2011	75515.46	582.53	0.77%
2012	85321.86	571.96	0.67%
2013	95704.70	662.17	0.69%
2014	104384.71	740.96	0.71%
2015	110155.62	811.38	0.74%
2016	111379.83	838.91	0.75%
2017	121435.72	890.11	0.73%
2018	136081.52	858.50	0.63%

（资料来源：联合国贸易和发展会议数据库，《中国统计年鉴》。）

（3）服务业劳动生产率。产业劳动生产率即某产业产值与该产业从业人员总数的比值。我国服务业劳动生产率不断提高，虽然我国服务业起点低，但是2003—2018年持续较快提高的劳动生产率还是说明了我国服务业的发展是非常迅猛的（见图9-7）。

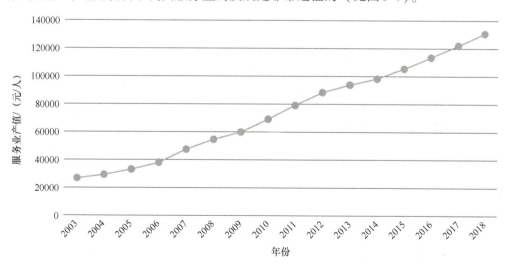

图9-7 我国服务行业劳动生产率

（资料来源：《中国统计年鉴》。）

（二）中国服务贸易竞争力影响因素[一]

根据迈克尔·波特国家竞争优势理论中的"钻石模型"，决定一个国家某种产业竞争力的有四组因素：生产要素；需求条件；相关产业和支持产业；企业战略、结构和同业竞争。

[一] 资料来源：崔翠，《中国服务贸易竞争力的影响因素分析及实证研究》，云南财经大学硕士论文，2014年3月。

（1）生产要素。波特的"钻石模型"对俄林的要素禀赋进一步发展，把生产要素分为两类：一类是初级要素，是指一国先天拥有或不用太大代价就能得到的要素，如自然资源、地理位置等；另一类是高等要素，如高技术人才等。传统的服务业主要受初级要素的影响，随着生产力的发展以及世界贸易和投资的自由化，初级要素的影响逐渐减弱，高级要素的重要性日益凸显，而且高级要素对一国的竞争力影响至关重要。新兴服务业基本都是人力资本密集型的，所以在高级要素里重点分析人力资本因素。

2000年以来，中国的人力资源状况发生了显著变化，人力资源规模不断扩大。到2018年年底，经济活动人口80567.0万人，比2001年增加6135万人；就业人员77586万人，其中城镇就业人员43419万人。

国务院发表的《中国的人力资源状况》白皮书中表示："中国实行教育优先的发展战略，建成了比较完善的现代国民教育体系。2000年基本实现了普及九年制义务教育和基本扫除青壮年文盲的目标。高中阶段教育普及率大幅提升，高等教育进入大众化阶段。"[⊖]2018年，全国普通高等学校在校学生数2831.0万人；在校研究生273.1万人。每10万人口高等学校平均在校学生数从2001年的931人上升到2018年的2658人（见图9-8）。教育事业的发展，使就业人员的受教育水平显著提高，同时推动我国服务贸易竞争力的增强。

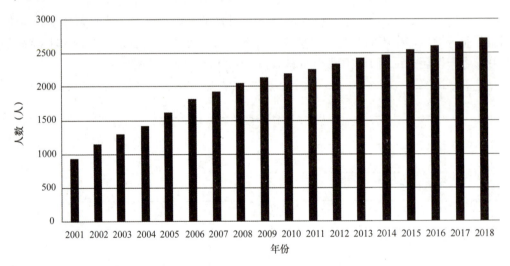

图9-8 每10万人口高等学校平均在校学生数

（资料来源：《中国统计年鉴》。）

（2）需求条件。波特认为，国内市场与国际市场最主要的不同是国内企业可以及时发现国内市场的客户需求，因此，全球性的竞争并没有减少国内市场的重要性。

由于服务产品的消费独特性，需求条件可能是当今最具影响力的一个决定性的因素，国内需求状况的不同会导致各国竞争优势的差异。如果一国对服务的要求或挑剔程度较大，就会激发该国服务业的不断改进，以产生竞争优势（如日本）；另外，国内需求规模巨大，使得服务生产成本逐渐降低，进而形成竞争优势（如中国）。

改革开放以来，我国经济水平不断提高，居民收入也大幅增长，强劲有力地拉动了我国

⊖ 资料来源：国务院，《中国的人力资源状况》白皮书，2010年9月。

服务业的发展，如住房、教育、旅游等，科技发展带动通信设备的飞速发展，对服务需求的带动也不容忽视。另外，城镇化水平也是衡量需求大小的重要标志。1978年至今，我国城镇化一直快速推进。1978年，我国的城镇化水平只有17.9%，而国家统计局发布的《2019年国民经济和社会发展统计公报》中表示，中国人口城镇化率将近60.60%。近年来，我国城镇化进入了高速发展阶段，因此，对商业、建筑业、金融信息、文化、休闲旅游等服务的需求也在不断增加。

我国人口众多，市场需求大，本地客户的需求在一定程度上是具有全球性的，这种巨大的需求有利于形成竞争优势。近年来，扩大国内需求成为经济增长的主要推动力。此外，我国客户对产品的要求较低，挑剔程度不够，没有给企业创新产品、完善服务足够的压力。例如金融行业，我国大部分居民对银行的产品需求仅限于几项固有的服务，对比较复杂的金融产品一般不会轻易尝试，长此下去，银行很难提高竞争力。由此可知，中国的需求情况发展潜力巨大。

（3）相关和支持产业。根据波特的"钻石模型"，相关和支持产业对国际竞争力的形成具有非常明显的作用，主要表现为：一是服务业内部各行业之间的相互支持；二是其他产业对服务业的支持。一个优势产业不会单独存在，一定会与国内其他优势产业一起崛起。发展中国家通常集中优势资源发展某一优势产业，在短期内，该产业或许会产生竞争优势，但长期来看，这样不仅牺牲了其他行业，而且优势企业也无法长期存续下去。波特指出，有竞争力的本国产业通常会带动相关产业竞争力。波特认为，即使下游的产业不在国际上竞争或存在竞争劣势，但只要上游供应商具有国际竞争优势，仍然可以对整个产业产生正面的影响。

在我国服务业的内部结构中，传统服务居多，现代服务规模较小。我国商业服务领域虽然都在迅速成长扩大，但依旧与需求有很大差距，进而影响了其他服务业的竞争力。另外，我国的各类服务之间的相互支持作用较小，基本都是"各自为战"。

（4）企业战略、结构和同业竞争。不同国家的企业在目标、战略和组织方式上的选择和搭配会影响竞争优势，而激烈的国内竞争是创造和保持竞争优势的最有力的刺激因素。由于该组因素更多的是针对企业的竞争力而言的，所以这里通常不引入决定服务贸易竞争力的因素。

三、中国服务贸易竞争力的国际比较

随着经济全球化的不断深入和世界经济产业结构的调整，服务业在国民经济中的地位日渐凸显。服务生产的国际化和服务产品的国际交换也已成为当今世界经济的重要组成部分，服务贸易在一定程度上决定了一个经济体在国际市场上的竞争能力。这里选取上一部分介绍的部分指标，针对中国与世界主要贸易服务国家的服务贸易竞争力进行比较，进一步说明中国服务贸易的国际地位。

1. 中国与世界主要国家服务贸易市场占有率比较

对2005—2018年中国与世界主要贸易服务国家的全球服务贸易出口市场占有率做一对比，如图9-9所示。

由图9-9可以看出，我国服务贸易出口市场占有率逐步提升，但增幅很小，相对服务贸易强国仍有较大差距，而美国远高于世界各国。例如，2018年我国的市场占有率（4.6%）不到美国的（14.2%）1/3。从服务贸易出口来看，我国仍没有摆脱弱势。

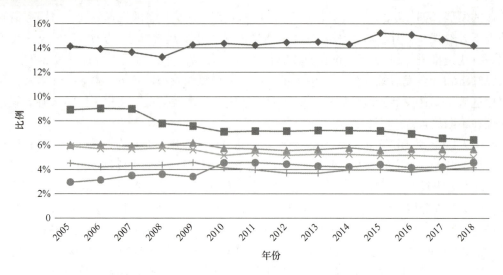

图 9-9 2005—2018 年中国与世界主要贸易服务国家市场占有率
——◆—— 美国 ——■—— 英国 ——▲—— 德国 ——✕—— 法国 ——●—— 中国 ——+—— 荷兰

（资料来源：联合国贸易和发展会议数据库。）

2. 中国与部分发达国家服务贸易竞争力比较

对 2005—2018 年中国及世界主要服务贸易国家的 TC 指数做一对比，如图 9-10 所示。

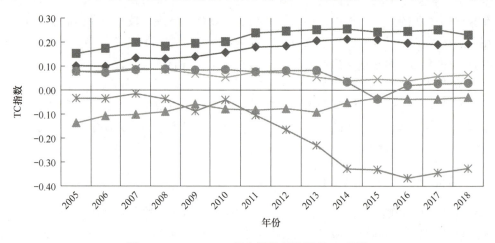

图 9-10 2005—2018 年中国及部分国家 TC 指数
——◆—— 美国 ——■—— 英国 ——▲—— 德国 ——✕—— 法国 ——✳—— 中国 ——●—— 荷兰

（资料来源：联合国贸易和发展会议数据库。）

我国服务贸易各年的总体 TC 指数均低于美国、英国、法国、荷兰等世界服务贸易强国，而且该指数多年来一直为负值，并有逐年下滑的趋势，到 2018 年为止已达 -0.33。这种现象说明美国和欧盟等发达国家在服务贸易领域总体上占有绝对优势，而我国现阶段服务贸易水平与世界平均水平差距逐步加大，国际竞争力总体上较弱。

3. 中国与世界主要国家服务贸易开放度比较

在服务贸易开放度上，对 2005—2018 年中国与世界服务贸易发达国家做一对比，如

图 9-11 所示。

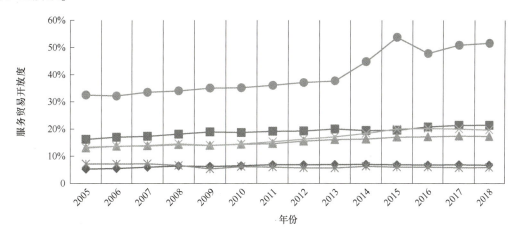

图 9-11　2005—2013 年中国等五国服务贸易开放度
—◆— 美国　—■— 英国　—▲— 德国　—✳— 法国　—✶— 中国　—●— 荷兰

（资料来源：联合国贸易和发展会议数据库。）

从图 9-11 中可以看出，从 21 世纪初期至 2018 年，世界各国均不同程度地提升了本国的服务贸易开放度，尤其是欧盟成员国。在 2018 年，中国服务贸易开放度不足欧盟成员国的一半。我国服务贸易开放还有很大的潜力。

通过以上分析，尽管我国服务贸易总量和增速逐年增长，占世界份额与排名逐年上升，但对其国际竞争力的评价却不容乐观。从总体上看，我国服务贸易的发展水平与西方发达国家相比，不论在进出口总额方面还是所占世界份额方面，都存在较大差距。究其原因，一方面是因为我国服务贸易起步晚，基础比较薄弱；另一方面，由于自 20 世纪 90 年代以来，国际服务业逐渐向资本、技术密集型的现代服务业转变，而这正是我国经济发展的薄弱环节。

加入 WTO 之后，我国不得不面对更加开放的国内市场和更为激烈的国际竞争。WTO 有关服务贸易的规则制定主要是由发达国家主导的，这一现实情况短期内不会有较大改变。这就要求发展中国家必须在开放过程中，不仅要遵守承诺，更要学会并且利用 WTO 相关规则，使之服务于本国服务贸易的发展。①应加强对 WTO 有关服务贸易条款的研究，改变过去不合时宜的做法，建立既符合本国经济发展目标，又不违背规定原则的法律法规；②根据《服务贸易总协定》（GATS）等相关文件和 WTO 对发展中国家的特殊考虑，充分利用对我国有利的规则和条款，在开放服务业市场等一系列问题上，采取更为缓和而灵活的对策。

第三节　中国服务贸易的开放进程和水平

一、中国的对外服务贸易壁垒

（一）国际服务贸易壁垒的概念及主要种类
1. 国际服务贸易壁垒的概念

国际服务贸易壁垒是指限制服务贸易跨境自由交易的措施的总称。更具体地说，国际服务贸易壁垒是指限制服务产品跨境流动和服务要素过境提供服务和进行消费的措施的总称。

现实中，高耸的服务贸易壁垒普遍形式就是通过制定一系列国内法律和行政规章限制国外服务产品流入、管制外国服务供应者进入以及提供服务的过程，以达到保护和鼓励国内服务生产的目的。

2. 服务贸易壁垒与货物贸易壁垒的主要区别

首先，两者最根本的区别在于管制形式的不同。服务贸易壁垒主要表现为限制性的法律和行政规章，海关只能对物化部分的服务贸易采用传统的关税及过境监管方式。

其次，苛刻纷繁的服务贸易壁垒，如政府对某些服务部门的行政垄断，在限制国外服务的进入的同时，也限制国内服务商的自由进入。

再次，贸易壁垒发挥作用的位置和涵盖的范围均不同。货物贸易壁垒往往设置在国（关）境上，只针对最终产品的出入境进行管制；而服务贸易壁垒涵盖的范围则要宽广得多。服务贸易壁垒作用的范围不仅包括服务产品，还针对服务的提供者以及服务的供给和消费全过程；不仅对服务的跨境交易进行控制，还对完全在境内发生的服务交易进行限制。

最后，还有一个重要的区别在于对政府收入的影响不同。在商品贸易中，关税作为典型的保护工具，其征收能够给政府带来稳定的财政收入；而在服务贸易中，以规则形式的贸易壁垒几乎不能直接为政府创造收入。

3. 服务贸易壁垒的主要种类

根据世界贸易组织的划分，服务贸易壁垒基本上可以归纳为两大类：影响市场准入的措施和影响国民待遇的措施。影响市场准入的措施是指各成员通过以数量配额等限制手段，对进入服务市场进行控制的制度。影响国民待遇的措施是指通过制定和执行相对歧视外国服务和服务提供者的差别待遇，创造有利于国内服务产品和服务提供者的经营环境的措施。在现实中，服务贸易壁垒具有多种不同的形式，都可以达到限制作用，尤其是限制国外产品和要素市场进入的目的。现择其主要方式加以介绍。

（1）限制外国投资所形成的障碍。联合国贸发会议（1996）把直接投资（FDI）壁垒分为三大类：①市场准入限制；②所有权和对设立企业控制的限制；③经营限制。

（2）限制人员的国际流动所形成的障碍。人员是服务贸易中最重要的生产要素，限制服务人员的国际流动，就直接割裂了服务的跨境生产和消费过程，GATS服务贸易中的境外消费、商业存在无法进行，因而大大限制了服务贸易的进行。并且，限制人员的国际流动也直接控制了GATS中的模式四——自然人流动所形成的服务贸易，从而减少服务贸易的发生额。

（3）技术标准。尤其是发达国家，往往通过设立较高的技术标准和语言、文化限制来实施其对自身服务业的保护。过高或歧视性的国内环境标准，大大降低了诸如运输与旅游部门的外国服务提供者跨境提供服务的可能性，是发展中国家在服务贸易领域遭遇的技术壁垒。

（4）职业资格相互承认的过程中形成的障碍。许多服务，如医疗、法律和教育，都需要具有一定职业资格的人才有能力提供。如果一国的职业资格未能得到其他国家承认，也会阻碍服务贸易的发展。

（5）政府补贴和优惠形成的障碍和歧视性的政府采购。政府补贴和优惠形成的障碍是政府对本国企业进行补贴或给予优惠，使其在竞争中占绝对优势。歧视性的政府采购是政府采购常以有利价格照顾本国服务及商品提供者，有时甚至完全排除外国供应商的参与资格，这在数据处理、保险、工程建筑和货运领域尤为明显。

（6）知识产权保护形成的障碍。服务贸易中往往涉及大量的知识产权保护问题，如果没有有效的知识产权保护措施，就会损害他国服务贸易提供者的利益，这也在一定程度上阻碍了服务贸易的发展。

（7）其他对外国供应商的歧视性限制。例如，针对外国服务经营商制定更重的经营税负或更繁杂的手续；制定各种规章，限制资金、技术、信息的国际流动；限制甚至禁止外国服务经营商使用本国的现有资源等。

（二）服务贸易壁垒的衡量

服务贸易壁垒的描述方法基本上有两大类。第一类是进行定性地分析和描述。例如，分析各国或各地区服务贸易管制的规则和结构，对每个服务市场进入壁垒和要素流动的限制等，以衡量其对服务贸易发展的不同作用。这种描述必不可少，但存在的一个主要问题就是壁垒之间难以衡量和比较，使对等的谈判都难以进行。第二类是衡量服务贸易壁垒的影响必须结合定量测评方式进行度量，这是服务贸易自由化的基本要求。总结国内外的研究结果，主要出现了以下一些主要思路和方法：

1. 关税等值

关税等值（The Tariff Equivalent，TE）是测量服务贸易壁垒规模的一个常用基本概念，其实质是与面向外国服务提供者的服务贸易非关税壁垒等效的从价税率，即与非关税壁垒起到同样保护作用的关税税率。目前，衡量服务贸易壁垒的基本思路即通过各种方法的使用将非关税壁垒换算成关税等值，为进一步计算服务贸易壁垒消除的福利效应做准备。关税等值是将使服务贸易的非关税壁垒关税化以后，便于比较和计量的主要手段。

2. 频度指标

频度指标由频度比率和进口覆盖率组成。它们以所观察到的特定国家、部门或某类贸易所用非关税壁垒为基础，显示各类壁垒发生的频率，以及壁垒在各国或地区产品贸易或生产中的覆盖率，来衡量壁垒的程度。最早和最重要的方法是霍克曼（1995）提供的，虽然他当初的主要目的并不是对服务贸易壁垒进行度量。他用GATS谈判达成的成员方承诺时间表构造了服务壁垒的频度指标。首先，给所有155个服务部门根据4种提供模式记分，承诺没有限制的（自由进入）记为1，部分限制的记为0.5，没有承诺（不准进入）记为0。把这些分值称为"开放/约束因子"，由此每个成员方总共有155×4＝620个开放/约束因子，然后根据这些因子计算国家部门的覆盖率指标（下称Hoekman指标）。计算出的Hoekman指标在一定程度上度量了各成员方承诺的程度；相反，1－Hoekman指标则反映了一国对服务贸易的限制程度。为了方便比较以及在经济模型中运用，通常需要再把Hoekman指标转化为关税等值，方法是以贸易保护最严重国家的对应关税等值乘以（1－Hoekman指标）。这样就可以把形式各异的服务贸易壁垒转化成为熟悉的关税率的方式。

澳大利亚生产率委员会研究小组的有关分部门研究对频度工具进行了进一步完善。主要体现在两个方面：一是所用资料来源大为扩展，不仅限于GATS中的承诺时间表，同时也积极尝试从其他一些来源，如服务壁垒相关立法、政府和行业协会报告、国际组织及美国贸易代表等处获得贸易壁垒规模有关信息；二是尝试采用以对有关限制经济影响主观判断为基础的更具体的加权/评分系统，且分别为只针对外国服务提供者的限制（外国指数）和针对所有服务提供者的限制（国内指数）计算分值。后有学者应用此方法对不同国家和不同服务业部门的限制进行了测算，思路大致相同，只是所使用的指标体系更具体，为不同的提供模式分配了不同的权数,或采用其他方法而不是简单加权平均来计算限制性指数⊖。在以上研究的基础上,国内学者王健(2005)建立了一套指标体系,对我国服务贸易承诺自由化进行衡量⊜。

3. 数量工具

构造贸易限制数量工具的基本思想是要比较没有壁垒情况下的贸易额与存在壁垒时的实际贸易额,以衡量服务贸易壁垒对贸易数量的影响。通常人们会根据某些贸易决定理论(如 H-O 的比较优势模型、赫尔普曼—克鲁格曼的产品差别化模型以及重力模型),利用包含足够多的贸易情形的数据,构造一种至少接近自由贸易的情形,用计量经济模型回归估计残差(实际贸易水平与模型预测水平差额)或各种虚拟变量以间接度量壁垒规模。

4. 价格工具

构造贸易限制价格工具的基本思想是假设没有进入壁垒的市场价格(P^*)等于边际成本,那么有限制情况下就会有一个价格(P)—边际成本差。如果价格差的存在不归因于如沉没成本和在位者进入战略等因素,那么就是政府施加壁垒所致,则根据价格差可计算关税等值。

(三)中国服务贸易壁垒规模的测量

1. 频度指标

运用霍克曼频度指标方法,梅特奥(Mattoo,2002)和郭浑仪(2003)对中国服务贸易壁垒进行测量。梅特奥(2002)的测量结果表明,中国关于服务贸易具体承诺减让表的承诺开放水平总体达到相当高的程度(57.4%),甚至高于发达国家在乌拉圭回合达成的具体承诺水平。其中,中国关于国民待遇的承诺开放水平在广度和深度上都超过了关于市场准入的承诺开放水平。

2. 财务指标

弗朗索瓦(Francois)和霍克曼(1999)认为,以总销售收入扣除总成本后的差额占总收入的比重来表示的企业经营毛利润率(Gross Operating Margin)也可以作为衡量服务壁垒的指标。利用财务指标对中国服务贸易壁垒规模进行测算,对中国服务贸易壁垒规模的动态变化趋势得出如下结论:

(1)随着中国内地加入 WTO,服务贸易领域的总体开放程度不断提高。财务壁垒指标从两方面对此进行了佐证:一方面,中国内地 7 年来的综合财务指标大致呈现出不断下降的趋势;另一方面,总体的财务指标与中国香港地区的差距日益缩小,近 7 年来两地财务指标的差距一直较为稳定地控制在 5~12 个百分点,已经远远小于 1994—1996 年 20% 的水平。⊜

(2)中国内地服务部门之间的开放程度具有较强的跳跃性,而中国香港地区的服务部门开放程度则较为平均。从中国的七大服务部门来看,经营毛利润率最低的批发零售行业与最高的金融行业之间取值相差高达 60 个百分点。从两地各个部门的比较来看,两地差距较大的部门主要有金融(30%左右)、旅游(18%左右)和运输(10%左右)服务部门;而批发零售、房地产开发销售、传播娱乐和公用事业的财务指标,两地基本持平。

⊖ 资料来源:俞灵燕,《服务贸易壁垒及其影响的量度:国外研究的一个综述》,《世界经济》,2005 年第 4 期。

⊜ 资料来源:王健,《中国服务贸易承诺自由化指标的建立和比较研究》,《国际贸易问题》,2005 年 3 期。

⊜ 参见 Hoekman(2000,表 4)。

二、中国服务贸易的"入世"承诺

1. 中国服务贸易"入世"承诺的内容

自乌拉圭回合开始,服务贸易被正式纳入多边贸易谈判框架,而《服务贸易总协定》的签署更是使多边服务贸易自由化步入高速发展的轨道。中国加入世界贸易组织有关服务贸易的开放承诺主要遵循 2001 年《入世议定书》(以下简称《议定书》)与《服务贸易具体承诺减让表》。承诺由两个部分构成:水平承诺⊖(适用于《服务贸易具体承诺减让表》中的所有服务部门)和具体承诺(针对特定服务部门)(见表 9-14)。

表 9-14 中国《服务贸易具体承诺减让表》中的水平承诺部分

部门或分部门	市场准入限制	国民待遇限制	其他
	水平承诺		
本减让表中包括所有服务部门	商业存在: 在中国,外商投资企业包括外资企业(也称为外商独资企业)和合资企业。合资企业有两种类型:股权式合资企业和契约式合资企业*; 股权式合资企业中的外资比例不得少于该合资企业注册资本的 25%; 由于关于外国企业分支机构的法律和法规正在制定中,因此对于外国企业在中国设立分支机构不做承诺,除非在具体分部门中另有标明; 允许在中国设立外国企业的代表处,但代表处不得从事任何营利性活动,在 CPC 861、862、863、865 下部门具体承诺中的代表处除外; 对于各合同协议或股权协议,或设立或批准现有外国服务提供者从事经营或提供服务的许可中所列所有权、经营和活动范围的条件,将不会使之比中国加入 WTO 之日时更具限制性; 中华人民共和国的土地归国家所有。企业和个人使用土地需遵守下列最长期限限制: (1)居住目的为 70 年; (2)工业目的为 50 年; (3)教育、科学、文化、公共卫生和体育目的为 50 年; (4)商业、旅游、娱乐目的为 40 年; (5)综合利用或其他目的为 50 年 自然人流动: 除与属于下列类别的自然人的入境和临时居留有关的措施外,不做承诺: (1)对于在中华人民共和国领土内已设立代表处、分公司或子公司的一 WTO 成员方的公司的经理、高级管理人员和专家等高级雇员,作为公司内部的调任人员临时调动,应允许其入境首期停留 3 年; (2)对于被在中华人民共和国领土内的外商投资企业雇用从事商业活动的 WTO 成员方的公司的经理、高级管理人员和专家等高级雇员,应按有关合同条款规定给予其长期居留许可,或首期居留 3 年,以时间较短者为准; (3)服务销售人员,即不在中华人民共和国领土内常驻、不从在中国境内的来源获得报酬、从事与代表一服务提供者有关的活动、以就销售该提供者的服务进行谈判的人员。如: 1)此类销售不向公众直接进行,且 2)该销售人员不从事该项服务的供应,则该销售人员的入境期限为 90 天	商业存在: 对于给予视听服务、空运服务和医疗服务部门中的国内服务提供者的所有现有补贴不做承诺 自然人流动: 除与市场准入栏中所指类别的自然人入境和临时居留有关的措施外,不做承诺	

注:"*"表示依照中国法律、法规及其他措施订立的设立"契约式合资企业"的合同条款,规定诸如该合资企业经营方式和管理方式以及合资方的投资或其他参与方式等事项。契约式合资企业的参与方式根据合资企业的合同决定,并不要求所有参与方均进行资金投入。
(资料来源: http://www.gov.cn/gongbao/content/2017/content_ 5168131.htm。)

⊖ 在《服务贸易具体承诺减让表》中水平承诺的部分,我国主要限制商业存在和自然人移动两大提供方式的服务贸易。

《服务贸易具体承诺减让表》同时对 11 大类服务部门的市场准入和国民待遇的具体承诺进行了规定。例如，在市场准入承诺上，金融服务部门的证券服务业的市场准入承诺主要针对商业存在：自加入时起，外国证券机构在中国的代表处可以成为所有中国证券交易所的特别会员；自加入时起，允许外国服务提供者设立合资公司，从事国内证券投资基金管理业务，外资占比最多可达 33%。中国"入世"后 3 年内，外资占比应增加至 49%。中国"入世"后 3 年内，将允许外国证券公司设立合资公司，外资拥有不超过 1/3 的少数股权，合资公司可从事（不通过中方中介）A 股的承销，B 股和 H 股及政府和公司债券的承销和交易、基金的发起。此外，《服务贸易具体承诺减让表》还具体规定了商业、通信、建筑、分销、教育、环境、金融、健康、旅游、娱乐、运输等服务部门的市场准入和国民待遇。

在服务部门的市场准入方面，中国对分销、建筑、教育、环境服务部门做出了较大的承诺，简单平均承诺比例为 75% ~ 90%，平均覆盖率均超过 50%。在敏感服务部门中，中国对通信、金融服务也做出了较大的减让，简单平均承诺比例和平均覆盖率均超过了 2/3。商业和旅游服务部门承诺了一半的减让；而运输服务部门的承诺较低，平均覆盖率不足 20%；健康和娱乐服务部门未做任何承诺。国民待遇的部门承诺结构与市场准入十分相似。

2. 对我国服务贸易"入世"承诺的分析

梅特奥（2002）将中国的服务承诺与 WTO 的其他成员进行比较。首先，他研究了中国"入世"时的承诺，即在中国自由化承诺开始实施之前和所有的自由化承诺都实践之后的情况。依据埃琳娜（Elena Ianchovichinaet）等人（2001）计算的用来衡量市场准入和国民待遇的三个指标分析得出，中国的"市场准入承诺的平均数"为 57.4%。这比乌拉圭回合中做出承诺的任何国家的承诺比例都高，其中也包括高收入国家。"平均覆盖率"指标是 38%，中国再一次比其他国家都开放，甚至比高收入的国家更开放。而完全自由化承诺的比例是 23%，这个比例比其他发展中国家高出很多，但是比高收入国家稍微低一点。

根据盛斌（2002）的研究，在 149 个服务分部门中，中国对其中 82 个部门做出了约束性承诺（占比 55%）。如果排除视听、邮政、速递、基础电信、金融、运输服务等 46 个敏感部门，我国的承诺比例将上升到 63%。以总体减让水平与 WTO 中的发达经济体（25 国）、发展中经济体（77 国）和转型经济体（4 国）相比，我国有关服务贸易开放承诺的数量略高于转型经济体，略低于发达经济体，远远高于发展中经济体，是 WTO 中做出减让最多的发展中国家（见表 9-15）。

表 9-15 中国与 WTO 不同类型经济体开放承诺的比较

类型 \ 百分比	对 149 个服务分部门的承诺	对除视听、邮政、速递、基础电信、金融、运输服务外 149 个服务分部门的承诺
中国	55%	63%
发达经济体	64%	82%
发展中经济体	16%	19%
转型经济体	52%	66%

（资料来源：盛斌，《中国加入 WTO 服务贸易自由化的评估与分析》，《世界经济》，2002 年第 8 期。）

王健（2005）则建立了另一套指标体系，对我国服务贸易承诺自由化进行衡量。他首先将服务贸易部门分为 9 个行业大类，再结合我国服务贸易承诺减让表，根据承诺的多少及限制程度的强弱对承诺条款给予不同分值,再考虑两类权重,即不同贸易模式对不同行业的影响力和不同行业在服务部门所占的份额,分别计算出我国服务贸易指标,即分行业的贸易承诺自由化指标和我国服务贸易部门的自由化指标(见表9-16)。

表9-16 分行业的贸易承诺自由化指标

行业名称	自由化指标			
	W_0(未加权)		W_1(加权)	
	市场准入	国民待遇	市场准入	国民待遇
商业服务	65.3	73.6	53.7	78.1
通信服务	40.6	87.5	24.5	94.2
建筑服务	43.5	75.0	29.2	50.0
经销服务	62.0	75.0	48.4	83.0
教育服务	43.5	80.0	42.5	94.0
环境服务	66.0	87.5	31.9	82.9
金融服务	60.2	73.4	36.8	71.7
旅游服务	68.0	81.3	32.6	75.0
运输服务	53.1	67.6	42.3	84.0
服务部门的算数平均值	55.8	77.9	38.0	79.2

(资料来源:王健,《中国服务贸易承诺自由化指标的建立和比较研究》,《国际贸易问题》,2005年03期。)

可以看出,贸易模式权重对于自由化指标具有显著影响,尤其是市场准入方面,加权的自由化指标比不加权的情况下要低得多。引入权重可以通过它将隐藏在行业和市场内部的一些真实情况显示出来,使之能够比较全面和客观地反映服务贸易部门开放和自由化的情况。另外,国民待遇方面的自由化指标要明显好于市场准入。这是因为在"入世"承诺中,国民待遇方面的限制情况较少,在现有GATS规则和具体实践过程中,有保证的服务贸易自由化进度往往取决于市场准入方面的承诺情况。

从服务部门各行业未加权的自由化指数来看,在市场准入方面,行业之间的差距比较明显,商业和经销服务的自由化指标高于其他行业,通信和建筑行业的自由化指标排在最后。在国民待遇方面,建筑及相关工程服务贸易承诺的限制程度比较高,原因是出于缺乏技术可行性而对跨境供应模式下的贸易不做承诺。其他行业的自由化程度普遍较高。其中以通信和教育行业最高,而商业、金融和旅游行业的自由化程度相对较低,运输、环境以及经销行业比较高。一般情况下,国民待遇方面仅对自然人存在模式做出水平承诺的要求。

课后习题

1. 简述中国服务贸易发展的整体格局。
2. 中国服务贸易的国际竞争力如何?
3. 中国服务贸易发展面临的主要壁垒有哪些?
4. 中国已参与的服务贸易协议有哪些?

第十章

中国技术贸易

20世纪60年代以来,科技革命日新月异,国际分工在广度和深度方面进一步发展,世界经济一体化趋势不断加强,推动了国际技术贸易规模日益增长。尤其是进入21世纪以来,随着亚洲经济的崛起,新一轮国际分工已经形成。为了提升本国在国际分工中的地位,许多国家都把技术引进作为提高本国技术发展水平和促进国民经济快速发展的积极有效的途径。中国也不例外,随着对外贸易的快速发展,中国对技术贸易的重视程度不断提高,在大量引进技术的同时,积极促进技术和高新技术产品的出口。本章将重点阐述中国技术贸易的引进、出口以及技术进出口管理。

第一节 技术贸易概述

一、国际技术贸易的基本概念

(一)技术

技术是技术贸易的主要对象,但目前国际上对"技术"尚无明确、统一的定义。世界知识产权组织(WIPO)1977年出版的《供发展中国家使用的许可证贸易手册》中指出,技术是指制造一种产品的系列知识,所采用的一种工艺,或提供的一项服务,不论这种知识是否反映在一项发明、一项外形设计、一项实用新型或者一种植物新品种,或者反映在技术情报或技能中,或者反映在专家为设计、安装、开办或维修一个工厂或为管理一个工商业企业或活动而提供的服务或协助等方面。这是迄今为止国际上给技术所下的最为全面和完整的定义。

技术具有一些显著的特点:①技术是系统的、无形的知识,用于生产或有助于生产的活动;②技术是间接的生产力,可以解决实际中的问题并产生经济效益;③技术是一种特殊的商品,主要体现在交易的特殊性、价格确定的特殊性以及使用价值的特殊性方面。

(二)国际技术转让和国际技术贸易

联合国《国际技术转让行动守则》中的定义:"技术转让是关于制造品、应用生产方法或提供服务所需的系统知识的转让,但不包括单纯的货物买卖或只涉及租赁的交易。"如果这种行为跨越了国境,就称之为国际技术转让。

国际技术转让有广义和狭义之分。广义的国际技术转让是指技术在不同机构之间或同一机构内部任何形式的空间转让,包括非商业性的技术转让和商业性的技术转让;狭义的国际技术转让主要是指商业性的技术转让。

非商业性的技术转让是指以政府援助、交换技术情报、学术交流、技术考察、科学家和技术人员的国际移民、国际性机构所提供的技术服务和教育培训项目等形式进行的技术转让。这种转让通常是无偿的，或转让条件极为优惠。

商业性的技术转让是指按一般的商业条件，通过一定的方式，以不同国家的法人或自然人作为交易主体进行的技术转让，即有偿的技术转让。

国际技术贸易是指不同国家的企业、经济组织或个人，按一定商业条件进行的技术跨越国境的转让或许可行为，是有偿的技术转让，主要包括技术引进和技术出口两个方面。

国际技术贸易的参与方可以是企业、经济组织，也可以是个人；交易对象包括专利权、商标权、专有技术、计算机软件著作权的转让、许可使用、技术咨询以及技术服务等内容；交易条件包括合同条款、价格条件和支付等商业条件。

二、国际技术贸易的主要方式

目前国际技术贸易的主要方式有许可贸易、技术服务、国际工程承包、国际合作生产与合作开发、与国际直接投资相结合的技术贸易、补偿贸易、特许经营、国际 BOT 和国际租赁等方式。

（一）许可贸易

许可贸易（Licensing）是指技术的提供方与接受方签订许可合同，允许技术接受方取得提供方所拥有的专利权、商标权、专有技术和计算机软件著作权等的使用权以及制造、销售该技术项下产品的权利。许可贸易的核心是技术使用权的转让，而不是技术所有权。

许可贸易根据许可标的不同，可以分为专利许可、商标许可、专有技术许可和计算机软件技术许可等。许可贸易既可以只是设计专利、商标、专有技术和计算机软件技术等单纯的许可交易，也可以是与直接投资和国际工程承包等混合的一揽子综合性业务。

（二）技术服务

技术服务（Technology Service）是指技术提供方利用其技术为技术受让方提供服务或咨询以达到特定的目标，包括技术受让方委托技术提供方或与技术提供方合作进行项目可行性研究或者工程设计，雇用外国地质勘探队或工程队提供技术服务，委托技术提供方就企业技术改造、生产工艺或产品设计的改进和质量控制、企业管理提供服务或咨询。与许可贸易不同，技术服务不涉及技术使用权的转让，而是技术的提供方用自己的技术和劳动技能为企业进行有偿服务。

（三）国际工程承包

国际工程承包（International Contract of Construction）是指通过国与国之间的招标、投标、议标、评标、定标等程序或其他途径承包兴建发包人所委托的工程建设项目，从而获得报酬的一种国际经济合作活动。国际工程承包是一项综合性的国际经济合作方式，包含大量技术转让内容，如工程设计、土建施工、机器设备的安装调试等。

（四）国际合作生产与合作开发

国际合作生产（International Cooperation Production）是指不同国家的企业之间根据所签订的协议，在某项或某几项产品的生产和销售上采取联合行动并进行合作的过程。

国际合作开发（International Cooperation Development）是指不同国家的两个以上的自然人、法人或其他组织，为完成一定的研发工作，如新技术、新产品、新工艺或者新材料及其系统的研发，由当事人各方共同出资、共同参与研发活动、共同承担研发风险并共同分享研发成果。

(五) 与国际直接投资相结合的技术贸易

国际直接投资主要表现为资金、技术、经营管理知识的综合体由投资国的特定产业部门向东道国的特定产业部门实行转移。国际直接投资可以带动技术出口和管理经验的传播。许多国家的法律允许在建立合资企业时，以工业产权等技术作为资本进行投资。中国《中外合资经营企业法》规定："合资企业各方可以现金、实物、工业产权等进行投资。"国际直接投资就成为国际技术贸易的间接手段。

(六) 补偿贸易

补偿贸易（Compensation Trade）是指技术设备出口方提供机器设备和生产技术，在一定时期内，技术设备进口方用出口方提供的设备和技术生产出来的产品，或双方商定的其他商品或劳务分期清偿出口方提供设备和技术等债务货款的贸易形式。由于补偿贸易中买方在购买成套机器设备的同时，通常伴有专利或专有技术的引进，因此补偿贸易也是一种国际技术贸易方式。根据偿付形式的不同，补偿贸易可以分为直接补偿、间接补偿、混合补偿、劳务补偿等。

(七) 特许经营

特许经营（Franchising）是指由一家已经取得商业成功的企业（特许方），将其商标、商号名称、专利、专有技术、服务标志和经营模式等授权给另一家企业（被特许方）使用，特许方为被特许方的经营提供资金、技术、商业秘密、人员培训、管理等方面的援助和支持，被特许方要遵循特许方制定的经营方针和程序，向特许方缴纳连续提成费或其他形式的补偿。

(八) 国际 BOT

BOT（Build Operate Transfer）是指政府吸引非官方资本参与基础设施建设的一种投资、融资方式。其主要运行特征是：政府与非官方资本签订项目特许权经营协议，将基础设施项目的建设和投产后一定时间内的经营权交给非官方资本组建的投资机构，由该投资机构收回项目建设成本，并取得合理利润，经营期满后将该基础设施无偿交给政府。BOT 方式不仅是一种投资方式，也是一种融资方式，而且由于其在基础设施建设方面巨大的优越性，在世界各国得到了广泛应用。

(九) 国际租赁

国际租赁（International Leasing）是指一国的出租人按一定的租金和期限把物品和技术出租给另一国承租人使用，租赁人按租约交纳租金，获取租赁物使用权的一种经济合作方式。通过国际租赁，可以引进国外先进的技术和设备，提高企业的技术水平。

三、国际技术贸易的主要作用

(一) 推动了技术传播

国际技术贸易是推动技术传播的重要方式和载体，无论是新技术的引进还是旧技术的转让，都加速了科学技术突破国家界限，在世界范围内的扩散。技术引进国通过引进技术，节约了巨额的研究费用、大量的研究时间和人力资源投入，有利于缩短与技术强国之间的差距，提高生产力水平，加快经济发展。而技术输出国则可以通过技术出口获取利益，弥补研发成本，投资于新一轮的技术研发，从而进一步更新现有技术。

（二）改善了发展中国家的贸易条件

在传统的贸易格局中，发展中国家出口商品以初级产品或劳动资源密集型等低附加值产品为主，而发达国家出口商品以资本和技术密集型等高附加值的产品为主，造成国际贸易的不平衡，发达国家获取主要利益，而发展中国家的贸易条件则不断恶化。通过国际技术贸易，发展中国家可以引进国外先进技术，调整产业结构，优化升级出口商品结构，从而逐步改善贸易条件。

（三）促进了国际贸易全面发展

技术会改变商品中各生产要素的配置比例，加速产业资本、人力资本和技术资本等各种生产要素的融合。国际技术贸易的发展丰富了国际贸易的内容，使国际贸易的内容从商品扩展到技术和服务，而且使得国际贸易形式多元化，出现了商品贸易与技术转让的结合、商品贸易与技术服务咨询的结合、加工贸易与技术转让的结合、直接投资与技术转让的结合等。

（四）增强了国家的综合国力

国际技术贸易通过技术的引进和输出互通有无、取长补短，推动了一国经济的快速发展。技术引进方通过技术输入，有效地缩短了与其他国家的技术差距，促进了经济技术现代化进程，提升了国家的综合国力；技术输出方则获得了进一步研发新技术的资金保证和动力，推动技术的不断更新，从而增强国家的综合国力。

第二节 中国的技术引进

技术引进又称技术进口，是指一个国家或地区的企业、研究单位、机构通过一定方式从其他国家或地区的企业、研究单位、机构获得先进适用的技术的行为。技术引进可以使引进方迅速取得成熟的先进技术，是世界各国互相促进经济技术发展的重要途径。中国早在20世纪50年代就开始了技术引进，随着经济的不断发展，中国的技术引进实现了快速增长，成为加快中国技术升级和经济发展的重要途径。

一、中国技术引进的发展阶段

中国的技术引进从1950年开始，经历了两个发展阶段。

（一）第一阶段（1950—1978年）

在此阶段，共签订技术引进合同845项，合同总金额为119.7亿美元。该阶段又可细分为三个不同发展时期。

1. 20世纪50年代（1950—1959年）

20世纪50年代初，由于受到西方国家的经济封锁和禁运的限制，中国在这一阶段主要从苏联和东欧国家引进技术和成套设备，共计引进450个项目，总金额约37亿美元。其中包括156项大型项目，成为"一五"时期的重点建设项目，填补了机械、电力、汽车、能源、电信等部门的技术空白，提高了技术工艺水平和设备制造能力。在进口成套设备和技术的同时，中国派出了大量人员赴苏联和东欧各国学习和培训，造就了一大批技术骨干，为中国的工业化奠定了初步基础。

2. 20世纪60年代（1960—1969年）

随着中苏关系的恶化，苏联单方面撕毁了与中国签订的各项技术协议和合同，使技术引进工作一度中断，给中国工业建设造成重大损失。这一时期，中国转向从日本和英国、法国、联邦德国、意大利、瑞士、奥地利、荷兰等西欧国家引进技术设备，共签订技术和设备进口合同84项，合同总金额14.5亿美元，主要是石油、化工、冶金、矿山、电子、精密机械、纺织机械等行业的关键性技术和设备。但由于1966年开始的"文化大革命"，技术引进一度被迫中断。这一时期引进技术规模虽然不大，但引进了不少中国急需的先进技术，填补了中国一些技术空白，提高了工业生产能力。

3. 20世纪70年代（1970—1978年）

1972年，中国恢复了在联合国的合法席位，并相继与美国、日本两国就关系正常化问题开始谈判，为进一步引进西方技术创造了良好条件。在此期间，中国先后与日本、联邦德国、英国、法国、荷兰、美国等国厂商签订了310项新技术和成套设备项目合同，成交金额58亿美元，主要包括大型化肥设备、大型化纤设备、石油化工装置、数据处理器、轧钢设备、发电设备、采煤机组等。这些项目的建成，对提高中国的生产能力和改善人民生活水平起到了一定的作用。但是，这个时期的技术引进工作，由于规模过大，超过了中国财力、物力的承受能力，不少项目被迫停建或缓建，给中国带来了很大的经济损失，也在国际上造成了不良影响。

第一阶段中国技术引进的主要特点是：

（1）技术引进的基本目标是进口成套设备，建设大型企业，为国家工业化奠定基础。

（2）在技术引进的方式上，基本上是单一的进口成套设备，直到20世纪70年代后期才开始采用国际上通用的技术许可方式签订了一些合同，但数量较少。

（3）受国内外环境影响较大，技术引进时断时续，且年平均技术引进成交额仅有4亿多美元，平均规模不大。

（4）对于技术引进项目的组织与实施，国家实行高度集中的计划管理。技术引进的用汇，主要依靠国家调拨；技术引进的对外询价、谈判、签约和合同的执行，全部由中国技术进出口公司负责。

（二）第二阶段（1979年至今）

改革开放后，中国技术引进迅速发展，1979—2018年，中国累计签订技术引进合同202353项，合同累计金额约6060亿美元，技术引进的项目数和合同金额分别是改革开放前30年的239倍和51倍。根据技术引进特点的不同，大致可以分为两个阶段。

1. 20世纪80年代至20世纪90年代末（1979—1998年）

1978年以后，中国开始实行"对外开放、对内搞活"的方针，技术引进快速发展。在这一阶段，国家强调和鼓励以多种灵活方式进口国内适用的先进技术，改造落后的技术设备，弥补技术空白，重点引进技术和进口自己不能制造的单机、关键设备。另外，还先后设立了一些经济特区，将其作为引进国外先进技术、设备、科学知识和先进管理方法的窗口。1997年年底，国家又颁布了重点鼓励发展的产业、产品目录和鼓励外商投资的产业指导目录，为进一步引进国外先进技术和设备创造良好条件。据原外经贸部业务统计，1998年全国注册和备案的技术引进和设备进口合同共6254项，合同总金额163.75亿美元，主要涉及能源、机械电子、原材料、军工、交通运输等行业。

2. 20世纪90年代末至今（1999年至今）

1999年，科学技术部和对外贸易经济合作部共同提出了"科技兴贸"战略，将其作为中国经贸工作的基本战略，之后又出台了一系列鼓励技术引进的政策。科技兴贸战略和一系列政策的制定有效地推动了中国技术贸易的发展，加快了中国引进国外先进技术的步伐。进入 21 世纪以来，中国的技术贸易保持了迅猛发展的势头。2000 年，全国签订技术引进合同 7353 项，合同总金额 181.76 亿美元，其中技术转让、技术许可、技术咨询、技术服务等技术费 75 亿多美元，占全部技术引进合同金额超过 42%。到 2018 年，全国共登记技术引进合同 7147 份，合同金额 331.34 亿美元，同比增长 0.94%，技术引进金额稳步增长。其中，技术费 332.71 亿美元，占合同总金额的 97.40%。

第二阶段，中国的技术引进规模不断扩大，技术引进质量稳步提高，呈现出许多新的特点。主要体现在：

（1）在技术引进项目的安排上，坚持充分论证、综合平衡、统筹兼顾的原则。国务院各有关部门在技术引进的管理上进行了有机的衔接和配合，形成了共同监督机制。国务院各行业管理部门在批准项目的可行性研究报告后，及时将有关文件抄送商务部，以便于跟踪项目，全面掌握信息。涉及进口的各职能部门，如海关、国家外汇管理局、银行等部门，密切配合，加强技术引进管理的力度。

（2）技术引进规模逐步稳定发展。"六五"时期（1981—1985 年），中国共引进技术和成套设备项目数为 1552 个，总金额为 51.92 亿美元；"七五"时期（1986—1990 年），中国共引进技术和成套设备项目数为 2326 个，总金额为 151.93 亿美元；"八五"时期（1991—1995 年），中国共引进技术和成套设备项目数为 5429 个，总金额为 332.97 亿美元；"九五"时期（1996—2000 年），中国引进技术和成套设备总金额为 829.17 亿美元。"十五"时期（2001—2005 年），中国共引进技术和成套设备项目数为 35609 个，总金额为 728.4 亿美元。"十一五"（2006—2010 年）时期，技术引进总额为 1017.8 亿美元，其中 2006 年技术引进总额为 220.2 亿美元，2007 年技术引进额为 254.2 亿美元，2008 年技术引进总额为 271.3 亿美元，2009 年技术引进总额为 215.72 亿美元，2010 年技术引进总额为 256.36 亿美元。"十二五"时期（2011—2015 年），技术引进总额为 1738.45 亿美元，其中 2011 年技术引进额为 269.68 亿美元，2012 年技术引进额为 442.74 亿美元，2013 年技术引进额为 433.64 亿美元，2014 年技术引进额为 310.85 亿美元，2015 年技术引进额为 281.54 亿美元。"十三五"时期（2016—2020 年），2016 年技术引进额为 307.28 亿美元，2017 年技术引进额为 328.27 亿美元，2018 年技术引进额为 331.34 亿美元。

（3）技术引进资金来源多样化，引进主体企业化。技术引进国内资金由主要依靠国家拨款发展为国家拨款、银行贷款、利用外资企业自筹等多种渠道；同时，利用国外资金的比重大幅度增加，如政府贷款、出口信贷以及其他一些融资方式。自主确定、自筹资金的技术引进项目不断增加。随着现代企业制度的逐步实行，越来越多的企业已逐步走向市场，技术引进已越来越成为企业的自主行为。

（4）技术引进的方式日益多样化。由原来以成套设备进口为主发展为许可证贸易、补偿贸易、合资经营、合作生产、技术咨询、技术服务、租赁等多种方式，其中技术许可、技术咨询与技术服务已成为中国技术引进的主要方式。1990—1997 年，设备进口仍然占到全部技术引进合同金额的 80% 以上，而技术转让、技术许可、技术服务和技术咨询等所占比重不足 20%。2001 年以后，这种情况开始明显改变。2002 年，含有技术转让内容的成套设备、关键设备和生产线进口合同成交额为 18.53 亿美元，比 2001 年下降 45%，仅占全年技术引进合同总金额的 10.66%。而以技术为主的专利技术、专有技术、技术咨询、技术服务、计算机软件许可使用等软技术引进占据了主导地位，合同金额占技术引进合同总额的比例达 84.67%。其中，签订专利技术许可或转让合同 58.31 亿美元，比 2001 年增长 10.8 倍，占合同总金额的 33.54%，比 2001 年提高了 28 个百分点；专有技术许可和转让合同 49.14 亿美元，比 2001 年增长近 3 倍，占合同总金额的 28.26%，比 2001 年提高近 15 个百分点。2018 年，专有技术许可合同成交额 157.5 亿美元，占技术引进总金额的 50.59%；专利技术的许可或转让成交额 63.62 亿美元，占合同总金额的 20.43%；技术咨询、技术服务合同金额 53.66 亿美元，占合同总金额的 17.24%（见表 10-1）。

表 10-1 2018 年技术引进按引进方式统计表

技术引进方式	合同数（项）	合同金额（亿美元）	技术费（亿美元）
总计	7147	331.34	322.71
专利技术	460	63.62	62.35
专有技术	1871	157.50	154.54
技术咨询、技术服务	4115	53.66	51.52
计算机软件	287	36.39	36.00
商标许可	92	5.72	5.68
合资生产、合作生产	53	3.87	3.77
成套设备、关键设备、生产线	36	3.12	1.53
其他方式	233	7.47	7.33

（资料来源：《2019 年中国科技统计年鉴》。）

（5）技术引进结构进一步优化，档次不断提高。根据国家产业结构升级和优先发展的需要，能源、通信、交通、化工、原材料等基础工业已成为引进中的主体行业。高技术，如计算机软件、新能源、先进医疗技术、现代环保技术、空间技术、复合材料等的引进得到进一步扩大。软件、硬件技术引进的比例结构得到进一步优化，平均软件费用占合同总额的比例已由"八五"末期的 10% 提高到 25%，引进已从过去基本依靠设备等有形资产转向了包括专利和专有技术在内的无形资产。

（6）技术引进国家和地区多元化。技术引进的来源由改革开放初期的十几个国家，扩展到 50 多个国家和地区，主要集中于欧盟、美国和日本等发达国家和地区。2018 年，中国技术引进的来源国家和地区达 60 个。其中，与美国签订技术引进合同 1241 份，合同金额达 115.12 亿美元，占技术引进合同总金额的 36.96%，因而美国成为中国技术引进的最大来源国；其次是日本和德国，合同金额分别为 61.74 亿美元和 35.90 亿美元。此外，英国、法国、韩国、俄罗斯等均是中国技术引进的主要来源地。

（7）技术引进的主体更加多元化。技术引进工作由中央统一计划安排转变为中央、地方、部门多方面协作，共同安排，扩大了部门、地方审批技术引进项目的权力；国家批准成立了一些新的贸易公司，授予技术引进经营权，使得引进的对外工作由少数外贸公司办理发展为众多外贸公司、工贸公司、自营进出口企业和先进企业集团办理。就引进主体所有制而言，引进技术的主体不仅局限于计划经济下的国有大中型企业，三资企业和民营企业的比例也大幅度增加，某些省市的技术引进中三资企业所占比例已经超过了国有企业。

（8）技术引进宏观管理加强。为推动技术引进、优化技术引进结构，国家从政策上加大了对技术引进的支持力度，出台了一系列促进技术引进的优惠政策。同时，在全国范围内，强化和升级了"技术引进和设备进口信息管理系统"，使技术引进和设备进口的管理步入了科学化、系统化、制度化的轨道，提高了办事效率。

二、中国技术引进的成就

20世纪初期，科学技术对经济增长的贡献率只有5%~10%；随着新技术的应用和发展，到了20世界80年代中后期，在一些发达国家中，科学技术对经济增长的贡献率已升至60%~80%，即在发达国家的经济增长中，有3/4是靠科学技术进步实现的。中国作为一个科技发展相对落后的发展中国家，其多年技术引进的实践证明，引进技术是推动中国科技进步和经济发展的重要手段和途径。

（一）第一阶段（1950—1978年）技术引进的成就

20世纪50年代，通过引进国外先进技术，实现了中国技术进步的第一次飞跃，使中国的技术能力水平由中华人民共和国成立前落后于工业发达国家半个世纪，基本上达到工业发达国家20世纪40年代的水平。这一时期，经济建设各环节的人才基本得到了全面培养，生产技术能力与投资技术能力基本上得到了同步发展，为发展创新能力开始奠定一些基础。当然，由于受到时间及基础的限制，当时这种技术能力尚属"初级模仿"的发展阶段。

20世纪60年代，尤其是70年代，在技术引进时，长期未能突破引进成套设备的基本模式，在引进成套设备时，又基本上未能与引进设计、制造技术结合起来，走了一条高投入、低效率的路子。尽管花费了大量的外汇，但限制了提高自身技术能力的效果，只在很小的范围内走出了一条新的通过技术引进积累自身技术能力的路子。

（二）第二阶段（1979年至今）技术引进的成就

改革开放以后，经过对引进技术的学习、消化和吸收，中国加速了自身技术能力的积累，实现了全行业技术水平的整体提高，缩短了与国外的技术差距。就企业而言，有一部分企业能够合理引进技术，并与自身或国内科研力量结合起来，建立了技术开发体系，凭借技术进步提高了自身在国内外的市场竞争力。具体来讲，技术引进的成就体现在以下几个方面：

（1）技术引进推动了技术进步，缩短了与世界先进水平的差距。据估计，一项较大的基础技术的发明，从研究、设计、试验到技术生产，一般需要10~15年，而引进国外先进技术，是直接使用现成的科研成果，一般从引进到投产，只需2~3年时间，大大节省了研发投入时间。通过直接购买国外的技术专刊、技术诀窍以及成套设备、生产线等，可以在短期内快速提高企业技术装备及加工水平，推动技术进步。同时，由于引进的是先进技术，可以提高科技发展水平的起点，缩短与世界先进水平的差距。例如，通过引进国际先进的农业科学技术，中国缩小了与发达国家农业技术水平的差距。进入20世纪90年代以来，以世界生物技术和信息技术为主体的新的农业科技革命兴起。为紧跟世界生物技术发展前沿，增强中国农业科技储备和发展后劲，近年来中国已引进了一批国内急需又难以解决的重大关键技术以及基础研究成果，如植物原生质体培养、细胞融合、基因转移等技术，农药残留分析和农药分析、高温季节南方蔬菜栽培、北方农作物低温灾害防治技术、胚胎移植技术等。

(2) 技术引进优化了中国产业结构。改革开放 40 多年以来,通过引进国外的技术和设备,无论是对传统产业的改造和升级,还是跳跃式地发展新兴产业,都取得了显著的效果。中国三大产业之间的比例关系有了明显的改善,产业结构正向合理化方向变化。其主要表现在:①第一产业的比重有所下降,产业内结构明显优化。林、牧、渔业在第一产业中的比重有了较大提高,改变了农业中种植业"巨无霸"的局面,大大改善了农产品的供给状况。②第二产业在国民经济中的地位逐步上升,特别是工业有了较大发展,工业结构不断优化升级。③第三产业不断增长。第三产业在国民经济中的地位日益提高,并且已经成为增长最快、发展潜力最大的产业。

(3) 技术引进提高了企业的经济效益。提高企业质量和效益的根本途径是技术的发展和技术在生产中的应用。中国的企业正处于一个提高质量和效益的关键时期,用高技术改造传统产业,实现工艺升级、产品换代,根本途径在于推动科技进步,在于技术创新。就钢铁工业而言,20 世纪世界钢铁工业的变革,使一些先进生产国完成了从产量型到质量效益型的战略转变。而中国的钢铁工业,虽然钢产量已突破 1 亿 t 大关,居世界第一位,但无论从产品结构、技术结构、企业组织结构来看,还远不是一个钢铁强国。因此,对钢铁业进行总量控制、优化工艺和产品结构,必须用高技术对传统钢铁业进行技术改造,不再依靠数量增长,而要依靠科技进步提高钢材生产的技术含量和附加值,提高钢材的经济效益。

(4) 技术引进提高了中国产品的国际竞争力,改善了出口商品结构。中国利用技术引进,快速实现了产业升级、科技水平提高和产品的更新换代,提高了产品在国际市场上的竞争力。随着改革开放的不断深入,中国出口商品结构发生了根本性变化,技术密集型产品比例迅速提高,高技术产品出口不断增加。1985 年,中国商品出口贸易总额为 273.5 亿美元,其中高技术产品出口 5.2 亿美元,占出口总额的 1.9%。到 2018 年,中国商品出口贸易总额为 24866.96 亿美元,其中高技术产品出口 7430.44 亿美元,占出口总额的 29.88%,成为中国主要的出口商品。

三、中国技术引进中存在的主要问题

(一) 引进技术的消化、吸收和创新能力有限

技术引进分为使用、学习和消化、吸收并加以创新三大环节。从中国技术引进的历史可以看出,中国企业在前两个环节上做出了很大努力,并取得了积极的效果;但是,在消化、吸收和创新环节上,却存在明显缺陷。以发展较快的高技术产业为例,高技术产业技术引进与消化吸收的比例最高时仅为 1∶0.21,而且有逐年下降的趋势。制造业这一比例更低,最高时仅为 1∶0.09,与日本、韩国等 1∶3 的比例相差甚远。究其原因,在于技术引进与技术消化的投入不合理,用于技术消化吸收的投入过低,所引进的技术多数只停留在使用、模仿阶段,未形成有效的技术吸收、消化和创新机制。在世界技术日新月异的情况下,若引进的技术不能被很好地消化、吸收和创新,很快就成为落后技术,只能再次投入资金引进技术,最终使技术引进陷入"引进——落后——再引进——再落后"的恶性循环之中。从表 10-2 可看出,中国的技术引进主要集中在制造业,多是成套设备的引进,而技术外溢效果更强的科学研究和技术服务的技术引进则相对较少。2018 年,制造业技术引进合同金额占合同总额的 85.34%,科学研究、技术服务和地质勘查业仅占技术引进合同总额的 3.09% (见表 10-2)。

表 10-2　2018 年技术引进前 10 位行业统计表

序号	行　业	合同数（项）	合同金额（亿美元）	技术费（亿美元）	金额占比
	总　计	7147	331.34	322.71	100%
1	制造业	4479	282.78	275.92	85.34%
2	信息传输、计算机服务	462	16.15	15.22	4.87%
3	科学研究、技术服务和地质勘查业	401	10.25	10.14	3.09%
4	房地产业	624	3.95	3.9	1.19%
5	电力、煤气及水的生产	63	2.89	2.28	0.87%
6	交通运输、仓储及邮电通信业	47	2.43	2.33	0.73%
7	租赁和商务服务业	227	1.84	1.77	0.56%
8	居民服务和其他服务业	144	1.54	1.54	0.46%
9	批发和零售业	88	1.26	1.23	0.38%
10	建筑业	121	1.03	0.95	0.31%

（资料来源：《2019 年中国科技统计年鉴》。）

（二）技术引进主体结构不合理

改革开放初期，中国的技术引进以政府为主，国内企业为辅。随着中国经济的不断发展，外资企业不断发展，逐步成为中国技术引进的主体，目前，中国的技术引进是以外资为主，内资为辅。不论是政府为主还是外资为主的技术引进主体结构，都不利于中国自主创新能力的提高。国际发展经验表明，一国技术创新能力的提升关键在于企业成为技术创新的主体。世界上对经济发展起决定作用的技术几乎全部源自企业，如通信现代化源于贝尔实验室，汽车现代化源于福特实验室等。若技术引进的主体是政府，则会对企业的实际条件，如技术需求、人力资源状况、消化吸收能力和市场需求等因素考虑不足，导致技术引进效果不理想，大量引进技术不适合国内企业需要；若技术引进的主体是外资企业，则国家的技术创新和发展过多地依赖于他人，不利于本国的技术自主创新和经济发展。

（三）政府和企业之间未形成引进技术消化吸收的联动体系

政府和企业之间未形成技术引进后的消化吸收联动体系。一方面，政府对引进技术的二次开发工作上重视不够，引进技术的消化、吸收与国内自主开发不能很好地衔接。一些引进的重大技术项目的消化、吸收很少被纳入诸如科技攻关、成果推广等国家科技计划之中，消化、吸收工作缺乏应有的技术和资源支持。另一方面，作为技术消化和吸收的主体，企业由于缺乏技术开发与创新能力而无力消化和吸收引进的技术；同时，出于市场竞争的考虑，许多企业对引进的技术实行封锁政策，延缓了技术的消化、吸收、扩散和应用。

（四）知识产权保护的效果不明显

随着经济的迅猛发展和蕴含知识的产品贸易、服务贸易的迅速增长，知识产权保护受到发达国家的高度重视。近年来，发达国家经常利用这些制度来限制技术转移，加强技术保护，从而维护其在高技术行业的垄断地位和获取高额利润。而中国在过去的技术引进中，虽然对引进技术实施了较多的知识产权保护措施，但是由于种种原因，效果并不明显，不仅阻碍了进一步引进技术，而且导致企业对引进技术基础上的创新缺乏动力。2004 年，美国在知识产权保护报告中，再次将中国列入"306 条款"监视名单。欧盟、日本也多次就知识产权问题提出交涉。

四、完善技术引进的战略

首先，完善现代技术市场体系，推动技术引进后的自主创新。强调自主创新，是为了更好地发挥引进技术的作用。自主创新不等于"关门创新"，而是以我为主，充分利用国内、国外两种资源进行创新，最终目的是为我所用，自主开发创新产品。两者可以相互促进，在引进技术的层次上加以研究，获得自己的成果。政府机构应加大对企业技术引进、吸收的支持力度，发展和完善现代技术市场体系，为企业引进技术消化、吸收和创新提供激励。

其次，保障企业技术引进的主体地位，优化企业技术引进结构。企业是技术引进、消化和吸收的主体，政府应在企业技术引进过程中提供帮助，如给予税收优惠等。企业技术引进应从单独引进向科研、制造系统联合引进转变；引进的方式要从单纯的进口生产线向更加重视引进软技术和必要的关键设备转变；引进的对象应从以产品导向技术为主逐步向产业基础技术、主要技术和高技术转变。

最后，改变"重硬件、轻软件"的倾向，提升专利和专有技术许可的引进比重。应充分利用各种技术贸易方式，加快"软技术"的引进步伐。例如，利用电子商务等手段，减少中间环节与流程，降低贸易成本，提高贸易效率。

总之，在经济全球化的今天，核心技术和知识产权的竞争成为国际竞争的"主战场"，拥有高技术是提升一国综合国力的关键。应加强有关保护知识产权的国际交流和多边协商，创造有利于引进先进技术和培育自主知识产权的环境；同时，积极参与世贸组织有关知识产权的谈判，维护发展中成员的共同利益，为更充分地利用外部智力资源和技术创造条件。

第三节 中国的技术出口

一、中国技术出口的发展阶段

中国在技术出口方面起步较晚，开始于20世纪80年代初。进入20世纪90年代以后，技术出口发展加快，出口项目和金额逐年增加，至21世纪初，中国技术出口进入新的发展阶段，高技术产品出口增长较快，已成为带动中国对外贸易发展的重要力量。中国技术出口可划分为四个发展阶段。

（一）技术出口探索阶段（1981—1985年）

这一阶段属于缺乏国家宏观管理的自发阶段。尽管中国的外贸和科技人员按照国际技术转让惯例和国家的相关政策，成功地对外转让了一些技术，但是这一时期技术出口的主要特点是：凭机遇、无计划、自发地进行；出口主要以新技术、新工艺等软件技术为主；以工业发达国家为主要出口地区；国家没有明确的归口管理部门、管理法规及相应的鼓励、扶植政策；技术出口额很小，成交金额每年约1000万美元。

（二）技术出口起步阶段（1986—1988年）

1986年，国务院明确规定对外经济贸易部和国家科委为归口管理技术出口的部门，并批复了《关于开拓国外技术市场加强技术出口管理的请示》，规定了技术出口的政策；各省、自治区、直辖市、计划单列市和国务院有关部委、直属机构根据该请示的精神，成立了专门负责技术出口的机构。机构的健全和政策的制定推动了中国技术出口的起步。

在这一阶段，中国技术出口的主要国家和地区中，有不少是发展中国家，但发达国家仍占相当大的比重；技术出口的内容和方式也在增加，除单纯转让"软件"技术外，成套设备出口、技术服务等技术贸易方式也被较多地采用；出口金额逐年增加，1987年金额达1亿美元，1988年增至2亿美元。

（三）技术出口初级发展阶段（1989—1997年）

1990年，国务院批准了由对外经济贸易部和国家科委共同制定的《技术出口管理暂行办法》。该《办法》的颁布实施对发展中国技术贸易、促进技术和成套设备出口产生了积极的影响，使中国的技术出口走上了法制化管理轨道。据统计，在1990—1997年，中国对外签订技术出口合同6269项，合同总金额为203亿美元。这一阶段，中国技术出口呈现出以下几个特点：

1. 增长速度明显加快

1990—1997年，中国技术出口增长幅度较快，到"八五"最后一年的1995年，技术和成套设备出口增长的幅度首次超过了整个外贸出口增长的幅度。1995年，中国外贸出口增长幅度为22.9%，而技术和成套设备出口增长幅度为57.7%，高出34.8个百分点。

2. 出口技术以成套设备为主

在这一时期，以成套设备为载体的技术出口明显增多。1997年大型成套设备出口占全国技术出口额的比重达55%，其中最高年份1995年高达94%，成套设备出口的优势不仅在于科技含量高、附加值大，而且还可带动各类工程、劳动力、资本的输出。

3. 市场多元化取得进展

在这一时期，中国技术出口呈现出市场多元化的趋势。到1997年，我国技术出口国别地区已增至110个。其中，向发展中国家的技术出口明显增多，占技术出口总额的70%~80%，说明中国技术出口市场目前主要在发展中国家；向发达国家出口的技术虽然所占比例降低，但绝对数字仍在上升。

4. 技术含量不断提高，技术出口已初具规模

随着引进技术消化吸收和中国机电工业整体水平的提高，中国成套设备出口由中小型成套逐步向大型成套发展，由集中在少数专业领域向多专业领域扩大。中国过去以出口小水电、小化肥、小水泥设备为主，现在，成套设备出口已向大型化发展，中国已能出口15万t级船舶、32万kW的大型火电站、年产130万t水泥和30万t合成氨的设备等。目前，中国已建成了门类齐全、具有相当规模和较高水平的工业生产体系和科研体系，拥有多层次的技术资源。1997年，中国技术出口额55亿美元，占外贸出口总额的3%，占中国机电产品出口总额的9.2%。这标志着中国技术出口已初具规模。

（四）技术出口迅速发展阶段（1998年至今）

从1998年至今，中国技术出口开始进入迅速发展时期，高技术产品成为中国出口增长的重要力量。1998年，中国对外签订技术出口合同2500项，合同总金额突破200亿美元大关，高新技术产品出口达到202.51亿美元，出口额比上年增长24.2%，占商品出口总额的11%。1999年年初，对外经济贸易部提出了"科技兴贸"战略，并将其作为外经贸工作的一项重要发展战略予以高度重视。同时，对外经济贸易部（现为商务部）与科技部、信息产业部等部门建立了联合工作机制，制订了《科技兴贸行动计划》。计划实施以来，技术出口迅速发展。1999年，中国高技术产品出口额为247.04亿美元，比上年增加22.0%。进入

21世纪,中国高新技术产品出口进一步发展,表现出了前所未有的增长势头。2000年,中国高技术产品出口额高达370.43亿美元,比上年增长50.0%。高技术产品的出口额占中国出口额的比重为14.9%,比上年提高2.2个百分点。2001年,中国高技术产品出口464亿美元,是1998年("科技兴贸"战略实施前)的2.3倍,占中国出口额的比重达到17.5%,比1998年提高了6.5个百分点。2002年,中国高技术产品出口额又增至678.65亿美元,比上年增长了46.1%,在中国出口额中的比重进一步上升为20.9%。2018年,中国高新技术产品出口额为14085.65亿美元,比2017年增加了12.01%,占中国出口商品总额的29.88%。这一阶段,中国技术出口在增长速度、贸易方式、出口市场等方面取得了更大的进步。

二、中国技术出口存在的主要问题

(一)出口规模较小

尽管中国技术贸易近几年取得了较大进步,但是应当看到,相比西方发达国家和一些发展中国家,中国技术出口规模比较小。2018年,技术输出合同数411985个,合同额为176974213万元,相比中国货物贸易,显得规模比较有限。

(二)高技术产品出口产品范围过于狭窄

从中国高技术产品出口的技术领域来看,高度集中在计算机与通信技术和电子技术两个领域。2018年,两个领域的出口额所占比重达到87.01%,其中计算机与通信技术类产品的出口比重高达67.97%(见表10-3)。计算机与通信技术类产品一直是中国出口海外市场最主要的高技术产品,而包括生物技术、航空航天技术、激光技术、自动化技术、能源技术和新材料技术等高技术产品的出口比重却很低。

表10-3 2018年中国高技术产品进出口按领域分统计表

	出口额(百万美元)	出口占比	进口额(百万美元)	进口占比
总计	743044	100%	665519	100%
计算机与通信技术	505028	67.97%	124385	18.69%
生命科学技术	32598	4.39%	36389	5.47%
电子技术	141525	19.05%	357424	53.71%
计算机集成制造技术	16389	2.21%	58279	8.76%
航空航天技术	9146	1.23%	40453	6.08%
光电技术	28981	3.90%	40323	6.06%
生物技术	928	0.12%	2460	0.37%
材料技术	7460	1.00%	4817	0.72%
其他技术	989	0.13	989	0.15%

(资料来源:《2019年中国科技统计年鉴》。)

(三)外资企业出口占技术出口的比重过高

随着高技术产品需求量在全球的急剧增加,很多发达国家的跨国公司为了满足市场需求,不断扩大生产规模。越来越多的外资企业将高技术产品的加工基地转入中国,如IBM、戴尔、惠普、摩托罗拉等都在中国设立了众多的生产加工基地。例如,2010年中国高技术产品的进出口仍然以外资企业为主体，出口额和进口额分别达到4093.6亿美元和3168.8亿美元，占高新技术产品出口和进口总额的比重分别达到83.1%和76.8%。相比之下，国有企业高技术产品的进出口规模则要小得多，其出口额仅为340.5亿美元，进口额为474.4亿美元，占高新技术产品出口和进口总额的比重分别为6.9%和11.5%，仅占外资企业出口与进口的8.3%和15%。

（四）高技术产品出口以加工贸易为主，一般贸易所占比重较低

中国高技术产品出口主要依靠加工贸易、一般贸易和其他贸易方式。2018年，在高技术产品出口的各类贸易方式中，加工贸易出口额高达4426.96亿美元，占当年高技术产品出口总额的比重达到59.58%。其中，进料加工贸易出口额占加工贸易出口总额的比重达到89.91%。加工贸易在高技术产品出口中的绝对主导地位充分说明了中国出口的大部分高技术产品仅为其他国家的代加工产品，近年来出口的大规模增长也是发达国家高技术产业转移的结果，缺乏具有自主知识产权的核心技术，品牌附加值较低。2018年，一般贸易出口的高技术产品为197.957亿美元，仅占以加工贸易形式出口的高新技术产品额的44.72%，占高技术产品出口总额的比重仅为26.64%（见表10-4）。

表10-4　2012年按贸易方式分高技术产品进出口情况

贸易方式	出口贸易额（百万美元）	进口贸易额（百万美元）	进出口贸易总额（百万美元）
合计	743044	665521	1408565
一般贸易	197957	220154	418111
加工贸易	442696	278421	721117
其他	102391	166946	269337

（资料来源：《2019年中国科技统计年鉴》。）

三、推动中国技术出口的政策导向

进入21世纪以来，中国技术出口发展迅速，取得了显著的成效，未来仍具有较大的潜力和广阔的前景。为了进一步推动中国技术出口，中国技术出口政策要以提高中国对外贸易的国际竞争力、加强体制创新和技术创新、提高高技术产业国际化水平为基本指导思想，以"有限目标、突出重点、面向市场、发挥优势"为发展思路，以市场为导向，以企业为主体，以创新为动力，进一步转变政府职能，加强政府的政策保障作用。通过面向国际市场的科研开发、技术改造、市场开拓、社会化服务等部署，建立较为完善的政府、法律、知识产权保护、出口促进服务体系；在中国高技术产品和传统出口产品的优势领域形成高技术研究、开发与应用的有力支撑，提高高技术产品出口的持续发展能力。在扩大技术出口规模、提升技术出口层次方面，要重点做好以下几个方面的工作：

（一）发展重点产业和技术领域的产品出口

根据技术预测和国际市场需求预测，中国必须在优势技术领域培育一大批在国际市场占有较大份额的、有自主知识产权的出口产品，针对提高出口产品竞争力的要求，组织重点出口产品关键技术开发，力争在软件、生物医药、通信产品等领域取得技术突破，提高高技术

产品和传统出口产品的国际竞争能力和持续出口能力;培育一批具有国际竞争意识、熟悉和遵守国际贸易规则、善于开拓国际市场的高技术产品出口企业和跨国公司;鼓励企业在国外设立技术研发中心,促进中国高技术产业研究与开发的国际化。

(二) 加强对出口产品的技术支持

加快利用高技术改造机电行业和纺织行业中的重点出口企业以及开发新产品、新材料的步伐,实现行业技术改造的跨越式升级;引导现代科技向农业及相关产业渗透,在形成高效农业和环保农业的基础上扩大农产品出口;按照中国产业结构调整和技术升级的需要,通过政策引导,积极引进国外先进技术和必要的关键设备;提高外商投资质量,鼓励跨国公司在华设立研发中心。

(三) 利用高科技手段开展高技术贸易

要加强信息技术在外贸领域的推广应用。率先在科技兴贸的重点城市、高技术产品出口基地、高技术产业开发区、重点出口企业和科研院所建立电子商务应用系统,推动中国电子商务应用的快速发展。此外,还要加快以信息化为基础的现代物流系统建设,提高对外贸易的物流效率,降低物流成本。

(四) 促进高技术产品出口体制创新

借鉴国际通行做法,在投融资、海关监管、外汇管理、税收管理、进出口管理、人员进出管理等方面采取新的措施,促进中国高技术产业发展和产品出口方面进行符合国际通行规则的体制创新。要充分发挥国家高技术开发区的作用,特别是要进一步加强国家高技术产品出口基地的建设,在短期内形成较大的出口规模,成为推动高技术产品出口快速增长的主要力量。为此,应加大外贸发展基金对开拓高技术产品国际市场的支持力度,支持出口规模大、市场前景好的高技术产品出口企业与科研院所的技术开发、技术引进、技术改造、跨国经营和开拓国际市场。

(五) 完善技术贸易法律法规体系

完善的技术进出口的法律法规,能够有效地推动技术贸易的发展。《中华人民共和国技术进出口管理条例》及一系列配套技术贸易法律法规的颁布和修订,规范了高技术进出口企业的贸易行为,加大了对中国技术出口、高技术出口产品海外商标注册的保护力度,推动了企业开展国际质量认证、安全认证、环保认证等。但是,中国关于技术贸易的法律法规仍存在较大的缺陷和不足,部分法律法规内容不符合技术贸易发展的客观需要。因此,为了保证对外技术贸易的健康发展,维护技术进出口的经营秩序,推动中国技术出口的发展,中国仍需进一步完善技术贸易法律法规。

第四节 中国技术进出口管理

为了维护国家利益和进行宏观调控,促进技术进出口的健康发展,维护技术进出口的经营秩序,规范技术进出口经营行为,根据《中华人民共和国对外贸易法》和其他有关法律的相关规定,2001 年 12 月 10 日,国务院发布了《中华人民共和国技术进出口管理条例》(以下简称《管理条例》)。据此,有关部门发布了《关于加强技术引进合同及售付汇管理的补充规定》(2001 年)、《中华人民共和国技术进出口合同登记管理办法》(2001 年)、《中华人民共和国禁止进口限制进口技术管理办法》(2001 年) 和《中华人民共和国禁止出口限制出口技术管理办法》（2001年）等一系列配套规章，商务部等八个部委机关颁发了《关于鼓励技术引进和创新，促进转变外贸增长方式的若干意见》（2006年），共同构成了中国技术贸易管理的完整体系。2010年12月29日，国务院第138次常务会议通过《国务院关于废止和修改部分行政法规的决定》，将《管理条例》（2001）第八条、第三十一条中的"有对外贸易法第十六条、第十七条规定情形之一的技术"修改为"有对外贸易法第十六条规定情形之一的技术"；此外，1985年5月24日国务院发布的《中华人民共和国技术引进合同管理条例》和1987年12月30日国务院批准、1988年1月20日对外经济贸易部发布的《中华人民共和国技术引进合同管理条例施行细则》同时废止。

2019年3月18日，国务院公布了《国务院关于修改部分行政法规的决定》，并于公布当日起开始施行。该决定对《技术进出口管理条例》做出修改，此次国务院决定删除了第二十四条第（三）款、第二十七条、第二十九条（"技术进出口调整"内容）。以上被删除的条文均为从境外到境内转移技术的技术进口合同的强制性规定，既包括境外向境内的专利和技术转让的场景，也涵盖境外主体向中国境内公司提供专利实施许可或技术服务等情形。其所涉及的关于不侵权的担保义务（第二十四条第三款）、前景知识产权归属（第二十七条）以及转让和许可条件限制（第二十九条）的相关规定，主要是关于技术进口合同不得含有限制性条款以及改进技术成果权属等规定。均系在跨境技术交易的合同谈判中中外双方之间经常出现分歧和争议的条款。

一、中国对技术进口的管理

中国对技术进口的管理主要是通过将其纳入国家经济技术发展的统一规划，并根据国家的政策所制定的有关法规，对技术进口项目及合同实行政府机构审批来实现的。

（一）技术进口的管理范围和审批机构

根据《中华人民共和国技术进出口合同登记管理办法》第一条和第二条规定，在中国境内的法人（包括中外合资、合作、外商独资企业）、自然人及其他组织通过贸易及合作的方式，从中华人民共和国境外的法人、自然人及其他组织获得的技术，包括专利权转让合同、专利申请权转让合同、专利实施许可合同、技术秘密许可合同、技术服务合同和含有技术进口的其他合同，都必须按规定办理相关手续。中外合资合作、外商独资企业成立时作为资本入股的技术和设备进口按外商投资企业的有关规定办理相关手续。

中国目前技术进口的政府管理部门为国家发改委和商务部及其授权的地方相应机构。它们在国务院的直接领导下，根据确定的原则，分工合作，密切配合，共同负责技术引进的各项管理和审批注册工作（见图10-1）。

（二）技术进口审批注册权限

国家对技术进口项目实行分级管理，确定分级管理的基础和依据是技术进口项目的金额。目前，国家在技术进口项目限额管理上的划分方法是：

（1）投资总额在3000万元以下的，或外汇总额在500万美元以下的技术引进项目，其审批注册工作主要由各省、自治区、直辖市、计划单列市的发改委或商务厅负责。在审批注册项目建议书时，应征求行业出口管理部门的意见。

（2）投资总额在3000万元以上（含3000万元）的，或外汇总额在500万美元以上（含500万美元）的技术进口项目，其审批注册工作由国家发改委或商务部会同有关部委审批注册。

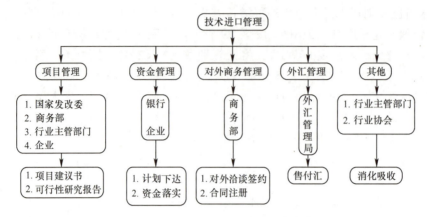

图 10-1　中国对技术进口的管理框架

（3）总投资额超过 2 亿元（含 2 亿元）的技术进口项目，由国家发改委上报国务院审批注册。

（三）技术进口的分类管理

中国对技术进口分三类管理：鼓励进口的技术、限制进口的技术和禁止进口的技术。

1. 鼓励进口的技术

《中华人民共和国技术进出口管理条例》第七条规定："国家鼓励先进、适用的技术进口。"

"先进、适用的技术"并没有明确的定义，根据中国多年的技术贸易管理实践，形成了一定的判断标准：有利于发展高新技术，生产先进产品；有利于提高产品质量和性能，降低生产成本，节约能耗；有利于改善经营管理，提高科学管理水平；有利于产业结构优化升级；有利于充分利用本国资源，保护生态环境和人民健康；有利于扩大产品出口，增加外汇收入。

国家采取的鼓励措施主要有：对技术进口经营者免征关税和进口环节增值税；对外国技术让与人减征、免征预提所得税；取消部分机械设备、装备、仪器的自动进口许可证管理；2007 年开始，对国家鼓励进口的技术和产品给予贴息支持。

2. 限制进口的技术

《中华人民共和国技术进出口管理条例》第十条规定："属于限制进口的技术，实行许可证管理；未经许可，不得进口。"

《中华人民共和国对外贸易法》对于限制进口的技术做出明确规定，属于下列情形之一的技术，国家可以限制进口：

（1）为维护国家安全、社会公共利益或者公共道德，需要限制或者禁止进口或者出口的。

（2）为保护人的健康或者安全，保护动物、植物的生命或者健康，保护环境，需要限制或者禁止进口或者出口的。

（3）为实施与黄金或者白银进出口有关的措施，需要限制或者禁止进口或者出口的。

（4）为建立或者加快建立国内特定产业，需要限制进口的。

(5) 对任何形式的农业、牧业、渔业产品有必要限制进口的。
(6) 为保障国家国际金融地位和国际收支平衡，需要限制进口的。
(7) 依照法律、行政法规的规定，其他需要限制或者禁止进口或者出口的。
(8) 根据我国缔结或者参加的国际条约、协定的规定，其他需要限制或者禁止进口或者出口的。

3. 禁止进口的技术

《中华人民共和国技术进出口管理条例》第九条规定："属于禁止进口的技术，不得进口。"

《中华人民共和国对外贸易法》规定禁止进口下列技术：

(1) 为维护国家安全、社会公共利益或者公共道德，需要限制或者禁止进口或出口的。
(2) 为保护人的健康或者安全，保护动物、植物的生命或者健康，保护环境，需要限制或者禁止进口或者出口的。
(3) 依照法律、行政法规的规定，其他需要限制或者禁止进口或者出口的。
(4) 根据我国缔结或者参加的国际条约、协定的规定，其他需要限制或者禁止进口或者出口的。

同时，《中华人民共和国对外贸易法》还规定：

(1) 国家对与裂变、聚变物质或者衍生此类物质的物质有关的货物、技术进出口，以及与武器、弹药或者其他军用物资有关的进出口，可以采取任何必要的措施，维护国家安全。
(2) 在战时或者为维护国际和平与安全，国家在货物、技术进出口方面可以采取任何必要的措施。

（四）技术进口审批

中国技术进口的管理采取两个阶段的政府审批注册：一是在技术进口合同前的准备阶段，对引进项目或计划实行审批注册；二是在签订技术进口合同之后，对技术进口合同文本进行审批注册。

1. 技术进口项目的审批

根据国家要求，凡要选定项目进行技术进口的单位，首先必须按照规定编制项目建议书，要求能满足开展设计工作的需要。原则上，设计部门应当参加项目建议书的编制工作。项目建议书是进行设计工作的主要依据。

当项目建议书编制完成后，由主办单位或委托的设计单位将该建议书报上级主管部门进行初审。初审后的项目建议书，由行业主管部门报省、自治区、直辖市、计划单列市计划部门审批注册，进行立项。限额以上的技术进口项目建议书由省、自治区、直辖市、计划单列市计划部门报国家发改委或商务部审批注册。

引进项目的建议书经省、自治区、直辖市、计划单列市计划管理部门审查批准立项后，主办单位可以会同设计部门开始编制设计任务书或可行性研究报告，同时制订设备招标方案。可行性研究报告或设计任务书编制出来后，由主管局报省、自治区、直辖市、计划单列市发改委审批注册。设备招标方案由省、自治区、直辖市、计划单列市机电设备进口审查办公室审批注册。

原则上，在项目建议书和可行性研究报告都获得批准后，技术进口单位才有权正式开始对外谈判和签订合同。实践中，有时谈判工作在可行性研究报告尚未完成前就已开始，但只有在可行性研究已经证明该项目确属可行并且得到批准后，才允许对外签订技术进口合同。

2. 技术进口合同的审批

技术进口合同签订后，签约单位应按照《中华人民共和国技术进出口合同登记管理办法》的规定和要求，办理登记、注册手续。

技术进口合同的审批注册机关是商务部及其授权的机关，即各省、自治区、直辖市、计划单列市、经济特区、沿海开放城市批准立项的，报项目所在一级的技术进口合同审批注册机关批准，由国务院各部、委批准立项的，报商务部科技发展和技术进出口司审批注册。外商投资企业从技术提供方获得技术所签订的技术进口合同，属于国务院各部委和各直属机构批准的由商务部审批注册，其他的分别由授权审批机关审批注册。

中国对技术进口合同的注册自2001年1月1日起开始实行网络管理。在办理技术进口合同注册时，需出示的文件包括：技术进口项目批准文件或项目单位说明报告，对外贸易经营权证明文件影印件，在管理系统内填写、打印、盖章的《技术引进合同申请表》和《技术引进合同数据表》，以及双方法律地位的证明。

经审查，凡符合规定的合同，外经贸主管部门将在收到合同之日起30天内核准是否予以注册；凡需修改的合同，合同审批注册机关通过网络管理系统予以通知，签约公司在接到通知后应立即与合同的外方当事人协商修改合同，合同的审批注册期限从审批机关收到修改后的合同之日起计算。

技术进口合同的批准证书是项目单位及有关公司向银行办理支付、信贷担保、结汇，向税务机关申请享受税收优惠待遇，以及向海关办理报关、通关的依据。当事人在办理上述业务过程中，若不能出示批准证书，上述机关不得受理。

（五）对技术进口合同限制性条款的规定

为了维护技术受让方的合法权益，在技术进口合同中不得含有下列限制性条款：

（1）要求受让人接受并非技术进口必不可少的附带条件，包括购买非必需的技术、原材料、产品、设备或者服务。

（2）要求受让人为专利权有效期限届满或者专利权被宣布无效的技术支付使用费或者承担相关义务。

（3）限制受让人改进让与人提供的技术或者限制受让人使用所改进的技术。

（4）限制受让人从其他来源获得与让与人提供的技术类似的技术或者与其竞争的技术。

（5）不合理地限制受让人购买原材料、零部件、产品或者设备的渠道或者来源。

（6）不合理地限制受让人产品的生产数量、品种或者销售价格。

（7）不合理地限制受让人利用进口的技术生产产品的出口渠道。

二、中国对技术出口的管理

（一）技术出口的原则及管理机构

1. 技术出口的原则

中国技术出口应遵循的基本原则是：遵守中国的法律、法规；符合中国外交、外贸和科技政策并参照国际惯例；遵守中国对外签订的协议和所承担的义务；不得危害国家安全和社会公共利益；有利于促进中国对外贸易发展、科学技术进步以及经济技术合作；保护中国的经济技术权益和中国产品在国际市场上的竞争地位。

2. 技术出口的管理机构

按现行管理体制，商务部和科技部是技术出口的国家管理部门，分别负责重大技术出口项目的贸易审查、合同审批注册和技术审查、保密审查。国务院各部委及其直属机构是本部门技术出口的管理机构，负责一般技术出口项目的技术和立项审查。地方商务厅和地方科委是本地区技术出口的管理结构，根据商务部和科技部授权，负责本地区技术出口。

（二）技术出口的分类管理

中国对技术出口分三类管理：鼓励出口的技术、限制出口的技术和禁止出口的技术。

1. 鼓励出口的技术

《中华人民共和国技术进出口管理条例》第三十条规定："国家鼓励成熟的产业化技术出口。"国家还相继制定了《中国高新技术产品出口目录》等一系列促进高新技术产品出口的政策措施。特别是2003年11月制定的《关于进一步实施科技兴贸战略的若干意见》，初步建立了"科技兴贸"战略政策体系框架。国家对技术出口的鼓励措施主要体现在资金扶持、出口信贷、出口信用保险、便捷通关及检验检疫等方面。

2. 限制出口的技术

《中华人民共和国对外贸易法》规定，属于下列情形之一的技术，国家可以限制出口：

（1）为维护国家安全、社会公共利益或者公共道德，需要限制或者禁止进口或者出口的。

（2）为保护人的健康或者安全，保护动物、植物的生命或者健康，保护环境，需要限制或者禁止进口或者出口的。

（3）为实施与黄金或者白银进出口有关的措施，需要限制或者禁止进口或者出口的。

（4）国内供应短缺或者为有效保护可能用竭的自然资源，需要限制或者禁止出口的。

（5）输往国家或者地区的市场容量有限，需要限制出口的。

（6）出口经营秩序出现严重混乱，需要限制出口的。

（7）依照法律、行政法规的规定，其他需要限制或者禁止进口或者出口的。

（8）根据我国缔结或者参加的国际条约、协定的规定，其他需要限制或者禁止进口或者出口的。

3. 禁止出口的技术

《中华人民共和国对外贸易法》规定禁止出口下列技术：

（1）为维护国家安全、社会公共利益或者公共道德，需要限制或者禁止进口或者出口的。

（2）为保护人的健康或者安全，保护动物、植物的生命或者健康，保护环境，需要限制或者禁止进口或者出口的。

（3）依照法律、行政法规的规定，其他需要限制或者禁止进口或者出口的。

（4）根据我国缔结或者参加的国际条约、协定的规定，其他需要限制或者禁止进口或者出口的。

同时，《中华人民共和国对外贸易法》还规定：

（1）国家对与裂变、聚变物质或者衍生此类物质的物质有关的货物、技术进出口，以及与武器、弹药或者其他军用物资有关的进出口，可以采取任何必要的措施，维护国家安全。

（2）在战时或者为维护国际和平与安全，国家在货物、技术进出口方面可以采取任何必要的措施。

（三）技术出口审批

根据国家有关规定，技术出口的当事人必须事先填写由商务部统一印制的"技术出口项目申请书"。该申请书是国家有关主管部门审批技术出口项目的正式依据，也是技术出口当事人在项目获得批准后进行对外商务和技术谈判的主要文书。

技术出口的当事人在填写完"技术出口项目申请书"后，应按照隶属关系将申请书报国务院主管部门或地方技术出口管理机构进行初步审查。技术出口项目单位按隶属关系将申请书报送出口管理机构，即国务院各部委所属单位，报本部门的技术出口主管司、局，省、自治区所属单位，报本地区的商务厅（局）的科委。上述管理机构在接到申请书后，根据各自的职权范围和规定的授权原则进行技术和立项审查。经审查后，该项目如属允许出口项目，上述管理机构有权做出书面审批意见，同意该项目出口或不出口；如属禁止或控制出口项目，上述管理机构做出初审意见后，报商务部和科技部审批。商务部和科技部应在收到国务院行业主管部门和地方技术出口管理机构的初审意见之日起的30天内，决定是否批准该技术出口项目。

技术出口合同的中方当事人应当按照下列规定于合同签字之日起30天内向审批机关报请审批：①商务部和科技部联合审批的技术出口项目，国务院有关部委、直属机构批准的允许技术出口项目，其技术出口合同报商务部审批；②各省、自治区、直辖市以及计划单列市的商务厅（局）和科技部批准的允许技术出口项目，其技术出口合同报送当地的商务厅（局）审批。

合同审批机关应在收到合同报批申请书之日起的30天内做出审批决定，并对批准的合同签发"中华人民共和国技术出口合同批准证书"，其具体做法与技术进口合同的审批一致。

（四）限制出口技术的审查管理

对《中华人民共和国禁止出口限制出口技术管理办法》限制出口的技术，实施出口许可管理，由商务部会同科技部进行贸易审查和技术审查，并决定是否准予出口。

1. 限制出口技术的贸易审查

限制出口技术的贸易审查，应包括以下主要内容：

（1）是否符合中国对外贸易政策，并有利于促进外贸出口。中国的技术出口必须服从中国的对外贸易政策，如国别地区政策等，必须服从中国的科技发展政策。对于一般成熟的工业化技术项目出口，如果可以带动机械设备出口，国家给予优惠政策；而对于一些具有世界领先水平的学科性项目或军事方面的科技项目出口，国家控制得比较严格。从保护国家现有的出口产品市场的角度出发，对于那些出口量大、创汇高的产品技术要严格把关，注意不得与中国现有的产品市场发生太大冲突。

（2）对国际技术市场和产品市场综合分析。究竟选择技术出口还是产品出口，要综合分析。若技术难度不大、投资少、见效快，要首先考虑在国内工业化；反之，则可以与外商合作。对于单纯的技术出口，要持慎重的态度。对中国的外贸出口商品市场有较大影响的技术、中国所独有的传统技术、来源于引进技术而不能转让的技术,都不得技术出口;当技术进口国家或地区的技术保护能力不强时,可向对方国家控制技术出口。

2. 限制出口技术的保密审查

中国政府对技术保密范围有如下规定:

(1) 丧失国家在某一领域的领先地位和优势,或者暴露不应暴露某一领域的领先地位和优势的。

(2) 削弱国家现有技术及其产品在国际市场的竞争力,会给国家造成重大经济损失或潜在经济损失的。

(3) 影响国家对外合作交流,如妨碍技术设备引进的。

(4) 影响国家声誉和外交关系的。

(5) 削弱国家的防御能力和治安能力的。

凡列入技术秘密范围的技术的出口,都要报有关部门批准。

3. 限制出口技术的安全审查

(1) 涉及国家安全或重大利益的技术禁止出口,具体包括:能提高外国军事力量或情报能力,并影响中国安全的技术;中国具有国际声誉和重大经济利益的传统工艺或专有技术;来源于引进技术而承担保密义务的技术。

(2) 涉及国家重大利益的技术限制出口,具体包括:国际首创或达到国际先进水平的技术;具有潜在军事用途或较大经济、社会利益的,尚未工业化生产的实验性技术;中国特有的传统工艺或专有技术。

课后习题

1. 何为国际技术贸易?其与国际货物贸易、国际服务贸易有何异同?
2. 简述中国技术引进的发展演变及主要特点。
3. 简述中国技术出口的发展演变及主要问题。
4. 中国对技术进出口管理有哪些措施?

第十一章

中国对外贸易关系

世界上绝大多数国家都把对外贸易关系放在极其重要的地位。通常，从一国的角度，对外贸易关系分为双边贸易关系、区域贸易关系和多边贸易关系。作为世界第一的货物贸易大国，目前中国已经与世界各国、地区和多边贸易组织建立起全面的贸易关系。本章在简单回顾中国对外贸易关系发展的基础上，分别介绍了中国的双边贸易关系、区域贸易关系和多边贸易关系。

第一节 中国对外贸易关系概述

对外贸易关系的内容十分广泛，包括货物贸易、技术贸易、服务贸易、利用外资、生产技术交流、合资经营、合作生产及加工贸易等。因此，积极发展中国与世界各国和地区的贸易关系，正确制定和贯彻中国对外贸易的国别、区域、多边政策，保证中国对外贸易关系的持续、健康发展，无论在经济上、政治上都具有重要的意义。

一、中国对外贸易关系的发展演变

中华人民共和国成立以来，中国对外贸易关系的发展大致经历了以下几个阶段：

（一）1949—1978 年中国的对外贸易关系

从中华人民共和国成立到1978 年，中国对外贸易在几经曲折中向前发展，为国民经济的恢复和发展做出了贡献。

1. 20 世纪50 年代的贸易关系

中华人民共和国成立后，由于以美国为首的西方发达国家对中国采取敌视、封锁政策，中国对外贸易倒向苏联，全面发展与苏联、东欧国家的对外贸易关系。当时，中国根据恢复和发展国民经济的需要，本着"积极协作、平等互利、实事求是"的方针，积极开展对苏联、东欧国家和其他友好国家的贸易和经济合作，不断突破西方国家的封锁、禁运，对医治战争创伤、恢复和发展国民经济起到了积极作用。例如，中国通过贸易和使用苏联政府贷款从苏联和东欧国家引进156 项重点建设项目的成套设备和技术，培育了一批钢铁、电力、煤炭、石油、机械、化工、建材等骨干企业，为中国的工业化打下了初步基础。那时，中国同社会主义国家的贸易额占全国对外贸易总额的比重，1951 年为52.9%，1952 年至20 世纪50 年代末每年都在70%以上，其中对苏贸易额占全国对外贸易总额的50%~60%。

20 世纪50 年代期间，中国内地还为逐步发展同亚非拉国家的贸易关系、发展同中国港澳地区的贸易和积极开拓对西方国家的民间及政府贸易进行了卓有成效的努力。中国同亚非拉国家贸易关系的发展，增进了亚非拉国家同中国的友谊，促进了亚非拉国家民族经济的发展；中国内地保证对港澳地区的供应，积极扩大对港澳出口及经港澳转口贸易，开辟了反封锁、反禁运的新战线；中国继 1950 年同瑞典、丹麦、瑞士、芬兰建立外交和贸易关系后，又利用各种机会和途径，争取和团结其他西方国家工商界及开明人士，以民促官，推动了中国同日本、西欧国家等的民间贸易以至官方贸易。该时期与中国有贸易往来的国家和地区从 1950 年的 46 个发展到 1960 年的 118 个。

2. 20 世纪 60 年代的贸易关系

进入 20 世纪 60 年代后，中苏两国关系恶化，苏联撕毁了同中国签订的经济合同，停止对中国的援助；东欧一些国家也追随苏联疏远了与中国的关系，导致中国与苏联和东欧国家之间的贸易急剧下降，中国的对外贸易遭遇了第一次较大的波折。1969 年，中苏两国贸易几乎降到冰点，仅仅维持几十万美元的易货贸易。在这一形势下，中国对外贸易的主要对象开始转向其他国家和地区。在坚持内地对港澳地区长期稳定供应、积极发展同亚非拉国家贸易关系的同时，中国内地也在进一步打开对西欧和日本贸易的渠道。经过努力，中国同日本和西欧的贸易取得了突破性进展。中日贸易由 20 世纪 50 年代的民间贸易转入 60 年代的友好贸易和备忘录贸易。1963 年，中国同日本签订了第一个采用延期付款方式进口维尼纶成套设备的合同，打破了西方国家从技术上对中国的封锁。1964 年，中国与法国建交，中法两国政府间贸易关系迅速发展，带动西欧掀起了对华贸易的热潮。到 1965 年，中国对西方国家贸易额占中国对外贸易总额的比重由 1957 年的 17.9% 上升到 52.8%。1970 年，同中国有经济贸易关系的国家发展到 130 个。

3. 20 世纪 70 年代的贸易关系

进入 20 世纪 70 年代，国际环境发生了有利于中国的变化。1971 年联合国恢复中国的合法席位，1972 年美国总统尼克松访华，2 月中美发表《联合公报》，并在正式建交前率先恢复了贸易关系。同年 9 月，中日邦交实现了正常化。中国对外关系取得了重大进展，西方国家纷纷同中国建立外交关系或使外交关系升级。中国对外贸易的国际环境明显改善，对外贸易关系也随之发生了根本变化。

（二）改革开放 40 多年中国对外贸易关系（1978 年至今）：百花齐放、合作共赢

改革开放以来，我国与世界各国的经贸往来频繁，我国对外贸易伙伴由 1978 年的几十个国家（地区）发展到 2019 年的 200 多个国家（地区），呈现出百花齐放的喜人态势。特别是 2001 年我国加入世界贸易组织后，我国加快推进区域经济一体化和自由贸易区战略、提出"一带一路"倡议，对欧、美、日等传统贸易伙伴进出口平稳发展，对东盟、非洲、拉美等新兴市场开拓明显进展，贸易伙伴"朋友圈"越来越大，合作共赢结成了经贸往来的稳固纽带。

1. 贸易伙伴结构更多元，抵御市场风险更优化

随着中国改革开放的不断深入，特别是加入世界贸易组织之后，中国全面融入世界经济之中。在出口方面，中国排名前 10 位的出口市场[1]占出口总额的比重由 2001 年的 88.7% 下降到 2017 年的 79.4%。在进口方面，2001 年排名前 10 位的进口来源地占中国进口总额的 86.6%，2017 年这一比例下降为 79.3%。改革开放 40 多年来，中国大陆全面参与国际分工，大量承接来自日本、韩国、中国台湾地区等的国际产能转移，在国际分工中的地位也在逐步提高，从简单加工组装向高附加值制造业领域转变，在国际产业链中完美实现由"旁

---

[1] 欧盟和东盟分别作为一个贸易伙伴，下同。

观"到"插班",再到"引导"并逐步成为"主力选手"的转变。

2. 发达经济体市场份额更趋合理,对欧、美、日三大传统市场贸易走势此起彼伏

发达国家(地区)具有较高的经济发展水平、市场容量大、消费能力强,一直是中国传统也是最重要的外贸市场。改革开放初期,美国、欧盟、日本和中国香港地区⊖合计的外贸集中度一直维持在60%以上,1991年曾达到73.2%的最高水平。然而,2008年世界金融危机爆发以后,由于发达国家(地区)市场需求不振,以及新兴市场开拓力度加大,四大市场合计占我对外贸易的份额进一步下降,2017年比重为43.6%。

具体来看,主要发达经济体对我国的贸易地位呈现不同的发展趋势。多数欧盟成员国是我国的主要贸易伙伴,有着悠久的贸易往来历史,经贸关系稳定。自2003年,欧盟已连续15年居中国最大贸易伙伴地位,中国在欧盟对外贸易中的比重也呈现逐年上扬趋势,2017年所占比重攀升至15%。改革开放以来,中美两国经贸关系在广度和深度上取得了跨越式进步,中美双边贸易额在1978年不足10亿美元的基础上快速增加,2017年我国对美进出口5837亿美元,创历史新高,占当年我国进出口总额的14.2%。2004年起,美国稳居我国第二大贸易伙伴地位。1972年中日实现邦交正常化,至20世纪90年代初日本成为我国第一大贸易伙伴。21世纪以来,受日本经济低迷等因素影响,中日双边贸易发展脚步放慢,日本在我国的贸易地位持续下滑,2012年起,中日贸易额逐年下滑,增速连续5年下降,至2017年进出口总额3029.8亿美元,较2011年历史峰值有近400亿美元的差距,占我国进出口总额的比重由2011年的9.4%下滑至7.4%。

3. 与新兴市场和发展中国家的贸易增速和份额迅速提升,发展潜力巨大

近几十年来,新兴市场与发展中国家的经济快速增长,成为全球经济增长的重要引擎,也逐渐成为中国对外贸易发展的着力点。以"金砖国家"的俄罗斯、巴西、印度、南非为例,与该四国的贸易合计占中国进出口的比重从2001年的4%提升至2017年的7.2%,17年间中国与上述四国的进出口额年平均增长率分别为13.8%、21.9%、21.8%和19.6%,除俄罗斯外均高于同期中国外贸总体13.9%的增长率。同时,《中国—东盟全面经济合作框架协议》全面实施,有力推动中国与东盟双边贸易迅速增长。1978—2017年,中国与东盟贸易占中国外贸的比重由4.2%提高到12.5%,中国已连续9年成为东盟第一大贸易伙伴,东盟连续7年成为中国第三大贸易伙伴。此外,中国与拉丁美洲和非洲国家充分发挥双方资源条件和经济结构的互补性优势,经贸合作领域不断拓宽。

4. 自由贸易区战略加快实施,开放型经济发展迈向更高层次

党的十七大把自由贸易区建设上升为国家战略;党的十八大提出要加快实施自由贸易区战略,以应对新一轮区域经济一体化的浪潮;党的十九大提出促进自由贸易区建设,推动建设开放型世界经济,中国的自由贸易区战略已进入加速实施阶段。2001年11月中国与东盟宣布共同构建自由贸易区,中国自由贸易区建设进程由此拉开帷幕。截至2019年年底,中国大陆已经对外签署了17个自由贸易协定,这17个协定立足周边、辐射"一带一路"、面向全球,既包括澳大利亚等发达国家和地区,也包括发展中国家和地区,既有周边国家包括东盟成员国,也有"一带一路"沿线国家。中国积极推进自由贸易协定内容的升级,扩大和提升双边经贸合作质量。2015年,中国与东盟签署了自由贸易协定的升级版,2017年中国

⊖ 由于对中国香港地区的贸易大部分转口欧美,因此,也将其计算在内。

与智利签署了自由贸易协定的升级版。自由贸易区网络为我国开展国际贸易、投资合作提供了广阔的空间，对我国对外贸易投资关系的发展发挥了重要的推动作用。据海关统计，2017年，上述已签署自由贸易协定的贸易伙伴与我国的贸易量占我国对外贸易总量的37.8%。

5. 与"一带一路"沿线国家经贸关系日趋紧密，谱写对外贸易发展新篇章

"一带一路"倡议提出以来，世界各国积极响应，截至2020年1月底，中国已经同138个国家和30个国际组织签署200份共建"一带一路"合作文件。联合国大会、联合国安理会等重要决议也相继纳入"一带一路"建设内容。随着"一带一路"建设不断深化，中国与沿线国家和地区贸易便利化水平不断提高，经贸合作方面取得丰硕成果。2017年，中国对"一带一路"沿线国家（地区）进出口总额达1.1万亿美元，增长14.8%，高于全国外贸总体增速3.4个百分点，中国在"一带一路"沿线国家已经建设了75个境外经贸合作区，累计投资达270多亿美元。

二、中国对外贸易关系的基本政策与主要原则

（一）中国对外贸易关系的基本政策

对外贸易作为一种国际的双边、多边商务活动，与国际经济与政治的大环境紧密相关。一国的对外贸易政策是一个国家外交政策与经济政策的重要组成部分。因此，对外贸易关系的发展必须服从于本国外交政策和对外贸易总政策。

早在中华人民共和国成立之初，以毛泽东为核心的党的第一代中央领导集体就代表中国人民表达了愿意同世界各国开展贸易往来和经济技术合作的良好愿望。毛泽东指出，中国人民愿意同世界各国人民实行友好合作，恢复和发展国际通商事业，以利于发展生产和繁荣经济。这一政策在恢复和发展国民经济中发挥了重要的作用。但是，由于国内外种种条件的限制，在相当长的时期内，此项政策在实践中遇到了种种障碍。

改革开放后，随着国际和国内形势的变化，在改革开放总方针的指引下，中国对外贸易工作的基本方针是：独立自主、自力更生、平等互利、扬长补短，通过各种方式积极开展对外经济技术交流与合作，充分利用国际上一切有利条件，促进中国社会主义建设事业的迅速发展。这一基本方针是中国制定对外贸易国别地区政策所要遵循的主要原则和根本依据。

进入21世纪，中国对外贸易国别地区关系的基本政策是：在改革开放总方针的指引下，实行全方位协调发展的国别地区政策，即坚持平等互利的原则，致力于同世界上所有国家和地区发展多种形式的多边、双边经济贸易关系。这将为中国积极参与国际交换和国际竞争、扩大国内经济与世界经济的联系，使国内经济与国际经济实现互接互补，促进国民经济发展创造良好的条件。

（二）中国发展对外贸易关系的主要原则

为了更好地贯彻对外开放这一基本国策，中国在积极发展同世界各国家和地区贸易关系的过程中，必须遵循以下原则：

1. 独立自主原则

独立自主是中华人民共和国长期坚持的方针，也是中国发展对外贸易关系必须坚持的主要原则之一。其基本含义是：一国可以自主地解决和处理本国事务而不受他国的控制和干涉。目前，中国仍然是一个发展中国家，经济、技术发展水平落后于发达国家。因此，必须从本国的实际出发，主要依靠本国的人力、物力和财力，充分发挥自身的潜力和优势来发展

本国的经济。

独立自主与发展对外经济贸易关系是相互联系、相互促进的。一方面，独立自主是发展对外贸易关系的前提和基础。只有坚持独立自主、自力更生，真正拥有经济上和政治上的独立，才能以平等的地位与其他国家发展对外贸易，提高中国在经济交往中的地位和作用。同时，也才能发掘自身潜力，有效地发展本国经济，创造出丰富的物质财富，为对外贸易提供物质条件。所以，正如邓小平同志所说："独立自主，自力更生，无论过去、现在和将来，都是我们的立足点。"另一方面，发展对外贸易关系是增强独立自主、自力更生能力的重要途径。坚持独立自主、自力更生，绝不是闭关锁国、故步自封、盲目排外。恰恰相反，社会主义国家只有在自力更生的基础上，坚持发展对外经济关系，广泛吸收和借鉴世界各国的文明成果，弥补中国社会主义现代化建设资金和技术的严重不足，社会主义现代化建设才可能进行得更快、更好。

可见，独立自主和对外开放并不是对立的，独立自主不是闭关自守、盲目排外，对外开放也不是放弃自我、崇洋媚外。闭关自守、盲目排外，会扼杀中国社会主义市场经济的活力，延缓社会主义现代化的进程；不顾条件、不加选择、不讲原则地盲目开放，则会造成国民经济的混乱，甚至会丧失国家在经济上的自主权。在发展对外贸易关系时，只有把两者有机地结合起来，学会利用国内、国外两种资源，开拓国内、国外两个市场，掌握组织国内经济建设和发展对外贸易关系两套本领，做到以我为主，博采众长，融合提炼，才能使中国社会主义市场经济持续、快速、健康发展。

2. 平等互利原则

平等互利，就是国家不分大小，不分贫富与强弱，无论社会制度及意识形态有何差异，都应在国际交往中平等对待，互相尊重对方的主权和选择自己发展道路的意愿，使双方都能获得各自的利益。其中，平等和互利是密不可分、相辅相成的。平等是基础，互利则是平等的必然要求，不平等就不会有互利，只有互利才是真正的、实质上的平等。平等互利既是市场经济的普遍原则，也是各国发展对外贸易关系的前提。因为对外经济贸易关系是主权国家（地区）之间的经济交往，这种经济交往必须是平等、互利的。平等互利原则在对外贸易关系中主要体现在两个方面：一是体现在贸易双方地位平等和权利平等，不论国家强弱、大小，在发生经济贸易关系时，双方都具有独立自主的权利，因此，在贸易协定中有不能损害一方主权的要求；二是体现在贸易双方的权利与义务要符合互利原则，贸易协定合同要通过友好协商和谈判来签订，交易的商品价格也应在国际市场价格水平的基础上由双方协商确定，而不允许附带不平等的条件和过分的要求，不允许不等价交换的发生。

3. 互惠、对等原则

互惠、对等原则是世界贸易组织的基本原则之一。它明确了成员方在关税与贸易谈判中必须采取的基本立场和相互之间必须建立一种什么样的贸易关系。互惠是利益或特权的相互或相应让与，它是双方确立贸易关系的一个基础。在国际贸易中，互惠是指双方互相给予对方贸易上的优惠待遇。对等是贸易双方相互给予对方同等待遇：一是对等地给予同样的优惠待遇；二是对等地就对方给予自己的不平等或者歧视待遇采取相应的报复措施。

中国在互惠、平等的基础上与其他国家建立贸易关系，其贯彻与实施主要体现在以下两个方面：一是中国在对外贸易方面根据所缔结或者参加的国际条约、协定，给予其他缔约方、参加方或者根据互惠、对等原则给予对方最惠国待遇、国民待遇；二是任何国家或地区在贸易方面对中国采取歧视性的禁止、限制或者其他类似的措施时，中国可以根据实际情况，对对方采取相应的措施。这表明，中国与其他国家或地区的贸易关系建立在互惠、对等的基础上，而不是建立在差别待遇甚至歧视待遇的基础上。

4. 外贸、外交互相配合的原则

外贸与外交归根到底是经济与政治的关系，两者相互影响、相互作用。对外贸易属于一国与他国之间的商品交换活动，属于经济基础的一部分。外交是负责解决处理一国与他国之间的政治问题，属于上层建筑。依据上述观点，外贸是外交工作的基础之一，对外交活动有相当大的影响，外交为外贸服务是理所当然的；但政治是经济的集中表现，外贸又不能代表整个经济基础，为了整个国家的政治利益，外贸又要为外交服务。因此，外贸与外交两者相互影响、相互作用又相互配合。

第二节 中国（内地）的双边贸易关系

一、中美贸易关系：你中有我，互惠互利

经贸关系是中美关系的重要组成部分。改革开放40多年来，中美经贸合作不断拓展和深化，双方互为重要贸易伙伴，相互依存不断加深，经贸关系虽历经风雨，但始终前行，成为双边关系的"压舱石"和"推进器"。近年来，随着两国间经济实力和综合国力的差距不断缩小，竞争性加剧，两国经济摩擦不断，贸易壁垒、知识产权、科技创新、人民币汇率等屡屡成为双方博弈的焦点。

（一）改革开放以来中美贸易发展历程

1972年尼克松总统访华，打开中美交往的大门，当年中美贸易额为0.13亿美元，双边关系进入预热阶段。1979年中美正式建交，掀开了中美贸易的新篇章，具体经历四个阶段。

1. 快速起步阶段（1978—1988年）

1979年，两国正式建立外交关系，并签署《中美贸易关系协定》，随后中美第二个纺织品贸易限额达成协议，美国放宽对华技术控制，1988年中美贸易额首次超越百亿美元，达100.1亿美元。这段时期，中美贸易迅速发展，年均增速高达26%。

2. 曲折前行阶段（1989—1992年）

1989年，美国对我国实施经济制裁，双边经贸关系陷入了建交以来的低谷。1992年年初邓小平同志的"南方谈话"，对我国经济起到关键性的推动作用，国内改革开放步伐加快，尽管国际形势相对严峻，但双边贸易在我国经济蓬勃向上的积极形势推动下依然前行。这段时期，中美年贸易额从122.5亿美元增加到169.9亿美元，年均增长11.5%。

3. 加速发展阶段（1993—2001年）

1993年，中美两国领导人在西雅图会晤，中美关系得到改善。1999年，两国正式签订《中美关于中国加入世界贸易组织的双边协议》，成功结束长达13年的双边谈判。2000年，美国正式给予我国永久正常贸易关系地位，扫清了中美经贸关系进一步发展的重大障碍。这段时期，中美年贸易额从272.3亿美元增加到805亿美元，年均增长14.5%。

4. 密切往来阶段（2002—2008年）

2001年，我国正式加入世界贸易组织，此后两国首脑互访频繁，2005年首次中美战略

对话在北京举行，2006 年中美双方发表《中美关于启动两国战略经济对话机制的共同声明》。然而，中美之间围绕贸易平衡问题争端不断，但整体双边贸易规模依然快速扩大。在这时期，中美年贸易额从 971.8 亿美元增加到 3337.4 亿美元，年均增速高达 22.8%。

5. 博弈前行阶段（2009 年至今）

2008 年下半年，由美国次贷危机演变而来的金融危机席卷全球，对世界政治经济格局造成深远影响。在国际秩序面临更大挑战的背景下，中美关系处于"冷战"后新一轮的重大转型中。2009 年，受金融危机影响，中美贸易额下降至 2982.6 亿美元。此后由于金融危机的持续影响，中美贸易增速低位运行。这段时期，中美贸易年均增速仅为 8.8%，为改革开放以来各阶段增长最低水平。

（二）中美贸易发展特点

1. 加工贸易高速发展后日渐式微，一般贸易逐渐占据半壁江山

改革开放初期，我国凭借丰富的劳动力资源、良好的配套能力和优惠的产业政策，吸引大量美国企业来华开展加工贸易。1985—1998 年，中美两国加工贸易进出口额迅猛增长 85.8 倍，占中美贸易额比重连年增加。1999—2007 年，加工贸易额在中美贸易额占比基本维持在 55% 左右。此后加工贸易进出口额明显下行。

2. 出口商品结构升级加快，机电产品出口优势逐步显现，传统劳动密集型产品出口占比下滑

20 世纪八九十年代，以"三来一补"方式大规模发展起来的加工产业，使得纺织服装、鞋类、玩具等劳动密集型产品在我国对美国出口商品中居主导地位。1992 年，七大类传统劳动密集型产品出口额占我国对美出口总值的 50.8%。随着我国制造业转型升级，以及我国人口红利逐步消退，部分低附加值产业逐步转移至其他要素成本较低的国家和地区，我国传统劳动密集型产品对美国的出口规模出现下降。与此同时，我国传统劳动密集型产业也努力推进转型，在技术进步的同时推动服务个性化更加贴近消费市场，出口额占对美出口总额的比重多年保持在 24% 左右。

随着我国经济发展、产业结构优化以及科技创新水平提高，机电产品优势逐渐显现，于 20 世纪 90 年代末取代传统劳动密集型商品，在对美出口中扮演着重要的角色。20 世纪八九十年代我国相继出台扩大机电产品出口举措，有力推动机电产品出口，政策效应逐步显现。1992 年，机电产品出口额占对美出口总值的比重仅为 22.1%；1998 年，所占比重提升至 42.7%，超越传统劳动密集型产品。2019 年，机电产品对美国出口规模达 217388 百万美元，占美国机电产品进口总额比重的 30.3%。①

3. 机电产品逐渐占据进口主导地位，农产品进口保持稳定

改革开放初期，自美进口商品以初级产品为主，农产品和原料性商品占进口值的 50% 以上。20 世纪 90 年代我国放开大豆等经济作物进口市场，大豆逐渐成为我国自美进口的主要产品。随着我国居民生活品质的提高，肉类产品、水果、乳制品等美国农产品受到我国消费者青睐。以 2017 年为例，冻品、水果和乳品分别占当年我国自美进口总值的 1.4%、0.5% 和 0.3%，分别比 1992 年提升 0.8、0.4 和 0.3 个百分点。伴随我国产业结构转型升

---

① 数据来源：2019 年中美贸易发展格局及美国货物贸易发展现状分析，http://www.chyxx.com/industry/202007/881408.html。

级，机电产品逐渐占据主导地位，自美进口产品集中度也发生变化。20 世纪 80 年代开始，我国逐渐从美国引进工业制成品和先进技术设备。1992 年，我国自美进口额前 15 位的商品中出现飞机、计量检测分析自控仪器及器具、自动数据处理设备等品种，其中机电产品占我国自美进口额的 46.6%。1993—2007 年，机电产品占我国自美进口额的比重基本保持在 50% 以上，2008 年起小幅回落，2011 年降至 42.6%。2014 年起，机电产品所占比重再度回升至 50% 以上，并基本保持稳定。2019 年，美国机电产品对中国出口规模 272 亿美元，占其对中国出口总额的 25.5%。

（三）特朗普执政期美对华经贸打压全面升级，中美"脱钩"风险加剧

2017 年特朗普政府执政以来，美国对华政策发生重大转向，自克林顿政府时期逐步形成的对华"接触"与"防范"并行的战略被"全政府"竞争战略所取代。在特朗普政府的主导下，战略竞争成为美国对华政策的主基调。2018 年以来，特朗普政府在贸易、科技、金融、教育以及人文交流等各个领域采取了全面的对华遏制措施，令全球瞩目的中美"贸易战"将中美经济关系拖入了低潮，严重冲击了全球多边贸易体系，进而为世界经济增长和全球金融稳定蒙上了巨大阴影。美国主动挑起对华贸易争端，并不断施压、升级态势。美国对华"贸易战"不仅严重影响了中美正常经贸往来，而且给世界经济发展带来了严重的不确定性。一方面，对华加征关税将有效抑制中国对美出口，降低美国不断增长的对华贸易逆差和总体贸易逆差；另一方面，对华加征关税的成本将由中国出口商而非美国进口商承担。2018 年美国对华贸易逆差和对外贸易逆差总额均比 2016 年高出 1/4，也创下了美国商品贸易逆差的新纪录。2019 年 1~8 月，美国对华贸易逆差继续扩大，增幅约为 8%。

为了遏制中国在 5G 通信等高科技领域的发展态势，2018 年以来，美国先后修订了《外国投资风险评估现代化法案》以及《出口管制改革法案》，并以维护国家安全和外交利益为由对中国高科技企业实施出口管制和技术封锁。当年 4 月，美国商务部工业与安全局（BIS）以中国高科技企业——中兴通讯违反美国出口管制为由，禁止美国公司向中兴通讯出口电信零部件产品。虽然经过协商后，美国商务部和国会最终同意解除出口禁令，但中兴通讯不仅为此支付了巨额罚款并重组了董事会，业务规模也严重受损。美国此举普遍被视为对中国高科技企业的试探性打压。2019 年 8 月，在中美经贸磋商僵持不下的背景下，为加大对华施压力度，美国财政部将中国列为"汇率操纵国"。这一单边主义和保护主义行为不仅不符合美国对"汇率操纵国"的量化衡量标准，而且严重破坏了国际金融秩序。

尽管 2020 年 1 月 15 日，中美双方正式签署了第一阶段贸易协议，从而暂时缓和了两国日益紧张的经济关系，但 2020 年年初以来，全球新型冠状病毒肺炎疫情打破了中美关系的阶段性平衡。2020 年 3 月，疫情在美国的迅速扩散使得美国经济迅速跌落至 2008 年全球金融危机爆发以来最为糟糕的境地，由新型冠状病毒肺炎疫情所引发的全球公共卫生危机持续升级。特朗普政府进一步推动美国对华"脱钩"。据中国美国商会的调查，2019 年 10 月至 2020 年 3 月，认为中美经济不会"脱钩"的在华美国大型企业占比从 66% 下降至 44%，其中约有 16% 的美国企业表示其计划将部分或全部生产转移到中国以外。与此同时，美国方面正在加快推动医疗等特定产业供应链的"去中国化"。

二、中欧贸易关系：求同存异，共商发展

(一) 改革开放以来中欧贸易发展历程

改革开放初期，欧盟在我国对外贸易伙伴中居日本之后排名第二位；2003 年，欧盟超过日本成为我国最大贸易伙伴，且首席地位一直延续至今；2017 年，对欧盟贸易额在我国对外贸易进出口总额中所占的比重为 15%，较位居第二的美国高出 0.8 个百分点，是当年我国第二大出口市场和最大进口来源地。㊀ 2019 年，欧盟 27 国同中国双边货物贸易额为 5596 亿欧元，增长 5.6%。其中，欧盟对中国出口规模达 1983 亿欧元，自中国进口 3613 亿欧元，分别增长 5.5% 和 5.7%；欧盟对中国贸易逆差 1630 亿欧元，增长 5.9%。㊁

1. 经贸关系初步建立的起步阶段（1978—1984 年）

1978 年，中欧签署了双方第一个贸易协定，相互给予对方最惠国待遇，标志着中欧贸易步入正式发展轨道。自 1980 年以来，欧洲国家给予中国部分商品普惠制待遇，对我国扩大对欧洲出口起到了积极的推进作用，但双边贸易规模在百亿美元之下徘徊。1984 年，中欧贸易进出口总额仅 81.3 亿美元，1978—1984 年间年均增长 15.1%。

2. 经贸合作逐渐扩大的拓展阶段（1985—1995 年）

中欧于 1985 年签订了《贸易与经济合作协定》，双方合作领域进一步扩大至工业、农业、科技、能源、交通运输、环境保护、发展援助等领域。1993 年，我国加强了对欧洲市场的开拓；同年，欧盟正式成立，其对华政策也做出战略性调整，积极谋求扩大与中国的贸易范围。1994 年，中欧签署政治对话协议，并于 1995 年制定了《中欧关系长期政策》，将对华经贸关系提升到战略性高度，标志着我国与欧盟经贸关系进入了成熟稳定的发展阶段。

3. 全面构建伙伴关系的深化阶段（1996—2000 年）

1996 年和 1998 年，欧盟先后发布了《欧盟对华合作新战略》和《与中国建立全面伙伴关系》，将中欧关系由"长期关系"提升为"全面伙伴关系"和"建设性伙伴关系"。1998 年，中欧领导人在伦敦举行首次会晤，发表了关于建立中欧面向 21 世纪长期稳定的建设性伙伴关系的联合声明。2000 年 5 月，中欧就中国"入世"达成协议，成为双方贸易关系史上的一个重要里程碑。

4. 我国"入世"推动的飞速发展阶段（2001—2007 年）

2001 年 11 月，我国正式成为世界贸易组织成员，整体外贸环境得到显著改善，中欧贸易快速发展。2001—2007 年间年均增速达到 28%，其中进口年均增长 20.4%，出口年均增长 32.9%。

5. 金融危机蔓延及后危机时代的震荡阶段（2008 年至今）

2008 年，美国爆发的次贷危机逐渐蔓延并发展成全球金融危机，对全球经济、金融、贸易等领域造成严重冲击。中欧贸易在危机期间承受巨大压力，2009 年出现 14.5% 的同比降幅，之后快速反弹，并于 2011 年、2014 年分别突破 5000 亿美元、6000 亿美元；2015 年、

㊀ 因欧盟历经多次扩张，本部分内容涉及欧盟数据 2004 年以前为历史统计数据，2004—2006 年为 25 国，2007—2012 年为 27 国，2013 年以后（含 2013 年）为 28 国。

㊁ 数据来源：http://www.mofcom.gov.cn/article/i/jyjl/m/202002/20200202938686.shtml。

2016年受全球经济复苏乏力影响，中欧贸易额连续两年下滑，直至2017年重返6000亿美元水平并实现两位数同比增长，当年对欧盟进出口额6169.2亿美元。

（二）中欧贸易发展特点

1. 对欧贸易由逆差转为顺差，顺差规模近年来有所回落

改革开放初期，我国从欧盟进口大量国民经济建设需要的工业原材料和机电产品，我国对欧盟的进口额大于出口额，为贸易逆差，且贸易逆差不断扩大。随着我国参与国际分工程度的深化，以及产品国际竞争力的日益增强，我国对欧盟的出口额不断增长，对欧贸易逆差的状态逐步发生变化。1996年，中欧贸易逆差发生逆转，当年实现对欧贸易顺差8.6亿美元，之后顺差规模不断扩大，2017年收窄至1271.7亿美元。

2. 一般贸易占比先降后升，加工贸易在快速发展过后趋于平稳

改革开放初期，一般贸易占据我国与欧盟贸易的主导地位，1983年我国对欧盟一般贸易进出口值占当年中欧贸易总额的比重高达96.4%。随着国内制造业竞争力持续增强，企业经营自主程度明显提升，一般贸易额占中欧贸易额比重在1997年下探至44.5%的低位后稳步回升。同时，加工贸易作为国外投资者进入我国制造业最便利的模式，发展势头迅猛，占中欧贸易额比重持续上升。2005年与一般贸易额比重差距仅为5.9个百分点。然而，在一般贸易重新巩固领军优势之下，加工贸易发展势头有所减缓，占中欧贸易额比重分别在2008年、2012年降至40%、30%以下。

3. 对德国、英国、法国、意大利、荷兰五国贸易占近70%，对爱尔兰、葡萄牙和希腊贸易取得长足发展

德国、英国、法国、意大利和荷兰为经济实力较强的欧盟成员国，也是我国在欧盟中最主要的贸易伙伴，对上述国家进出口额合计占比长期保持在70%左右。德国是我国在欧盟最大的贸易伙伴，2019年我国对德国进出口额18485799万美元，增长率为0.6%；对英国进出口额8627227万美元，增长率为7.3%；对荷兰进出口额8515058万美元，增长率与2018年持平。此外，对爱尔兰、葡萄牙和希腊贸易均取得长足发展，对三国进出口规模显著扩大。2019年，我国对爱尔兰进出口额1674565万美元，对葡萄牙进出口额668333万美元，对希腊进出口额846161万美元，增长率分别为15.4%，11.4%和19.1%。

4. 对欧出口商品结构不断优化，机电产品逐渐替代传统轻工产品成为主要出口品种

改革开放初期，我国对欧盟出口以服装、纺织品、玩具等传统轻工产品和谷物、大米等初级产品为主。随着我国制造业研发生产水平快速提升，对欧出口商品结构呈现不断优化的良好势头，机电产品替代传统轻工产品，成为推动对欧出口的新增长点。如2017年，在我国对欧盟出口主要商品品种中，自动数据处理设备及其部件、电话机分别占据第一位和第三位，占同期我国对欧盟出口总额的比重分别为10.1%和5.5%。

5. 自欧进口由以工、农业原料和机械设备为主转向高精尖产品和消费类商品为主

欧盟国家工、农业普遍发展成熟，技术积累深厚，一直是我国重要进口来源地。改革开放初期，我国自欧盟进口主要以工、农业原料为主，其中，钢材、铜材、肥料等占比较高。伴随着我国制造业和国内消费市场不断升级，对欧盟高精尖产品和各类消费品需求明显增加，集成电路、高端机床、医疗器械等品种进口额快速增长；飞机、汽车等交通工具和乳品、酒类、化妆品等各类消费品进口额持续扩大。

三、中日贸易关系：不忘初心，方得始终

（一）改革开放以来中日贸易发展

1. 快速成长阶段（1978—1985 年）

1978 年 8 月，《中日和平友好条约》在北京缔结，这是继 1972 年中日邦交正常化以来中日关系史上又一新的里程碑，中日关系进入历史上最好时期。1981 年中日贸易额达到 111.5 亿美元；1985 年贸易额突破 200 亿美元，达到 211.5 亿美元。这一阶段中日贸易额年均增速为 23.5%，高出同一时期我国整体外贸年均增速 4.6 个百分点，占当年我国外贸进出口总额的比重始终维持在 20% 以上。

2. 调整上升阶段（1986—1995 年）

1985 年，美国、日本、德国、英国、法国五国达成著名的"广场协议"，宣布联合干预外汇市场使美元对主要货币贬值。在此背景下，日元的急剧升值，严重影响了以日本对华出口为主的中日贸易良好发展势头。1986 年，中日贸易出现 1978 年以来首次进出口、出口、进口的贸易额全部下降局面。1992 年，邓小平同志"南方谈话"提升了外商对我国吸引外资与市场化的政策信心，日企对华投资热情高涨，拉动中日贸易出现重要转折。

3. 艰难前行阶段（1996—2001 年）

20 世纪 90 年代，日本经济处于"泡沫经济"破灭后的恢复时期，政府虽推出了庞大的改革计划，如重塑金融系统、控制财政赤字规模、促进产业结构升级、激发民间中小企业活力等，但收效甚微。1996—1998 年日本经济出现连续 3 年负增长，对华投资大幅受挫，中日贸易也随之进入减速阶段。1998 年亚洲金融危机的爆发更是雪上加霜，1996—2001 年中日贸易年均增速为 7.9%，同期我国整体外贸年均增速为 12%。

4. 恢复增长阶段（2002—2011 年）

2001 年年底我国正式加入世界贸易组织，对外开放程度进一步加深，日本企业对我国投资环境及政策的稳定性预期普遍提高，来华投资掀起新一轮高潮。中日贸易开启了新一轮的提速期，2002 年中日贸易额跨入 1000 亿美元，达 1019.1 亿美元，并在 2011 年达到历史峰值 3428.9 亿美元。

5. 明显降温阶段（2012 年至今）

后金融危机时代，世界经济复苏迟缓，日本经济持续低迷，中日贸易发展步伐放缓。中日政治关系摩擦频发，导致中日经贸合作逐渐陷入低谷期。2012 年起，中日贸易额连续多年下滑，2019 年，中日贸易总额 3150.0 亿美元，较 2018 年下降 3.9%。其中，中国对日本出口 1432.3 亿美元，下降 2.6%；中国自日本进口 1717.6 亿美元，下降 4.9%。[一]

（二）中日贸易发展特点

1. 对日贸易逆差为主，日本对中日贸易的依赖度高于我国

对日贸易逆差是中日双边贸易最显著的特征之一。改革开放 40 多年来，我国对日贸易顺差的年份仅有 8 年，且都出现在我国加入世界贸易组织之前。自 2002 年起连续 16 年，我国对日本持续保持贸易逆差状态，2002—2011 年为逆差规模持续扩大并高位运行阶段；2012—2017 年为逆差规模持续明显缩减阶段。这是因为 2012 年起我国劳动力成本不断上

[一] 资料来源：http://www.mofcom.gov.cn/article/tongjiziliao/sjtj/yzzggb/202006/20200602971196.shtml.

升，日本对华投资加速外移，自日进口规模下滑。

2. 日本对我国贸易依赖程度"先升后降"，我国成为继美国后日本第二大出口市场

随着中日两国经贸合作的深化，我国市场对日本产品需求的升高，日本产品对我国的出口不断增加。2009年，日本对我国出口占其总出口份额由2000年的6.3%逐年提升至18.9%，当年我国超过美国成为日本第一大出口市场，并在此后三年蝉联第一，其中2011年份额达到了历史峰值的19.7%，日本对我国市场的依赖程度达到最高水平。此后，受中日关系影响，日本对我国出口规模逐年萎缩，2013年，美国重新夺回日本最大出口市场地位，2019年日本对我国出口规模达1717.6亿美元，较2018年下降4.9%。

3. 一般贸易取代加工贸易，成为中日主要贸易方式

改革开放初期，一般贸易占据了中日贸易主流，但随着日资对我国投资步伐的加快，1994—2008年，加工贸易连续15年占据中日贸易的主导地位，其中1998年加工贸易额占中日贸易总额的比重达到了59%。伴随日本对华投资的减少，加工贸易占比持续下滑。近些年一般贸易每年进出口贸易增幅均高于加工贸易，且比重明显提升，自2009年起连续9年成为中日最主要的贸易方式。

4. 出口商品结构优化，初级产品和传统劳动密集型产品占比下降，机电产品出口占据主导地位

改革开放初期，我国通过对日本出口原油、煤炭、稀土资源和农产品等初级产品，换取日本的机械设备、汽车、家电等工业制成品。进入20世纪90年代，初级产品在我国对日出口中的地位已大幅下降，1995年降至30%以下，2017年进一步降至9.6%，其中原油、煤炭等资源型产品的出口急剧萎缩，重要战略资源稀土仍高度依赖我国出口。另外，以纺织服装、鞋类等为主的传统劳动密集型产品的出口比重持续下滑，在日市场份额被越南替代。进入21世纪，我国产业升级步伐加快，传统劳动密集型产品对日出口依然保持平稳增长，但所占比重降至30%左右。与此同时，以越南等为代表的东南亚国家凭借低廉人力成本和不断完善的产业配套，成为我国劳动密集型产业产能的重要承接地。

随着初级产品和传统劳动密集型产品出口占比的下降，机电产品在我国对日出口上占据主导。改革开放初期，索尼、松下、丰田、日产等电子、家电、汽车制造类日资企业在我国大量投产运营，生产加工后的制成品部分返销日本，极大地促进了我国机电产品对日本的出口。我国"入世"后，随着经济结构、产业结构调整步伐加快，国内制造业升级态势明显，配套能力进一步完善。日资企业也由原先对华大量出口电子、汽车等半成品转变为不断提高在华采购零部件的比率，国产机电产品的出口竞争力进一步增强。2001年我国机电产品对日本出口145.6亿美元，占当年对日出口总额的32.4%，首次超过纺织服装成为对日出口额最大类别商品。随后，机电产品出口额占比快速增加，机电产品成为对日出口最主要商品。

5. 进口"投资型"贸易特点突出，机电产品进口主导地位稳固

随着日本对华投资的不断增加，大量半导体元器件、集成电路及微电子组件等中间产品以加工贸易方式源源不断地输入我国，自日本进口的"投资拉动型"贸易特点日益突出。"入世"后至今，我国自日本进口机电产品占比提升至65%以上。与此同时，我国国内产业结构升级也带动高新技术产品自日本进口快速增长。由于国内产业升级步伐的加快，除了通过依靠国内自身力量进行高新技术及相关产品的研发、对传统产业进行改造升级外，引进国外高新技术设备成为升级产业的重要手段。

四、中国与东盟贸易关系：自贸升级，跨越发展

（一）中国与东盟贸易发展

1. 萌芽阶段（1978—1990年）

1978年，邓小平同志访问泰国、马来西亚、新加坡期间，强调中国愿意加强和发展同东盟国家的友好关系，建立经贸和科技交往关系。同年，我国与东盟贸易往来更加频繁。1990年中国与东盟贸易额由1978年的8.6亿美元升至70.3亿美元，增长了7.2倍，1978—1990年间年均增长19.1%。

2. 起步阶段（1991—1996年）

1991年钱其琛外长出席第24届东盟外长会议开幕式，这是中国首次同东盟进行正式接触。1992年，中国成为东盟的"磋商伙伴"。经不断发展，1996年中国升格为全面对话伙伴关系，为中国与东盟双边贸易的快速发展奠定了良好基础。1993年，中国与东盟贸易额首次突破100亿美元，达114.7亿美元。

3. 稳步发展阶段（1997—2000年）

1997年中国与东盟发表了《联合声明》，确定了建立"面向21世纪的睦邻互信伙伴关系"。1999—2000年，中国分别与东盟10国签署了关于未来双边合作框架的《联合声明》，确定了在睦邻合作、互信互利的基础上建立长期稳定的关系。上述《联合声明》都将相互间的经贸合作关系作为重要关系，提出要扩大贸易和双向投资。至2000年，中国与东盟10国均签订了《鼓励和相互保护投资协定》，中国与东盟合作进入了一个新的阶段。2000年，中国与东盟贸易规模突破300亿美元，达393.5亿美元。

4. 快速提升阶段（2001—2011年）

2001年我国加入世界贸易组织。2002年年底，双方签署了《中国—东盟全面经济合作框架协议》，中国—东盟自由贸易区开始建设。2003年年底，中国宣布加入《东南亚友好合作条约》，并与东盟签署了建立"面向和平与繁荣的战略伙伴关系"的联合宣言。2005年7月，《中国—东盟全面经济合作框架协议》下《货物贸易协议》正式实施，对7000种商品开始实施全面降税，其中大部分产品5年内关税降至为零。2007年1月，双方又签署了《服务贸易协议》，这是我国在自贸区框架下与其他国家和地区签署的第一个关于服务贸易的协议。在这一阶段，中国与东盟贸易增势迅猛。

5. 提质深化阶段（2012年至今）

2013年10月，习近平主席访问东南亚国家时，提出愿与东盟国家共建"21世纪海上丝绸之路"，携手建设中国—东盟命运共同体。在这样的历史机遇下，中国和东盟的双边贸易深入发展。2012年，双方贸易额突破4000亿美元大关。2015年，中国—东盟自贸区升级版（CAFTA）完成谈判，中国与东盟合作迎来又一重要节点。2017年，中国与东盟之间以基础设施建设为依托的相关工业园、港口码头等项目越来越多，进出口额突破5000亿美元大关，并创下历史新高。根据中国海关统计，2019年，中国—东盟贸易额达到6415亿美元，增长9.2%，快于中国对外贸易平均增速，在中国前三大贸易伙伴（欧盟、东盟、美国）中增速最快，在中国对外贸易总额中占比上升。东盟历史性成为中国的第二大贸易伙伴，彰显了双

方经贸合作活力。①

（二）中国与东盟贸易发展特点

1. 双边贸易规模迅速发展，占我国外贸总规模比重日益攀升

改革开放以来，中国与东盟贸易快速发展，1993年双边贸易额达114.7亿美元，占我国外贸比重提升至5.9%。进入21世纪后，中国与东盟的贸易关系更加紧密，双边贸易额长期保持增长，2000年双边贸易额为393.5亿美元，占我国对外贸易额比重继续提升至8.3%；2011年双边贸易额达3630.9亿美元，占我国对外贸易额比重首次提升至两位数，达10%；之后连续7年所占比重均在10%以上。2019年东盟成为我国第二大贸易伙伴。

2. 加工贸易快速发展后逐渐恶化，一般贸易重夺主导地位

中国与东盟贸易在发展之初主要以一般贸易为主，1993年，一般贸易与加工贸易的贸易额所占比重分别为60.1%和29.1%。随后几年，加工贸易的贸易额比重逐步提升，1997年首次超过一般贸易，1998年进一步升至52.4%的历史最高水平。1999—2007年，一般贸易和加工贸易的贸易额所占比重比较接近，均保持在37%~47%。此后，一般贸易的贸易额占我国与东盟贸易总额的比重稳步回升，2012年以来占比均保持在50%以上；加工贸易的贸易额占比则持续下滑，2012年以来所占比重不到三成。

3. 进出口商品优势互补，商品结构优化

20世纪90年代以前，中国与东盟之间的进出口商品种类较少，规模较小。其中，中国对东盟主要出口谷物大米、成品油、煤和轻纺产品等，而自东盟进口主要为天然橡胶、原木、谷物大米和植物油等农林产品。20世纪90年代后，随着我国加工贸易的发展，以纺织服装为代表的传统劳动密集型产品出口开始迅速增长，占我国对东盟出口总额的比重逐渐上升；同期中国加大对东盟矿产资源和农业资源的进口利用，原油、成品油、橡胶和原木进口量大增。进入21世纪，中国对东盟进出口商品种类不断丰富，工业制成品占据了进出口主导地位，互补性的商品结构逐步形成。2010年随着自贸区成立，中国与东盟经贸关系更加紧密，进出口商品种类日益丰富，商品结构进一步改善。

4. 与东盟老成员国贸易保持稳定发展，与新入盟国家贸易发展迅速

2002年，《中国—东盟全面经济合作框架协议》正式签署。2010年，我国与东盟贸易额达2928.6亿美元，是2002年的4.1倍，我国与新加坡、马来西亚、泰国、菲律宾、印度尼西亚五国的外贸额均在250亿美元以上，与上述五国的贸易额合计占我国与东盟贸易总额的87%。值得注意的是，越南作为新成员国，于2014年首次进入与我国贸易的东盟国家前三甲，2016年进一步跃升至首位，2017年中越贸易额为1213.3亿美元，比2007年增长7倍，近10年年均增速达到了23.2%。

五、中俄贸易关系：大国典范，合力挖潜

（一）改革开放以来中俄贸易发展历程

1. 中苏贸易时期（1978—1990年）

1978年，我国改革开放之初，中苏贸易总额仅4.4亿美元。1981年，中苏贸易总额降

---

① 资料来源：https://www.sohu.com/a/389965546_120065163。

至 2.8 亿美元。1984 年，中苏签订经济技术合作协定、科学技术合作协定，以及成立中苏经济、贸易、科技合作委员会的协定，中苏贸易总额 13.3 亿美元，首次突破 10 亿美元。1986 年，中苏贸易总额 26.4 亿美元，首次突破 20 亿美元。1988 年，中苏贸易总额 32.6 亿美元，首次突破 30 亿美元。1989 年，中苏恢复邦交正常化，中苏贸易总额 40 亿美元。1990 年，中苏贸易总额 43.8 亿美元，为此期间的最高值。

2. 中俄贸易时期（1991 年至今）

1991 年，苏联解体后，俄罗斯经济处于调整重组阶段，相当一部分国有企业生产滑坡，国内商品十分短缺，中俄贸易总值仅 39 亿美元，也是此期间唯一低于 50 亿美元的年份。为推动中俄贸易快速发展，1992 年，我国实施对俄出口全面放开、自俄进口减半征税政策。该政策极大地调动了我国地方和企业开展对俄经贸合作的积极性，中俄贸易显著增长。

1993 年，俄罗斯大幅提高进口关税，在一定程度上抑制了我国对俄产品出口。同时，俄罗斯大幅降低出口关税以鼓励出口，拉动了我国自俄进口增长，促使中俄贸易在 1995 年、1996 年出现短期回升。此后，由于双方贸易方式由易货贸易逐步向现汇贸易过渡，中俄双方企业均缺乏资金，加之 1998 年亚洲金融危机，致使中俄贸易 1997 年、1998 年连续下降。

进入 21 世纪，中俄先后签署《中俄政府间 2001—2005 年贸易协定》《中俄睦邻友好合作条约》，为双边经贸合作进一步发展拓展了空间。随后中俄经贸在两国政府与企业的共同努力下，中俄贸易快速发展。2008 年，中俄贸易额首次突破 500 亿美元。2011 年 1 月 1 日，中俄原油管道一线正式投入运行；2011 年 6 月，中俄发布"《中俄睦邻友好合作条约》签署 10 周年联合声明"。2011 年，中俄贸易额首次突破 700 亿美元。2012 年 8 月 22 日，俄罗斯正式加入世界贸易组织。2012 年，中俄贸易额首次突破 800 亿美元；2014 年，中俄贸易额首次突破 900 亿美元，创历史最高纪录。

受乌克兰危机影响，美欧多轮经济制裁俄罗斯，加之国际油价大幅下跌加速卢布贬值，俄罗斯经济雪上加霜，中俄双边贸易出现下滑，2015 年、2016 年中俄贸易额均低于 700 亿美元。2019 年，中俄贸易额回升至 1107.94 亿美元，较 2018 年增长了 3.4%；出口 497.41 亿美元，进口 610.53 亿美元，增长 3.70% 和 3.20%。⊖

（二）中俄贸易发展特点

1. 长期逆差、顺差形势得到改善，双边贸易逐步趋于平衡

改革开放 40 多年来，中俄（苏）贸易有 29 年为贸易逆差，有 11 年为贸易顺差。中苏贸易时期，虽然双边贸易以贸易逆差为主，但是逆差规模较小，1988 年最高值仅 3.1 亿美元。中俄贸易时期，1991—2006 年，中俄双边贸易连续 16 年处于贸易逆差状态，并且在 2001 年达到峰值 52.5 亿美元；2002—2006 年，中俄贸易逆差逐年缩小，并于 2007 年实现由贸易逆差转为贸易顺差；此后的 5 年里，中俄双边贸易逆顺差交替出现，2013 年开始，则连续 5 年保持贸易顺差，但规模趋于缩小。

2. 一般贸易占比过半，边境小额逐步规范，加工贸易稳步发展

一般贸易在中俄（苏）贸易中占据主导地位。改革开放初期，中苏贸易的贸易方式极

⊖ 数据来源：http://sputniknews.cn/russia_china_relations/20200114/1030443262/。

为单调，一般贸易占同期中苏贸易总值的 99% 以上。㊀ 进入 21 世纪后，一般贸易在中俄贸易中仍占据半壁江山，无论进口额还是出口额，其占比始终保持在 50% 以上（2000 年进口额除外）。在边境小额贸易上，1983 年，中苏边境小额贸易全部为出口，出口总额仅 33.5 万美元，占比不足 0.1%。随后由于海关对边境小额贸易与边境地方贸易合并统计，没有准确的统计数字能反映当时的中苏边境小额贸易规模。1991 年，边境小额贸易再次被单独统计。1993—1995 年，中俄边境小额贸易基本被易货贸易取代。1996 年，参照国际惯例，我国将边境地区已开展的除边民互市贸易以外的其他各类边境贸易形式统一纳入边境小额贸易管理，边境小额贸易走上规范发展的道路，进出口总额 4.3 亿美元。进入 21 世纪以来，中俄边境小额贸易呈现总值冲高回落而占比逐步下滑态势。从 2010 年开始，边境小额贸易对俄第二大贸易方式的地位被加工贸易取代。

中俄（苏）加工贸易起步较晚。早期的加工贸易以进口为主，随着中苏关系的不断改善，加工贸易逐步发展壮大。1989 年，中苏关系正常化后，加工贸易进出口规模增加，1990 年加工贸易进出口总额增至 2.7 亿美元。1991 年，俄罗斯独立后，加工贸易加速发展，我国再次出现加工贸易逆差。进入 21 世纪以来，加工贸易占比在 10%～17% 间小幅波动，特别是 2011 年以来（2015 年除外），加工贸易进出口总额均在百亿美元以上，并且 2012—2014 年连续 3 年贸易顺差超 60 亿美元。

3. 进口以资源性产品居多，原油独占鳌头；出口商品结构渐趋优化，机电产品占主导

肥料、原木、钢材是我国从俄罗斯进口的主要品种，特别是在苏联时期，肥料、原木和钢材是中我国自苏联进口主要产品，1983 年，上述三类产品合计进口总额 2.9 亿美元。进入 21 世纪，上述三类产品合计进口总额占比总体呈冲高回落走势。2001 年以来，肥料、原木一直保持自俄进口主要商品十强地位，但钢材进口明显萎缩。此外，原油、成品油、锯材、煤及褐煤快速成长为新生力量。得益于中俄两国能源领域合作步伐不断加快，我国自俄进口原油和成品油开始快速增长。2004 年，原油首次排名进口榜首，并且延续至今。

我国对俄出口商品结构逐渐优化，谷物出口显著下降，服装、鞋类、纺织品出口仍具优势，机电产品、高新技术产品出口增势强劲。谷物是我国对苏联出口的主要商品之一。进入 21 世纪以来，我国对俄谷物出口总额显著下降。与此同时，随着我国经济的持续发展，我国对俄出口商品结构不断得以优化，服装、鞋类、纺织品等传统劳动密集型产品出口仍稳居对俄出口主要商品前列之中。另外，机电产品等技术和资本密集型产品出口也取得了长足发展，在对俄出口中扮演着越来越重要的角色。2006 年以来，机电产品超过服装及衣着附件雄踞榜首，其中 2012—2014 年、2017 年均超 200 亿美元。

六、中国与拉美贸易关系：资源互补，携手共进

拉丁美洲（以下简称"拉美"）是指美国以南的美洲地区，包括墨西哥、巴拿马、古巴等 34 个国家和地区，幅员辽阔，资源丰富，人口众多。我国与拉美各国同为发展中国家，在资源禀赋、产业结构上各具特色，经济贸易结构上具有很强的互补性。

㊀ 改革开放初期，由于外汇缺乏，中苏贸易主要以易货贸易为主，但当时的易货贸易没有单独统计，而是笼统归并到一般贸易。1993 年，易货贸易单独统计后，一般贸易占比骤降，但随着双边贸易向现汇贸易过渡，一般贸易占比稳步上升。

(一) 中国与拉美贸易发展

1. 萌芽阶段 (1978—1987 年)

自党的十一届三中全会召开以来,中拉经贸合作逐步发展起来。中拉贸易额由 1978 年的 7.4 亿美元增长至 1987 年的 17.3 亿美元,年均增长 10%。这一阶段中拉外贸发展呈现震荡增长的趋势,中拉贸易额一度突破 20 亿美元,在 1985 年达到 25.7 亿美元,此后两年连续下降,1987 年贸易额较 1985 年下降了 32.5%。

2. 起步阶段 (1988—1999 年)

自 20 世纪 90 年代,拉美各国在进口替代工业模式弊端暴露。为此,拉美国家将发展模式从以进口替代工业为主的内向型经济改为以出口导向为主的外向型经济,实施贸易自由化,减少对国内市场的保护和扩大国民经济的外向性。与此同时,中国与拉美各国领导人互访频繁。1999 年中拉贸易额增至 82.6 亿美元,12 年间年均增长率为 11.2%。

3. 快速发展阶段 (2000—2011 年)

2000 年中拉贸易额突破 100 亿美元大关。从 2003 年开始,拉美进入新一轮的经济增长周期。2005 年,《中国—智利自由贸易协定》正式签署,这是中国对外签署的第一个自由贸易协定,在拉美地区具有典型的示范作用。2008 年 11 月,我国发表了《中国对拉丁美洲和加勒比政策文件》,这是我国首次公开阐明对拉美地区的政策目标,对中拉关系的健康稳定全面发展具有深远而重大的意义。2009 年,受全球金融危机的影响,中拉贸易规模出现下降。然而,在此期间,中国分别与秘鲁、哥斯达黎加达成自由贸易协定。

4. 结构优化阶段 (2012 年至今)

2012 年以来,中拉双方的政治和经济关系加速发展。习近平主席在 2012 年以来三次访问拉美,达成了一系列合作共识,凸显拉美在中国外交新格局中的重要地位。截至 2015 年年底,我国已经同主要拉美国家建立了战略或全面战略伙伴关系,7 个全面战略伙伴关系均在这一时期缔结。2015 年 1 月 8 日,中拉论坛首届部长级会议发布的《中国—拉共体论坛首届部长级会议北京宣言》和《中国与拉美和加勒比国家合作规划(2015—2019)》成为中拉合作的行动指南,是中拉经贸史上另一具有里程碑式的大事件。受全球经济复苏放缓等多重因素影响,2012—2014 年,拉美经济陷入滞涨状态,经济增长动力疲乏,内需动力不足,中拉贸易增长明显放缓。2019 年拉美和中国间的贸易额达到历史新高,拉美对中国的出口额达到 1415 亿美元(占地区 GDP 的 2.7%),进口额达到 1617 亿美元(占地区 GDP 的 3.1%)。[1]

(二) 中拉贸易发展特点

1. 双边贸易发展迅速,中国对拉美贸易逐步由逆差转为顺差

改革开放 40 多年来,中拉贸易稳步发展。1988—1999 年我国对拉美贸易进出口总额累计 593.7 亿美元,年均增长率为 11.2%。2000—2011 年,中拉贸易迅速发展,进出口总额累计高达 1.02 万亿美元,年均增长率为 30.8%;较之前 12 年累计进出口总额增长 16.3 倍,其中出口 5084.1 亿美元,增长 16.4 倍,进口 5165.8 亿美元,增长 16.2 倍。从贸易差额来看,从 1994 年开始,特别是在 1997—2002 年期间,我国对拉贸易转为顺差;随后,由于我国国内经济发展对资源性产品需求增大而重现逆差,2009 年我国对拉贸易出现了 73.5 亿美

---

[1] 数据来源:http://www.bu.edu/gdp-cn/2020/04/29/2019 年度中国—拉美经济公报速递/。

元的逆差，创历史新高。2010年以后，中拉双边贸易持续顺差，但中国的贸易顺差在逐步收窄。

2. 贸易方式结构稳定，一般贸易占主导地位

改革开放40多年来，一般贸易在中拉双边贸易中牢牢占据绝对主导地位，且呈现逐渐扩大的趋势。中拉一般贸易进出口总额分别在2001年和2008年连破百亿美元和千亿美元大关。2001年，中拉一般贸易进出口总额由1993年的24.9亿美元增长至108.6亿美元；至2008年，中拉一般贸易进出口总额达1005.1亿美元。2017年，我国一般贸易对拉美进出口总额1850.9亿美元，占当年我国对拉美进出口总额的71.8%。同期，中拉加工贸易进出口总额由1993年的9.8亿美元增至2001年的35.4亿美元，占当年我国对拉美进出口总额的23.7%；2008年增至283.6亿美元；2017年增至440.2亿美元，占当年我国对拉美进出口总额的17.1%。

3. 对拉美出口商品结构持续改善，高附加值产品比重不断提高

改革开放初期，纺织品（包括服装和纺织纱线）、鞋、塑料制品、箱包、家具和玩具等传统劳动密集型产品在当时我国对拉美出口贸易中占据主导地位，而机电产品仅占约1/3。随着我国加入世界贸易组织，中国对拉美出口商品结构得到较大改善，已逐步扩展到机械设备、家用电器、计算机与通信技术等高附加值产品及高科技产品。2001年我国对拉美出口机电产品突破30亿美元，超过传统劳动密集型产品，成为对拉美出口第一大类商品。随后，中国对拉美机电产品出口金额及所占比重逐年加大。2017年，中国机电产品对拉美出口规模达730.4亿美元，年均增长速度高达21.2%，占出口总额的比重55.8%。与此同时，中国对拉美传统劳动密集型产品出口比重逐年下降，出口比重自2001年加入世界贸易组织以来的37.2%下降到2017年的20%。

4. 自拉美进口农产品、能源及矿产产品占有重要地位

拉美地区农牧业发达，农产品在我国自拉美进口的商品中始终占较大的比重。1994—2008年，农产品连续15年占据我国自拉美进口商品的首位。2009—2011年，铁矿砂及其精矿替代农产品成为我国自拉美进口的第一大商品。2012年起，农产品再度成为我国自拉美进口第一大商品并保持至今，2017年我国自拉美进口农产品346.6亿美元，占当年我国自拉美进口总值的27.3%。与此同时，随着我国经济高速发展对各类资源性产品需求增加，拉美成为我国进口能源及矿产产品的主要来源地之一①，能源及矿产产品进口在我国与拉美双边贸易中占有重要地位。2017年，我国自拉美进口能源及矿产产品603.9亿美元，占2017年我国自拉美进口总额的47.5%，其中，原油、铁矿砂及其精矿、铜矿砂及其精矿为进口资源性产品前三甲商品。

5. 巴西、墨西哥和智利是我国对拉美贸易的前三大贸易伙伴，其中巴西稳居首位

改革开放40多年来，巴西与我国双边贸易取得快速发展。自1983年开始，巴西一直是中国在拉美地区的第一大贸易伙伴。2001—2017年我国对巴西进出口总额8204亿美元，累计占同期我国对拉美贸易总额的32.7%。墨西哥是我国对拉美第二大贸易伙伴，2001—2017年，我国对墨西哥进出口总额达3980.6亿美元，累计占我国对拉美贸易总额的15.9%。智利长期以来占据我国对拉美贸易伙伴第三位，2001—2017年，我国对智利进出

---

① 此处能源与矿产产品是指金属矿砂（税号为2601—2617）、煤及褐煤、原油、成品油和天然气。

口总额达3364.6亿美元，累计占我国对拉美贸易总额的13.4%。

七、中非贸易关系：真实亲诚，互利双赢

非洲自然资源丰富，已探明的矿物资源种类多，储量大，石油资源约占世界总储量的12%左右，森林面积约占非洲总面积的21%，草原面积占非洲总面积的27%。目前，非洲仍然是发展中国家最集中的大陆，也是经济发展水平相对最低的一个洲。

（一）中非贸易发展历程

1. 调整起步阶段（1978—1989年）

随着改革开放政策的实施，中国开始对外贸体制进行初步改革并调整了对非贸易政策。20世纪80年代初，中国提出了与非洲国家开展经济技术合作的四项原则，即"平等互利、讲求实效、形式多样、共同发展"，互利合作是中国对非经济政策调整的核心内容，中非经贸合作也逐步由无偿援助转向按经济规律和国际惯例办事。这一时期，中国对非贸易进出口额从1978年的7.7亿美元增加到1989年的11.6亿美元。该阶段中国对非贸易均为顺差。

2. 恢复发展阶段（1990—1999年）

进入20世纪90年代，中国将中非关系提升到战略的高度，充分认识到发展与非洲国家关系是增强中国国际地位的需要，是加快中国现代化建设的需要。期间中国采取了多种方式促进中非经贸发展，如采取银行提供优惠贷款等方式发展双边经贸合作；以承包、劳务等多种办法扩大合作领域；支持非洲国家发展经济；拓宽贸易渠道，增加从非洲的进口等。在这些政策的推动下，中非贸易进入恢复发展阶段。这一时期，中国对非贸易进出口规模从1990年的16.7亿美元增加到1999年的64.8亿美元，年均增长16.3%，占我国对外贸易额的比重也逐渐由1990年的1.4%缓慢增至1999年的1.8%。该阶段我国对非贸易也均表现为顺差。

3. 快速提高阶段（2000—2014年）

进入21世纪，特别是"中非合作论坛"成立之后，经过中国和非洲国家多年来的共同努力，中非贸易有了较快的发展，这期间中非贸易额呈持续跳跃式增长，年均增长24.3%。2000年，中非贸易额首次突破100亿美元，2005年起，中非贸易额以年均超过100亿美元的增量快速增长，2006年突破500亿美元，2008年突破1000亿美元，2013年突破2000亿美元，2014年达到中国改革开放40多年来的峰值2218.8亿美元。这一时期中国的对非贸易以逆差为主，仅2001—2003年、2007年和2009年出现过顺差，且顺差额普遍较小，2012年中非贸易逆差278.5亿美元，创下历史新高，之后两年连续收窄。

4. 转型升级阶段（2015年至今）

2015年、2016年，国际大宗商品价格出现大幅下滑，不可避免地对我国自非进口资源能源类大宗商品造成影响。2015年和2016年，中非进出口额连续2年同比下降超过10%，其中进口额降幅分别达到39.2%和19.1%。2017年，中非进出口额出现回升，当年进出口额1700亿美元，同比增长14.1%，占同期我国对外贸易总额的4.1%。这一时期，中非贸易连续3年出现顺差，2017年中非贸易顺差194.8亿美元，较2016年收窄44.8%。

（二）中非贸易发展特点

1. 非洲国家政治经济环境不稳定给中非贸易带来诸多不确定性

受贫穷、战乱等因素影响，非洲部分地区政局动荡不安，饥饿问题长期存在。联合国粮

农组织目前确定了处于严重粮食危机的 19 个国家中，其中 11 个国家位于非洲。此外，近年来，非洲部分国家政治动荡，一系列内外部风险增加了非洲地区经济发展的不确定性，未来非洲大陆能否实现持久、全面的和平与稳定，成为中非经贸关系健康发展面临的一大挑战。

2. 主要经济体调整对非政策或加剧非洲地区市场竞争

当前，国际格局处于变革和调整期，非洲的战略地位不断上升，新兴市场和发达国家在非洲的战略竞争已然形成，世界各主要经济体纷纷调整对非政策，试图巩固、保持其对非影响力。在国际格局和国际社会对非发展援助出现重大调整的背景下，中非双边经贸关系的复杂性也随之提升，如何应对和处理将来有可能不断增多的挑战，推动中非经贸关系不断向前发展，成为一个现实而迫切的问题。

3. 中非贸易商品结构亟待优化

从中非双边商品结构可以看出，中国对非洲出口的传统劳动密集型产品比重较高，2017 年我国对非出口的第一大商品种类为纺织纱线和服装，占比高达 18.9%，而同期出口的电器及电子产品、机械设备分别为 14.9% 和 11.7%。随着国内生产要素成本的上升，目前的出口模式未来将面临激烈的外部竞争。自非进口的绝大部分商品是初级产品，国际经济局势动荡使初级产品价格波动剧烈，风险较大。单一的商品结构增加了中非双边贸易的脆弱性。未来继续调整和优化双边贸易结构，深入开展产能合作，有利于促进双边经贸健康发展。

八、内地与港澳贸易关系：携手同行，共创未来

在我国改革开放进程中，香港和澳门一直是内地与国际经济体系连接的纽带和桥梁，在推进内地改革开放与经济发展中发挥着独特的作用，而内地的丰富资源和广阔市场则为港澳地区经济贸易发展提供了坚实后盾和广阔空间。改革开放 40 多年来，内地与港澳经济全面、深度融合，贸易相互依赖、互相促进，实现了互利共赢发展。

（一）内地与港澳贸易发展

1. 快速起步阶段（1978—1997 年）

改革开放初期，内地的丰富资源和经济条件为港澳发展提供了其他国家和地区无法企及的机遇和利益。双方经贸合作以"三来一补"为起点，内地迅速获得发展所需的大量资金、海外市场和企业管理经验，而产品设计、市场推广、技术开发等利润率高的产前产后服务留在港澳，逐步形成"前店后厂"式的垂直分工合作关系。1978 年内地对香港进出口额仅 26.1 亿美元，1997 年突破 500 亿美元关口，达到 507.7 亿美元；对澳门进出口额自 1978 年的 1.4 亿美元起步，到 1997 年达 7.6 亿美元，年均增速为 9.5%。

2. 曲折上升阶段（1998—2003 年）

1997 年、1999 年香港、澳门在"一国两制"基本国策指引下先后回归祖国。1998 年亚洲金融危机，香港与内地联手击败了国际游资对联系汇率制度的攻击，经济不可避免地受到创伤。在此阶段，双边贸易在震荡中艰难前行。2003 年的"非典"疫情再一次使内地与港澳经济面临考验。

3. 稳步发展阶段（2004 年至今）

2004 年是香港、澳门回归以来的关键转折点，港澳经济从亚洲金融危机、"非典"疫情的打击中逐渐恢复，产业结构调整和经济转型逐步走出阴影。为提高双方制造业领域的合作层次、转变长期以来港澳产品进入内地规模甚微的局面，《内地与香港关于建立更紧密经贸

关系的安排》《内地与澳门关于建立更紧密经贸关系的安排》（CEPA）正式启动，成为内地与港澳经贸合作的新起点和里程碑。CEPA实施当年，内地对香港进口额、出口额均突破千亿美元大关，分别为1126.8亿美元、1008.8亿美元，较实施前的2003年增长28.9%和32.2%；而对澳门进出口额在2003年14.7亿美元的基础上净增3.6亿美元，呈24.6%的快速增势。2004年10月至2015年11月，CEPA的10个补充协议、2个子协议陆续签订，内地与港澳在货物贸易领域全面实现自由化，为应对港澳所面临的经济困难与挑战、保持港澳繁荣与稳定、增进内地与港澳贸易关系注入了新的活力。2004—2017年，内地对港澳贸易额在不断攀升后均创下历史纪录，期间，内地对香港进出口额的年均增速为7.4%，内地对澳门进出口额年均增长4.6%。

（二）内地与港澳的贸易特点

1. 内地与香港的贸易特点

（1）内地对香港进出口保持了强劲的发展势头，但2014年后出现回落。2007年内地对香港进出口额从1978年的26.1亿美元上升至1972.4亿美元，增长74.7倍，年均增速为16.1%。2009年，受全球金融危机影响，内地对香港进出口额快速回落至1749.5亿美元。随着世界经济逐步从危机中恢复，内地对香港进出口额连续4年保持两位数增长。2013年再上4000亿美元新台阶。但2014年以来内地对香港进出口额呈现逐年下降趋势。

（2）一般贸易快速增长，加工贸易地位逐渐削弱。改革开放初期，由于内地劳动力资源丰富，国家对外来投资实行减免税优惠政策，大量港资涌入内地投资劳动密集型出口加工贸易产业，加工贸易成为香港企业在内地投资最重要的载体。2007年内地以加工贸易方式对香港进出口1457.8亿美元，加工贸易贸易额所占比重进一步提升至73.9%。随后，加工贸易的主导地位逐渐削弱，占比震荡下滑，2012年降到七成以下。2017年内地以加工贸易方式对香港进出口额为1465.1亿美元，占当年内地对香港进出口总额的51.1%，占比较2007年下降了22.8个百分点。

（3）外商投资企业后来居上取代国有企业成为对港贸易的领军力量，民营企业快速发展。国有企业是较早开展外贸业务的主体，1998年前牢牢占据内地对香港贸易的"龙头"地位。后来，加工贸易发展战略实施的内因与香港乃至全球制造业转移的外因形成合力，使得外商投资企业后来居上，逐步取代国有企业成为对香港贸易的领军代表。1999年外商投资企业对香港进出口额为221.9亿美元，首次超越国有企业成为最大的贸易主体，占当年内地对香港进出口总额的51.1%，随后所占比重持续攀升。随着我国外贸体制改革的深入，民营企业准入门槛大幅降低，民营企业迅速崛起，成为内地对香港贸易的后起之秀。近10年，民营企业对香港进出口额以年均增长14%的速度，从2008年的263.9亿美元增长至2017年的956.5亿美元，所占比重也从13%快速提高至33.4%，成为内地对香港贸易不可忽视的重要力量。

（4）机电产品出口比重继续上升，纺织服装出口比重下降，部分工业原材料进口增长较快。出口方面，改革开放初期，传统劳动密集型产品几乎占据内地对香港出口商品的前10位。1993年服装及衣着附件、纺织品、玩具、鞋类、旅行用品及箱包、家具、塑料制品等7类传统劳动密集型产品合计出口占据当年内地对香港出口总额的44%。随后，机电产品出口额比重逐渐上升，其中集成电路为出口第一大品种。进口方面，20世纪90年代初，港资加工企业转战内地，刺激了传统轻工业上游原料和相关设备的进口需求。20世纪90年代后期,随着内地工业化进程加快和全球性制造业转移,电子产品核心部件的进口规模迅速增加。同时,废塑料、废金属、废纸、初级形状的塑料等工业原材料进口位居前列。

2. 内地与澳门的贸易特点

(1) 内地对澳门贸易稳步发展,贸易顺差总体呈扩大趋势。从贸易规模看,澳门回归以来,内地对澳门地区进出口额累计达 3515.2 亿元,其中 2018 年进出口额为 208.2 亿元,是 1999 年的 4.3 倍,年均增长 8%。另外,2019 年前 11 个月,内地对澳门进出口额为 195.2 亿元,其中,出口额 191.1 亿元,增长 6.1%;进口额 4.1 亿元,增长 7%。在贸易差额上,内地与澳门贸易顺差总体呈扩大趋势,2015 年贸易规模突破 40 亿美元,达到 44.1 亿美元的历史高位,随后逐年收窄。

(2) 一般贸易再次超越加工贸易成为内地对澳门进出口的主要贸易方式。1978—1987 年一般贸易为内地对澳门贸易的主要方式。除 1995 年一般贸易所占比重下滑外,1988—2006 年一般贸易所占比重均在 55% 以上。2007 年,内地以加工贸易方式对澳门进出口 16.7 亿美元,占当年内地对澳门进出口总额的 57.1%。但 2008 年以来,内地以加工贸易方式对澳门进出口骤降,占比也急剧萎缩,2009 年所占比重被一般贸易反超,到 2017 年,内地以加工贸易方式对澳门进出口额仅为 5.1 亿美元,占当年内地对澳门进出口总额的 15.7%。同时,一般贸易比重逐渐提升,2009 年超过加工贸易重新成为内地对澳门进出口最主要的贸易方式,之后地位逐渐巩固,2017 年内地以一般贸易方式对澳门进出口额为 25 亿美元,占当年内地对澳门进出口总额的 76.5%。

(3) 民营企业逐渐超越外商投资企业成为进出口最大主体。1997 年之前国有企业是内地对澳门贸易的最主要力量,1998 年外商投资企业成为最大进出口主体。但 2007 年以来,外商投资企业主导内地对澳门进出口的局面逐渐改变,至 2017 年,外商投资企业对澳门进出口额仅为 7.9 亿美元。同时,民营企业贸易地位稳步提升。2012 年超越外商投资企业位列第一位。2017 年,民营企业对澳门进出口额为 18.6 亿美元,在当年内地对澳门进出口总额的比重达到 57%。

(4) 机电产品为主要出口商品,进口仍以工业原材料为主。内地输往澳门商品逐渐从纺织服装向机电产品转移。2007 年内地对澳门出口纺织服装 9.2 亿美元,占当年内地对澳门出口总额的 35%,为最大的出口品种;未锻造的铜及铜材、废金属、玻璃纤维、废纸等工业原料跃升为仅次于纺织服装的主要进口品种;机电产品也表现出猛烈增长势头,当年出口额为 6.8 亿美元,所占比重为 25.8%。但 2017 年纺织服装仅出口 1.8 亿美元,所占比重为 5.6%;而机电产品出口额为 8.6 亿美元,占当年内地对澳门出口总额的 27.2%。

第三节 中国与世界贸易组织

1947 年诞生的 GATT 以及 1995 年取而代之的 WTO 被人们通称为多边贸易体制。WTO 是多边经济体系(WTO、国际货币基金组织和世界银行)中的三大国际机构之一,也是世界上唯一处理国与国之间贸易规则的国际组织。多边贸易体制的宗旨在于通过组织多边贸易谈判来增加国与国之间的贸易、规范贸易行为和解决贸易纠纷,从而使国际贸易更加自由,资源得到更有效的配置。60 多年来,无论是 GATT,还是后来的 WTO,都在上述诸多方面发挥了重要作用。

一、世界贸易组织的基本概况

（一）世界贸易组织的成立

世界贸易组织（World Trade Organization，WTO）简称世贸组织，是一个专门协调国际贸易关系的国际经济组织，其前身是关税及贸易总协定，简称关贸总协定。世贸组织根据关贸总协定乌拉圭回合谈判达成的《建立世界贸易组织协定》于 1995 年 1 月 1 日成立，从而取代了关贸总协定。世界贸易组织是关贸总协定乌拉圭回合谈判的重要成果，也是关贸总协定运作以来的一个飞跃。世界贸易组织以乌拉圭回合谈判达成的最后文件所形成的一套协定和协议的条款作为国际法律规则，对各成员间经济贸易关系的权利和义务进行监督和管理。

（二）世界贸易组织的宗旨

在关贸总协定乌拉圭回合谈判达成的《建立世界贸易组织协定》中明确规定，世界贸易组织的宗旨是：应以提高生活水平、确保充分就业、大幅度和稳定地增加实际收入和有效需求、持久地开发和合理利用世界资源、拓宽货物和服务的生产贸易为目的，以符合不同经济发展水平下各成员需要的方式，采取各种措施，坚持走可持续发展之路。同时，还应积极努力确保发展中国家，尤其是最不发达国家在国际贸易增长过程中获得与经济发展相适应的份额。

世界贸易组织的目标是建立一个完整的包括货物、服务、与贸易有关的投资及知识产权等更具活力、更持久的贸易体系，以包括关贸总协定贸易自由化的成果和乌拉圭回合谈判的所有成果。

为了有效实施上述宗旨和目标，世界贸易组织规定各成员应通过互惠互利的安排，大幅削减关税，减少非关税壁垒，消除在国际贸易交往中的歧视性待遇，对发展中国家给予特殊和差别待遇，扩大市场准入程度及提高贸易政策和法规的透明度，以及实施通知与审议等原则，以协调各成员之间的贸易政策，从而共同管理全球贸易。

（三）世界贸易组织的主要职能

根据《建立世界贸易组织协定》的规定，世界贸易组织的职能主要有以下几项：

（1）负责多边贸易协议的实施、管理和运作，促进世界贸易组织目标的实现，同时为诸边贸易协议的实施、管理和运作提供框架。

（2）为各成员提供处理与各协定、协议有关事务的谈判场所，并提供实施谈判结果的框架。

（3）通过争端解决机制，解决成员之间可能产生的贸易争端。

（4）对各成员的贸易政策、法规进行定期评审。

（5）协调与国际货币基金组织和世界银行等国际经济组织的关系，以保障全球经济政策的一致性。

（6）对发展中成员和最不发达成员提供技术援助及培训。

二、中国加入世界贸易组织的过程

早在 1948 年，中国就已经正式成为关贸总协定缔约方之一。但由于 1950 年中国台湾当局宣布退出关贸总协定，拥有世界人口 1/5 的中国几十年来一直徘徊在"关外"。20 世纪 80 年代初，中国为恢复关贸总协定缔约方地位开始着手准备工作，并于 1984 年正式参加了关贸总协定主持签订的《多种纤维协议》。经过几年的准备工作，1986年7月，中国政府正式提出恢复关贸总协定缔约方地位的申请，并从此为此做出了不懈的努力。1986年9月，中国开始全面参与关贸总协定乌拉圭回合谈判。1987年3月，关贸总协定中国问题工作组正式成立。1992年2月，关贸总协定中国问题工作组第10次会议基本结束了对中国贸易制度的审议，开始进入了有关《中国加入关税及贸易总协定议定书》内容的实质性谈判阶段。1994年4月，中国签署了乌拉圭回合谈判的《最后文件》及《建立世界贸易组织协定》。1995年1月，世界贸易组织正式成立，中国因"复关"受阻未能成为其创始成员。1995年11月关贸总协定中国问题工作组更名为中国加入世界贸易组织工作组。为加入世界贸易组织，由原外经贸部首席谈判代表龙永图率领的中国代表团参加了1997年在日内瓦举行的中国加入世界贸易组织中国组的四次会议，并在会议前后与30多个世界贸易组织成员进行了双边市场准入磋商，取得了一定进展。1999年11月15日，经过艰难曲折的谈判，中美双方终于就中国加入世界贸易组织问题达成了双边协议。这标志着中国加入世界贸易组织迈出了最为关键的一步。2001年9月13日，中国和墨西哥就中国加入世界贸易组织达成双边协议。至此，中国完成了与世界贸易组织成员的所有双边市场准入谈判。从1986年正式申请恢复关贸总协定缔约国身份开始，在经历了整整15年的漫长、艰辛的谈判历程后，2001年12月，中国终于正式成为世界贸易组织成员。

三、中国加入世界贸易组织的主要承诺

中国要成为经济大国，融入世界经济的主流，必须遵循国际贸易规则和惯例。因此，中国既要根据自己的国情，又要根据世界贸易组织规则来制定正确的经贸体制和规则。根据中国"入世"谈判中所坚持的权利与义务平衡的原则，《中国加入世界贸易组织议定书》对中国加入世界贸易组织后享有的权利和遵循的义务做了规定。下面就中国加入世界贸易组织的主要承诺做一简单介绍。

（一）降低关税水平

中国承诺逐步降低关税税率，到2005年中国关税税率降至10%左右。工业品平均关税税率由2001年年底的17%左右下降至5年后的8.9%以下（汽车除外），农产品平均关税下降至15%左右。降低关税是中国改革开放的需要，同时也是生产全球化的一个趋势。

（二）削减、消除非关税壁垒

中国承诺对当时400多项产品在2005年之前取消进口配额、许可证等非关税壁垒措施，并承诺除非符合世界贸易组织的规定，将不再增加或实施任何新的非关税措施，取消、停止执行已通过法规或其他措施而实行的贸易与外汇平衡的规定及国产率与出口业绩的规定。

（三）逐步开放服务业

中国承诺逐步开放金融、批发零售业、旅游业、电信、运输和一些如法律、会计等专业服务。

（四）改革外贸经营权

中国承诺在不损害中国以符合世界贸易组织协议的方式管理贸易权利的前提下，"入世"3年之内逐步放宽获得贸易经营权的范围与贸易经营权范围，在中国的一切企业有经营货物贸易的权利，包括那些没在中国投资或注册的个人和团体，在贸易权利方面将享受至少与中国企业相同的待遇。

（五）出口补贴

中国承诺遵守世界贸易组织《补贴与反补贴措施协议》的规定，取消协议禁止的出口补贴等。

（六）接受特殊保障措施

在中国"入世"谈判过程中，很多世界贸易组织成员担忧中国"入世"后出口可能会大量增加，因此提出专门针对中国的关于特定产品过渡性保障机制，期限为12年。该机制规定从中国"入世"之日起12年内，如原产于中国的产品在进口至任何世贸组织成员领土时，其增长的数量或所依据的条件对生产同类产品或直接竞争产品的国内生产者造成或威胁造成市场扰乱，则受此影响的世界贸易组织成员有权在防止或补救此种市场扰乱所必需的限度内，对此类产品撤销减让或限制进口。同时，为了防止世界贸易组织成员滥用这类措施，文件也明确规定了世界贸易组织成员采取此类措施所必须遵守的前提条件和中国可以采取的反措施。

2005—2008年期间，如果中国的某一类纺织品对世界贸易组织成员市场造成冲击，该成员可启用特殊保障条款。但4年中对一种产品只能使用一次，一次持续1年，不得重复使用。

（七）过渡性审议机制

在中国"入世"的8年之内，世界贸易组织的有关机构每年都对中国履行承诺情况进行审核，在第10年或在总理事会决定的更早的某个时间做出最终审核。中国有权对其他成员在《加入世界贸易组织协定书》中做出的承诺提出质疑。

四、中国切实履行加入世界贸易组织承诺

2001年中国加入世界贸易组织以来，不断完善社会主义市场经济体制，全面加强同多边贸易规则的对接，切实履行货物和服务开放承诺，强化知识产权保护，对外开放政策的稳定性、透明度、可预见性显著提高，为多边贸易体制有效运转做出了积极贡献。

1. 完善社会主义市场经济体制和法律体系

（1）始终坚持社会主义市场经济改革方向。加快完善社会主义市场经济体制，健全市场体系，理顺政府和市场关系，使市场在资源配置中起决定性作用，更好发挥政府作用。广泛开展世界贸易组织规则宣传教育，市场意识、竞争意识、规则意识、法治观念深入人心。

（2）不断健全社会主义市场经济法律体系。坚持依法治国，全面遵守和执行世界贸易组织规则，完善基于规则的市场经济法律法规，构建符合多边贸易规则的法律体系。加入世界贸易组织后，大规模开展法律法规清理修订工作，中央政府清理法律法规和部门规章2300多件，地方政府清理地方性政策法规19万多件，覆盖贸易、投资和知识产权保护等各个方面。2014年，制定进一步加强贸易政策合规工作的政策文件，要求各级政府在拟定贸易政策的过程中，对照《建立世界贸易组织协定》及《中国加入世界贸易组织承诺书》进行合规性评估。2016年，建立规范性文件合法性审查机制，进一步清理规范性文件，增强公共政策制定透明度和公众参与度。

2. 履行货物贸易领域开放承诺

（1）大幅降低进口关税。减少进口成本，促进贸易发展，让世界各国更多分享中国经济增长、消费繁荣带来的红利。截至2010年，中国货物降税承诺全部履行完毕，关税总水

平由 2001 年的 15.3% 降至 9.8%。其中，工业品平均税率由 14.8% 降至 8.9%；农产品平均税率由 23.2% 降至 15.2%，约为世界农产品平均关税水平的 1/4，远低于发展中成员 56% 和发达成员 39% 的平均关税水平。农产品的最高约束关税为 65%，而美国、欧盟、日本分别为 440%、408%、1706%。

（2）显著削减非关税壁垒。减少不必要的贸易限制，促进贸易透明畅通。截至 2005 年 1 月，中国已按《中国加入世界贸易组织承诺书》全部取消了进口配额、进口许可证和特定招标等非关税措施，涉及汽车、机电产品、天然橡胶等 424 个税号产品；对小麦、玉米、大米、食糖、棉花、羊毛、毛条和化肥等关系国计民生的大宗商品实行关税配额管理。

（3）全面放开外贸经营权，促进经营主体多元化，激发各类企业开展贸易的积极性。自 2004 年 7 月起，中国对企业的外贸经营权由审批制改为备案登记制，极大地释放了民营企业的外贸活力，民营企业进出口发展迅速，份额持续扩大，成为对外贸易的重要经营主体。民营企业和外商投资企业进出口占全国进出口总额的比重由 2001 年的 57.5% 上升到 2017 年的 83.7%。2017 年，作为第一大出口经营主体的民营企业出口占比达 46.6%。

3. 履行服务贸易领域开放承诺

（1）广泛开放服务市场。大力推动服务业各领域快速发展，提高服务业对国民经济的贡献。在世界贸易组织分类的 12 大类服务部门的 160 个分部门中，中国承诺开放 9 大类的 100 个分部门，接近发达成员平均承诺开放 108 个分部门的水平。截至 2007 年，中国服务贸易领域开放承诺已全部履行完毕。

（2）持续减少限制措施。逐步降低服务领域外资准入门槛，按期取消服务领域的地域和数量限制，不断扩大允许外资从事服务领域的业务范围。其中，在快递、银行、财产保险等 54 个服务分部门允许设立外商独资企业，在计算机、环境等 23 个分部门允许外资控股，在电信、铁路运输、旅游等 80 个分部门给予外资国民待遇。2010 年，中国服务业吸引外商直接投资额首次超过制造业，2017 年吸引外商直接投资额占比达到 73%。

4. 履行知识产权保护承诺

（1）加强知识产权保护是中国的主动作为。加强知识产权保护是完善产权保护制度最重要的内容，也是提高中国经济竞争力最大的激励。中国推进知识产权保护，不仅符合自身发展需要，也有助于进一步完善法治化、国际化、便利化的营商环境。中国鼓励中外企业开展正常技术交流合作，依法保护在华外资企业合法知识产权，同时，希望外国政府加强对中国知识产权的保护。

（2）构建完备的知识产权保护法律体系。加入世界贸易组织后，中国建立健全知识产权法律法规，与多个国家建立知识产权工作机制，积极吸收借鉴国际先进立法经验，构建起符合世贸组织规则和中国国情的知识产权法律体系。修订《商标法》，增加了惩罚性赔偿制度；修订《反不正当竞争法》，进一步完善了商业秘密的保护，同时明确市场混淆行为，引入标识的概念，拓宽对标识的保护范围，加快推进《专利法》《著作权法》等法律修订。

（3）持续加强知识产权保护执法力度。强化知识产权保护司法主导作用，把违法成本显著提上去，把法律威慑作用充分发挥出来。重组国家知识产权局，完善执法力量，加大执法力度。在北京、上海、广州设立三家知识产权法院，在南京、苏州、武汉、西安等 15 个中级法院内设立专门审判机构，跨区域管辖专利等知识产权案件。加大行政执法力度，针对重点违法领域，开展专利"护航"行动、打击网络侵权盗版"剑网"行动、出版物版权

"扫黄打非"和"秋风"行动、打击侵权假冒的"网剑行动""质检利剑"打假行动等专项行动,有效保护了知识产权。

(4) 知识产权保护效果明显。从 2001 年起,中国对外支付知识产权费年均增长 17%,2017 年达到 286 亿美元。2017 年,中国发明专利申请量达到 138.2 万件,连续 7 年居世界首位,申请者中近 10% 为外国单位和个人;国外来华发明专利申请量达到 13.6 万件,较 2001 年 3.3 万件的申请量增长了 3 倍。

5. 履行透明度义务

(1) 明确提供法律制度保障。《行政法规制定程序条例》《规章制定程序条例》等明确要求法律、行政法规和规章草案须按有关规定公开征求公众意见。全国人大常委会法工委定期出版《中华人民共和国法律》(英文版)。国务院法制机构定期出版《中华人民共和国涉外法规汇编》(中英文对照),商务部在《中国对外经济贸易文告》中定期发布贸易政策。

(2) 全面履行世界贸易组织通报义务。中国按照要求定期向世界贸易组织通报国内相关法律、法规和具体措施的修订调整和实施情况。截至 2018 年 1 月,中国提交的通报已达上千份,涉及中央和地方补贴政策、农业、技术法规、标准、合格评定程序、国营贸易、服务贸易、知识产权法律法规等诸多领域。

6. 为履行承诺付出巨大努力

中国在加入世界贸易组织时做出广泛而深入的开放承诺,国内企业直接面对国际竞争,多数产业面临较大困难。中国企业主动应对挑战,大力推进产业结构调整,积极参与全球价值链,国际竞争力明显提升。

五、中国坚定支持多边贸易体制

加入世界贸易组织以来,中国始终坚定支持多边贸易体制,全面参与世界贸易组织各项工作,推动世界贸易组织更加重视发展中成员的关切,反对单边主义和保护主义,维护多边贸易体制的权威性和有效性,与各成员共同推动世界贸易组织在经济全球化进程中发挥更大作用。

1. 积极推进贸易投资自由化便利化

(1) 全面参与多哈回合各项议题谈判。中国提出和联署谈判建议百份以上,推动贸易便利化、农业出口竞争等多项议题达成协议,推动多边贸易体制不断完善。2015 年,中国成为接受《贸易便利化协定》议定书的第 16 个世界贸易组织成员。2016 年中国担任 20 国集团主席国期间,推动多国完成《贸易便利化协定》的国内批准程序,为协定早日生效做出了积极贡献。

(2) 积极推动诸边贸易自由化进程。作为发展中成员,中国积极参与诸边自由化倡议,并为谈判做出了重要贡献。中国在加入世界贸易组织时参加了《信息技术协定》,在此基础上深入参与该协定扩围谈判,推动各方就取消 201 项信息技术产品的关税达成协议。中国是《环境产品协定》谈判的发起方之一,始终以积极建设性态度参与磋商,在 20 国集团领导人杭州峰会期间推动谈判达成重要共识。中国于 2007 年启动加入《政府采购协定》谈判,为加入该协定做出了积极努力。

(3) 有力促进世界贸易组织新议题讨论。中国推动世界贸易组织积极回应投资便利化、中小微企业、电子商务等世界贸易组织成员普遍关注的新议题并开展相关讨论。发起成立

"投资便利化之友",引导70多个成员达成《关于投资便利化的部长联合声明》。加入"中小微企业之友",推介中国在世界贸易组织相关提案中关于支持中小微企业的内容。加入"电子商务发展之友",积极推动世界贸易组织电子商务议题多边讨论,分享经验做法,帮助发展中成员从发展电子商务中受益。

(4) 切实履行《贸易便利化协定》。作为发展中成员,中国积极推动实施《贸易便利化协定》。中国组建了中国贸易便利化委员会,各有关部门通力协作,提高贸易便利化水平。截至2017年,各省(自治区、直辖市)已经建立了贸易便利化工作联席会议制度,积极做好本地区贸易便利化相关工作。在履行该协定方面,中国的A类措施(协定生效后立即实施)所占比重达到94.5%,目前仅保留4项B类措施(协定生效后经过一定过渡期后实施)。中国将严格履行承诺,在3年过渡期后如期实施B类措施。

2. 有效维护争端解决机制法律地位

(1) 积极维护争端解决机制有效运转。世界贸易组织争端解决机制为保障国际贸易可预见性、维护多边贸易体制稳定发挥了重要作用。中国积极参与改进争端解决程序的谈判,支持世界贸易组织上诉机构独立公正开展上诉审议工作。针对当前个别世界贸易组织成员阻挠上诉机构成员遴选,中国与60多个成员联署提案,努力推动尽快启动遴选程序。

(2) 妥善处理与其他成员的贸易纠纷。中国主张通过世界贸易组织争端解决机制妥善解决贸易争端。按照事项统计,截至2018年4月,中国在世界贸易组织起诉案件17项,已结案8项;被诉案件27项,已结案23项。中国通过主动起诉,遏制了少数世界贸易组织成员的不公正做法,维护了自身贸易利益和世界贸易规则权威。中国积极应对被诉案件,尊重并认真执行世界贸易组织裁决,做出了符合世界贸易规则的调整,无一例被起诉方申请报复的情况。

3. 深度参与贸易政策审议

(1) 认真接受成员的贸易政策监督。世界贸易组织贸易政策审议机制有助于增加多边贸易体制的透明度。中国高度重视贸易政策审议。中国始终以开放坦诚的姿态,介绍宏观经济和贸易投资政策发展情况,听取其他成员对中国改革开放的意见和建议。

(2) 敦促其他成员遵守多边贸易协定。加入世界贸易组织以来,中国参与世界贸易组织对其他成员审议近300次,向被审议成员提交书面问题和贸易关注数千项,敦促其他成员遵守世界贸易组织规则和有关承诺,为维护和强化审议机制功能发挥了积极作用。

4. 全力支持发展中国家融入多边贸易体制

(1) 支持世界贸易组织将发展作为工作重心。确保发展中国家尤其是最不发达国家从国际贸易中获益,进而实现经济增长是世界贸易组织宗旨之一。作为世界上最大的发展中国家,中国对发展中成员在参与全球价值链分工、参与国际经贸治理等方面面临的困难表示关切,努力推动贸易为实现2030年可持续发展议程做出积极贡献。

(2) 向其他发展中成员提供务实有效的支持。加大对发展中成员特别是最不发达国家成员援助力度,促进缩小南北发展差距。截至2018年3月,已对36个建交且已完成换文手续的最不发达国家97%税目产品实施零关税。积极响应世界贸易组织"促贸援助"倡议,利用多双边援助资源帮助其他发展中成员特别是最不发达国家成员加强基础设施建设、培训经贸人员、提高生产能力、发展贸易投资。向世界贸易组织"贸易便利化协定基金"捐款100万美元,协助落实《贸易便利化协定》。2011年,中国设立"最不发达国家及加入世贸易组织中国项目",已帮助6个最不发达国家加入世界贸易组织。2017年起,中国在南南合作援助基金项下与世界贸易组织等国际组织加强合作,在"促贸援助"领域实施合作项目,帮助其他发展中成员提高从全球价值链中获益的能力。

5. 坚决反对单边主义和保护主义

(1)单边主义和保护主义与世界贸易组织基本原则背道而驰。多边贸易体制是顺应世界经济发展的历史选择。世界贸易组织倡导以规则为基础,秉持开放、透明、包容、非歧视等基本原则,其解决全球贸易问题主渠道的地位不会改变。中国旗帜鲜明地反对单边主义和保护主义。

(2)利用多边合作平台倡导自由贸易。中国倡导通过加强合作、平等对话和协商谈判来解决国际贸易中的问题。中国主办亚太经合组织第22次领导人非正式会议、20国集团领导人杭州峰会、金砖国家领导人第九次会晤期间,加强与各方协调,推动将反对贸易保护主义写入会议成果文件。中国领导人出席"一带一路"国际合作高峰论坛、博鳌亚洲论坛、世界经济论坛等多边会议期间,多次阐明支持多边贸易体制、推动建设开放型世界经济的坚定立场。在世界贸易组织内中国积极倡议,与多数成员发出反对单边主义和保护主义的共同声音。

经济全球化为世界经济增长提供了强劲动力,是不可逆转的时代潮流,中国与多边贸易体制休戚与共。中国将继续践行承诺、遵守规则,积极参与多边贸易体制建设,坚定支持世界贸易组织在全球经济治理中发挥更大作用。

课后习题

1. 简述中国改革开放40多年对外贸易关系的特点。
2. 简要论述改革开放以来中美贸易发展的几大阶段及主要特点。
3. 简要论述中国与欧盟经贸发展的主要阶段及特点。
4. 请简要论述特朗普执政时期中美关系变化。

第十二章

中国对外贸易的地位与贡献

改革开放40多年以来，中国经济取得了举世瞩目的成就，年均增速达8%左右，2019年中国经济总量位居世界第二，人民生活水平显著提高。对外贸易作为连接国内经济和世界经济的重要桥梁和纽带，是中国经济高速增长的重要引擎，推动了中国快速融入全球经济一体化。40多年以来，中国对外贸易规模不断扩大，对外贸易总额占全球贸易额比重持续上升，2013年超过美国，成为全球第一大货物贸易国；中国对外贸易质量也在不断改善，在全球产业链中的地位日益提高，对全球影响力不断增强，中国正处于由贸易大国向贸易强国转变的关键时期。同时，在当今世界百年未有之大变局中，面对日趋复杂的国内外环境，中国对外贸易发展面临着新的挑战和征途。

第一节 中国对外贸易对全球经济的影响

伴随着中国对外贸易的快速发展，中国外贸在全球贸易中的地位日益提升。1978年，中国外贸进出口占全球贸易的比重仅为0.77%，居全球第30位；到2017年，中国外贸进出口占全球贸易的比重达到11.48%，居全球首位。中国对外贸易的快速发展为全球经济发展做出了突出贡献，主要体现在为全球贸易注入新活力，推动世界经济增长以及提供大量质优价廉商品等方面。

一、为全球贸易注入新活力

中国对外贸易是全球贸易增长的重要引擎。图12-1所示为1978—2017年中国进出口和除中国外其他地区进出口占全球贸易的比重。1978年，中国外贸进出口总额为206.38亿美元，世界进出口总额为26653.40亿美元；2017年中国外贸进出口总额为41045.04亿美元，世界进出口总额为357539.80亿美元。1978—2017年中国外贸进出口占世界进出口比重由0.77%上升至11.48%，在此期间，中国外贸进出口年均增长14.15%，世界进出口年均增长6.71%，中国外贸进出口的快速发展驱动了全球贸易增长。

从出口来看，表12-1所示为1978—2017年中国进出口在世界出口中的比重及位次，1978—2017年，中国出口额从97.45亿美元增加至22635.22亿美元，增加了22537.87亿美元，世界出口额从13069.1亿美元增加至177299.5亿美元，增加了164230.4亿美元；中国出口额增量对世界贸易出口额增量的贡献率为13.72%，中国出口在世界出口贸易排名由第33位上升至第1位。从进口来看，1978—2017年，中国进口额从108.93亿美元增加至18409.82亿美元，增加了18300.89亿美元，世界进口额从13584.30亿美元增加至180240.30亿美元，增加了166656亿美元，进口增量对世界贸易进口增量的贡献率为

10.98%。中国市场和中国进口为全球生产商和出口商提供了大量的机遇,2001—2017 年,中国货物进口总额扩大了约 5 倍,年均增长 20%。自 2008 年以来,中国也一直是最不发达国家的第一大出口市场。

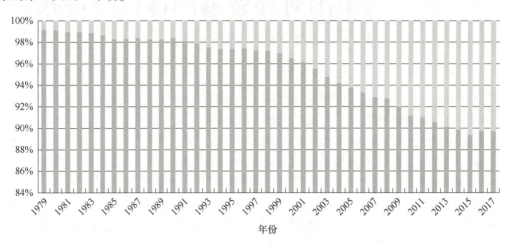

图 12-1　1978—2017 年中国进出口与其他地区进出口(除中国)占全球贸易比重
■ 其他地区进出口(除中国)　　■ 中国进出口

表 12-1　1978—2017 年中国进出口在世界出口中的比重及位次(单位:亿美元)

年　份	世界出口总额	世界进口总额	中国出口总额	中国出口总额占世界出口总额比重	出口占比位次	中国进口总额
1978	13069.1	13584.3	97.45	0.75%	33	108.9
1979	16593.3	16936.8	136.58	0.82%	32	156.8
1980	20361.4	20771.8	181.20	0.89%	30	200.2
1981	20143.9	20704.8	220.07	1.09%	19	220.2
1982	18858.1	19438.7	223.21	1.18%	16	192.9
1983	18459.8	18915.6	222.26	1.20%	19	213.9
1984	19557.1	20156.6	261.39	1.34%	18	274.1
1985	19528.9	20155.2	273.50	1.40%	17	422.5
1986	21385.1	22076.0	309.42	1.45%	16	429.0
1987	25155.0	25837.2	394.37	1.57%	16	432.2
1988	28689.2	29652.7	475.16	1.66%	16	552.7
1989	30989.2	32054.6	525.38	1.70%	14	591.4
1990	34897.4	35999.7	620.91	1.78%	15	533.5
1991	35113.6	36284.5	718.43	2.05%	13	637.9
1992	37791.7	39005.2	849.40	2.25%	11	805.9
1993	37946.9	38944.3	917.44	2.42%	11	1039.6
1994	43282.6	44285.8	1210.06	2.80%	11	1156.2
1995	51676.2	52852.7	1487.80	2.88%	11	1320.8

(续)

年份	世界出口总额	世界进口总额	中国出口总额	中国出口总额占世界出口总额比重	出口占比位次	中国进口总额
1996	54060.5	55472.7	1510.48	2.79%	11	1388.3
1997	55923.2	57386.6	1827.92	3.27%	10	1423.7
1998	55031.3	56825.9	1837.12	3.34%	9	1402.4
1999	57193.8	59262.8	1949.31	3.41%	9	1657.0
2000	64561.7	67231.3	2492.03	3.86%	7	2250.9
2001	61933.1	64819.2	2660.98	4.30%	6	2435.5
2002	64979.0	67411.1	3255.96	5.01%	5	2951.7
2003	75878.4	78666.0	4382.28	5.78%	4	4127.6
2004	92243.9	95745.2	5933.26	6.43%	3	5612.3
2005	105101.4	108703.7	7619.53	7.25%	3	6599.5
2006	121311.8	124614.1	9689.78	7.99%	3	7914.6
2007	140262.7	143305.1	12200.60	8.70%	2	9561.2
2008	161653.1	165723.0	14306.93	8.85%	2	11325.6
2009	125606.3	127816.2	12016.12	9.57%	1	10059.2
2010	153010.8	155106.6	15777.54	10.31%	1	13962.5
2011	183379.8	185031.3	18983.81	10.35%	1	17434.8
2012	184959.8	187080.4	20487.14	11.08%	1	18184.1
2013	189527.5	190148.9	22090.04	11.66%	1	19499.9
2014	189677.0	191196.5	23422.93	12.35%	1	19592.3
2015	165189.4	167685.8	22734.68	13.76%	1	16795.6
2016	160287.0	162873.3	20976.31	13.09%	1	15879.3
2017	177299.5	180240.3	22635.22	12.77%	1	18409.8

1999年中国进出口总额为3606.31亿美元，占世界进出口总额的3.1%，位列全球贸易第九位，首次进入全球贸易前十位。2012年，中国进出口占全球进出口的比重首次突破10%，达到10.4%，居世界第二位。2013年中国进出口占全球贸易的比重进一步提升至10.95%，首次成为全球货物贸易第一大国。2014年，中国外贸进出口值达到创历史纪录的43015亿美元，蝉联全球货物贸易第一位。2015年，受美元走强、全球大宗商品价格下跌等因素影响，当年全球货物贸易出现金融危机后的首次下滑，降幅达到12.6%，中国进出口总额下降8.1%，由于中国外贸进出口下降幅度低于全球贸易降幅的表现，该年占全球贸易比重上升至11.88%，位居全球货物贸易第一位。2016年，中国进出口未能止跌，同比下降6.8%，被美国超越而退居全球第二位。2017年，中国货物贸易进出口实现大幅反弹，当年进出口增长11.4%，排名重新回到世界第一。

经济全球化为中国外贸的繁荣营造了良好环境，而繁荣的中国外贸也为全球贸易注入新活力。从1978年开始，开放的中国逐步融入世界经济的大局，中国对外贸易在蹒跚中起步、借大势崛起、在危机中转型,与世界贸易的联系日益密切。图 12-2 所示为 1978—2017 年世界进出口与中国进出口年均增速,可以看出,改革开放到加入世界贸易组织之前的 20 余年,中国外贸占世界的比重不高,进出口增速大致与世界进出口增速保持一致,但存在一定程度的波动。加入世界贸易组织以后,中国外贸走势与世界贸易步调更加一致,中国外贸的迅猛腾飞在世界贸易的增长中发挥着越来越重要的作用。2002—2016 年间,全球贸易有 12 个年份实现正向增长,这些年里中国进出口的增速均高于世界整体水平,且在 3 个世界进出口下降的年份里,除 2016 年以外中国进出口降幅也明显低于世界整体水平。该阶段,中国外贸已经成为引领带动世界贸易增长的最主要力量之一。尤其是在 2008 年国际金融危机后世界贸易复苏的时期,中国对世界贸易增长贡献率在 2012—2014 年连续 3 年超过 35%,成为世界贸易当之无愧的"中流砥柱"。

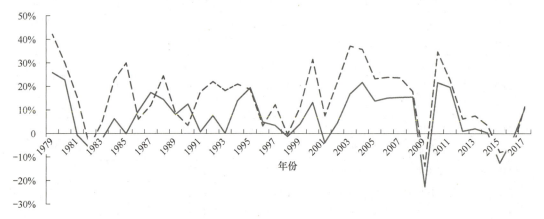

图 12-2　1978—2017 年世界进出口与中国进出口年均增速
　　——— 世界进出口增速　　- - - - 中国进出口增速

二、推动世界经济增长

国际贸易是经济增长的重要"引擎",中国对外贸易的快速发展拉动了世界经济增长。一方面,中国出口贸易的快速发展有力地推动了国内生产扩张,促进了经济增长,为世界经济发展贡献了中国力量;另一方面,伴随中国经济增长,居民消费水平日益提高,中国进口贸易不断发展,为世界其他国家和地区提供了广阔的市场。

图 12-3 所示为 1978—2017 年中国和世界进口增速及中国进口占世界进口比重,1978—2017 年中国进口和世界进口增长基本保持一致,但在多数年份中国进口增速超过世界进口增速,中国进口在世界进口中所占比重呈现出显著的上升趋势。具体来看,1978 年,中国外贸进口额为 108.9 亿美元,占全球进口的 0.8%,到"入世"前的 2001 年,进口规模增至 2435.5 亿美元,年均增长 14.5%,占世界进口额的比重提高到 3.76%,居全球第 6 位。"入世"后,中国进口贸易进一步提速,2002—2011 年间,除 2009 年同比下降外,中国进口均保持同比快速增长,进口额由 2951.7 亿美元大幅攀升至 17434.8 亿美元,年均增速达到 21.8%,占世界进口的市场份额由 4.4% 提高至 9.4%。在此期间,中国进口增速始终高于世界进口增速,在全球的排名也由第 6 名稳步向前,2003 年升至第 3 位,2009 年升至第 2 位,并一直保持这一排名。2011 年以后,中国外贸进口开始出现放缓态势,2014 年达到

19592.3 亿美元的峰值后出现连续 2 年同比下降，占全球的份额在 2013 年创下 10.3% 的纪录后出现回落，并在 2016 年跌破 10% 降至 9.7%。2017 年，在国内供给侧结构性改革稳步推进、积极扩大进口政策实施的带动下，中国进口明显反弹，当年进口额达到 184109.8 亿美元，同比增长 15.9%，创近 6 年的最快增速，占全球进口的份额重新回到 10% 以上达到 10.2%。

随着中国开放步伐的不断加快，进口规模和质量持续上升，不论是发达经济体还是新兴经济体，对中国市场的依赖程度均明显加深，尤其是 2008 年金融危机后，中国成为拉动全球贸易回暖的重要"引擎"。中国的进口对于带动全球经济的发展和应对金融危机的冲击、实现经济的企稳复苏，具有重要的带动作用。

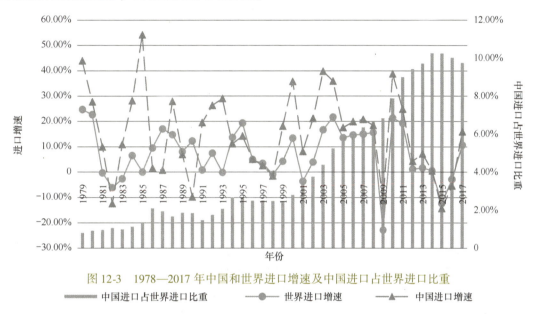

图 12-3　1978—2017 年中国和世界进口增速及中国进口占世界进口比重

三、提升世界消费者福利水平

中国对外贸易的快速发展，尤其是出口贸易的发展，为世界范围提供了大量物美价廉的商品，显著提升了世界消费者福利水平。

改革开放后，中国依靠劳动力成本优势、较强的产业配套和加工制造能力以及不断提高的劳动生产率，快速融入全球分工体系，逐渐成为世界工业品的主要生产国和出口国，为世界各国和地区提供了大量质优价廉的商品，满足了国际市场多样化需求。同时，中国在全球制造业环节的规模经济优势和要素成本优势，部分地消化了上游生产要素的价格上涨，在一定程度上起到了抑制通货膨胀、提高贸易伙伴消费者实际购买力的作用。

图 12-4 为 1978—2016 年中国出口和世界出口增速变化，可以看出中国出口与世界出口增长基本保持一致，但在多数年份中国出口增长要快于世界出口增长。具体来看，1978 年，中国贸易出口额仅 97.5 亿美元，占世界出口总额的比重为 0.75%，居全球第 33 位。改革开放初期，中国外贸体制由指令性的计划体制转变为指令性计划、指导性计划和市场调节相结合的体制，直到 1994 年指令性计划取消前，外贸企业仍然承担一定的出口创汇的指令性计划，完成计划和出口效益之间存在着难以调和的矛盾，负重前行的外贸出口企业也显得比较

"慢热"。"入世"前的 2001 年，中国外贸出口占世界出口的份额为 4.3%，排名升至全球第 6 位，1978—2001 年间，中国出口年均增长 15.5%，增长表现很不稳定，波动较大，其中有 8 个年份为个位数增长，比如 1981 年中国出口增长 21.5%，至 1982 年增长下降到 1.4%；1992 年中国出口增长 18.1%，1993 年下降至 8.0%；1995 年出口增长 23.0%，1996 年又下降至 1.5%，此后 1997 年和 1998 年以及 2000 年和 2001 年也呈现过山车般的增速变化。

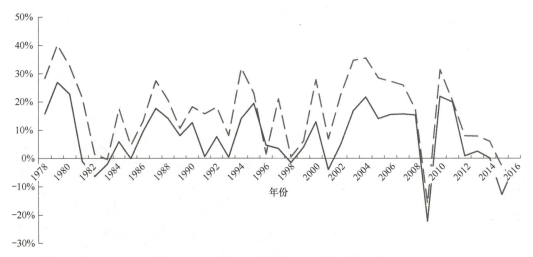

图 12-4　1978—2016 年中国出口与世界出口增速变化
――― 中国增速　　　―― 世界增速

"入世"以后，中国出口驶入"快车道"，到国际金融危机前的 2007 年，中国外贸出口额达到 12201 亿美元，比 2002 年的 3256 亿美元增长 2.7 倍，远高于同期世界出口总额增长 1.2 倍的增幅，年均增长 30.2%，比同期世界出口年均增速高 13.6 个百分点，占世界出口的份额由 5.01% 升至 8.7%，在全球排名由第 5 位升至第 2 位。受 2008 年国际金融危机的冲击，2009 年全球贸易出现大幅下滑，但中国凭借更快、更有效的稳定外贸发展的政策措施，当年外贸出口下降 16%，比全球出口总体降幅低 6.3 个百分点，占世界出口的比重达到 9.57%，成功超越德国成为全球出口第一大国。在国际金融危机时期，中国出口凭借较强的抗跌性稳定了"全局"；在危机后的复苏期，中国出口又起到重要的"领涨"作用。2010 年，中国外贸出口占世界出口的比重首次突破 10% 达到 10.31%，此后逐年稳步提升，至 2015 年达到 13.8% 的峰值后开始略有回落，2017 年仍保持 12.77% 的高水平。

改革开放极大地解放和发展了中国生产力，理顺了生产关系，加快了中国的工业化进程。按照联合国工业产业体系来算，中国拥有 41 个工业大类，191 个中类，525 个小类，是全世界唯一拥有全部工业门类的国家，是名副其实的"世界工厂"。更完善的工业体系，让中国得以向全球市场输出质优价廉的各种产品，是世界各国的重要采购基地。

四、为构建全球治理新模式提供中国方案

2013 年以来，国内外形势发生了深刻变化，中国对外贸易进入了新时代，对外贸易政策目标由贸易大国转向贸易强国，确立了开放发展新理念，实施共建"一带一路"倡议，

加快构建开放型经济新体制，倡导开放型世界经济，积极参与全球经济治理。中国对外贸易政策的发展为全球治理新模式提供了中国方案。

"一带一路"倡议把构建政治互信、经济融合、文化包容的人类命运共同体作为终极目标，既是中国扩大对外开放的顶层设计，又是全球经济治理新模式的重要探索，开辟了中国参与和引领全球开放合作的新境界，是中国参与全球经济治理、对外贸易"引进来"和"走出去"并重的里程碑，为全球治理提供了中国方案。为推动世界尤其是发展中国家发展，中国倡议成立亚洲基础设施投资银行和金砖国家新开发银行，推动全球金融治理的制度创新。同时，中国积极参与国际经贸规则的制定，在推进多边贸易谈判和相关议题讨论方面发挥了重要作用，坚定地维护多边贸易体制主渠道地位和世界贸易组织规则。

第二节　中国对外贸易对中国经济的影响

随着中国对外开放水平的不断提高，中国参与全球分工的程度不断加深，经济外向程度不断提升，对外贸易在中国经济发展过程中扮演着非常重要的角色，主要体现在促进国民经济快速增长、吸纳大量就业、维持国内物价稳定和平衡国际收支等方面。

一、促进国民经济快速增长

对外贸易作为国民经济的"三驾马车"之一，其快速发展有力地推动了中国国民经济快速增长。图12-5所示为1978—2018年中国对外贸易依存度、GDP增长率和进出口增长率变化情况，外贸依存度指标度量了对外贸易在中国经济增长中的重要性，1978年中国外贸依存度仅有9.65%，其中出口依存度为4.56%，进口依存度为5.09%；至2006年外贸依存度达到最高值，为64.24%，出口依存度为35.36%，进口依存度为28.88%；之后有所回落。2019年，中国外贸依存度31.84%，出口依存度为17.39%，进口依存度为14.45%，对外贸易依然是中国经济增长的重要引擎。

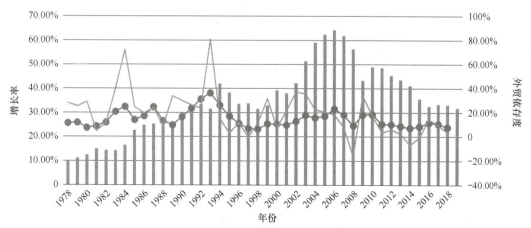

图12-5　1978—2018年中国外贸依存度、GDP增长率和进出口增长率变化
——外贸依存度　——GDP增长率　——进出口增长率

1978—2019年，中国进出口增长与GDP增长保持同步，中国进出口从355.04亿元增加至315504.75亿元，年均增长率为17.55%；同期国内生产总值从3678.7亿元增加至

990865.1亿元，年均增长14.25%。整体而言，进出口年均增长高于同期GDP增长，尤其是加入WTO以来，外贸对中国国民经济的推动作用明显增强，贡献率多在10%~30%。

出口贸易的快速发展有力地促进了国内工业生产扩张，进而带动消费和投资的增长，成为国民经济持续繁荣的重要保障。进口贸易则为经济增长提供必要保障，不仅为中国带来了国外先进的生产技术和稀缺消费品，大量资源类产品的进口也有效缓解了国内经济飞速发展引起的生产资源供给不足的矛盾。

外贸进出口的变动不仅反映了一个国家外贸的发展，更能体现一国经济整体形势的变化。例如，从中国原油对外贸易来看，改革开放初期中国原油大量出口，1984—1992年间，中国原油出口量曾连续保持在2000万t以上，直到1996年中国才成为原油净进口国。原油净出口到净进口的转变，反映了中国工业发展的历程，从中华人民共和国成立到改革开放的初期，中国能源供给基本依靠煤炭，国内产业仍以农业和轻工业为主，现代工业发展相对落后，对原油的需求有限，产出多用于出口创汇。到20世纪末期，中国工业化进程明显加快，对原油的需求也持续攀升，1996年中国原油进口量达到2261.7万t，当年实现原油净进口229万t；此后中国原油出口开始明显萎缩，进口大幅攀升，到2004年中国原油进口量突破1亿t，达到1.23亿t，2017年中国原油进口量达到4.2亿t，进口已经成为保障中国原油供应、促进经济稳步增长的重要手段。此外，近年来中国铁矿砂、铜矿砂等矿产资源进口也呈增长态势，已经成为满足国内钢铁、有色等行业生产的主要途径，为相关行业的快速发展和经济社会建设稳步进行提供了有效保障。

进出口的快速发展通过资本支持、技术进步和产业升级实现了国民经济的发展，在中国对外贸易发展初期，境外资本进入有效弥补了中国资金和外汇缺口，带来了技术、设备和管理经验，通过示范带动机制、竞争机制、前后向联系机制和人员流动机制提高了企业创新能力。通过加工贸易发展，中国快速融入全球产业链，推动了中国产业升级换代，图12-6所示为1980—2018年中国加工贸易占进出口总额的比重，加工贸易占进出口总额的比重呈现出"倒U形"变化，早期通过大量加工贸易实现了全球产业融入和技术进步；之后随着要素成本上升，中国在全球产业链中地位逐渐上升，以要素成本为优势的加工贸易占比逐渐下降，至2018年该比重为27.5%。

对外贸易快速发展有利于我国税收收入的增长，通过政府支出推动了经济增长。关税和进口环节税是中国税收收入的重要组成部分，在税收总额中有较大份额。以2007年为例，全国关税和进口环节增值税共7584.8亿元，占当年税收总收入的比重为16.6%；至2017年，中国海关关税实际税率为2.48%左右，进口环节增值税和消费税税率为12.18%，全年两税征收额为12784亿元，是2007年的1.7倍，占全国实收总收入的8.9%。对外贸易带来税收收入的增加，通过政府购买，能够实现国民经济增长。

对外贸易的快速发展也提高了中国居民生活水平，中华人民共和国成立之初，中国进口了大量非必需的日用品和大量生活必需品，1950年进口商品中，90%以上是生产工具和必要的工业原料；改革开放后，尤其是对外贸易发展进入新时代以来，为满足人民群众日益增长的美好生活需要，优质消费品进口快速增长，满足了消费者多样化需求，居民福利和生活水平显著提高。

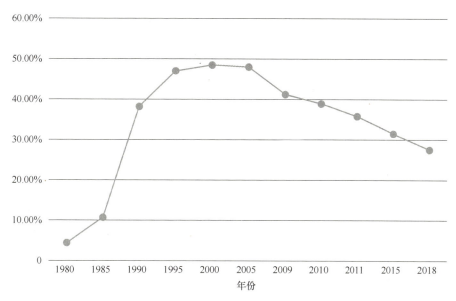

图 12-6 1980—2018 年中国加工贸易占进出口总额的比重

二、吸纳大量就业

对外贸易的快速发展提供了大量就业岗位，吸纳了中国大量的劳动力就业。根据商务部研究院《迈向贸易强国——中国对外贸易 40 年》，2017 年中国有进出口记录的企业达 40 余家，对外贸易直接和间接带动的就业人数达 1.8 亿，每 4 个就业人口中有 1 个从事与对外经贸相关的工作，从全球价值链角度来看，中国每百万美元货物出口对中国就业的拉动为 59.0 人次，其中每百万一般贸易出口带来 82.7 人次的就业，每百万加工贸易出口带来 26.5 人次的就业。

外贸企业不仅能带动当地就业，还解决了大量流动人口就业问题，尤其是电子制造、纺织服装等行业的大型龙头外贸企业。以苹果手机国内的主要代工厂——郑州富士康工厂为例，2017 年富士康为我国出口第一大企业、进口第二大企业，订单旺季高峰时该工厂员工可达 30 万名。而河南作为农业大省和人口大省，富士康的进驻不仅解决了当地大量的农民工就业，还带动了河南工业化的进程，让河南成为近年来我国中部崛起的典型代表。2012 年，河南进出口额突破 500 亿美元，达到 517.4 亿美元，同比增长 58.6%，进出口规模跃居中部 6 省首位，并在此后连续 6 年蝉联中部外贸第一大省。相反，进出口贸易一旦出现问题，往往会直接影响到就业。例如，受 2008 年国际金融危机的冲击，广东地区劳动密集型产业出口大幅下滑，大量工厂出口订单急剧减少、外资加速撤离，导致很多企业倒闭、大量工人失业，往往一家企业的关闭意味着数以万计的工人失去就业岗位。

三、维持国内物价稳定

国内物价稳定是宏观经济运行的重要目标之一，维持物价稳定对于保障经济平稳健康运行、刺激居民消费、维护社会稳定等方面都具有重要意义；对外贸易则是国内物价的"传感器"，在稳定国内物价方面起着重要作用。

进出口贸易可以有效链接国内国际两大市场，实现内外资源互通，对调剂国内市场供需平衡、稳定物价具有重要作用。比如，在占中国CPI较大权重的猪肉价格方面，进出口贸易对其影响就很显著。中国生猪市场价格涨跌与供给余缺呈明显的周期性变动，而在猪肉供给不足、价格上涨的时候，往往进口量就会出现明显增加，填补国内供给缺口，抑制价格过快上涨，对稳定国内物价水平发挥积极作用。例如，2013—2015年，国内猪肉价格低迷，加上环保压力下大量猪场拆除，大量散户退出市场，生猪供应不足，导致2015年开始国内猪肉价格大幅上涨，2016年上半年每公斤超过30元，当年中国猪肉进口量达到162万t的历史高位，而进口猪肉价格基本稳定在每公斤12元，大量进口猪肉有效补充了国内供给，对稳定市场价格起到重要作用。

通过调节商品进出口节奏，从而实现稳定国内供给、平抑商品价格的宏观调控目标，也是外贸影响国内物价的方式之一，该机制在中国化肥出口市场体现得尤为明显。化肥被称作"粮食的粮食"，关系国内粮食生产和农民增收，是重要的基础性物资。2004年开始，为了优先保障国内化肥供应，国家开始逐步收紧化肥出口，先是取消出口退税，随后在国内用肥旺季加征关税抑制出口，2008年下半年一度对氮肥及合成氨加征最高150%的特别关税，淡季则实行低关税允许部分出口。淡旺季的关税政策对于保障当时我国化肥国内市场供给、稳定价格起到重要的作用。

四、平衡国际收支

经常项目和资本项目是国际收支的主要项目。其中，货物贸易进出口又是经常项目的重要组成部分，进出口贸易的顺逆差对国际收支平衡具有直接的影响，能够有效调节外汇储备的规模。

改革开放以来，中国出口贸易快速发展，贸易顺差规模持续扩大，在拉动国内经济增长、增加外汇储备方面发挥了重要作用。2005年中国贸易顺差超过1000亿美元，此后震荡走高，2015年曾达到创纪录的5939亿美元，而同期中国外汇储备也由不足1万亿美元大幅攀升至3万亿美元以上，其中贸易顺差是外汇储备的重要来源之一。

但随着出口规模的日益增大，中国对外贸易面临的贸易摩擦日益增加。2017年，中国产品共遭受来自21个国家和地区发起的75起贸易救济调查，其中反倾销55起，反补贴13起，保障措施7起，涉案金额总计110亿美元，中国是当年遭受全球贸易救济调查最多的国家。2001—2018年全球针对中国出口发起的反倾销调查案件高达1119起，排名居于第一位，大量的贸易摩擦给经济增长带来不确定性。

顺差带来的外汇储备，还会增加人民币升值压力和金融风险。图12-7所示为1978—2019年中国进出口贸易差额以及美元对人民币汇率变化趋势，可以看出，随着中国出口贸易顺差的扩大，美元对人民币汇率不断上升。进出口贸易所有引起国际收支变化的经济活动都将直接影响外汇市场上的供求关系，从而影响汇率，并进而对资本项目产生影响。尤其是当今进出口贸易范畴不断扩大，除了有形货物本身以外，也会由货物贸易衍生到资本领域。比如，2006年和2007年，中国贸易顺差连续激增，同比增速分别达到74%、48.7%，加上2007年美元表现疲软，导致人民币快速升值，人民币对美元汇率中间价由1月4日的7.8073攀升至12月28日的7.3046，年内累计升值近7%。

面对持续扩大的贸易顺差，中国对外贸政策做出重大调整，2006年年末的中央经济工作会议上,在确定2007年经济工作的原则和主要任务时特别提出"积极扩大进口"。并且,通过降低关税、减免关税和进口环节税等方式促进重大装备关键零配件、先进技术和设备及重要资源型商品进口。在政策调整下,2008—2011年中国贸易顺差由2981.3亿美元降至1549亿美元,其中2009—2011年连续3年同比下降。当前,越来越多的企业走出国门,对外直接投资规模不断攀升,轨道交通、电力等行业出口已经由单纯出口设备扩展到全系统、全要素、全产业链走出国门,这些都将对我国的国际收支产生深刻影响。

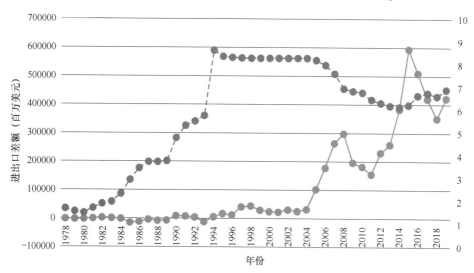

图12-7　1978—2019年中国进出口贸易差额以及美元对人民币汇率变化趋势
　　●——　进出口差额　　●--　美元对人民币汇率

第三节　中国对外贸易指数与竞争力

对外贸易指数是反映一国在一定时期内进出口商品价值、价格和数量变动趋势及幅度的统计指标,是分析一国对外贸易规模和质量变化的重要指标。分析对外贸易指数变化,可以很好地揭示中国对外贸易发展历程。另外,自中国经济发展进入新时代,对外贸易"大而不强"的问题困扰着中国对外贸易的可持续发展,贸易强国指数作为测度一国贸易质量的重要指数可以较好地反映一国贸易质量变化趋势,借助该指数能够对比分析世界各国对外贸易竞争力情况,明确中国成为贸易强国应该具备的条件和努力方向。

一、中国对外贸易指数概况

历史上的贸易大国,如荷兰、英国、德国和美国等,均很早开始编制和发布对外贸易指数,并在政府、企业、研究机构和公众等社会各界得到广泛的认可和应用。中国海关总署综合统计司从1994年开始试编制中国的对外贸易指数,在此基础上,从2000年开始着手开发更具可靠性、实用性和可比性的新版贸易指数编制系统,于2003年正式启用中国对外贸易指数,2005年正式编制出版《中国对外贸易指数》月刊。我们利用该指数来揭示1993—2017年中国对外贸易的变化历程。

(一) 进出口物量指数和价值指数整体呈现扩张趋势

表 12-2 所示为 1993—2017 年中国进出口数量和价值指数变化,整体而言,中国进出口的物量指数和价值指数呈现出扩张趋势。1993—2017 年,无论出口还是进口,多数年份的物量指数和价值指数均大于 100。从出口来看,2009 年、2015 年和 2016 年物量指数和价值指数均小于 100,1996 年出口物量指数小于 100,价值指数大于 100,其余年份物量指数和价值指数均大于 100;从进口来看,仅有 2015 年物量指数和价值指数双双小于 100,1997 年、1998 年和 2009 年各有 1 个指数小于 100,其余年份物量指数和价值指数均大于 100。表明无论是从规模和价值角度来看,中国进出口贸易整体呈现出良好的增长趋势。

表 12-2 1993—2017 年中国进出口物量指数和价值指数变化趋势

年 份	出 口		进 口	
	物量指数	价值指数	物量指数	价值指数
1993	111.4	108.0	125.7	129.0
1994	126.2	131.9	111.8	111.2
1995	116.8	123.0	102.7	114.2
1996	98.7	101.5	104.3	105.1
1997	120.0	121.0	99.9	102.5
1998	106.6	100.5	100.0	98.5
1999	111.1	106.1	113.7	118.2
2000	128.1	127.8	124.1	135.8
2001	109.4	106.8	109.2	108.2
2002	125.3	122.4	118.3	121.2
2003	130.7	134.6	128.8	139.8
2004	127.6	135.4	121.3	136.0
2005	124.9	128.4	111.7	117.6
2006	122.0	127.2	116.4	119.9
2007	119.6	125.9	113.7	120.8
2008	107.9	117.3	102.4	118.5
2009	89.5	84.0	101.7	88.8
2010	127.7	131.3	122.1	138.8
2011	109.4	120.3	109.7	124.9
2012	105.7	107.9	105.0	104.3
2013	105.8	107.8	109.0	107.2
2014	105.7	106.0	102.7	100.4
2015	99.0	97.1	97.7	85.9
2016	99.6	92.3	100.8	94.5
2017	107.9	107.9	107.3	115.9

注:上年同期为 100,大于 100 说明物量指数和价值指数均呈现扩张趋势,小于 100 则表明呈现减少趋势。
(资料来源:海关统计总署统计分析司,《改革开放 40 年中国对外贸易发展报告》,中国海关出版社。)

从进出口具体变化来看，2009年之前，多数年份的出口物量指数和价值指数多大于进口物量指数和价值指数，表明中国对外贸易出口规模和价值指数变动均高于进口规模和价值指数变动；2010年开始，中国对外贸易从"出口导向"转变为"扩大进口、促进对外贸易平衡发展"，中国对外贸易出口规模和价值指数变动与进口规模和价值指数变动几乎相同，且进口物量规模同比增长的年份比出口多2个，仅2015年进口物量指数小于100，即使受国际金融危机影响的2009年，中国进口物量指数依然大于100。

根据进出口物量指数和价值指数变化，可以看出2001年加入WTO和2008年国际金融危机为中国对外贸易变化的两个重要节点。1993—2001年，中国出口物量指数和价值指数平均值分别为114.3和114.1，进口物量指数和价格指数平均值分别为110.2和113.6；2002—2008年出口物量指数和价值指数均值则上升到122.6和127.3；进口物量指数和价值指数均值则上升至116.1和124.8，说明加入WTO，进出口规模和价值扩张趋势均大于加入WTO之前。2008年国际金融危机后，世界主要经济体经济复苏缓慢，增长乏力，中国进出口物量指数和价格指数扩张趋势有所减缓，2009—2017年，出口物量指数和价值指数平均值分别为105.6和106.1，进口物量指数和价格指数平均值分别为106.2和106.7。

（二）工业制成品出口价值指数和物量指数高于初级产品

分产品类别来看，1993—2008年，中国出口贸易快速发展，尤其是工业制成品出口快速增加，对该类产品的进口需求则相对较少，因此该段时间内，工业制成品出口物量指数大于进口物量指数，特别是加入WTO后，工业制成品出口规模的增长速度显著快于进口。2002—2007年，工业制成品出口物量指数连续6年超过120。2008—2017年，随着中国经济发展和转型升级，进口需求不断增加，工业制成品进口规模持续扩张，工业制成品进口物量年均指数为106.1，仅比出口低了0.03，与出口规模扩张速度差距显著缩小。1993—2017年，多数年份初级产品出口物量指数小于进口物量指数，这反映了中国人均资源占有率较低的现实，同时初级产品进口规模的增加对于缓解国内原材料供需矛盾具有积极作用。另外，结合自身禀赋优势，中国农产品，尤其是水海产品、蔬菜、禽兽等在国际市场具有较强的竞争优势，出口物量指数呈现出一定的扩张势头。

1993—2017年中国出口贸易产品结构显著优化，工业制成品出口规模和价值扩张均快于初级产品。图12-8所示为1993—2017年中国初级产品和工业制成品出口物量指数和价值指数变化趋势，多数年份工业制成品物量指数和价值指数均高于初级产品，尤其是在加入WTO后，中国产业结构不断优化升级，工业制成品出口物量指数和价值指数与初级产品的差距进一步拉大。2003—2007年各年工业制成品出口物量指数均比初级产品高10个百分点以上，2004年甚至达到了30个百分点。2008—2017年，工业制成品出口物量指数和价值指数持续扩张，物量指数和价值指数平均值分别为106.1和107.2，以先进农业等为代表的初级产品出口贸易也在快速发展，物量指数和价值指数平均值分别为103.2和107.6，其中2016年初级产品出口的物量指数和价值指数均大于工业制成品的，分别大10.4和9.4个百分点。

（三）进口价格指数高于同期出口

图12-9所示为1983—2018年中国出口价格指数和进口价格指数变化趋势，二者呈现基本相同的变化趋势，多数年份进口价格指数大于出口价格指数。具体来看，出口价格指数大于100的年份有21个，进口价格指数大于100的年份有24个，出口价格指数的平均值为

101.0，进口价格指数的平均值为103.2，出口价格指数小于进口价格指数的年份有23个，其中1986年出口价格指数比进口价格指数小最多，达21.1个百分点，2015年出口价格指数比进口价格指数大最多，达10.6个百分点。另外，进口产品价格指数波动较大，2009—2018年，进口价格指数小于100的年份有6个，且最低的为2009年的87.3，出口价格指数小于100的年份有5个，最小的为2009年的93.8，依然大于进口产品价格指数的最低值。

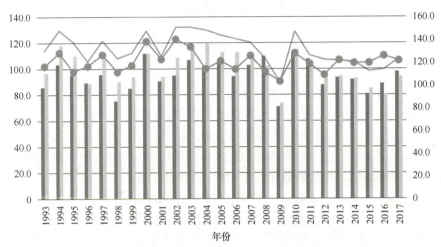

图12-8　1993—2017年中国初级产品和工业制成品出口物量指数和价值指数变化趋势

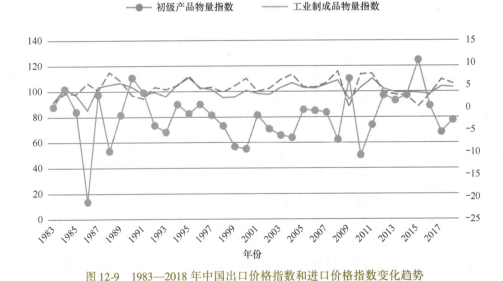

图12-9　1983—2018年中国出口价格指数和进口价格指数变化趋势

出口产品价格波动幅度小很大程度上是源于中国在国际贸易份额和地位的不断上升，在国际市场上的价格话语权有所增强。而进口价格指数波动幅度大主要是受国际市场大宗初级产品价格连续大幅下跌的影响，尤其是2012—2016年，进口产品价格指数连续5年小于100，且均显著小于出口产品价格指数。

（四）工业制成品进出口价格指数相较于初级产品进出口价格指数更加平稳

由于中国工业生产技术日益成熟且成本控制不断完善，工业制成品的进出口价格波动幅度较小，进出口价格指数相对平稳。1993—2017 年，19 个年份的出口价格指数在 95～105 之间，13 个年份的进口价格指数也位于该区间，即多数年份工业制成品进出口价格波动幅度较小，进口价格波动幅度超过 10% 的年份仅有 2 个，出口价格指数波动幅度没有超过 10% 的，出口价格指数最大值和最小值之差为 16.3 个百分点，进口价格指数最大值和最小值之差为 23.9 个百分点。初级产品进出口价格指数波动幅度相对较大，初级产品进出口价格指数波动幅度超过 10% 的年份分别有 15 个和 10 个，初级产品出口价格指数最大值和最小值之差为 40.5 个百分点，进口价格指数最大值和最小值之差为 69.3 个百分点。显然初级产品进出口价格指数波动幅度要大于工业制成品。具体见表 12-3。

表 12-3　1993—2017 年中国初级产品和工业制成品进出口价格指数

年　份	工业制成品出口价格指数	工业制成品进口价格指数	初级产品出口价格指数	初级产品进口价格指数
1993	97.0	102.9	96.1	99.4
1994	104.2	99.2	105.2	98.6
1995	104.2	111.5	111.3	107.3
1996	96.0	91.5	100.0	99.7
1997	101.2	103.1	98.6	99.9
1998	95.1	100.7	88.0	89.0
1999	95.7	104.2	94.6	101.1
2000	99.1	106.2	105.5	124.4
2001	97.6	101.1	96.3	90.7
2002	93.9	90.4	88.4	88.7
2003	102.9	107.3	104.2	114.9
2004	105.5	109.5	116.6	123.6
2005	102.4	96.3	114.0	115.8
2006	104.4	97.0	108.2	112.7
2007	105.0	104.3	106.7	115.3
2008	108.4	107.7	128.5	141.4
2009	93.9	99.1	89.6	73.1
2010	102.1	106.1	115.3	133.5
2011	108.7	106.1	118.4	127.6
2012	101.3	100.7	105.1	90.7
2013	101.5	99.7	99.9	95.8
2014	100.6	96.7	100.5	92.5

(续)

年　份	工业制成品出口价格指数	工业制成品进口价格指数	初级产品出口价格指数	初级产品进口价格指数
2015	98.9	85.6	88.1	72.1
2016	92.1	94.7	92.0	85.4
2017	100.0	107.3	105.2	117.3

注：上年同期为100，大于100说明价格上涨，小于100则表明价格下降。
（资料来源：海关统计总署统计分析司，《改革开放40年中国对外贸易发展报告》，中国海关出版社。）

值得注意的是，2000年之前，中国初级产品和工业制成品出口价格指数交替领先，1994—1996年出口产品价格指数连续上涨，且初级产品出口价格上涨幅度明显高于工业制成品；从1997年至2000年，初级产品出口价格上涨趋势停滞，工业制成品出口价格指数涨幅明显。2000年之后，初级产品国际市场价格快速上涨，2003—2012年，除2009年外，初级产品出口价格指数均大于100，其中有5年大于110，2008年甚至超过120，达128.5，且初级产品的出口价格指数仅在2009年小于工业制成品的。2013—2016年，初级产品的国际市场价格下降，中国初级产品出口价格指数也呈现下降趋势，且均低于工业制成品出口价格，其中2015年为88.1，比当年工业制成品出口价格指数小10.8个百分点。至2017年，中国初级产品出口价格指数有所反弹，回升至105.2，大于当年的工业制成品出口价格指数。

（五）物量扩张对出口额增长贡献大于价格上涨

利用物量贡献率和价格贡献率来揭示出口规模和价格对出口额变化的贡献。其中物量贡献率是物量扩张对出口额增长的贡献程度，价格贡献率是价格上涨对出口额增值的贡献程度，具体测度方法如下：

$$物量贡献率 = \frac{\ln(物量指数/100)}{\ln(价值指数/100)} \times 100\%$$

$$价格贡献率 = 1 - 物量贡献率$$

图12-10所示为中国出口数量和价格对出口额贡献率的情况，物量扩张对出口额增长的贡献程度远高于价格上涨对出口额增长的贡献程度。1993—2002年，出口价格下跌情况下，出口价格对出口额增值贡献为负值，出口物量贡献率超过100%。加入WTO后，要素成本快速上涨背景下，价格上涨对出口额贡献率有所增大，至2007年，价格上涨贡献率达22.4%，物量扩张依然是出口额增加的主要因素。2008年开始，价格因素对出口额增值贡献不断上升，2008年和2011年贡献率均超过了50%，达52.4%和51.3%，而2015和2016年出口价格下跌也成为当年出口额下降的最主要因素，分别贡献了64.3%和94.4%。

（六）对外贸易条件逐渐改善

净贸易条件反映一国从对外贸易中获取的利益，用出口价格指数和进口价格指数之比来表示。若该指数大于1，则说明同等数量的出口品可以换回更多的进口品，贸易条件较好；若该指数小于1，则说明同等数量的出口品换回的进口品相对较少，贸易条件较差。

图12-11所示为1993—2018年中国贸易条件变化趋势，可以看出，中国贸易条件呈现出恶化和改善的交替波动。具体来说，以2008年为界，2008年之前多数年份贸易条件呈现恶化趋势，仅有1994年和1996年贸易条件大于1；2009年之后，贸易条件大于1的年份明

显增加，尤其是 2012—2016 年，连续 5 年贸易条件均大于 1，且于 2015 年达到最大值，为 1.12。中国贸易条件变化趋势表明早期中国贸易条件相对较差，近年来竞争力逐渐增强，贸易条件不利的局面有所转变。1993—2018 年中国贸易条件平均值为 0.98，小于 1，说明平均意义上来说，中国贸易条件呈现小幅度恶化。

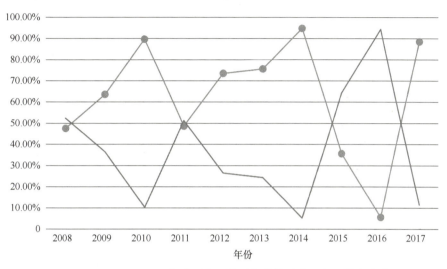

图 12-10　2008—2017 年中国出口数量与价格对出口额贡献率变化

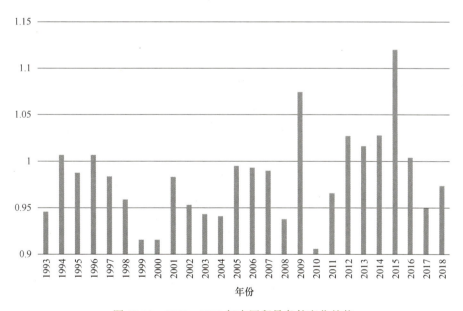

图 12-11　1993—2018 年中国贸易条件变化趋势

二、贸易强国指数的跨国比较

迈向贸易强国是现阶段中国的发展战略，可以利用贸易强国程度来揭示当前中国对外贸易竞争力概况。贸易大国和贸易强国最直观的区别在于对外贸易是依靠廉价产品出口获得世界第一,还是依靠高附加值产品出口获得世界第一,从贸易大国走向贸易强国就是改变出口附加值低和进口附加值高的情况。2011年商务部在《商务发展第十二个五年规划纲要》中提出"巩固贸易大国地位,推进贸易强国进程",这是贸易强国第一次出现在官方文件,该战略是中国在成为第一大货物出口国之后提出的发展战略,核心是"提高外贸发展的质量和效益"。2016年《中华人民共和国国民经济和社会发展第十三个五年规划纲要》进一步指出"推动外贸向优质优价、优进优出转变,加快建设贸易强国"。

有大量研究讨论了贸易强国评价标准和评价指标体系,主要可以分为两类。一类是从某个概念中的贸易强国标准出发来构建评价体系,如张亚斌等人(2007)指出全球生产网络中的贸易强国是在价值链中增值幅度最高且具有主导厂商的国家,他们根据该标准列了10个指标来判断一国是否属于贸易强国;毛海涛等人(2019)以获利能力作为判断贸易强国的标准,提出通过标准化贸易利益来衡量贸易强国;姚枝仲(2019)构建了贸易强国指数,利用贸易份额与价格因子的乘积来表示,价格因子是一国贸易品价格与世界平均价格的比价。另一类是根据已有的贸易强国,考察其特征并提炼标准和指标,重点分析中国对外贸易与上述国家的差距,如钟山(2012)将美国、德国和日本作为贸易强国,用26个指标考察了中国与上述国家的差距;盛斌(2015)以及裴长洪和刘洪槐(2017)也都提出了相应的贸易强国标准;毛日昇(2019)则结合增加值数据,从国家、产业及产品层面综合对比了中国、美国、德国和日本贸易综合竞争力,以揭示中国贸易强国程度。我们分别借鉴毛海涛等人(2019)和毛日昇(2019)的研究成果来考察中国贸易强国情况。

毛海涛等人(2019)基于标准化贸易利益视角构建了贸易强国指数,该指数由两个时间点的贸易利益、贸易成本变化率和贸易依存度组成,2007年的贸易强国指数定义为一个国家在2000—2007年贸易自由化进程中获得的标准化贸易利益,2014年的贸易强国指数是一个国家在2007—2014年贸易自由化进程中获得的标准化贸易利益。

表12-4所示为2007—2014年世界主要国家和地区贸易强国指数及排名情况,可以看出,2007年和2014年,美国、德国、意大利、英国和法国均是贸易强国指数的前5名,中国在2007年排名第18,2014年排名第7。这表明美国等发达国家依然是世界上主要的贸易强国,而中国贸易强国指数在不断提升。

表12-4 2007—2014年世界主要国家和地区贸易强国指数及排名

国家和地区	2007年贸易强国指数	排名	2014年贸易强国指数	排名
美国	21.63	1	19.50	1
德国	16.17	2	17.41	2
意大利	14.25	3	15.27	3
英国	13.60	4	13.25	4
法国	12.89	5	12.95	5
西班牙	10.23	6	9.48	6
荷兰	5.80	8	5.20	14
日本	5.67	9	6.26	12
俄罗斯	5.24	11	6.33	9
希腊	4.9	13	3.68	20

（续）

国家和地区	2007年贸易强国指数	排名	2014年贸易强国指数	排名
巴西	4.64	15	6.11	13
中国	4.07	18	8.19	7
罗马尼亚	3.22	20	3.18	22
印度	3.20	21	5.01	17
匈牙利	3.07	22	3.68	21
葡萄牙	2.61	23	2.51	28
韩国	2.61	24	2.64	27
爱尔兰	2.59	25	2.80	25
加拿大	2.55	26	2.70	26
墨西哥	2.33	29	2.49	29
澳大利亚	1.62	30	1.82	31
印度尼西亚	1.27	35	1.81	32
芬兰	1.24	36	1.42	36
塞浦路斯	1.15	37	1.14	41
保加利亚	1.05	39	1.61	35
立陶宛	1.04	40	1.35	38
马耳他	0.64	42	0.9	42
卢森堡	0.61	43	0.81	43

（资料来源：毛海涛，钱学锋，张洁．中国离贸易强国有多远：基于标准化贸易利益视角．世界经济，2019，42（12）：3-26．）

从位次变化来看，2007—2014年贸易强国指数排名上升最快的国家是中国，从2007年的第18位上升至2014年的第7位，上升了11个位次，之后是保加利亚和印度，均上升了4个位次，其中印度从3.20上升至5.01，保加利亚强国指数从1.05上升至1.61。其他排名上升的国家依次为印度尼西亚、立陶宛、俄罗斯、巴西和匈牙利。除了美国、德国、意大利、英国和法国排名位次未变外，西班牙、加拿大、墨西哥、芬兰、卢森堡、爱尔兰、马耳他等国也未发生排名变化，但上述国家中美国、西班牙和英国贸易强国指数均出现不同程度下降，其他国家贸易强国指数则上升。贸易强国指数排名下降的国家依次为希腊、荷兰、葡萄牙、塞浦路斯、日本、韩国、罗马尼亚和澳大利亚，其中罗马尼亚、塞浦路斯、葡萄牙、荷兰和希腊贸易强国指数也均出现明显下降。

具体指数来看，2007年和2014年美国均是贸易强国指数第1位，但其指数值却出现了显著的下降，从21.63下降到19.50，下降了2.13，是所有国家中贸易强国指数下降程度最大的国家；而德国、意大利和法国的贸易强国指数在2007年和2014年分别位于第2、3、5位，指数值均有一定程度的上升，这与美国2008年金融危机后不断提高关税和施加各类非关税壁垒有密切关系。除美国外，希腊、西班牙、荷兰、英国、葡萄牙、罗马尼亚、塞浦路斯7国贸易强国指数也出现了不同程度的下降，下降幅度第2位的国家是希腊，贸易强国指数从4.9下降至3.68；下降幅度第3位的国家是西班牙，下降了0.75。其余20个国家贸易强国指数均有不同程度上升，其中中国上升幅度最大，从4.07上升至8.19，增加了4.12；

之后为印度,从 3.2 增加至 5.01,增加了 1.81;增加幅度第 3 位的是巴西,增加了 1.47。

整体而言,2007—2014 年多数国家贸易强国指数有所上升,且多为发展中国家,中国贸易强国指数提升幅度最大,这与中国在 2008 年金融危机后不断扩大开放的贸易政策密不可分;但需要注意的是,中国贸易强国指数与美国等贸易强国仍有较大差距,未来仍需不断优化贸易结构,提升出口产品质量,提高附加值,推动中国向贸易强国迈进。

毛日昇(2019)在姚枝仲(2019)测度方法基础上从对外贸易的规模和相对价格两个方面构建了综合贸易竞争力评价指标,对比分析了中国、美国、德国和日本的贸易强国程度。图 12-12 所示为 2000—2016 年中国、美国、德国和日本出口竞争力指数比较,整体而言,中国出口竞争力在不断增强,而德国和日本出口竞争力则逐渐下降,美国出口竞争力呈现出波动下降的趋势,但仍维持在高位。具体来看,2008 年之前中国出口竞争力状况明显低于美国、德国和日本,这主要是源于中国出口产品相对价格低于这三个国家。2008 年之后,中国出口竞争力不断上升,2013 年超过日本,2014 年超过德国,至 2016 年仍低于美国。

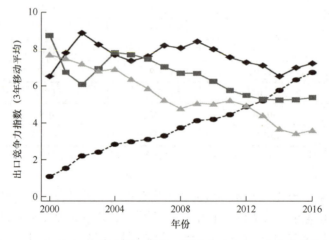

图 12-12 2000—2016 年中国、美国、德国和日本出口竞争力指数比较
--●-- 中国 —◆— 美国 —■— 德国 —▲— 日本

(资料来源:毛日昇. 贸易强国指数的跨国经验分析. 世界经济,2019,42(10):23-48.)

图 12-13 所示为 2000—2016 年中国、美国、德国和日本进口竞争力指数比较,美国进口竞争力始终高于德国、日本和中国,于 2002 年达到最大值,之后逐渐下降,2010 年起逐渐趋于稳定,且远高于德国、中国和日本进口竞争力。德国进口竞争力在 2000—2006 年呈现持续下降态势,之后保持稳定。日本是四个国家中进口竞争力相对最弱的国家。2000—2016 年中国进口竞争力指数呈现出一定的阶段性特征,2000—2005 年呈现缓慢上升,且在 2003 年超过日本;2006—2008 年,竞争力有所下降,2009—2014 年进口竞争力开始持续上升,在 2011 年超过德国,2014 年之后进口竞争力又显著下降。整体来说,中国进口竞争力与美国差距在缩小,但绝对差距仍然较大。

图 12-14 所示为 2000—2016 年中国、美国、德国和日本综合竞争力指数比较,2000—2016 年中国综合竞争力指数呈现出持续上升趋势,仅在 2014 年出现微弱下降,于 2008 年和 2012 年先后超过日本和德国,成为仅次于美国的货物贸易竞争力强国。德国和日本贸易

综合竞争力持续下降,但德国综合竞争力显著高于日本。从与美国竞争力比对来看,中国与美国综合竞争力差距大幅缩小,但综合竞争力仍显著落后与美国,尤其是 2014 年中国综合竞争力下降,而美国上升,两国差距进一步拉大。

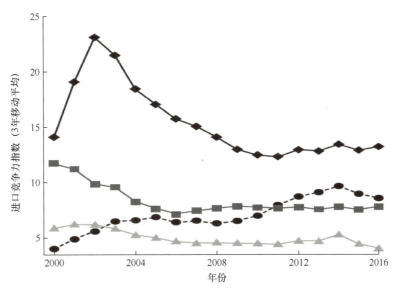

图 12-13　2000—2016 年中国、美国、德国和日本进口竞争力指数比较

(资料来源:毛日昇. 贸易强国指数的跨国经验分析. 世界经济,2019,42(10):23-48.)

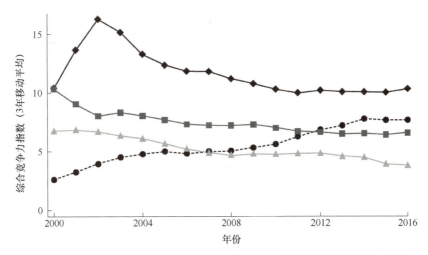

图 12-14　2000—2016 年中国、美国、德国和日本综合竞争力指数比较

(资料来源:毛日昇. 贸易强国指数的跨国经验分析. 世界经济,2019,42(10):23-48.)

综合上述关于贸易强国的研究,可以发现,整体来说中国贸易强国程度在不断提升,贸易竞争力在不断增强,尤其是在加入 WTO 后,该趋势明显,但金融危机及之后的影响对中国贸易强国建设有一定的冲击,且中国贸易强国程度离美国仍有较大距离,中国向贸易强国迈进仍有很长的路要走。中国应坚定不移地开放发展,发挥市场在资源配置中的决定性作用，提高贸易自由化和贸易便利化水平，不断扩大进口，提升进口竞争力。

第四节 中国对外贸易的发展前景

改革开放40多年来，中国对外贸易取得了举世瞩目的成就，展望未来，习近平主席指出"世界正经历百年未有之大变局"，面对日趋复杂的国内外环境，中国必须在新时代更高起点上加快对外贸易高水平发展，推动形成全面开放新格局，培育外贸竞争新优势，构建对外贸易发展新体制，积极参与全球治理改革，努力实现贸易强国目标。

一、推动形成全面开放新格局

党的十九大报告指出，"优化区域开放布局，加大西部开放力度"。各地区开放程度差异大制约了中国对外贸易的进一步发展，要推动形成全面开放新格局，打破过去从沿海到中心城市、省会城市、沿江、沿边等发展模式，鼓励各地结合自身禀赋优势，进一步提升开放水平，尤其是加大开放相对滞后地方的开放力度，使开放布局更加均衡更加全面。特别是针对开放程度相对较低的西部地区，要不断强化其口岸和基础设施建设，结合"一带一路"倡议，构建面向东南亚、南亚、中亚、欧洲等地区的国际物流大通道，开辟跨境多式联运走廊。

另外，要努力实现开放对象更加多元化，改革开放以来，中国对外贸易伙伴多集中与发达国家市场，随着全球格局的变化，发展中国家在世界市场中的份额不断提升，未来既要加强与发达国家的开放合作，特别是要处理好与美国的关系；又要加大对发展中国家、新兴经济体的开放，通过扎实推进"一带一路"倡议，强化与沿线国家的对外经贸往来；优化和升级《中国—东盟自由贸易协定》和区域全面经济伙伴关系，形成更加全面的开放新格局。

二、培育外贸竞争新优势

培育外贸竞争新优势是中国对外贸易发展和转型的必要条件。一方面，中国传统劳动密集型产业比较优势在不断弱化，对外贸易发展不可能始终依赖该优势，培育新竞争优势迫在眉睫；另一方面，以人工智能、物联网、新一代信息技术、大数据、新材料、新能源等为代表的第四次工业革命深刻改变着传统生产制造业模式，特别是数字化和电子商务对传统对外贸易模式带来了较大冲击，中国对外贸易发展也必须顺应潮流，培育新竞争优势。

首先，利用新技术改造和提升传统劳动密集型产业，研发新产品，提升竞争力。对于必须要转出的产业，建立与转入国的垂直分工体制，如在"一带一路"沿线建立境外经贸合作区，形成与沿线国家的垂直分工体制。

其次，充分利用新技术革命机遇，加快产业链从劳动密集的中低端向资本、技术密集的高端攀升，实现产业链的升级换代；加快产业创新，用信息化、科技化改造传统制造业，实现传统产业转型升级；实施创新驱动发展战略，大力发展高科技新兴产业，打造新兴产业集群。

三、构建对外贸易发展新体制

党的十八届三中全会对开放型经济新体制做出了明确的顶层设计，其中加快推进自贸区建设和不断改善营商环境是中国对外贸易高质量发展的重要保障。

WTO框架下多边贸易体制和以自由贸易区为代表的区域贸易安排是驱动经济全球化的两个重要引擎。由于多边贸易体制进展缓慢，高水平的区域自由贸易安排已经成为驱动全球经济一体化发展的主要引擎。中国自由贸易区覆盖范围还相当有限，未与周边的日本、印度和俄罗斯等国以及北美、非洲等地区形成自由贸易协定，且现有自由贸易伙伴经济体量较小。这与国务院颁布的《关于加快实施自由贸易区战略的若干意见》中提出的"积极推动与我国周边大部分国家和地区建立自由贸易区，使我国与自由贸易伙伴的贸易额占我国对外贸易额总额的比重达到或超过多数发达国家和新兴经济体水平"的目标仍有一定差距。未来中国要努力建立与周边国家和众多发展中国家的自由贸易区，努力实现"形成面向全球的高标准自由贸易区网络"的中长期自由贸易区建设目标，推动外贸增长。

营商环境的改善也是外贸新体制的重要组成部分，良好的营商环境有利于经济和贸易的良性发展。根据世界银行《全球营商环境报告（2018）》，中国营商环境在全球190个经济体中排名第78位，比2008年上升了12个位次。加快改善营商环境，成为保障对外贸易可持续发展的重要任务。切实降低企业税费，降低企业综合运营成本；推动商事改革，更新监管理念，推动贸易便利化，缩小中国与其他国家的营商环境差距。

四、积极参与全球治理改革

随着新兴市场国家在全球经济中份额的不断扩大，发展中国家在世界多边贸易体制中话语权的诉求也在不断增强。中国作为世界经济的重要组成部分，应积极参与全球治理及其改革。党的十九大报告指出，秉持共商共建共享的全球治理观，倡导国际关系民主化，坚持国家不分大小、强弱、贫富一律平等。利用好中国在全球治理中不断上升的影响力，推动全球贸易新体系构建，深度参与公平合理的世界经济新秩序建立。中国应继续坚定维护世界多边贸易体制并积极参与WTO改革，同时在"一带一路"倡议基础上，积极开展双边和区域性合作，包括不断推动区域全面经济伙伴协定、中日韩自贸协定谈判，同时不断完善金砖国家峰会等，为全球经济治理贡献"中国方案"。

课后习题

1. 中国对外贸易发展对全球经济的影响有哪些？
2. 中国对外贸易发展对中国经济的影响有哪些？
3. 简述改革开放以来中国对外贸易指数和竞争力变化情况。
4. 简述中国对外贸易未来发展的前景。

参考文献

[1] 《中华人民共和国海关进出口税则及外经贸重要法律法规汇编》委员会. 2004年中华人民共和国海关进出口税则及外经贸重要法律法规汇编[M]. 北京：经济科学出版社，2004.
[2] 《中国入世议定书》翻译组. 中国入世议定书[M]. 上海：上海人民出版社，2001.
[3] 陈晖，邵铁民. 海关法释解[M]. 上海：上海财经大学出版社，2002.
[4] 何晓兵. 中国关税实务[M]. 北京：中国对外经济贸易出版社，2002.
[5] 胡涵钧. WTO与中国对外贸易[M]. 上海：复旦大学出版社，2004.
[6] 黄建忠. 中国对外贸易概论[M]. 北京：高等教育出版社，2003.
[7] 黄静波. 中国对外贸易政策改革[M]. 广州：广东人民出版社，2003.
[8] 黄晓玲. 中国对外贸易概论[M]. 北京：对外经济贸易大学出版社，2003.
[9] 黄熠. 海关通关管理[M]. 北京：中国海关出版社，2002.
[10] 霍红. 报关实务[M]. 北京：中国物资出版社，2004.
[11] 江小涓，杨圣明，冯雷. 中国对外经贸理论前沿Ⅱ[M]. 北京：社会科学文献出版社，2001.
[12] 江小涓，杨圣明，冯雷. 中国对外经贸理论前沿Ⅲ[M]. 北京：社会科学文献出版社，2003.
[13] 钟山. 中国外贸强国发展战略研究：国际金融危机后的新视角[M]. 北京：中国商务出版社，2012.
[14] 李诗. 中国对外贸易概论[M]. 北京：对外经济贸易大学出版社，2002.
[15] 廖庆薪，廖力平. 现代中国对外贸易概论[M]. 广州：中山大学出版社，2000.
[16] 林连德. 当代中日贸易关系史[M]. 北京：中国对外经济贸易出版社，1990.
[17] 刘剑文. 出口退税制度研究[M]. 北京：北京大学出版社，2004.
[18] 刘力. 内撑外开：发展中大国的贸易战略[M]. 大连：东北财经大学出版社，1999.
[19] 刘舒年. 国际信贷[M]. 成都：西南财经大学出版社，2001.
[20] 拉迪. 中国融入全球经济[M]. 隆国强，等译. 北京：经济科学出版社，2002.
[21] 邵铁民. 进出口货物海关通关实务[M]. 上海：上海财经大学出版社，2003.
[22] 沈四宝，马其家. 颁布新《对外贸易法》的重大意义和作用[N]. 公共商务信息导报，2004-04-16.
[23] 沈四宝，王秉乾. 我国对外贸易的基本法[N]. 公共商务信息导报，2004-05-07.
[24] 石广生. 中国加入世界贸易组织知识读本[M]. 北京：人民出版社，2002.
[25] 石杰. 研究熟悉原产地条例用好用足原产地规则[N]. 公共商务信息导报，2004-10-08.
[26] 唐海燕. 中国对外贸易概论[M]. 上海：立信会计出版社，2002.
[27] 陶明，杨永康，李元旭. 现代海关实务[M]. 上海：复旦大学出版社，1999.
[28] 王韶玲. 中国外经贸发展战略调整[M]. 北京：经济日报出版社，2002.
[29] 王绍熙. 中国对外经济贸易理论和政策[M]. 北京：中国商务出版社，2004.
[30] 王绍媛. 中国对外贸易[M]. 大连：东北财经大学出版社，2007.
[31] 王熙照. 中国对外贸易概论[M]. 北京：对外经济贸易大学出版社，2003.
[32] 王允贵. WTO与中国贸易发展战略[M]. 北京：经济管理出版社，2001.
[33] 赵玉阁. 中国对外贸易教程[M]. 北京：科学出版社，2004.
[34] 魏龙. 中国对外贸易论[M]. 武汉：武汉理工大学出版社，2002.
[35] 温耀庆. 中国对外贸易导学[M]. 上海：上海交通大学出版社，1999.
[36] 杨圣明. 中国经济开放理论创新[M]. 北京：华文出版社，2001.
[37] 郑俊田. 中国海关通关实务[M]. 北京：中国商务出版社，2005.

[38] 姚梅琳. 中国海关史话 [M]. 北京：中国海关出版社，2005.

[39] 尹翔硕. 加入 WTO 后的中国对外贸易战略 [M]. 上海：复旦大学出版社，2001.

[40] 尹翔硕. 中国外贸结构调整的实证分析 [M]. 太原：山西经济出版社，2003.

[41] 张二震，马野青，方勇. 贸易投资一体化与中国的战略 [M]. 北京：人民出版社，2004.

[42] 张群. 中外关税税制比较 [M]. 北京：中国财政经济出版社，2002.

[43] 张伟. 后发优势与贸易发展 [M]. 北京：中国社会科学出版社，2003.

[44] 赵春明. 推进对外直接投资 [N]. 人民日报，2004–02–10.

[45] 赵玲. 我国外贸商品结构变化态势及其优化对策 [J]. 现代经济信息，2010（17）.

[46] 海关总署统计分析司. 改革开放 40 年中国对外贸易发展报告 [M]. 北京：中国海关出版社，2018.

[47] 刘博. 国际贸易与中国政策选择——基于战略性贸易政策理论的分析 [J]. 企业导报，2016（7）：94；154.

[48] 武文亮. 《国家竞争优势》对中国经济发展之启示浅探 [J]. 经济研究导刊，2013（31）：8–10.

[49] 徐元康. 新贸易理论评述及对中国外贸的借鉴意义 [J]. 经济论坛，2010（2）：55–59.

[50] 关艳丽，张习宁. 经济全球化、国际贸易与中国政策选择——基于战略性贸易政策理论的分析 [J]. 经济问题，2008（7）：9–12.

[51] 李春顶. 异质性企业国际化路径选择研究 [D]. 上海：复旦大学，2009.

[52] 李春顶. 中国出口企业是否存在"生产率悖论"：基于中国制造业企业数据的检验 [J]. 世界经济，2010，33（7）：64–81.

[53] 汤二子，刘海洋. 中国出口企业的"生产率悖论"与"生产率陷阱"——基于 2008 年中国制造业企业数据实证分析 [J]. 国际贸易问题，2011（9）：34–47.

[54] 戴觅，余淼杰，MADHURA MAITRA. 中国出口企业生产率之谜：加工贸易的作用 [J]. 经济学（季刊），2014，13（2）：675–698.

[55] 蔡宏波，蒙英华，周密，等. 国际服务贸易前沿问题研究 [M]. 北京：经济科学出版社，2016.

[56] 黄建忠. 服务贸易评论 2017 年·第 1 辑 [M]. 厦门：厦门大学出版社，2017.

[57] 余慧倩. 国际服务贸易 [M]. 杭州：浙江大学出版社，2018.

[58] 刘红，徐先航. 中国服务贸易国际竞争力及影响因素研究 [M]. 北京：经济管理出版社，2019.

[59] 詹小琦，林珊. 中国服务贸易高质量发展研究 [J]. 亚太经济，2020（4）：109–118.

[60] 孙励，梁晓婕. 新时代下中国服务贸易国际竞争力研究 [J]. 价值工程，2020（5）：297–299.

[61] 付鑫. 中国服务贸易现状及促进高质量发展对策 [J]. 中国发展观察，2020（5–6）：81–84.

[62] 毛海涛，钱学锋，张洁. 中国离贸易强国有多远：基于标准化贸易利益视角 [J]. 世界经济，2019，42（12）：3–26.

[63] 姚枝仲. 贸易强国的测度：理论与方法 [J]. 世界经济，2019，42（10）：3–22.

[64] 毛日昇. 贸易强国指数的跨国经验分析 [J]. 世界经济，2019，42（10）：23–48.

[65] 裴长洪，刘洪愧. 中国怎样迈向贸易强国：一个新的分析思路 [J]. 经济研究，2017，52（5）：26–43.

[66] 盛斌. 建设国际经贸强国的经验与方略 [J]. 国际贸易，2015（10）：4–14.